황벽산의 메아리

황벽산의 메아리

깨달음의 외길 祖師禪

황벽선사의 전심법요 · 완릉록 강설

역해 원 오

황벽 희운선사의 법을 배휴가 엮은 傳心法要 宛陵錄을 祖師禪師인 원오스님이 1200년의 시공을 뛰어넘어 公案破說이 아닌 補說로써 祖師禪 공부인에게 번득이는 禪機로 言下大悟 할 수 있게 엮은 선어록 해설 편이다.

2500년 전 佛祖의 은밀한 心泉을 以心傳心으로
인도에서 東土로 전한 菩提達磨를 初祖로
혜가·승찬·도신·홍인으로 전승되어
卅三祖 혜능선사에서 꽃을 피웠으며,
남악 회양선사의 법을 이은 馬祖 道一선사가
卽心卽佛을 밝힘으로 '마음이 부처'가 되었고,
제자인 白丈 懷海선사가
人卽佛 '사람이 부처'임을 밝혔으며,
제자인 황벽 희운선사가 '衆生是佛 佛是衆生'을
말씀하시어 모든 인간과 생명을 가진
뭇 산하대지·비금조수·초목총림이
그대로 부처임을 밝혔고,
제자인 臨濟 義玄스님이
형상없는 마음의 禪機를 온 누리에 펼치셨다.
이 찬란한 깨달음을 사가어록에 담아
祖師禪이 탄생되었으니, 佛祖의 위대함이요,
祖師님들의 깨달음이 아니겠는가!

부디 祖師禪으로 言下大悟 하시옵길
조사님들의 메아리에 향불 피워 흠향합니다.

祖師님들의 法孫 衲僧 圓悟 합장

衆生是佛
佛是衆生

중생~
그대로 부처요
부처~
그대로 중생

중국 황벽사 전경

황벽산의 메아리를 회향하며

영원토록 찬란함, 무량수, 무량광, 밝게 빛나는 한 빛!

허공영성(虛空靈性)을 드러내고자 허공에 손을 들어 흔든 지 사십여 년이 지났지만 언설도 문자도 행동도 생각으로도 통하지 않는 태허공의 성품은 요원하기만 할 뿐, 석가도 몰랐는데 납승이 어찌 밝힐 수 있으리오.

찾으려면 찾을 수 없지만 찾지 않으면 그대로인 영원불변의 한 빛, 그 이름이 너무 많아 일심(一心)이라 부를 뿐입니다.

마음이다, 부처다, 몰현금이다, 뜰 앞의 잣나무다.

불성(佛性)이니, 성품(性品)이니, 무(無)니…….

무량수무량광(無量數無量光)!

석존이 만들어 놓은 천백억 화신불…….

부처님 명호만 불러도 한 평생이 모자랍니다.

운문선사가 말했듯이 '석가모니불이 태어나지 않았으면 세상만사가 편안할 것을' 중생들의 근기인 탓도 있겠지만 원래 그대로인 것에 평지풍파를 만들어 혼돈과 갈등만 고조시켜버렸습니다.

그러면 석존께서는 왜 이 많은 부처님 명호를 만들었을까요?

그 마음은 무엇이며 근본 뜻이 무엇일까요?

말이나 행동으로 드러낸 경전을 바탕으로 전해 내려온 것이 현교라면, 부처님의 근본 뜻, 즉 마음을 따라 교외별전(敎外別傳) 한 격외(格外) 소식이 바로 선(禪)이라 했습니다. 마음을 깨달아 부처를 이룬다는 견성성불(見性成佛)이 바로 불성(佛性)・법성(法性)・자성(自性)을 밝히는 길이며, 만유의 근본을 밝히는 깨달음이라 했습니다.

이러한 석존의 마음법이 선사들에 의해 전승되어 내려오다 이십팔조(祖)인 달마대사에 의해 중국으로 건너오게 되었습니다. 이후 중국에서 대대로 전승되었으니, 이를 처음에는 여래선(如來禪)이라 했습니다.

석존 삼십오 세손인 마조 도일선사(道一禪師)와 제자인 백장선사(百丈禪師)와 그 제자인 황벽선사, 그 제자인 임제선사에 이르러 한 종파를 이뤄 사가어록(四家語錄)이 나왔으며, 이때부터 이를 조사선(祖師禪)이라 하였습니다.

임제종의 후손이라는 한국의 조계종마저 현교와 선(禪)을 혼동하면서, 대승불교의 찬란한 빛이 사라지고 색불교 행위불교 기복적 신앙으로 전락하고 있습니다. 수행하는 이들마저 일언지하(一言之下)에 깨달아 마치는 조사선(祖師禪)이나 바로 깨치지 못하더라도 그 선문답을 화두로 삼아 깨달음에 이르는 간화선을 버리고, 소승적 위빠사나 사마타 같은 두타행으로 전락하였습니다. 부처님의 혜명인 조사선(祖師禪)이 사라짐을 한탄하여 감히 사가어록을 보다 쉽고, 명쾌한 선기로 밝혀 부처님의 근본혜명이 끊어지지 않게 하고자 삼가 심향(心香)으로 이 글을 온 심법계(心法界)에 올립니다.

이번 '황벽산의 메아리'는 백장선사의 제자이며 임제선사의 스승인 황벽선사의 마음법을 당나라 승지인 배휴가 듣고 깨달았으나 불립문자 언어도단 심행처멸(不立文字 言語道斷 心行處滅)의 근본대의를 지키기 위해 그 패를 드러내지 않다가 벼슬을 내려놓고 자연인으로 돌아와서야 황벽 희운선사의 법이 끊어질까를 염려하여 세상에 유포한 글,『전심법요(傳心法要)』와『완릉록(宛陵錄)』에 대한 주석입니다. 그 법이 너무나 선명하고 고고하며 메아리처럼 맑음을 간파하여 조사선 수행자들이 지남으로 삼을만한 선기방편이 되었으면 하는 것이 유일한 바람입니다.

황벽산 천이백 년의 시공을 뛰어넘어 그 메아리를 쫓아 납승 원오가 『마조록』(있는 그대로 완전한 자유)과 『백장록』(백장록 강설)을 공표함으로 인하여, 종단의 종지(宗旨)로 내려온 이 화두를 다 파설하면 어떻게 하느냐는 종단의 큰스님들의 질책과 만류의 말씀도 들었습니다. 그러나 시절이 하 수상한 말법시대라, 이제는 그럴 때가 아니라고 생각했습니다.

보자기에 싸놓고 모셔두고 있을 화두가 아닙니다.

쥐어줘도 모르는 오탁악세(五濁惡世)에 더는 지체할 수 없어, 십여 년 전에 써두었던 활발발한 선기방편을 온 누리에 펼치고자 선어록으로 시방법계에 회향하옵니다. 업해파랑(業海波浪)에 부침하는 삼천대천(三千大千) 일체불도들이 일시에 바로 듣고 바로 알아 깨달음을 성취하여 이 어둡고 아수라 같은 인간세상의 화택중생에게 일심등(一心燈)을 밝혀주시옵기를 선대 조사님들의 영전에 심향(心香) 피워 바라오니, 보는 즉시 돈오돈수(頓悟頓修)하시어 각처에 선각자가 되시고 불조의 혜명을 펼쳐주시옵기를 간절히 삼보 전에 기도 발원합니다.

삼가 황벽 희운선사의 『전심법요』·『완릉록』 강설 『황벽산의 메아리』를 공표합니다.

불기 2566(2022)년 2월

악견산에서 납승 **원 오** 합장

목차

전심법요 傳心法要

완릉록 宛陵錄

단제선사 황벽 희운선사를 그려본다

岳堅山에서 圓 悟스님

사가어록을 그리다 보니
이제 황벽스님을 만나게 되었다.

저허공은　자기보고　허공이라　하지않고
이마음은　마음이라　말하지도　않았는데
어찌하여　사람들은　마음찾아　삼만릴까
마음찾고　법을찾고　선을찾고　도를찾네

찾는마음　그대로가　부처마음　분명한데
그무엇을　의심하여　잠깐인들　못쉬는가
마음없고　법도없고　선도없고　도도없다
찾는마음　내려놓음　그대로가　마음이다

이마음을　떠나면은　법도같이　사라지고
법이란놈　사라지면　선도따라　사라지고
선이란놈　그치면은　도도따로　흔적없어
있는그대로　완전한　자유라고　말하리라

한마음을　일으키어　허공에다　점찍어서
사방팔방　상하사유　끝이없이　내달리니
팔만진로　사바세계　시비분별　간택하여
스스로가　화택으로　뛰어들어　고통받네

잠시잠깐　내려놓고　이한말씀　들어보소
마조스님　한마디로　즉심즉불　설하였고
백장스님　모든것에　벗어나고　벗어나라
황벽스님　전심법요　마음만을　전하였네

찾을것도　보일것도　얻을것도　구할것도
그무엇이　어디있어　구해지고　얻어지나
찾는마음　내려놓고　회광반조　하여보소
이대로가　화장세계　불국정토　이아닌가

조사님들　입을모아　일승법만　설하였네
이마음이　부처임을　세분모두　말을하네
본래내가　부처임을　이제한번　믿어보세
고불깨쳐　말하기를　구원겁전　성불했다

모든부처　제불들이　하나같이　증명하고
제대조사　하나같이　증명하고　증명한다
의심뭉치　내려놓고　본래부처　깨달아서
불타처럼　살아가면　붓다라고　말하리라

부처라고　하는것이　그대로가　마음이고
마음이라　하는것이　그대로가　불법이며
법이라고　하는것이　그대로가　선이되고
선이라고　하는것이　그대로가　도이로다

분별하고 시비하는 그마음만 내려놓고
혼혼불락 노닐면서 유유자적 안심입명
부처없는 곳에서는 부처되어 살펴주고
법이없는 곳에서는 법이되어 보살펴라

선이없는 곳에서는 선이되어 밝혀주고
길을잃은 사람에겐 도가되어 끌어주면
곳곳마다 주인이고 이대로가 한몸이니
삼천대천 하나같이 세우는곳 참나된다

배울것도 설할것도 하나없는 경지에서
황벽스님 행리처를 그려보고 살펴보니
다른말이 하나없이 이대로가 진리이니
세우는곳 그대로가 진여법신 현전한다

허공꽃이 쏟아지니 눈밝히어 살펴보라

돌!!!

불타처럼 살아가면 붓다라고 말하리라!

화엄법계에서 납승 **원오** 합장

전심법요
傳心法要

전심법요 서문序文

당나라 하동 배휴는 모으고 아울러 서문을 쓰노라.

대선사가 계셨으니 법휘는 희운이시다.
홍주 고안현 황벽산 축봉 아래 머무시니, 조계 육조의 적손이요.
백장의 사법제자이며, 서당의 법질이다.
홀로 최상승의 패를 차고 문자의 인장을 여의셨으며 오로지
한 마음만을 전하고 다시 다른 법이 없으셨으니,
마음의 바탕이 또한 비었는지라 만 가지 인연이 함께 고요하여
마치 큰 해 바퀴가 허공 가운데 떠올라서
광명이 밝게 비추어 깨끗하기가
가느다란 먼지 하나도 없는 것과 같으셨다.
이를 증득한 이는 새롭고 오램이 없고 얕고 깊음이 없으며,
이를 설하는 이는 뜻으로 앎을 세우지 않고

종주(宗主)를 내세우지 않으며 문호를 열어젖히지 않은 채,
당장에 바로 이것이라 생각을 움직이면 곧 어긋나는 것이다.
이러한 다음에라야 본래의 부처가 되는 것이니,
그러므로 그 말씀이 간명하고 그 이치가 곧으시며,
그 도는 준엄하고, 그 행이 고고하시어,
사방의 학자들이 산을 바라보고,
달려와 모이고 그 모습을 쳐다보고 깨치니,
왕래하는 대중의 무리가 항상 일천 명이 넘었다.
내가 회창 2년 종릉에 관찰사로 재임하면서
산중으로부터 스님을 고을로 모셔 용흥사에 계시도록 하고
아침저녁으로 도를 물었으며,
대중 2년 완릉에 관찰사로 재임할 때 다시 가서 예로써 맞이하여
관사에 모시고 개원사에 안거하도록 하여
아침저녁으로 법을 받아 물러나와서 기록하였는데,
열 가운데 한 둘 밖에는 얻지 못하였다.

이를 마음의 인장[心印]으로 삼아 차고 다니면서
감히 드러내어 발표하지 못하다가, 이제 신령스런 경지에 드신
그 정묘한 뜻이 미래에 전하여지지 못할까 두려워하여,
드디어 내어놓으니, 문하생인 태주, 법건스님들에게 주어서
옛 산의 광당사로 돌아가 장로들과 청법대중에게
지난 날 몸소 듣던 바와 같은지 다른지를 묻게 하였다.

　　　　　　　당나라 대중 11년 시월 초여드렛날에 쓰노라.

보설

『전심법요』는 임제종을 세운 임제스님의 스승이신 황벽선사의 가르침을 승상 배휴가 듣고 본 것을 엮은 어록이다. 원래 제목은『황벽산단제선사전심법요(黃檗山斷際禪師傳心法要)』이며『황벽산단제선사전심법요』에『황벽단제선사완릉록(宛陵錄)』을 합본한 것을 말하기도 한다.

배휴는 재가신자로 842년 종릉(鐘陵) 관찰사로 부임한 뒤 황벽선사를 용흥사로 모셔와 도를 물었다.

848년에도 완릉(宛陵) 관찰사로 일하며 황벽선사를 개원사에 머물게 하고 도를 물었다.

이 때 받은 가르침을 적어두었다가 857년에 간행한 것이『전심법요(傳心法要)』이다.

황벽스님은 백장스님의 법제자였으나 득도 후 천하를 유람하며 유유자적한 세월을 보냈다. 그러다 종릉에 있는 용흥사에서 배휴를 만나게 된 인연으로 마음법을 설하게 되었다.

하루는 배휴가 사찰에 들려 조사전을 둘러보고 주지에게 물었다.

"저 스님들은 지금 어디에 계십니까?"하고 물으니 주지가 아무런 대답을 못했다. 그러면서 행랑에 납승이 있으니 거기에 한 번 물어보라고 하였다.

이에 행랑을 찾아가니 납승이 나와 이렇게 말하였다.

"다시 물어라 내 대답하리라."

배휴가 말하길 "조사전에 있는 스님들은 지금 어디 계십니까?"

이에 납승이 큰 소리로 "배휴야!"하니, 배휴가 옆에 있다가 "예"하고 대답했다.

그때 "어디 있는가?"하니 배휴가 아무 말을 못했다. 그리고 법당으로 모셔 법을 물었다. 그 인연으로 세상에 나오게 되었으며 훗날 임제를 배출하여 조사선의 원류를 만들었고 임제종은 동양 삼국의 원종이 되었다.

이 『전심법요』는 바로 마음을 전하는 법을 말하는 것이니 조사가 어떻게 실체 없는 마음을 드러내어 마음으로 전하는가가 제일 요긴한 것이다. 마음은 형상이 없는데 어찌 마음을 전하겠는가.

그러나 오직 마음을 전할 뿐 그 어떤 법도 전하지 않았으니 여기 『전심법요』나 다음의 『완릉록』은 전부 다 오직 마음만을 이야기할 뿐 그 어떤 자설도 없다. 오직 물으니 답을 할 뿐 그 어떤 법도 전하지 않았으니 천하의 스승이요, 대 조사인 것이다.

삼가 향불 피워 황벽스님께서 전해주신 마음을 납승의 마음에 비추어 헤아려 볼 뿐, 우거진 숲을 헤치며 보설을 하여 호미질을 함은 스님의 마음을 더욱 선명케 하여 많은 납승들의 시원한 그늘이 되게 함이니, 부디 황벽스님의 심월의 빛이 되고 메아리가 되어 온 심법계(心法界)에 현현(顯現)해지길 바랄 뿐이다.

1. 한마음 깨치면 부처

황벽(黃檗: ?~850)스님이 배휴(裵休:797~ 870)에게 말씀하셨다.

"모든 부처님과 일체 중생은 한마음일 뿐 거기에 다른 어떤 법도 없다. 이 마음은 본래로부터 생기거나 없어진 적이 없으며, 푸르거나 누렇지도 않다. 정해진 틀이나 모양도 없으며, 있고 없음에 속하지도 않고, 새롭거나 낡음을 따질 수도 없다. 또한 길거나 짧지도 않고, 크거나 작지도 않다.

그것은 모든 한계와 분량, 개념과 언어, 자취와 상대성을 뛰어넘어 바로 그 몸 그대로일 뿐이다. 그러므로 생각을 움직였다하면 곧 어긋나버린다. 이것은 마치 허공과 같아서 끝이 없으며 재어볼 수도 없다.

이 한마음 그대로가 부처일 뿐이니 부처와 중생이 새삼스레 다를 바가 없다. 중생은 다만 모양에 집착하여 밖에서 구하므로, 구하면 구할수록 점점 더 잃는 것이다.

부처에게 부처를 찾게 하고 마음으로 마음을 붙잡는다면, 겁(劫)이 지나고 몸이 다하더라도 바라는 것은 얻을 수 없는 것이다. 그런데도 중생들은 마음을 쉬고 생각을 잊어버리면 부처가 저절로 눈앞에 나타난다는 사실을 모르고 있다.

이 마음 그대로가 부처이고, 부처가 곧 중생이다. 그러므로 중생이라 해서 마음이 줄지 않고, 부처라 해서 더 늘지도 않는다. 또한 육도만행과 항하사 같은 공덕이 본래 그 자체에 갖추어져 있어서, 닦아서 보탬을 필요로 하지 않는다.

인연을 만나면 곧 베풀고, 인연이 그치면 그대로 고요하나니, 만일 이것이 부처임을 결코 믿질 않고 겉모습에 집착하여 수행하려 하고, 그것으로써 공부를 삼는다면 그 모두가 망상일 뿐 도와는 서로 어긋나게 된다.

이 마음이 곧 부처요, 다시 다른 부처가 없으며, 또한 다른 어떤 마음도 없다. 이 마음은 허공같이 밝고 깨끗하여 어떤 모습도 하고 있지 않다. 그러므로 마음을 일으켜 생각을 움직이면 법의 몸[法體]과 어긋나는 동시에 모양에 집착하게 된다.

비롯 없는 옛날로부터 모양에 집착한 부처란 없다. 또한 육도만행을 닦아서 부처가 되고자 한다면 곧 차제(次第)를 두는 것이니, 차제 있는 부처란 본래로 없다. 한마음 깨치면 다시 더 작은 법도 얻을 것이 없으니, 이것이야말로 참된 부처이다.

부처와 중생은 한마음으로 다름없음이 허공과 같아서, 그것에는 잡됨도 무너짐도 없고 온누리를 비추는 햇살과도 같다. 해가 떠올라 온 천하가 두루 밝아질 때라도 허공은 한 번도 밝은 적이 없으며, 해가 져서 어둠이 온 천하를 덮을지라도 허공은 어두웠던 적이 없다.

이렇게 밝고 어두운 경계가 서로 번갈아 바뀐다 해도 허공의 성품은 툭 트여 변하지 않는 것이니, 부처와 중생의 마음도 꼭 이와 같다.

만약 부처를 관(觀)하면서 깨끗하고 밝으며 속박을 벗어났으리라는 생각을 떠올린다든가, 중생은 때 묻고 어두우며 생사의 고통이 있으리라는 관념을 버리지 못한다고 해보자.

이런 생각을 하는 사람은 수많은 세월이 지나더라도 깨닫지 못할 것인데, 이는 모양에 집착하기 때문에 그런 것이다.

오직 이 한마음일 뿐, 거기에 티끌만큼의 어떤 법도 있을 수 없으니, 이 마음 그대로가 곧 부처다.

그런데 지금 도를 배우는 이들은 이 마음바탕을 깨닫지 못하고 문득 마음에서 마음을 내고 밖에서 부처를 구하며 모양에 집착하여 수행을 하고 있으니, 모두가 악법이지 깨닫는 도가 아니다."

황벽(黃蘗: ?~850)스님이 배휴(裵休:797~870)에게 말씀하셨다. 배휴 혼자 앉혀 놓고 설하는 것이지만 이것은 상당법문의 형식을 취하고 있으며 자설인 것이다.

황벽스님의 첫 일승법은 바로 한마음을 들어 설하신다.

"모든 부처님과 일체 중생은 한마음일 뿐
거기에 다른 어떤 법도 없다."

라고 하시어 부처라 하든 중생이라 하든 말일 뿐, 이 모두는 한마음을 말하는 것이지 다른 도리나 법이 없음을 밝히는 대목이다.

여기서 한마음은 지금 이대로의 마음을 이야기한다. 법신·보신·화신을 통틀어 한마음이라고 하신다. 마조스님의 '평상심'을 말하고 있는 것이며, 백장스님의 '있는 그대로의 마음'을 말하는 것이다.

그러니 마음을 떠나서는 그 어떤 법도 없음을 일갈하신 것이다.

'유심(唯心)'

'이 마음은 본래로부터 생기거나 없어진 적이 없으며, 푸르거나 누렇지도 않다. 정해진 틀이나 모양도 없으며, 있고 없음에 속하지도 않고, 새롭거나 낡음을 따질 수도 없다. 또한 길거나 짧지도 않고, 크거나 작지도 않다. 그것은 모든 한계와 분량, 개념과 언어, 자취와 상대성을 뛰어넘어 바로 그 몸 그대로일 뿐이다' 라고 하시어, 그 어떤 법이나 이치나 도라고 하여도 맞지 않으며, 한계와 분량이 없으니 시작도 끝간 데도 없다는 것이다.

무엇이라고 한정하면 다 형상이 되어 버리기 때문이다. 개념과 언어, 자취와 상대성을 뛰어넘는다는 것은 식심(識心)으로 그 흔적을 찾을 수 없음을 말하며, "그 몸 그대로일 뿐이다." 라고 하신 뜻에서 바로 알아차려야 한다.

"그 몸 그대로"라는 말씀은 지금 여기서 이 법문을 듣고 있는 사람을 말하는 것이다. 지금 이 글을 읽고 있는 사람의 몸인 것이다.

그러니 그대가 바로 부처라는 뜻이다. 믿을 수 있겠는가?

이것이 조사선이고 조사의 마음법이다.

달마대사는 일심(一心)이라 하였고, 혜능스님은 무일물(無一物)이라 하였고, 마조스님은 평상심시도(平常心是道)라고 하였다. 무엇이라 하든 다 같은 말이며, 지금 있는 그대로의 마음을 일러 하는 말인 것이다.

그 마음을 설명하기 위하여 체와 용으로 나누어 설할 뿐 그 마음인 것이다. 그러니 일단은 믿고 또 믿고 믿어 그냥 믿으면 된다. 그렇게 믿으면 그대로 부처가 될 것이다. 어떤 선어록을 읽고 확인해도 똑같은 말이다.

석가세존께서 성도 후 "깨닫고 보니 내가 구원겁 전부터 깨달아 있더라." 라고 하셨듯이 모든 사람이 지금 그대로 깨달아 있으며 있는 그대로가 바로 부처라는 것이다.

고불로부터 이십팔대 달마대사를 거쳐 모든 조사가 하나같이 하고 있는 말씀은 오직 한마디, "지금 마음 그대로가 부처다."이다.

석존께서도 사람들이 하도 겁을 먹고 달아나니 어쩔 수 없이 차제를 두어 설하였지만 차제가 없이 그대로 심즉불(心卽佛)인 것이다.

그러면 왜 부처인데 말이나 행동이나 마음씀이 부처와 다른가 하는 의문이 들 것이다. 그래서 황벽스님은 이렇게 말씀하신다.

"그러므로 생각을 움직였다하면 곧 어긋나버린다."

아무런 조작이나 시비나 단상이 없이 지금 있는 마음 그대로 완전한 부처인데 바로 내가 부처인줄 모르고 생각을 굴려 조작하고 집착하고 욕심을 내어 분별하고 차별하므로 그렇다는 것이다.

그래서 "움직였다하면 바로 어긋나버린다."라고 하신 것이다.

본래 그대로 부처인 마음을 조작하거나 차별하면 바로 중생심으로 떨어진다고 하신 것이다. 그러니 무심(無心)한 경지가 바로 부처자리인 것이며, 한 생각 굴리면 바로 어긋나는 것이다.

"이것은 마치 허공과 같아서 끝이 없으며 재어볼 수도 없다."

라고 하신 것은 마음은 허공과 같아 무변광대하다는 것이다.

크기가 있어 큰 것이 아니라 한량이라는 생각이 일어나기 전이니 무량무변인 것이다. 그래서 믿는 마음(信心)이 부처마음이요, 믿지 못하는 의심(疑心)이 중생심인 것이다.

스님은 또 말씀하신다.

"이 한마음 그대로가 부처일 뿐이니
부처와 중생이 새삼스레 다를 바가 없다."

라고 하시어 지금 이대로의 한마음이 부처인 것이니 부처와 중생이 다르지 않다고 하신다.

이는 깨달아 마음이 밝아지는 것도 아니요, 수행을 해서 마음이 넓혀지는 것도 아니요, 성인의 마음이라 더 밝은 것도 아니요, 석가의 마음이라 더 빛이 나는 것도 아니다. 그 어떤 마음도 형상도 없고 모양도 없으며 자취도 없어 성인의 마음과 중생의 마음이 모두가 한 가지여서 다를 바가 없다.

그러니 중생이란 원래가 없었던 것이다. 그래서 『금강경』에서 '제도할 중생이 없다'고 하신 것도 바로 이 말이다.

"중생은 다만 모양에 집착하여 밖에서 구하므로
구하면 구할수록 점점 더 잃는 것이다."

중생이 별도로 있어서 중생이라고 하는 것이 아니라 형상과 모양과 명색에 마음을 일으켜 집착하고 국집하여 스스로 만든 마음을 쓰기 때문에, 그 조작하고 분별하고 시비하며 단상을 세우는 그 자체를 보고 중생이라는 말을 하는 것이다.

그 마음 자체가 부처이고 그 몸 그대로 법신이라면 구하고 바라고 집착할 것이 하나도 없는데, 믿지 않고 밖으로 부처를 찾고 밖으로 내달려 스스로 관념을 세워 '이것이다 저것이다' 국집하는 것이다. 그러니 어찌 밖으로 구할 것이 있겠는가.

혜능스님은 "밖으로 부처를 구하는 것은 원래 없는 토끼 뿔을 구하는 것 같이 허망하다." 라고 하셨으니, 구할 수 없다는 것이다.

그래서 고불께서도 수행을 하고 얻고 구하여 부처를 구하려면 삼아승지 겁을 돌아야 한다고 하셨으니 이는 될 수 없다는 뜻인 것이다.

황벽스님도 이렇게 말씀하신다.

"부처에게 부처를 찾게 하고 마음으로 마음을 붙잡는다면, 겁(劫)이 지나고 몸이 다하더라도 바라는 것을 얻을 수 없는 것이다."

라고 하신다.

이 마음 이대로가 부처인데 어디서 부처를 찾는다는 것이 말이 되겠는가. 그래서 마음으로 마음을 구하면 겁이 지나고 이 몸이 다하여도 부처를 찾을 수 없다고 하신다.

모든 조사가 바로 가르쳐주고, 모든 부처님이 다 가르쳐주고 있어도 왜 믿지 않을까. 그것은 바로 마음이 형상이 없다보니 형상과 명색에 물들어 있는 식심(識心)이 부정하고 두려워 밀어내기 때문이다.

즉 무심은 형상도 없고 의지할 곳이 없으므로 적멸이지만, 어떤 형상에 얽매여 살아온 사람들은 무엇인가 있어야 믿고 의지한다. 그러나 어찌 하겠는가, 저 허공을 향하여 만유의 모든 것이 다 의지하여 자기를 드러내지 않는가. 허공이 없다면 어찌 만상이 나툴 수가 있으며 어떻게 살아갈 수 있겠는가. 허공은 모양이 허공이 아니라 그 허공성이 바로 우리의 근본 바탕인 것이다.

지구도 허공을 의지하여 있고, 우주도 허공을 의지하여 성주괴공(成住壞空)을 하고, 모든 초목총림 비금조수가 허공을 반연하여 그 존재성을 드러낼 수 있는 것이다.

모든 것은 다 허공성(虛空性)을 바탕으로 인연화합에 의하여 미진이 생성 소멸되고 모든 작용이 가능한 것이다. 그러니 무심을 믿어야 하고 무심(無心)이 부처이고 바탕임을 바로 믿어 그대로 일초직입(一超直入)하여 깨달아야 한다.

"그런데도 중생들은 마음을 쉬고 생각을 잊어버리면
부처가 저절로 눈앞에 나타난다는 사실을 모르고 있다.
이 마음 그대로가 부처이고, 부처가 곧 중생이다."

라고 하신다.

이제 더 가리킬 손도 없고, 말도 필요가 없다.

다 가리켜주셨고 다 말씀을 하셨다.

믿어서 깨달음에 가든지 의심하여 그냥 범부로 살든지....

사람은 많은 것을 보고 듣고 하면서 살아간다. 그것이 또한 기억되고 그 중에서 믿을 만한 것을 쌓고 기억한다. 그래서 이 제팔 아뢰야식에 기억되고 있는 이것에 비추어 깨달으려 한다.

조사선이 사라진 이후 송대(宋代)에 간화선이 나왔지만, 선승들마저 지금 이대로의 마음을 믿으려는 것이 아니라, 항상 상존하는 무심 즉 정(定)이 지속되는 오매일여(悟昧一如) 같은 마음이 되지 않으면 깨달음이 아니라는 풍조가 조성되었던 것이 사실이며, 이것이 조작하여 만들어진 것임을 인정하지 않는다.

그 대표적인 스님이 바로 큰스님들이다.

마음에서 어떤 형상을 만들어 세운 마음은 전부 망상이며 허망한 경지인 것이다. 어찌 마음이 움직임이 없는 상태로 언제나 지속된다는 가설이 통할 수 있는가. 조작한 마음이 아니면 무엇이라고 해야 하는가.

무심이 도이며 깨달음이라면, 무심은 무엇을 보고 무심이라 하는가.

마조스님과 백장 황벽스님이 입을 모아 말하고 있다.

"아무리 써도 조작하지 않고 거기에 집착하지 않는 마음은 써도 씀이 없는 무심이라고." 그런데 죽은 송장 같은 무심(無心)을 무심이라고 한다면, 이것은 정말 엄청난 착각이고 조작인 것이며, 마음도 아니며, 심도 아니고 무심도 아닐 것이다.

그러니 황벽스님도 이렇게 말씀을 하신다.

마음을 쉬고 생각을 잊어버리면, 그대로 무심이며 그 상태를 일러 부처라고 할 뿐이라고. 그래서 부처가 바로 중생이고 중생이 부처라고 직설적으로 말씀하고 계신 것이다.

석가모니께서 깨닫고 나서 사십구 년을 설법을 하였는데 만약 한 생각도 일어나지 않는 마음이 무심이라면 어찌 말을 하고 행동을 하겠는가.

마음을 내 스스로 마음대로 일으키고 작용을 해도 그 작용에 국집(局執)하지 않고, 걸리지 않는다면 바로 무심을 그대로 사용하는 것이 된다. "반연을 할 줄은 알면서 어찌 반조할 줄을 모르는가." 한 것이 이 말이다.

"그러므로 중생이라 해서 마음이 줄지 않고, 부처라 해서 더 늘지도 않는다. 또한 육도만행과 항하사 같은 공덕이 본래 그 자체에 갖추어져 있어서, 닦아서 보탬을 필요로 하지 않는다. 인연을 만나면 곧 베풀고, 인연이 그치면 그대로 고요하나니, 만일 이것이 부처임을 결코 믿질 않고 겉모습에 집착하여 수행하려 하고, 그것으로써 공부를 삼는다면 그 모두가 망상일 뿐 도와는 서로 어긋나게 된다."

라고 하시어 위에서 설명한 것을 다 증명해 주고 있다.

본래 그 마음 자체가 이름하여 무심인 것이며 그 무심이 인연을 만나면 베풀고, 인연이 그치면 다시 반조하여 그대로인 것이므로 아무리 사용해도 그대로 무심한 경지로 있는 것이다.

그러므로 마음이 움직이는 것은 바로 인연따라 경계가 오면 경계와 함께 하지만 물들지 않고, 경계가 사라지면 또한 마음도 무심한 경지의 그 상태로 지속되고 있는 것이다.

누가 물었다. "아무런 움직임이 없을 때는 어떻습니까?" 하니 백장스님이 "왜 썩을까 두려우냐." 라고 말씀하셨다.

지금 이대로의 마음을 어떻게 수행했는지 오매일여니, 몽중일여니 하는 것은 그 자체가 다 형상이고 이름인 것임을 알아야 한다. 마음에는 어떤 형상도 이름도 붙이면 다 어긋나는 것이다.

그래서 황벽스님은 "그 모두가 망상일 뿐! 도와는 서로 어긋나게 된다." 라고 말씀하신다.

"이 마음이 곧 부처요 다시 다른 부처가 없으며, 또한 다른 어떤 마음도 없다." 라고 하시어 이대로의 마음이 곧 부처이지 수행하여 만들어지고 조작되어지는 것이 아니라고 하시면서 곧 그대로 부처이고 다시 다른 부처가 없으니 아무리 수행하고 깨달아도 그 마음을 떠나서 다른 마음이 없다는 것이다. 오직 지금 여기 이대로의 마음이 부처임을 믿어야 하고 믿으면 바로 깨달아지는 것이다.

"이 마음은 허공같이 밝고 깨끗하여 어떤 모습도 하고 있지 않다. 그러므로 마음을 일으켜 생각을 움직이면 법의 몸[法體]과 어긋나는 동시에 모양에 집착하게 된다."

부처인 마음은 원래부터 허공성이며 맑고 깨끗하여 어떤 모습도 하고 있지 않다. 그러니 어찌 모습 없는 것이 수행을 하고 깨달았다고 하여 그 마음이 바뀔 수가 있겠는가. 그러므로 수행하고 깨달아야 부처 마음이라는 그 말이 바로 조작이고 허구인 것이다.

그래서 스님도 생각을 움직이거나 모양이나 형상에 집착하게 되면 바로 법의 몸[法體]과 어긋난다고 하시어 자성청정심이 본래불임을 말하고 있는 것이니 모양 있는 본래불은 없다는 것이다.

"비롯 없는 옛날로부터 모양에 집착한 부처란 없다."

라고 하시어 어떤 조작이나 수행이나 집착으로 마음을 만들어 깨달은 마음이라면 그것은 조작된 마음이지 자성청정심은 아니라고 하신다.

"또한 육도만행을 닦아서 부처가 되고자 한다면 곧 차제(次第)를 두는 것이니, 차제 있는 부처란 본래로 없다."

육도만행이란 육바라밀인데 이렇게 육바라밀을 닦아서 부처가 되고자 한다면 이것은 차제(次第)를 두는 것이라는 말씀은 바로 이법(二法)

이 된다는 것이다.

이법이란 본래의 마음을 두고 다시 다른 조작된 마음을 찾는 것이니 어찌 마음으로 마음을 찾겠는가. 그래서 두 마음이 되는 것이며 뒤에 조작된 것은 마음이 아니라는 것이다.

차제 있는 부처란 본래로 없다고 하시어 원래 있는 그대로의 부처를 두고 다시 부처를 찾는 어리석은 짓을 하지 말라고 하신다.

이래서 납승은 조사록만을 보설하여 확인을 시킬 뿐 원래 없는 법이니 납승 역시 세울 법이 없다. 아무리 칠불이 화현해도 다 같은 말이지 마음을 떠나 어떤 한 법도 세울 수가 없는 것이다.

**"한마음 깨치면 다시 더 작은 법도 얻을 것이 없으니
이것이야말로 참된 부처이다."**

한마음 깨친다는 것, 여기서의 한마음은 체상용을 다 포함하는 것으로 마음의 본체와 모든 일어나는 작용과 그 작용으로 일어난 형상을 다 부처라고 보는 것이다. 그렇게 보면 일체가 부처 아님이 없는 것이다.

그래서 "어디에 부처 아님이 있더냐?" 라고 하신 것이다.

두두물물이 그 어떤 것도 한마음을 벗어나지 못하는 것이니 모든 것은 다 부처를 벗어나지 못하고 그대로 세우면 세우는 대로 펼치면 펼치는 대로 다 부처인 것이며 그대로 진상이며 그대로 법이며 그대로가 다 도가 되는 것이다. 그러니 무엇이 부처가 아니란 말인가?

오직 부처 아님이 문제가 되는 것이다.

그래서 다시 이렇게 말씀하신다.

"부처와 중생은 한마음으로 다름없음이 허공과 같아서
그것에는 잡됨도 무너짐도 없고, 온누리를 비추는 햇살과도 같다."

라고 하시어 마음이 부처이고, 부처와 중생이라는 것도 다 한마음 속의 일이며 그대로 부처인 것이므로 부처와 중생은 다 한마음에 드러난 명색이고 형상일 뿐이라고 하시는 것이다.

그러므로 모든 것은 허공과 같아서 잡됨도 무너짐도 어떤 차별도 없으므로, 저 태양이 비치면 모든 것이 차별 없이 그대로 비추듯이 모든 것은 그대로 완전한 자유인 것이다.

"해가 떠올라 온 천하가 두루 밝아질 때라도
허공은 한 번도 밝은 적이 없으며,
해가 져서 어둠이 온 천하를 덮을지라도
허공은 어두웠던 적이 없다."

라고 하시어 허공은 형상이 없으므로 햇빛이 비추어도 비추지 않아도 그대로라는 것이다. 이것은 마음도 이와 같아서 형상이 없으므로 밝든지 어둡든지 그대로 완전하게 그냥 비어 있을 뿐이라는 것이다. 이것을 일러 또한 무심이라고 말하고 있을 뿐인 것이다.

"이렇게 밝고 어두운 경계가 서로 번갈아 바뀐다 해도
허공의 성품은 툭 트여 변하지 않는 것이니,
부처와 중생의 마음도 꼭 이와 같다."

경계가 오면 오는 대로 오지 않으면 오지 않는 대로 아무리 번갈아 바뀌어도 허공의 성품은 툭 트여 변할 것이 없듯이 부처와 중생의 마음도 이와 같이 언제나 그대로 여여(如如)한 것이다.

그래서 진실하여 허망하지 않으므로 진여라 하고 언제나 그대로 여여한 곳에서 왔다하여 여래(如來)하고 하듯이 어떤 형태와 상황에 따라 이름을 붙일 뿐 그대로라는 것이다.

"만약 부처를 관(觀)하면서 깨끗하고 밝으며
속박을 벗어났으리라는 생각을 떠올린다든가.
중생은 때 묻고 어두우며 생사의 고통이 있으리라는
관념을 버리지 못한다고 해보자."

만약 중생이라는 것이 실제로 존재하고 어둡고 생사의 고통이 있으리라는 생각은 모두 차별심이 만들어낸 것이니, 이것이 바로 관념이며 차별심이고 분별심이 되는 것이니, 이것이 바로 조작하는 것이다. 그러므로 이런 차별심과 관념으로 생각하는 사람들에게 이렇게 말씀하신다.

"이런 생각을 하는 사람은 수많은 세월이 지나더라도
깨닫지 못할 것인데, 이는 모양에 집착하기 때문에 그런 것이다."

그래서 생각으로 지어서 깨달으려는 사람은 아무리 많은 세월을 관해도 모양에서 찾으려는 조작된 마음으로 부처를 찾고 마음을 찾으므로 있는 그대로의 마음을 알 수 없다고 하신다.

그래서 스님은 다시 한 번 강조하신다.

"오직 이 한마음일 뿐,
거기에 티끌만큼의 어떤 법도 있을 수 없으니,
이 마음 그대로가 곧 부처다."

그 어떤 조작으로도 분별과 차별심으로는 부처를 찾을 수 없으며, 오직 이 마음 그대로가 있을 뿐 다른 티끌만한 마음도 법도 있을 수 없으니 지금 여기 있는 그대로 '이 마음 그대로가 곧 부처다(是心卽佛)'라고 하신다.

이제 제발 그냥 믿어 의심뭉치를 내려놓아라.

이렇게 자비롭게 설하고 또 설하시지 않는가!

"그런데 지금 도를 배우는 이들은 이 마음바탕을 깨닫지 못하고
문득 마음에서 마음을 내고 밖에서 부처를 구하며
모양에 집착하여 수행을 하고 있으니…"

이렇게 안타까워 하신다.

부처를 두고 부처를 찾고 마음으로 마음을 찾으며 수행하고 수도하고 고행하고 두타행를 하여 밖으로 부처를 찾고 마음을 찾으니 어찌 이것이 수도이며 도를 행하는 것이냐, 안타까운 마음에 이렇게 말씀을 하신다.

"모두가 악법이지 깨닫는 도가 아니다."

조작된 부처를 찾는다고 두타행을 하고 사성제를 찾고 연기법을 찾
고 인연법을 찾아보아야 다 악법이지 진정 깨닫는 도가 아니라고 하신
다.

이 한 법문으로 마음의 모든 법을 다 설하셨다. 설할 수 없는 법을 방
편을 들어 설하시니 원오가 한 소절 노래하면,

우주속에 수많은별 많고많은 별있어도
어느한별 실체로도 빛을내지 못하는데
실체없고 형상없는 허공같은 저태양이
그언제나 빛을내어 온천지를 다비추듯

모양없고 형상없는 무심이란 한마음은
어디에도 걸림없고 그언제나 허공같이
비고비고 비었는데 삼천대천 다나투고
신통묘용 자재하니 부처라고 부른다네
그대마음 이같으면 부처라고 말하리라

2. 무심無心이 도道

강서 시방의 모든 부처님께 공양 올리는 것이 무심도인(無心道人) 한 사람에게 공양 올리는 것만 못하다. 그것은 무심한 사람에게는 일체의 마음이 없기 때문이다. 진여(眞如) 그대로인(如如) 몸이 안으로는 목석 같아서 움직이거나 흔들리지 않으며, 밖으로는 허공 같아서 어디에도 막히거나 걸리지 않으며, 주관 객관의 나뉨은 물론 일정한 방위와 처소도 없다.

후학들이 감히 법에 들어오지 못하는 까닭은 공에 떨어져 닿아 쉴 곳이 없을까 두려워해서인데, 이런 태도는 막상 벼랑을 보고는 물러나서 거기다가 널리 지견을 구하는 것이다. 그러므로 지견을 구하는 자는 쇠털처럼 많아도 정작 도를 깨친 이는 뿔과 같이 드문 것이다.

문수보살은 이치(理)에, 보현보살은 행실(行)에 해당한다.

이치란 진공(眞空)으로서 걸림 없는 도리이고, 행실이란 형식을 벗어난 끝없는 실천을 말한다. 관세음보살은 자비를, 세지보살은 지혜를 상징한다. 유마(維摩)는 깨끗한 이름[淨名]이란 뜻인데, 깨끗하다는 것은 성품을[性]을 두고 하는 말이고, 이름은 모습의 측면에서 한 말이다.

성품이 모양과 다르지 않으므로, 그를 정명거사(淨名居士)라 한 것이다. 대 보살들로 상징된 위의 것들은 누구나가 가진 성품으로, 한마음을 여의지 않으니 깨치면 곧 그대로인 것이다.

그런데 지금 도를 배우는 사람들은 자기 마음에서 깨달으려 하지 않고 마음 밖의 경계인 모양에 집착하여 오히려 도를 등지고 있다.

갠지스강의 모래란 것을 부처님께서 말씀하셨는데, 이 모래는 모든 불·보살과 제석, 범천 및 하늘 무리들이 자기를 밟고 지나간다 해도 기뻐하지 않고, 소나 양·벌레·개미 등이 자기를 밟고 지난다 해도 성내지 않음을 말씀하신 것이다. 또한 갠지스강의 모래는 보배나 향기를 탐하지도 않으며, 똥·오줌 냄새나는 더러운 것도 싫어하지 않는다.

이런 마음이 곧 무심한 마음으로서 모든 모양을 떠난 것이다.

중생과 부처가 다를 것이 없으니, 이렇게 무심할 수 있다면 그것이 바로 완전한 깨달음이다.

도를 배우는 사람이 무심한 상태가 될 수 없다면, 그 사람은 여러 겁 동안 수행해도 도를 이루지 못할 것이니, 그것은 성문(聲聞)·연각(緣覺)·보살(菩薩)의 단계적인 공부에 얽매여 해탈하지 못하는 것이다.

그러나 이 마음을 증득하는 데는 더디고 빠른 차이가 있다. 어떤 사람은 이 법문을 듣는 즉시 한 생각에 무심(無心)이 되기도 하고, 어떤 사람은 십신(十信)·십주(十住)·십행(十行)·십회향(十迴向)에 이르러서야 비로소 무심을 얻기도 한다.

그러므로 더디거나 빠르거나 무심을 얻으면 그만이지 거기에 더 닦고 증득할 것이 없으며, 참으로 얻었다 할 것도 없다.

그러나 진실하여 허망하지 않는 것이니 당장 한 생각에 깨친 것과 십지를 거쳐 깨친 것이 효용에 있어서는 꼭 마찬가지여서 다시 더 깊고 얕음의 차이가 없다. 그렇지 않으면 다만 긴 세월 동안 헛되이 괴로움을 받을 뿐이다.

선악(善惡)을 짓는 것은 모두 모양에 집착하기 때문인데 모양에 집착하여 선악을 짓게 되면 허망하게 윤회(輪廻)의 수고로움을 받게 된다. 그러므로 그 무엇도 한마디 말에 본래의 법을 문득 스스로 깨닫는 것만 같지 못하다. 이 법 그대로가 마음이어서 마음 밖에는 아무 법도 없으며, 이 마음 그대로가 법이어서 법 밖에는 어떠한 마음도 없다.

그런데 마음 그 자체는 또한 마음이라 할 것도, 무심(無心)이라 할 것도 없다. 마음을 가지고 마음을 없앤다면 마음이 도리어 있게 된다. 다만 묵묵히 계합(契合)할 따름이다.

모든 사유(思惟)와 이론이 끊어졌으므로 말하기를 '언어의 길이 끊기고 마음 가는 곳이 없어졌다[言語道斷 心行處滅]'고 하였다. 이 마음이 본래 청정한 부처인데 사람마다 모두 그것을 지녔으며 꿈틀거리는 벌레까지도 불보살과 한 몸으로 다를 것이 없다.

다만 망상 분별 때문에 갖가지 업과를 지을 뿐이다.

보설

여기서 설해지는 것이 바로 무심(無心)이다.

'무심지도(無心至道)'라고 한다. 그러나 무심이 무엇인지 바로 알기는 너무나 어렵다. 무심(無心)이라는 말은 유심(식심:識心)의 반대말이다.

우리가 알고 있는 마음이라는 것은 바로 식심을 일러 말하는 것이다.

그럼 식심(識心)은 무엇인가?

이 식심은 우리가 여태 듣고, 보고, 향기 맡고, 맛을 알고, 몸으로 느끼고, 머리로 생각한 것 중에서 내가 '이것이다' 라고 하여 아뢰야식에 저장한 모든 기억과 내가 세운 관념, 철학, 학문, 의지, 종교관, 사회관, 국가관, 대인관, 여성관, 남성관 등 모든 것은 전부 다 내가 스스로 만들어 넣어둔 것이다. 이것을 우리는 마음이라고 한다.

이것을 통하여 보려고 하고 들으려 하고 맡으려 하고, 맛보려 하고, 몸으로 느끼려 하고 머리로 생각하려고 한다. 이 의식작용을 일러 식심이라고 한다. 이것은 전부 내가 스스로 만든 관념이지 우리의 본래 마음이 아닌 것이다.

그럼 이것을 떠나 즉 십팔계를 떠나서 무슨 마음이 있느냐, 없다! 형상도 모습도 느낌도 감각도 생각도 없는, 말할 수도 없고 찾아도 찾을 수 없고, 느끼려고 해도 느낄 수 없는, 말 그대로 알 수가 없는 것, 이것을 일러 무심(無心)이라 한다.

그래서 '알 수 없는 그것이 부처다' 하는 것과 같은 말이다.

즉 알 수가 없으니 무심(無心)이라고 할 뿐이지 마음이 원래부터 없어서 무심(無心)이라는 것이 아니다.

위에서 말한 만들어 세운 관념은 전부 진리도 아니요, 법도 아니요, 다 생주이멸의 사상에 의하여 다시 사라지는 허망한 것이므로 조작된 마음이요, 물든 마음이요, 집착한 마음이요, 차별적 마음이요, 분별적 마음인 것이다. 그래서 그것이 아닌 참 마음 또는 진실하여 허망하지 않는 진여(眞如), 지금 여기 이대로 여여한 그 살아있는 마음을 들어서 무심이라고 했다.

선으로 보면 그 무심은 바로 체(體)가 되고 위에서 말한 마음은 용(用)이 되는 것이다. 마음은 마음이되 허망한 마음을 뺀 진실한 영원불변의 마음인 체를 들어 말하고 있는 것임을 알면 바로 마음을 알았다 하는 것이다.

"강서 시방의 모든 부처님께 공양 올리는 것이 무심도인(無心道人) 한 사람에게 공양 올리는 것만 못하다.
무심한 사람에게는 일체의 마음이 없기 때문이다."

여기서 말한 무심도인은 바로 마음에 통탈하여 허망한 마음이 다 사라지고 오직 무심의 경지인 체에 즉한 사람을 말한다. 그러니 살아있는 부처인 것이다. 무심이 바로 부처이니 등상불에게 공양을 올리는 것보다 살아있는 생불에게 공양을 올리는 것이 낫다는 것이다.

그 사람이 바로 부처님이기 때문이다.

"진여(眞如) 그대로인[如如] 몸이 안으로는
목석 같아서 움직이거나 흔들리지 않으며
밖으로는 허공 같아서 어디에도 막히거나 걸리지 않으며,
주관 · 객관의 나뉨은 물론 일정한 방위와 처소도 없다."

라고 하시어, 진실하여 허망함이 없는 마음의 본체는 진여(眞如)이고, 지금 그대로 완전한 여여(如如)의 경지에 있으므로 안으로 그 어떤 것도 세우지 않으니 걸릴 것이 하나 없고 밖으로도 허공같이 툭 트여

방위와 처소가 없다. 그 자체가 바로 비어 있어 허공성인데 어찌 걸리고 막히며 방위와 처소가 따로 있겠는가.

오직 있는 그대로 항상 여여할 뿐인 것이다.

"후학들이 감히 법에 들어오지 못하는 까닭은
공에 떨어져 닿아 쉴 곳이 없을까 두려워해서인데
이런 태도는 막상 벼랑을 보고는 물러나서
거기다가 널리 지견을 구하는 것이다."

사람들이 이렇게 법문을 듣고 나면, 무심이나 부처의 경지를 몰라서 내가 잡고 있는 모든 관념을 바로 내려놓지 못하는 것이 아니라 '이것을 놓아버리면 난 어떻게 사느냐', '이것을 떠나 무엇을 의지하며 살아가느냐', '다 놓아버리면 멍텅구리가 되고 바보가 되는 것이 아닌가' 하는 마음을 일으키기 때문이다. '나도 부처라니 그렇게 믿고 살래요. 부처의 경지도 이제 알았으니 가려면 언제든 가면 되니까 내가 이 생을 다 살만큼 살고 병들어 시한부 인생이 되면, 죽기 전에 들어갈래요' 하면서 자기의 아상을 벗어나지 않는 것이다.

그러니 어쩔 수 없지 않은가.

아무리 길을 가리켜도 가지 않음은 어쩔 수 없고 소를 물가에 끌고 갈 수는 있어도 물을 먹고 안 먹고는 그 소에게 달렸지 내가 어쩔 수 있는 것은 아닌 것이다.

바로 그 아상과 법상과 이론에 매여 그것을 놓으면 내 인생이 사라져 버리는 것이므로 놓지 않는 것이다. 그러니 '그냥 살면서 좋은 부처의 경지를 누리면서 살 수는 없을까요?' 하면서 여기 저기 기웃거리고 밖으로 찾아 헤매면서 널리 지견인 알음알이를 다시 구하러 다니는 세태에 대해 말씀하고 계신 것이다.

이 현상에 납승 역시 두 손을 다 들었다.

어찌 해볼 도리가 없어 온갖 방편을 다 베풀어도 스스로 들어오지 않으니 어쩔 수가 없다.

그러나 잘 들어라, 그리고 깊이 느껴라. 허공으로 들어온다고 떨어질 염려가 없다. 무심의 경지인 불계에 들어오면, 들어와도 그대로고 안 들어와도 그대로인 것을 모를 뿐. 그대가 아는 알음알이가 다 반야 지혜가 되고, 그것이 여래장임을 알아야 한다. 움직이고 일하는 모든 것이 다 부처의 행이 되는 줄을 몰라서 그렇다. 하려면 다 하고, 누리려면 다 누리고, 다 쓰고 응하고 다 하지만, 그것에 얽매이지 않기 때문에 자유롭고 행복하고 환희심 속에 살 수 있는 것임을 알아야 한다.

그냥 다 놓아버리고 들어와 버려라.

놓아도 그대로 일 것이니!

**"그러므로 지견을 구하는 자는 쇠털처럼 많아도
정작 도를 깨친 이는 뿔과 같이 드물 것이다."**

옛날이나 지금이나 다 사람 마음은 그대로인 것이다.

욕계중생이 어찌 가진 것을 내려놓겠는가. 가진 것은 그냥 두고 무엇 신통한 것이나 있나 기웃거리면서 알음알이를 가지고, 그것을 풀어 먹고도 살고, 강의도 하고 법문도 하고, 그것으로 자랑도 하고, 폼도 잡고 그렇게 한다.

그래서 스님도 그런 사람은 쇠털같이 많아도 정작 내려놓고 이 문에 들어온 자는 뿔같이 귀하고도 귀한 것이라고 하신다.

"문수보살은 이치(理)에, 보현보살은 행실(行)에 해당한다.
이치란 진공(眞空)으로서 걸림 없는 도리이고
행실이란 형식을 벗어난 끝없는 실천을 말한다."

석존께서 문수보살을 등장시키고 보현보살 등 수많은 불보살을 도설한 이유는 다 비유품이다. 이치(理)가 바로 보이지 않는 도리인 것이니 이치적으로 깨달아도 요인성불(了因成佛)이 되는 것이다. 이치든 인연이든 그냥 깨치면 되는 것이다. 어려움도 없고 알 것도 없이 그냥 이치적으로 깨달아도 그대로인 것이다.

그렇게 깨달아 바로 부처행을 하면 되는 것이다.

그냥 부처로 살아가라는 것이다. 그래서 보현보살을 인용하여 불타행을 하면서 열심히 최선을 다하여 잘 살라는 것이다. 그러면 걸릴 것도 막힐 것도 집착할 것도 없이 인연이 오면 오는 대로 베풀고, 인연이 사라지면 사라지는 것으로 받아들이면 되는 것이다. 거기에 무엇이 있다고 집착하지만 않으면 그대로 무심을 쓰고 누리고 펼치는 것이다.

부처되는 것은 세수하다 코 만지는 것 보다 쉽다.

너무 쉬워 모를 뿐이지... 누구나 다 그렇게 이 마음이 그대로 부처인줄 알면 깨달은 것이다. 그리고 찰나찰나 자각되고 있는 이 모든 것이 다 그대로 깨달음이고 아는 것도 다 깨달아 아는 것이며, 행하는 것도 다 깨달아 알기 때문에 행하는 것이지 미(迷)하면 어떻게 하겠는가!

그래서 지금 이대로 완전한 깨달음인 것이다.

어떤 한 생각을 붙여 이것이 부처가 아니라고 한다면, 그 사람이 조작된 마구니인 것이다. 그 사람이 설령 법왕자일지라도 조작하여 만들어진 마음을 보고 깨달음이라고 한다면 이런 사람은 조작하여 나타난 허깨비 귀신인 줄 알면 될 뿐 더는 없다.

"관세음보살은 자비를, 세지보살은 지혜를 상징한다."

그러면 불타행이 무엇인가?

바로 이타행(利他行)인 보살도(菩薩道)다. 이타행이란 나라는 상을 없애고 오직 모든 사람이 다 행복하게 살아가도록 일을 하는 것이다.

아무런 조건 없이 무심하게 하면 다 불타행이 된다.

그래서 관세음보살은 바로 자비로운 마음을 상징하여 불타행을 하는 것이고, 대세지보살은 지혜를 상징하는 것이니 자비로운 마음으로 지혜롭게 행을 하라는 것이다.

바로 깨달아 무엇을 할 것인가. 십선을 행하고 모든 악을 막고 스스로 마음을 회광반조하여 조작하지 말고 행하면 바로 불타행인 것이며 이것이 자비행이요, 보살도를 행하는 것이 된다.

첫째도 둘째도 셋째도 마지막도 부처님의 가르침은 보살도를 행하여 즉 '불타행을 하여 붓다가 되라' 라는 것이다. 이것이 서원이고 발원이면 결론이고 궁극이다. 더 이상 어떤 것이 있다하면 다 마구니다.

스님이 절에만 앉아 있으면 다 마구니요, 불교 수행한다고 가정을 버리는 자는 다 마구니요, 불교를 가르친다며 이타행이 아닌 수익을 위하여 가르치는 자는 다 도둑이다.

조사선인 선은 바로 '함이 없는 것' 이지 무엇이든 세워서 만들어 '이것이다' 하면 다 마구니며, 삿된 법을 펴는 것이 된다.

"유마(維摩)는 깨끗한 이름[淨名]이란 뜻인데, 깨끗하다는 것은 성품을[性]을 두고 하는 말이고, 이름은 모습의 측면에서 한 말이다.

성품이 모양과 다르지 않으므로, 그를 정명거사(淨名居士)라 한 것이다. 대 보살들로 상징된 위의 것들은 누구나가 가진 성품으로, 한마음을 여의지 않으니 깨치면 곧 그대로인 것이다."

라고 하시는데 『유마경』도 비유품이지 유마거사가 있는 것이 아니다. 모든 것은 비유해서 마음을 쓰되 그 마음을 이타행인 보살도를 위하여 잘 쓰라는 뜻으로 그 많은 불보살을 도설하였지만, 실제 존재한 유일한 사람은 석가모니 한 사람 뿐이다.

석가모니가 세운 불보살은 다 이십팔 공덕부처님이고 공덕을 쌓은 불보살인 것이다. 그래서 그 공덕을 대변하는 이름이고, 공덕성 즉 불성을 그렇게 수많은 불보살님의 명호가 말하는 그런 공덕을 지으라고 하는 것이지 그런 불보살이 실존해서 하신 말씀이 아닌 것이다.

그래서 다 가설인 것이다. 그럼 왜 가설을 세웠을까.

그 이름에 다 들어 있다. 공덕이며 덕상이며 지혜이며 남을 위해 한 불타행을 대표하는 이름, 그 결론은 바로 그런 불보살의 덕상을 살펴 그대들이 바로 그런 보살도를 행하라는 것이다.

그래도 '난 산에서 그냥 그렇게 살래' 한다면 할 말이 없다. 불법이 무엇인지도 모르는 허깨비 탈을 쓴 귀신인 것이다. 귀신은 사람을 말하는 것인데 나쁜 쪽으로 무엇이든 행하면 바로 그 사람이 귀신인 것이다. 그러니 그런 귀신굴은 찾지도 가지도 말라.

"그런데 지금 도를 배우는 사람들은
자기 마음에서 깨달으려 하지 않고 마음 밖의 경계인
모양에 집착하여 오히려 도를 등지고 있다."

그래서 스님은 이렇게 말씀하신다.

도를 배운다 하는 사람이 자기 마음을 밝혀 깨달으려 하지 않고, 마음 밖에서 찾으니 저 수많은 잡귀신 굴들이 생겨나는 것이다.

바다에 있는 돌을 보고 관세음보살이라고 하고, 어디 바위에 새겨진 부처님이 용하다 하고, 어디 가서 절을 하면 다 이루어진다 하고 별의별 귀신들이 대우받고 행세하는 세상이 되었으니 무슨 할 말이 있겠는가. 승복을 입고도 그런 곳을 앞장서 가자고 하고 스스로 그 앞에 엎드려 절을 한다. 이 모든 짓은 다 도를 등지는 것이지 도를 구하는 것이 아니다.

"갠지스강의 모래란 것을 부처님께서 말씀하셨는데, 이 모래는 모든 불·보살과 제석, 범천 및 하늘 무리들이 자기를 밟고 지나간다 해도 기뻐하지 않고, 소나 양·벌레·개미 등이 자기를 밟고 지난다 해도 성내지 않음을 말씀하신 것이다. 또한 갠지스강의 모래는 보배나 향기를 탐하지도 않으며, 똥·오줌 냄새나는 더러운 것도 싫어하지 않는다."

마음이 경계이고 경계가 바로 마음이듯이 무심한 마음의 경지는 형상이 없으므로 그 어떤 경계에 처하여도 그냥 그대로 있을 뿐, 자기를 밟고 무엇이 지나가든 나를 욕하든 어떤 차별상이 벌어져도 함께하면서도 거기에 어떤 마음을 내어 싫어함도 없고, 기뻐하지도 않는 무심한 그대로의 경지에 있으므로 이런 사람은 차별심이 없으니 어찌 차별을 나투겠는가 하는 것이다.

"이런 마음이 곧 무심한 마음으로서, 모든 모양을 떠난 것이다."

무심의 상태를 위에서 누누이 설했다. 그래서 앞 단락의 어떤 경계가 오든 가든 그 어떤 집착도 분별심도 낼 것이 없으니 이런 경지를 일러 무심한 마음이라고 하신다.

"중생과 부처가 다를 것이 없으니 이렇게 무심할 수 있다면
그것이 바로 완전한 깨달음이다."

형상과 모양과 느낌마저도 없는 그 무심한 경지인 마음의 본체를 알면 바로 깨달음이고 중생마음에도 그 체가 그대로 있고, 부처의 마음도 그 체로서 존재한다. 그러니 그 본체에서 보면 중생과 부처의 마음이 똑같아서 다른 것이 아니다. 이렇게 알고 그렇게 행하면 바로 무상정등각 완전한 깨달음이라고 하신다. 그러니 다시 찾을 것도 구할 것도 나타날 별도의 마음이 있는 것이 아니다. 그렇게 알고 그렇게 깨달아 내가 부처임을 알면 그대로 부처인 것이다.

"도를 배우는 사람이 당장 무심한 상태가 될 수 없다면
그 사람은 여러 겁 동안 수행해도 도를 이루지 못할 것이니
그것은 성문(聲聞) · 연각(緣覺) · 보살(菩薩)의 단계적인
공부에 얽매여 해탈하지 못하는 것이다."

이렇게 설하면 그렇구나 하고 바로 깨달아 마치지 않고, 무심한 상태가 되지 않는다면, 그 사람은 바로 의심병 환자이므로 여러 겁을 수행해도 도를 이루지 못할 것이라고 하신다.

그래서 돌고 돌고 또 돌아서 삼아승지 겁을 돌아서 오십이위의 수행지위를 거쳐 깨달을 것이니 이런 단계를 밟는 사람은 해탈할 기약이 없다고 하신다. 즉 깨달아 마치려면 지금 바로 그대로 깨달아야지 돌아서 간다면 기약할 날이 없다고 하신다.

그대는 어찌 하겠는가, 지금 바로 깨달았는가!

"그러나 이 마음을 증득하는 데는 더디고 빠른 차이가 있다.
어떤 사람은 이 법문을 듣는 즉시 한 생각에 무심(無心)이 되기도
하고, 어떤 사람은 십신(十信)·십주(十住)·십행(十行)·
십회향(十廻向)에 이르러서야 비로소 무심을 얻기도 한다.
그러므로 더디거나 빠르거나 무심을 얻으면 그만이지
거기에 더 닦고 증득할 것이 없으며, 참으로 얻었다 할 것도 없다."

사람사람이 다 견처가 다르고 마음을 보는 것이 다 다르므로 바로 한 말끝에 바로 깨달아 무심의 경지로 가는 사람도 있고, 또 오십이위의 수행단계를 밟아 하나하나 그렇게 깨달아 가는 사람도 있다. 그러나 무심의 경지를 투득(透得)하고 보면 금방 바로 무심으로 간 사람이나 돌아 돌아 간 사람이나 차별이 없이 무심은 같은 경지라는 말씀이다.

"그러나 진실하여 허망하지 않은 것이니 당장 한 생각에 깨친 것과
십지를 거쳐 깨친 것이 효용에 있어서는 꼭 마찬가지여서

다시 더 깊고 얕음의 차이가 없다.
그렇지 않으면 다만 긴 세월 동안 헛되이 괴로움을 받을 뿐이다."

그러나 무심을 증득하고 나면 이것은 진실하여 허망하지 않는 것이라고 하신다. 깨달은 효용에 있어서는 돌아가나 금방 바로 깨달아 무심으로 들어가나 깊고 얕음의 차이가 없다. 그러므로 돌고 돌아 삼아승지 겁을 돌아가는 사람은 그동안 얼마나 많은 고통과 괴로움을 스스로 인내하고 감내하였겠는가. 그래서 그런 많은 괴로움을 받지 말고 지금 여기서 바로 깨달아 무심하면 된다.

이것을 비유하여 말씀을 하신 것이다.

"선악(善惡)을 짓는 것은 모두 모양에 집착하기 때문인데
모양에 집착하여 선악을 짓게 되면
허망하게 윤회(輪廻)의 수고로움을 받게 된다.
그러므로 그 무엇도 한마디 말에
본래의 법을 문득 스스로 깨닫는 것만 같지 못하다."

선악이란 차별적 경계는 다 그 경계에 집착하여 이루어지는 것이므로 무엇이든 집착하여 행하면 그 과보가 나타나고 그 과보에 따라 또 다른 마음의 경계가 펼쳐지는 것이다. 그러니 윤회의 굴레를 벗어나지 못하고 수고로움을 받는 것이니, 그런 고통을 받지 않으려면 지금 바로 깨달아 무심한 경지로 들어가는 것이 제일 급선무이고 무심한 경지에 이르면 스스로 막힘과 걸림이 없으므로 해탈의 경지로 나아가는 것이다.

"법 그대로가 마음이어서 마음 밖에는 아무 법도 없으며,
이 마음 그대로가 법이어서 법 밖에는 어떠한 마음도 없다.
그런데 마음 그 자체는 또한 마음이라 할 것도,
무심(無心)이라 할 것도 없다."

법이라고 하는 것이 바로 마음법[心法]이고 마음을 떠나서는 그 어떤 법도 없으며 법을 떠나 또한 마음도 없는 것이다. 그렇다고 마음이라고 하여도, 그 마음의 실체는 허공성이라, 있다고 할 수가 없는 것이다. 그러니 법이라 할 것도 없는 것이 된다. 그래서 '나' 라는 마음이나 법이 실로 존재한다고 할 수 없으므로 제법무아(諸法無我)가 되는 것이다.

"마음을 가지고 마음을 없앤다면 도리어 마음이 있게 된다.
그 마음이 다만 묵묵히 계합(契合)할 따름이다."

무심으로 들라고 하니 마음으로 다시 지어서 지금 이 마음을 없앤다고 한다면 그것은 '마음을 없애야 한다는' 생각을 짓는 것이 되는 것이니 이것은 없애는 것이 아니라. 마음이 다시 생기게 되는 것이다. 그러니 어떻게 해야 하느냐?
마음이 일어나는 작용을 통하여 형상 없는 본체를 '묵묵히 계합(契合)할 따름이다' 라고 하신다. 이것은 너무나 중요한 부문이다.
세우면 다 허망하지만 세우지 않고도 경계 따라 일어나는 마음을 통하여 형상 없는 그 마음의 본체가 있음을 묵묵히 스스로 알 수 있으므로 이를 통하여 계합하면 되는 것이라고 하였으니, 보려고도 하지 말고 찾으려 하지도 말고 그냥 그대로 묵묵히 느끼고 자각하면 된다.

"모든 사유(思惟)와 이론이 끊어졌으므로

말하기를 '언어의 길이 끊기고

마음 가는 곳이 없어졌다[言語道斷 心行處滅]'고 하였다."

그러니 이 본체는 생각과 사유와 이론으로는 감지할 수도 느낄 수도 없는 것이다. 그래서 어쩔 수 없이 언어도단 심행처멸(言語道斷 心行處滅)이라고 할 수밖엔 없는 것이다.

찾아서 찾아지는 것도 아니요, 말로써 글로써도 드러내지 못하며 그 어떤 형상도 모습도 자각할 수 없으므로 이를 일러 이렇게 말하지만 그 본체는 스스로 경계를 반조하여 스스로 자각(自覺)할 수 있는 것이다.

"이 마음이 본래 청정한 부처인데 사람마다

모두 그것을 지녔으며 꿈틀거리는 벌레까지도

불보살과 한 몸으로 다를 것이 없다.

다만 망상 분별 때문에 갖가지 업과를 지을 뿐이다."

그래서 그 자각된 그것이 바로 마음이며, 그 본체는 본래 청정한 부처이고 모든 사람이 다 가지고 있고 지금 사용하고 있고 모든 것의 근본이며, 모든 것의 원천이며 뿌리가 되는 것이다.

그대로 자각하여 그대로 쓰면 되는 것이다. 오직 내가 스스로 세운 관념인 식심으로 분별하고 망상을 짓지 않으면 다 진여를 쓰는 것이고 누리고 펼칠 수 있는 것이다.

3. 근원이 청정한 마음

강서 본래 부처 자리에는 실로 그 어떤 것도 없다.

툭 트이고 고요하여 밝고 오묘하며 안락할 따름이다. 스스로 깊이 깨달으면 당장 그 자리이므로 원만구족(圓滿具足)하여 다시 모자람이 없다. 설사 삼아승지 겁을 정진 수행하여 모든 지위를 거치더라도 한 생각 증득하는 순간에 이르러서는 원래 자기 부처를 깨달을 뿐, 궁극의 경지에 있어서는 어떠한 것도 거기에 더 보탤 것이 없다.

깨닫고 난 다음 지난 세월의 오랜 수행을 돌이켜 보면 모두 꿈속의 허망한 짓일 뿐이다. 그래서 여래께서는 "내가 아뇩다라삼먁삼보리에 있어서 실로 얻었다 할 것이 없느니라. 만약 얻은 바가 있었다면, 연등부처님께서는 나에게 수기하시지 않았을 것이다."고 하셨다.

또 말씀하시기를, "이 법은 평등하여 높고 낮음이 없으니, 이것을 깨달음이라 한다."고 하셨다.

본래 청정한 이 마음은 중생의 세계와 부처님의 세계, 산과 물, 모양 있는 것과 없는 것, 온 시방법계가 다 함께 평등하여 너다 나다 하는 생각이 없다. 이 본래 근원이 청정한 마음은 항상 뚜렷이 밝아 두루 비추고 있는데도 세상 사람들은 깨닫지 못하고 다만 보고 듣고 느끼고 아는 것[見聞覺知]으로 마음을 삼고, 그것에 덮여 끝내는 정교하고 밝은 본체를 보지 못하고 있다.

그러나 당장에라도 무심(無心)하기만 하면, 본 마음자리가 스스로 나타나서 밝은 햇살이 공중에 떠오르듯 시방법계를 두루 비추어 장애가 없게 된다. 그러므로 도를 배우는 사람이 보고 듣고 느끼고 아는 일거일동(一擧一動)을 마음이라고 오인하는 것이다.

이 보고 듣고 느끼고 아는 것[見聞覺知]을 텅 비워버리면 마음 길이 끊겨서 어느 곳에라도 들어갈 틈이 없느니라. 다만 보고 듣고 느끼고 아는 곳에서 본래 마음을 인식할지라도 본래 마음은 보고 듣고 느끼고 아는 데에도 속하지 않으며, 그렇다고 해서 그것을 떠나 있지도 않느니라.

그러므로 보고 듣고 느끼고 아는 가운데 다만 견해를 일으키거나 생각을 움직이지 말아야 하며, 그렇다고 해서 보고 듣고 느끼고 아는 것을 떠나 마음이나 법을 찾아서도 안 되며 보고 듣고 느끼고 아는 것을 버리고 법을 취해서도 안 된다. 그리하면 즉(卽)하지도 않고 여의지도[離] 않으며 머물지도 집착하지도 않으며 종횡으로 자재(自在)하여 어느 곳이든지 도량(道場) 아님이 없다.

세상 사람들은 모든 부처님께서 마음법을 전한다는 말을 듣고는 마음 밖에 따로 깨닫고 취할 만한 법이 있다고 여긴다.

그리하여 마음을 가지고 법을 찾으면서 마음이 곧 법이고 법이 곧 마음인줄 알지 못한다. 마음을 가지고 다시 마음을 찾지 말아야 한다.

그래 가지고는 천만 겁을 지나더라도 마침내 깨칠 날은 없을 것이다.

당장 무심함만 같지 못할 것이니, 그 자리가 본래 법이다.

마치 힘센 장사가 자기 이마에 보배 구슬이 있는 줄을 모르고 밖으로 찾아 온 시방세계를 두루 다니며 찾아도 마침내 얻지 못하다가 지혜로운 이가 그것을 가르쳐주면 본래 구슬은 예와 다름이 없음을 보는 것과 같은 일이다.

도를 배우는 사람도 자기 본심(本心)을 미혹하여 그것이 부처임을 알지 못하고 밖으로 찾아다니면서 의식적으로 수행을 하며 차례를 밟아서 깨달으려고 하지만 억겁 동안 애써 구한다고 해도 영원히 도를 이루지 못할 터인즉 당장 무심함만 못하다.

일체의 법이 있다 할 것도 얻었다 할 것도 없고, 의지할 것도 머무를 것도 없으며, 주관이니 객관이니 할 것도 없다는 사실을 명백하게 알아야 한다. 망념(妄念)을 일으키지 않는 그 자리가 바로 깨치는 자리다. 그때 가서는 다만 본래 마음인 부처를 깨달을 뿐 많은 세월을 거친 노력은 모두 헛된 수행이다.

마치 힘센 장사가 구슬을 얻은 것은 자기가 본래 갖고 있던 구슬을 얻은 것일 뿐, 밖으로 찾아다녔던 노력과는 상관이 없는 것과 마찬가지다.

그러므로 부처님께서는 "내가 아뇩다라삼먁삼보리를 실제로는 얻었다 할 것이 없으나 사람들이 믿지 않을까 염려스럽기 때문에 다섯 가지 눈[五眼]과 다섯 가지 말[五語]로써 끌어다 보였노라. 이것은 진실되어 허망하지 않은 것이니 이것이 맨 으뜸 되는 뜻의 이치[第一義諦]이니라."고 하셨다.

보설

"강서 본래 부처 자리에는 실로 그 어떤 것도 없다.
툭 트이고 고요하여 밝고 오묘하며 안락할 따름이다.
스스로 깊이 깨달으면 당장 그 자리이므로
원만구족(圓滿具足)하여 다시 모자람이 없다."

여기서 설해지는 법문은 자성청정심에 대한 것이다. 즉 법에서는 법신인 체를 들어 설하고 있는 것이다. 무심(無心)이 도라고 했다. 도라고 하나 자성청정심이라 하나, 법신이라 하나 진여라 하나 진리라 하나 이것은 전부 같은 말이다.

즉 어느 곳에서 말하느냐에 따라 달라질 뿐, 우리의 본마음, 진아, 참나, 자기, 마삼근, 정전백수자, 몰현금 등 수많은 말들은 뭐가 있어 그렇게 이름 붙여진 것으로 알지만 그 자리에는 그 무엇도 없다. 그래서 황벽스님도 **"부처 자리에는 실로 그 어떤 것도 없다."**라고 하신다.

그렇다. 허공처럼 그 어떤 것도 있다 할 무엇이 없다는 것이다.

그래서 무심이라고 했을 뿐, 무심이라 해도 그것은 말일 뿐인 것이다. 그래서 어쩔 수 없이 말을 만들어 '툭 트이고 고요하여 밝고 오묘하며 안락할 따름이다' 라고 한 것이다. 깨달음을 빌지 않아도 원래 그렇게 비어 있었고 지금도 비어있고 그 언제나 그렇게 비어있다.

그래서 깨달아도 그 자리요, 깨닫지 못해도 본래 그 자리인 것이다. 그러나 망심이 다하여 그윽히 느껴보면 실로 모든 것이 원만구족하여 비었는데 무엇이 모자라며 무엇이 남을 것인가. 벗어나도 모자람도 없는 있는 그대로일 것이다.

"설사 삼아승지 겁을 정진 수행하여 모든 지위를 거치더라도
한 생각 증득하는 순간에 이르러서는 원래 자기 부처를 깨달을 뿐,
궁극의 경지에 있어서는 어떠한 것도 거기에 더 보탤 것이 없다."

실로 이 자리는 원래 허공성이므로, 그 허공을 가지고 삼아승지 겁을 수행정진하여 십신부터 십지, 등각, 묘각까지 두루 거친다 해도 문득 그윽히 느껴질 때의 그 마음은 원래 그렇게 비어있음을 깨닫는 것이지 무엇이 있어 깨달았다 하는 것이 아니다. 그렇게 오랜 세월을 닦고 닦다가 오히려 이상한 상을 만들어 그것을 깨달음이라고 한다.

그러나 그런 것은 헛된 망상일 뿐 본마음은 어떻게 변하지도 형상을 나투지도 않는 것이므로 무엇을 보태거나 빼면 다 상이 되어 버리는 것이니 이미 본마음의 허공성은 아니다. 황벽스님도 **"거기에 더 보탤 것이 없다."**라고 하시어, 조작하고 시비하고 차별하고 단상을 짓지 않고 범성(凡聖)이 없으면 바로 평상심시도(平常心是道)라고 강조하신다.

"깨닫고 난 다음 지난 세월의 오랜 수행을
돌이켜보면 모두 꿈속의 허망한 짓일 뿐이다.
그래서 여래께서는
"내가 아뇩다라삼먁삼보리에 있어서
실로 얻었다 할 것이 없느니라.
얻은 바가 있었다면, 연등부처님께서는
나에게 수기하시지 않았을 것이다."고 하셨다."

또 말씀하시기를,

"이 법은 평등하여 높고 낮음이 없으니, 이것을 깨달음이라 한다."고 하셨다.

지금 이대로의 텅 빈 불성 그대로가 부처이지 오랜 수행을 거쳐 깨닫는 것은 아니다. 깨닫고 나서 보니 다 꿈 속 같은 허망한 짓임을 알지만 그렇다고 가만히 앉아 있는다고 또한 깨달아지는 것은 아니다. 그 깨달음의 성품은 바로 무심(無心)이므로 그 어떤 것도 없이 텅 비어 있다는 것이다. 그래서 『금강경』을 인용하여 다시 설명하고 계신 것이다.

아뇩다라삼먁삼보리는 무상정등각(無上正等覺)으로서 성불을 이룬 자리라고는 하나 무엇을 얻어서 깨달은 것이 아니라 아무것도 없음을 알아 그 없음을 얻었으므로 무심을 증득했다고 하였던 것이다. 그러므로 무심을 얻었으므로 다시는 잃을 것도, 일어날 것도 바랄 것도 얻을 것도 없다. 이것이 얻음 없는 것을 얻은 것이라는 말이다.

"본래 청정한 이 마음은 중생의 세계와 부처님의 세계,
산과 물, 모양 있는 것과 없는 것, 온 시방법계가
다 함께 평등하여 너다 나다 하는 생각이 없다."

텅 빈 그 자리에서는 중생과 부처의 세계가 다르지 않고, 그 어떤 형상이나 모양 등이 다 똑같아서 있는 그대로 투영될 뿐 다 평등하여 차별이 없다. 그러니 너다 나다 하는 생각도 붙을 수 없으며 두두물물이 그대로 부처여서 평등성지와 대원경지를 이루고 있는 것이다.

형상이 없는데 어찌 차별이 있으며, 모양이 없는데 어찌 좋고 싫음이 있을 것이며, 생각이 일어나지 않는 자리이니 모든 것은 있는 그대로 나투고 비출 뿐 그 어떤 물듦도 없이 일미평등하다는 것이다.

"이 본래 근원이 청정한 마음은 항상 뚜렷이 밝아
두루 비추고 있는데도 세상 사람들은 깨닫지 못하고
다만 보고 듣고 느끼고 아는 것[見聞覺知]으로 마음을 삼고,
그것에 덮여서 끝내는 정교하고 밝은 본체를 보지 못하고 있다."

마음의 본체는 텅 빈 불성이라 항상 어둡지도 않고 그렇다고 빛나지도 않고 시방을 그저 담담히 비추고 있을 뿐인데 그 작용으로 나투는 견문각지(見聞覺知)를 마음이라고 하니, 물에 이는 파도를 보고 물이라고 하는 것과 같다. 그런 이들은 이 견문각지가 스스로 만들어 사용하는 조작된 마음임을 모른다. 그래서 스님도 '정교하고 밝은 본체를 보지 못하고 있다' 고 하신 것이다.

"그러나 당장에라도 무심(無心)하기만 하면
본 마음자리가 스스로 나타나서 밝은 햇살이 공중에 떠오르듯
시방법계를 두루 비추어 장애가 없게 된다."

그러나 당장에라도 허망한 번뇌망상심을 내려 놓고 무심한 상태가 되면 본마음 자리가 스스로 나타나서 밝은 햇살이 시방세계를 두루 비추듯이 아무런 장애가 없게 된다고 하신다. 관념으로 바라보고 관념으로 듣고 관념으로 모든 것을 비추어 알려는 식심(識心)만 없으면 된다는 것이다. 그러면 있는 그대로일 것이라고 하시는 것이다.

"그러므로 도를 배우는 사람이 보고 듣고 느끼고 아는
일거일동(一擧一動)을 마음이라고 오인하는 것이다.
이 보고 듣고 느끼고 아는 것[見聞覺知]을 텅 비워 버리면
마음 길이 끊겨서 어느 곳에라도 들어갈 틈이 없느니라."

그래서 스님은 우리가 어묵동정 일거수일투족에 보고 듣고 느끼고
아는 견문각지인 이 조작된 마음을 텅 비워버리면, 방위와 처소와 객
관과 주관이 다 사라져 그 어떤 마음도 없는 무심의 경지가 드러나며,
그 어느 곳에서도 한 생각도 붙을 자리가 없어져야 번뇌와 망념이 붙
을 틈이 없다고 하신다.

"다만 보고 듣고 느끼고 아는 곳에서 본래 마음을 인식할지라도
본래 마음은 보고 듣고 느끼고 아는 데에도 속하지 않으며
그렇다고 해서 그것을 떠나 있지도 않느니라."

보고 듣고 느끼고 아는 것[견문각지見聞覺知]에도 그 본체인 진여는
같이 하지만 그 견문각지를 보고 진여라 하지 않는다. 체에 즉한 용은
모든 작용이 다 체의 작용이지만 그 작용은 다 변하여 사라지는 것이
므로 그 용을 체라 하지 않으며, 그렇다고 용을 떠나서 체가 별도로 존
재하는 것도 아니라는 것이다.
이것은 오직 체에서 하는 말이지만 사실 체와 용은 또한 하나인 것
이다. 그래서 '둘이면서 하나이고, 하나이면서 둘이다'라고 할 뿐인
것이다.

"그러므로 보고 듣고 느끼고 아는 가운데
다만 견해를 일으키거나 생각을 움직이지 말아야 하며
그렇다고 해서 보고 듣고 느끼고 아는 것을
떠나 마음이나 법을 찾아서도 안 되며
보고 듣고 느끼고 아는 것을 버리고 법을 취해서도 안 된다."

견문각지인 용을 쓰고 작용을 일으켜 모든 행을 하지만, 그 행함에 있어 견해를 일으켜 생각을 움직이지 말아야 한다고 한다. 그것은 지금 그대로 행하고 쓰면 될 뿐, 지나간 기억인 번뇌를 일으켜 다시 조작하고 시비하여 차별상을 도출하여 보거나 듣거나 하면 안 된다는 것이다. 이것은 바로 망념으로 이어지기 때문에 번뇌심을 일으키지 말라고 하신 것이다.

그러니 **'견문각지를 떠나 마음이나 법을 찾아서도 안 되고, 견문각지를 버리고 법을 취해서도 안 된다'** 라고 하시어 이것은 그 속에 함께 하면서도 물들지 않고, 그렇다고 그 행을 떠나 별도로 존재하는 것도 아님을 말하고 있다.

"그리하면 즉(卽)하지도 않고 여의지도[離] 않으며
머물지도 집착하지도 않으며
종횡으로 자재(自在)하여 어느 곳이든지 도량(道場) 아님이 없다."

라고 말씀하시어, 조작하거나 시비분별심만 별도로 짓지 않으면 있는 그대로 완전한 자유이므로 쓰면 쓰고 버리면 버리고 보고 듣고 말하고 일하는 모든 것을 자유자재하게 마음 쓸 수 있다고 하신다.

번뇌망상심만 내지 않으면 모든 것이 다 원만구족하여 모자람도 남음도 없이 세우면 세우는 대로 그대로가 다 진여이며 자성청정심이라는 것이다.

"세상 사람들은 모든 부처님께서 마음법을 전한다는 말을 듣고는
마음 밖에 따로 깨닫고 취할 만한 법이 있다고 여긴다."

이심전심(以心傳心)이란 말을 듣고는 조사나 깨달음을 얻은 사람은 지금 범부의 마음과 다른 어떤 마음이 있어서 전하는 것으로 안다.

마음에서 마음을 전하는 것은 지금 여기 이대로의 마음을 말하는 것이지 깨달은 마음이나 부처님 마음이 별도로 존재하는 것이 아니다. 오직 조작되고 망념과 관념이 없는 지금 이대로의 마음이 그대로 마음임을 일깨워주는 것으로 마음에서 마음을 전한 것이지, 어떤 전할 마음이 별도로 있어 전한 것이 아니라는 것을 말씀하고 계신 것이다.

"그리하여 마음을 가지고 법을 찾으면서
마음이 곧 법이고 법이 곧 마음인줄 알지 못한다."

마음이라니 별도의 마음을 찾고 법이라니 별도의 법이 있는 것으로 안다. 그러나 지금 이대로의 마음이며 마음의 씀, 즉 마음의 작용이 곧 법임을 모른다는 것이다. 그래서 마음이 곧 법이고 법이 곧 마음인 것이다.

스님은 다시 이렇게 말씀하고 계신다.

"마음을 가지고 다시 마음을 찾지 말아야 한다."

마음을 가지고 마음을 찾으면 이것이 바로 두 마음이 되는 것이다.

두 마음이니 바로 이법(二法)이 되는 것이다. 그러므로 마음으로 마음을 찾는 수행이라는 것이 헛됨을 알아야 한다. 그러니 스님은 그렇게 해서는 마음을 찾을 수 없음을 일깨워주고자 이렇게 말씀을 하고 계신 것이다.

"그렇게 해선 천만 겁을 지나더라도
아마도 깨칠 날은 없을 것이다.
당장 무심함만 같지 못할 것이니
그 자리가 본래 법이다."

그러니 마음으로 마음을 찾고 마음으로 법을 찾는 것은 원래 없는 토끼뿔을 찾는 것이니 찾아질 리가 없는 것이다. 다만 일어나는 모든 마음을 일으키지 않고 고요한 마음 그대로가 바로 무심의 경지이며 그 무심한 자리가 바로 법이라고 말씀하신다.

우리 마음의 근본자리는 바로 무심한 경지 그대로가 바로 본마음이라는 것이다. 그래서 '찾으면 없어도 찾지 않으면 그대로 드러나 있다'라고 하신 것이다.

"마치 힘센 장사가 자기 이마에 보배구슬이 있는 줄 모르고
밖으로 찾아 온 시방세계를 두루 다니며 찾아도
마침내 얻지 못하다가 지혜로운 이가 그것을 가르쳐 주면
본래 구슬은 예와 다름이 없음을 보는 것과 같은 일이다."

이 말씀은 본마음은 그 어떤 형상은 없으나 언제나 깨어있고 텅 비
어 밝게 빛나고 있다. 그러므로 찾으려 하면 찾을 수 없고 보려고 하면
형상이 없으므로 볼 수도 없고 느끼려 하면 느껴지지 않는다. 그러나
아무 일 없으면 그대로인 것이다.

빛이 눈에 보이지 않으나, 사물이 내 눈에 보인다면 이미 빛은 그 안
에 다 나투고 있는 것이고 소리를 찾으면 없지만 내 귀에 들리는 그대
로가 소리인 것과 같이 이치이다.

"도를 배우는 사람도 자기 본심(本心)을 미혹하여
그것이 부처임을 알지 못하고 밖으로 찾아다니면서
의식적으로 수행을 하며 차례를 밟아서 깨달으려고 하지만
억겁 동안 애써 구한다고 해도
영원히 도를 이루지 못할 터인즉 당장 무심함만 못하다."

수행을 한다는 사람들이 모두 지금 이대로의 마음이 부처인줄 모르
고 밖으로 찾아 수행하여 십신, 십주, 십행, 십회향, 십지, 등각, 묘각
의 단계를 밟아서 부처를 찾지만 결국 알고 보면 바로 지금 이 마음이
바로 부처임을 안다는 것이다.

그러니 교학으로 오십이위를 거쳐 증득된 것을 마음이라고 생각하

고 찾고 구하고 얻으려 함을 꾸짖고 있는 것이다. 지금 찾는 그 마음을
당장 내려놓고 방하착(方下着)하면 그대로 그 마음이라는 것이다.

이것이 바로 즉심즉불(卽心卽佛)인 것이다.

"일체의 법이 있다 할 것도 얻었다 할 것도 없고
의지할 것도 머무를 것도 없으며
주관이니 객관이니 할 것도 없다는 사실을 명백하게 알아야 한다.
망념(妄念)을 일으키지 않는 그 자리가 바로 깨치는 자리다."

일체의 법이란 바로 마음의 모든 체와 작용을 통칭하는 말인 것이
다. 무심한 자리에는 그 어떤 마음도 없다. 그러니 법이 있을 리 없다.
의지할 대상도 없고 주관이니 객관이니 하는 것도 없음을 명백히 알아
야 한다고 하신다. 이것은 원래 텅 빈 각성인 마음자리에는 그 어떤 것
도 존재성을 드러내지 않기 때문이다.

'다만 망념(妄念)을 일으키지 않는 그 자리가 바로 깨치는 자리다' 라
고 하신 것은 번뇌에 비춰 다시 망념을 일으켜 분별하거나 차별하는
이 마음의 작용만 없다면 있는 그대로 완전한 자유인 무심의 경지라고
하시면서, 이것이 바로 깨치는 자리, 즉 깨달음의 자리라고 하신다.

"그때 가서는 다만 본래 마음인 부처를 깨달을 뿐
많은 세월을 거친 노력은 모두 헛된 수행이다.
마치 힘센 장사가 구슬을 얻은 것은
자기가 본래 갖고 있던 구슬을 얻은 것일 뿐,
밖으로 찾아다녔던 노력과는 상관없는 것과 마찬가지다."

깨닫고 보니 다만 본래 이 마음이 부처임을 깨달은 것이지 수많은 수행으로 얻어진 마음이 부처가 아니라는 것이다. 그러니 수행을 통하여 얻는다는 그 마음이 바로 헛고생을 한 것이지 어떠한 것도 한 것이 없음이 된다.

바로 지금 즉시에 이 마음이 부처임을 깨달으면 되는 것이며, 장사가 구슬을 얻는다는 표현도 원래 있던 구슬을 찾은 것이지 없었던 구슬을 찾은 것이 아니라는 것을 말씀하고 계신다.

즉 구슬을 찾는다고 고생한 것과 구슬은 아무런 관련이 없다는 것을 밝히시어 수행을 해서 얻어지는 마음이 아니라는 것임을 설파하신다. 그래도 믿지 않고 밖으로 찾아 고행을 하여 얻어진다고 생각할 것 같아 다시 이렇게 말씀을 하고 계신 것이다.

"그러므로 부처님께서는
'내가 아뇩다라삼먁삼보리를 실제로는 얻었다' 할 것이 없으나
사람들이 믿지 않을까 염려스럽기 때문에
다섯 가지 눈[五眼]과 다섯 가지 말[五語]로써 끌어다 보였노라."

라는 말은 『금강경』에서 석존께서 하신 말씀이다.

즉 얻을 것이 없음을 얻었다고 하면, '이무소득고(以無所得故)로 아뇩다라삼먁삼보리' 라고 하는 것을 바로 믿지 않을 것이며, 무엇인가 얻을 것이 있을 것이라는 견해로 보니, 어쩔 수 없이 방편을 베풀어 오안(五眼)을 거론한 것이다. 즉 범부의 눈인 육안(肉眼)과 하늘사람의 눈인 천안(天眼)과 모든 것을 밝게 비추어 보는 혜안(慧眼), 모든 법을 꿰뚫어 보는 법안(法眼), 부처님처럼 모든 것을 다 비추어 보는 불안(佛眼), 다

섯 가지의 말을 들어 베푸셨지만 지금 모든 사람이 이 경지를 다 가지고 있는 것이며 원래부터 구족한 것이다.

　그래서 석존께서도 '내가 성도를 하고 보니 지금 깨달은 것이 아니고 구원겁 전부터 깨달아 있었던 것을 내가 알았을 뿐이다' 라고 한 것이다. 원래부터 깨달아 있는 부처이고 일체중생실유불성(一切衆生悉有佛性)이라 모든 사람이 다 가지고 있지만 그것을 가진 줄을 모르니 범부인 것이다.

　알아도 원래 가지고 있었다는 것을 아는 것이지 원래 없었던 것이 증득된 것이 아니라는 것을 설파하신다. 그래서 지금 이대로의 마음이 바로 만법이며 도이며, 진여이며 진리이며 참 나인 것이지 여기서 무엇이든 조작하여 만들어진 것은 다 허망한 형상이며 명색(名色)인 것이 된다. 그래서 있는 그대로 완전한 자유이며 해탈이며 진여이며 자기이지 이것을 떠난 그 어떤 것도 다 허망한 것임을 설파하시면서 있는 그대로를 가장 으뜸 되는 뜻, 즉 제일의제라고 하신다.

**"이것은 진실되어 허망하지 않은 것이니,
이것이 맨 으뜸되는 뜻의 이치[弟一義諦]이니라."**

라고 하시어 번뇌망상(煩惱妄想)을 일으키지 않는 원래 그대로의 자리를 무심(無心)이라 하고 이 무심이 바로 우리의 자성청정심(自性淸淨心)이며, 그대로가 바로 법신이며 법이며 도이며 진리이며 진실하여 허망하지 않는 진여(眞如)임을 정연하게 밝히고 계신 것이다.

있는 그대로 완전한 자유를 누리소서!

4. 일체를 여읠 줄 아는 사람이 곧 부처

도를 배우는 사람은 의심치 말아야 한다.

사대(四大)로 몸을 삼으나, 사대에는 '나(我)'가 없고, 그 '나'에도 또한 주재(主宰)가 없다. 그러므로 이 몸에는 '나'도 없고 '주재'도 없음을 알아야 한다. 또한 오음(五陰)으로 마음을 삼지만, 이 오음 역시 '나'도 '주재'도 없다. 그러므로 마음 또한 '나'도 '주재'도 없음을 알아야 한다. 육근, 육경, 육식이 화합하여 생멸하는 것도 또한 이와 같다.

십팔계(十八界)가 이미 공(空)하여 일체가 모두 공하고, 오직 본래의 마음이 있을 뿐, 맑아서 호호탕탕 걸림이 없다.

분별의 양식[識食]과 지혜의 양식[智食]이 있다. 즉 사대로 된 몸은 주림과 질병이 근심거리인데, 알맞게 영양을 공급하여 탐착을 내지 않는 것이 '지혜의 양식'이고, 제멋대로 허망한 분별심을 내어, 입에 맞는 것만 구하면서 싫어하여 버릴 줄을 모르는 것을 '분별의 양식'이라 한다.

성문(聲聞)이란 소리를 듣고 깨닫기 때문에 붙여진 이름이다. 그들은 자기 마음자리를 깨닫지 못하고 설법을 듣고 거기에 알음알이를 일으킨다. 혹은 신통(神通)이나 상서로운 모양, 언어, 동작 등에 의지하여 보리, 열반이 있다는 설법을 듣고 삼아승지 겁을 수행하여 불도를 이루려 한다.

이것은 모두 성문의 도(道)에 속하는 것이며, 그것을 성문불(聲聞佛)이라 한다. 다만 당장에 자기의 마음이 본래 부처임을 단박 깨달으면 될 뿐이다. 한 법도 얻을 것이 없으며 행도 닦을 것이 없으면, 이것이 가장 으뜸가는 도이며 참으로 여여한 부처이니라.

도를 배우는 사람이 한 생각 생기는 것만을 두려워하여 곧 도와는 멀어지는 것이니, 생각마다 모양이 없고 생각마다 하염없음이 곧 부처이다.

도를 배우는 사람이 부처가 되려고 한다면, 불법을 모조리 배울 것이 아니라 오직 구함이 없고 집착이 없음을 배워야 한다.

구함이 없으면 마음이 나지 않고, 집착이 없으면 마음이 없어지지 않나니 나지도 않고 없어지지도 않는 것이 곧 부처이니라.

앞의 설법에서 아무런 조작이 없고 시비분별이 없으며 단상이 없고 범성이 없는 텅 빈 불성 그대로의 무심(無心)이 바로 부처라고 설하시고 나서 다시 설법을 이어가신다.

"도를 배우는 사람은 의심치 말아야 한다."

이 말씀은 마조스님이나 백장스님이나 역대조사들의 한결같은 당부이고 납승도 누누이 말하였다. 확신 있게 믿어 의심의 여지가 없는 마음이 정심(正心)이자 바로 부처님 경지의 마음이고, 무엇인가 있을 것이란 의심(疑心)의 마음이 바로 중생심(衆生心)이라고 설했다.

그래서 부처를 찾고, 마음을 찾고, 신통을 찾고, 신비를 찾아서 산으로 들로 절로 교회로 성당으로 찾고 찾는 그 행위를 들어 신앙이라 하지만 오직 조사님들이 말하는 것은 그 의심(疑心)을 내려놓으라는 것이다. 지금 즉시 그 마음만 내려놓으면 텅 빈 불성이 그대로 현전할 것이며, 그 어떤 수행도 고행도 두타행도 절차도 계단도 단계도 거치지 않고 일촉지에 부처의 경지에 이른다고 하신다. 그렇다. 진실로 그러하고 그렇다.

그러나 저 수많은 성직자가 다 그렇고 범부 또한 그렇다. 다 의심병을 앓고 있는 환자인 것이다.

성직자 그 누구도 행복을 모르고 살아간다. 자유를 알면서도 자유를 누리지 않고 해탈을 알면서도 해탈의 경지엔 가지 않는다. 그렇게 계율에 묶이고 행위에 묶이고 묶이며 얽매여서 살아가고 있다. 이 얼마나 무서운 이야기인가.

해탈과 자유를 갈망해서 출가해놓고 도리어 그 법에 묶여 로봇 같이 살아가니, 이 얼마나 원통한 짓인가. 원효성사나 경허선사나 진묵대사가 어떻게 살았는지, 우리는 참으로 가슴 쓸어 회광반조 해 보아야 할 것이라 감히 말한다. 납승도 많은 설법을 하였으나 그 누구도 나의 말을 믿지 않는다는 것을 확실히 알았다.

그러니 어쩌겠는가, 이제는 오직 한마디만 하고 내가 그 어떤 승상도 다 버리고 승도 아니고, 범부도 아니고 그 어떤 이름을 붙일 수 없는 그런 납승으로 살아가고 있으면서 인연이 닿으면 한마디씩 일러주고 있을 뿐이다. 찾아오는 사람이 있으면 "정신(精神) 차리고 살아라."라고만 할 뿐이다.

> "사대(四大)로 몸을 삼으나, 사대에는 '나(我)'가 없고,
> 그 '나'에도 또한 주재(主宰)가 없다."

이 문구를 글로써 해설하려면 바닷물을 먹물 삼고 온 우주를 종이 삼아 글을 써도 다 못 쓸 것이다.

지수화풍(地水火風) 사대로 몸을 삼았다는 것은 이 우주에 오직 이 네 가지만 존재한다는 것이다. 즉 형상으로 드러난 것은 오직 이것뿐인 것이다. 비금조수 초목총림이 다 이것만 있으면 되는 것이다.

이 땅이 없어진다면 모든 생명들은 허공으로 사라져버릴 것이다. 그러나 하루 종일 밟고 지나다니는 땅에 예불해본 적이 있던가? 이 땅을 대변하는 지장보살님께는 잘도 절하면서 지장보살이 이 땅을 대변하는 명호임을 아시는지...

공기로 숨을 쉬면서 일 분도 공기가 없으면 못 살아가는데 이 글을 읽고 있는 사람은 바로 이 공기에 대하여 진정 감사와 보은을 해본 적이 있는가. 이 허공 공기를 대변하는 불보살이 바로 허공장보살님이라고 알아차려본 적이 있는가.

햇빛이 없으면 만 생명이 다 그 생명을 부지할 수 없고 밝음이 없어서 암흑천지가 될 것인데도 저 태양을 향하여 전기세를 내어본 적이 있는가. 매일같이 물을 마시면서 물에 감사함을 느껴본 적이 얼마나

있던가? 물이 맛이 없다고 차를 타서 마시고 다른 첨가물을 곁들여 마시지만 오직 이 물만이 바로 여러분의 생명일 것이다.

모두 이 사대만 있으면 그 어떤 생명도 아무 부족함이 없이 살아갈 수 있다. 그러한 동물이 있으니 바로 인간인 것이다. 사람은 이 사대로 만족하고 살아갈 수 있다. 그래서 누구나 태어나면 천진불인 사람인 것이다.

그러나 조작되고 만들어져서 변형된 인간은 이 사대만으로는 살아갈 수 없다고 한다. 그래서 이 주어진 사대를 가불하고 탐욕심을 내어 파괴하고 괴롭혀서 모든 산하대지 비금조수 그 어떤 생명도 살아가지 못할 단계에 이르도록 자연을 파괴한다. 그 뿐인가. 무차별 살상하고, 모든 생명을 오직 자기 입속으로 다 넣어버린 우주의 무법자, 우주의 탈법자인 이 인간을 위하여 이런 법을 설한다는 것을 알아야 할 것이다.

그 어떤 생명도 이런 진리를 몰라도 다 그렇게 행복을 노래하며 잘 살아가고 있는 것이다. 그래서 부처님도 조사님도 납승도 이렇게 목이 터져라 고함을 치고 있는 것이지 다른 법이 있어 이렇게 말하고 있는 것이 아니다. 부디 부디 대오각성하여 원래 원만구족한 이 사대를 더 이상 파괴하고 괴롭히지 마시길 빌 뿐이다.

사대는 그대로 여여한데 우리 중생만이 그 모든 것을 다 누리면서도 새롭고 신비한 그 무엇을 찾고 있다. 그 무엇도 더 찾을 게 없음을 알아야 할 것이며, 이 몸뚱이가 바로 사대이니 이것이 바로 법신(法身) 비로자나불임도 알아야 한다. 비로자나불인 법신은 그 어떤 형상도 모양도 없는 텅 빈 허공 같아서 거기에 어떤 주재할 것도 없으므로 주재자가 없다고 하신 것이다.

그러나 그 법신은 있다 없다를 초월해 있으므로 있다 하기도 하고 없다 하기도 하지만, 모든 틀을 벗어나 있기 때문에 주재자란 것도 역시 이름이고 명색이므로 주재자가 없다고 하는 것임을 알아차려야 할 것이다.

"그러므로 이 몸에는 '나'도 없고 '주재'도 없음을 알아야 한다.
또한 오음(五陰)으로 마음을 삼지만
이 오음 역시 '나'도 '주재'도 없다.
그러므로 마음 또한 '나'도 '주재'도 없음을 알아야 한다."

사대로 된 이 몸에는 그 실상이 없으므로 나라고 할 그 무엇이 별도로 존재하지 않는다. 오직 인연화합물인 미진이 모여 있을 뿐이다. 그러므로 '나'라고 할 그 어떤 실상이 없는 것이다. 그리고 실상인 마음은 있다고 하지만 이 마음이라는 것이 색수상행식(色受想行識)인데, 인연에 따라 생멸하여 그 고정된 어떤 실상이 없으므로 나도 주재도 없다고 하신 것이며 몸이나 마음 역시 다 허공성이어서 그 어떤 고정된 실상이 없다고 하신 것이다.

"육근, 육경, 육식이 화합하여 생멸하는 것도 또한 이와 같다."

육근인 안이비설신의(眼耳鼻舌身意)로 육경(六境)인 색성향미촉법(色聲香味觸法)을 육입(六入)하여 보고 듣고 향기 맡고 맛을 알고 몸으로 느끼며 머리로 생각하는 이 모든 것이 십팔계(十八界)이다. 십팔계가 다 인연화합으로 일어났다가 다시 사라지는 것이므로, 십팔계 마저 허공성이며 그 실상(實相)이 없다고 하신다.

"십팔계(十八界)가 이미 공(空)하여 일체가 모두 공하고,
오직 본래의 마음이 있을 뿐, 맑아서 호호탕탕 걸림이 없다."

그러면 무엇이 있는가. 모두다 생멸변천하여 일어났다 사라지는 허공성인 것이다. 그러나 생멸변천하여 일어났다 사라지는 그 모든 것을 담담히 비추고 있는 것은 오직 우리의 본식이며 본래 마음이며 본래불인 자성청정심이다. 자성청정심만이 홀로 형상이 없지만 존재하고, 나툼이 없지만 만상을 다 나투고, 함이 없지만 모든 행주좌와 어묵동정에 함께 맑게 비추는, 오직 그 마음만이 상주불멸토록 영원히 비추고 있을 뿐인 것이다.

"분별의 양식[識食]과 지혜의 양식[智食]이 있다.
즉 사대로 된 몸은 주림과 질병이 근심거리인데,
알맞게 영양을 공급하여 탐착을 내지 않는 것이
'지혜의 양식'이고, 제멋대로 허망한 분별심을 내어
입에 맞는 것만 구하면서 싫어하여
버릴 줄을 모르는 것을 '분별의 양식'이라 한다."

밖으로 향하여 움직이고 화를 내고 행동을 하는 이것은 무엇이냐 하면은 바로 마음의 작용이다. 이 몸은 적당하게 음식을 먹어야만 그 기능을 한다. 그리고 병이 들고 아프고 고통이 오면 안 되니 알맞게 영양

을 공급하여 탐착을 내지 않는 것을 '지혜의 양식'이라 하고, 제멋대로 욕심과 탐심과 치심으로 내가 좋아하고 입에 맞는 것만 골라 먹으면서 버릴 줄을 모르는 이 끝없는 욕망을 '분별의 양식'이라고 하신다. 먹고 행하고 가지고 버림에 있어 지혜롭게 행하는 것과 욕망에 사로잡혀 무엇이든 구별없이 모으고 먹고 가지려고만 하는 분별의 양식이 이 몸과 마음에 깊이 영향을 미친다는 것이다.

"성문(聲聞)이란 소리를 듣고 깨닫기 때문에 붙여진 이름이다.
그들은 자기 마음 자리를 깨닫지 못하고
설법을 듣고 거기에 알음알이를 일으킨다."

어쩌다 일승법이나 조사의 설법을 듣고는 '응 그렇구나' 하면서 잠깐 동안 허망한 마음을 일으키지 않다가도, 바로 분별과 차별을 만들어 그 설법을 이리저리 궁리만 하고 스스로 내려놓고 본바탕으로 들어가지 않으므로 성문이라 한다는 것이다. 이것이 바로 의심이 다하지 못하여 궁구하고 궁리하여 널리 지견을 구하는 것이니, 스님이 앞에서 말씀했듯이 부처는 지견을 구하지 않는다는 말이 바로 그 말인 것이다.

"혹은 신통(神通)이나 상서로운 모양, 언어,
동작 등에 의지하여 보리, 열반이 있다는 설법을 듣고
삼아승지 겁을 수행하여 불도를 이루려 한다."

널리 지견을 구하다 안 되면 어디서 신통을 부리는 도인이 있다하여 그곳을 향해 가서 신통을 구하고, 머리를 굴리고 굴려 망상, 허상, 공상을 지어서 무언가 만들어지면 그것을 두고 신비한 것을 보았다느니, 부처님에게 수기를 받았다느니 하면서 헛소리를 하고 마치 무엇을 알아낸 양 바로 무속적 형태로 나타낸다.

그리고 모양에 집착하여 산만큼 큰 불상을 제작하여 동양최대의 불상이니 세계최대의 불상이니 하면서 그곳에 시주물을 놓게 하는 형상적 불교에 집착하여 샤머니즘과 조금도 다르지 않는 실태를 보여서 많은 사람들의 조소를 금치 못하게 하고, 또 우상숭배를 하는 종교라는 낙인까지 찍힌다.

물론 아무것도 모르는 무지한 사람을 끌어들이기 위하여 방편을 베푼 것이지만 이제는 사람들이 다 깨어있고 불교가 무엇인지 다 알고 있다. 이제 그런 형태의 의식화되고 고정화되고 형상적 불교에 매여 있어서는 안 될 것이다.

그리고 설법을 한다는 데 가보면 다 복을 빌어주고 복을 받기를 축원해주는 형태의 법문을 할 뿐이다. 설법이란 오직 마음을 떠나서 한 마디라도 하면은 바로 사교로 떨어지는 것임을 몰라서 그럴까. 그렇게 하여 돌고 돌고 또 돌아 삼아승지 겁을 돌아서 허망하고 헛된 길을 간다고 스님도 이렇게 말씀을 하고 계신 것이다.

"이것은 모두 성문의 도(道)에 속하는 것이며
그것을 성문불(聲聞佛)이라 한다.
다만 당장에 자기의 마음이
본래 부처임을 단박에 깨달으면 될 뿐이다.
한 법도 얻을 것이 없으며 행도 닦을 것이 없으면
이것이 가장 으뜸가는 도이며 참으로 여여한 부처이니라."

이런 삼아승지 겁을 돌아가는 수행은 수행이 아니며 그렇게 배워서 얻어 해탈에 이루고 열반을 증득한다고 하는 것은 다 무지에서 나오는 것이므로 황벽스님도 이런 행동과 수행은 전부 성문불(聲聞佛)이라고 하신다.

"지금 바로 당장에 본래 마음이 부처임을 단박 깨달으면 될 뿐이다."

마음이 부처임을 자각하고 나면 그 어떤 것도 얻을 것이 없고, 구할 것이 없는 것이다. 무심을 증득하면 될 뿐 무엇을 더 구할 것이 있겠는가. 구할 마음이 없으므로 구할 법도 또한 없는 것이다. 그러니 행할 어떤 수행도 닦을 것도 없는 것이다.

황벽스님도 이렇게 말씀하신다.

**"이것이 바로 가장 으뜸가는 도이며,
참으로 여여한 부처이니라."** 라고

"도를 배우는 사람이 한 생각 생기는 것만을
두려워하여 곧 도와는 멀어지는 것이니
생각마다 모양이 없고 생각마다 하염없음이 곧 부처이다."

무심이라고 하니 아무것도 일어나지 않는 마음이 무심인 줄로 착각하여, 거기는 그 무엇도 없는 곳이라 의지할 것이 없으므로 허공으로 떨어져 죽지는 않을까 염려하여 달아나버린다. 스스로 부처가 되지 않으려 하는 것이지 몰라서 안 되는 것이 아니다. 이 두려움이 길을 막고 있는 것이다.

그래서 스님께서는 이렇게 말씀하신다.

"생각마다 모양이 없고 생각마다 하염없음이 곧 부처다."

이 뜻을 바로 새기면 모든 것에서 해탈할 수 있다. 마음은 모양과 형상이 없는데 어찌 의지할 곳이 필요하며 어찌 형상 없는 것이 죽을 수 있겠는가. 그 언제나 없음 자체가 바로 부처이므로 지금 있는 그대로인 것이 된다. 그러므로 생각을 일으켜 행하되 그 함의 모양이 없다는 것은 거기에 집착하여 매이거나 훈습되지 않는다는 것이다. 즉 해도 함이 없는 것이 된다. 그러니 아무리 해도 된다. 말을 하여도 되고 행동을 하여도 아무런 걸림이 없다.

행하고도 행했다는 상에 걸리지 않으니 함이 없는 것이요, 행하고도 했다는 생각조차 없으니 무심을 그대로 쓴 것이 되는 것이다. 그러니 아무리 사용하고 행동하고 말을 하고 온갖 것을 다 행하지만 행했다는 그 어떤 생각을 일으키지 않으니 무위행(無爲行)이 되는 것이다. 그래서 무위행이 바로 도가 되는 것이며 이것을 법으로 쓰면 무위법(無爲法)이 되는 것이다.

"도를 배우는 사람이 부처가 되려고 한다면
불법을 모조리 배울 것이 아니라
오직 구함이 없고 집착이 없음을 배워야 한다."

스님도 이렇게 말씀을 하고 계신 것이다.

"스스로 부처가 되려고 하면 오직 구함이 없어야 한다." 라고 하신 것은 구해서 얻어지는 그 무엇이 있을 것이라는 마음을 내려놓으라는 것이다. 그리고 그 부처라는 이름에 집착하여 구한다고 구해지는 것이 아니라 지금 그대로 무심한 그 자체가 바로 부처라는 것이다.

그래서 제행무상(諸行無常)이며 제법무아(諸法無我)를 깨치면 바로 그 대로 적정열반(寂靜涅槃)이 되는 것이니 그것이 바로 무심(無心)이란 것 이다. 마조스님도 조작하거나 시비하지 않고 단상이 없으며 범성(凡聖) 이 없는 그대로의 평상심시도(平常心是道)라고 하셨다.

"구함이 없으면 마음이 나지 않고
집착이 없으면 마음이 없어지지 않나니
나지도 않고 없어지지도 않는 것이 곧 부처이니라."

구함이 없다는 것은 무엇이 있다는 것을 전제로 하고 구하는 것이므 로 무심은 그 어떤 것이 없는 것이다. 그러니 구하지 않는다면 그대로 무심인 것이다. 집착이 없으면 마음이 없어지지 않는다는 것은 무슨 말인가. 집착은 구함이 있는 것이니 조작이나 시비가 바로 집착인 것 이다. 그 집착을 놓으면 바로 이대로 무심한 본래마음이 없어지지도 않는다는 말이다. 있다거나 없다거나 하는 말조차 필요없이 일체를 다 여윌 줄 아는 사람이 바로 부처이며, 지금 있는 그대로 완전히 자유로 운 것이 바로 무심이며 도이며 곧 부처인 것이다.

5. 허공이 곧 법신

팔만사천 법문은 팔만사천 번뇌를 치료하는 것으로써, 다만 대중을 교화 인도하는 방편일 뿐 일체법이란 본래 없다. 그러므로 여의는 것이 곧 법이요, 여읠 줄 아는 이가 곧 부처이다.

일체법을 여의기만 하면 얻을 만한 법이 없으니, 도를 배우는 사람이 깨닫는 비결을 터득하고자 한다면, 마음이 어느 것에라도 집착하지 말아야 한다.

'부처님의 참된 법신은 마치 허공과 같다' 고 한 비유가 바로 이것이다. 법신이 곧 허공이며 허공이 곧 법신인데도 '법신이 허공계에 두루하고 있다' 고 하면, 사람들은 허공 가운데에 법신을 포함하고 있다고 생각하여 법신 그대로가 허공이며 허공 그대로가 법신임을 모른다.

만약 결코 허공이 있다고 한다면 법신은 허공이 아니다.

그렇다고 결코 법신이 있다고 한다면 법신이 허공이 아니다. 다만 허공의 알음알이를 내지 말라. 허공이 곧 법신이니라. 법신의 알음알이를 내지 말라. 법신이 곧 허공이니라.

허공과 법신은 전혀 다른 모양이 없으며 번뇌와 보리도 다른 모양이 없는 것이니, 일체의 모양을 여읨이 곧 부처이니라. 범부는 경계를 취하고 도를 닦는 사람은 마음을 취하나니, 마음과 경계를 함께 잊어야만 참된 법이다.

경계를 잊기는 오히려 쉬우나 마음을 잊기는 매우 어렵다. 사람들이 마음을 감히 잊어버리지 못하는 까닭은 공(空)에 떨어져 부여잡을 바가 없을까 두려워해서인데, 이는 공이 본래 공이랄 것도 없고 오로지 한결 같은 참된 법계[一眞法界]임을 몰라서 낸 견해이니, 밖으로 경계를 쫓으면서 그것을 마음이라고 잘못 알지 않도록 조심해야 한다.

이것은 도둑을 제 자식으로 잘못 아는 격이다.

탐욕·성냄·어리석음이 있기 때문에 계·정·혜를 세워 말씀하신 것인데, 애초부터 번뇌가 없다면 깨달음인들 어디 있겠느냐?

그러므로 조사께서 말씀하시기를, '부처님께서 일체법을 말씀하신 것은 일체의 마음을 없애기 위함이로다. 나에게 일체의 마음이 없거니 일체법이 무슨 소용이 있겠는가' 하셨다.

본래 근원이 청정한 부처에는 다시 어떤 것도 덧붙이지 말아야 한다. 이것은 마치 허공을 수많은 보배구슬로 장엄할지라도 마침내 머무를 수 없는 것과 같다. 불성(佛性)도 허공과 같아서 비록 무량한 공덕과 지혜로써 장엄한다 하더라도 마침내 머무를 수 없는 것이다.

다만 본래 성품이 미혹되어 더더욱 보지 못할 뿐이다. 이른바 심지법문(心地法門)이란 만법이 이 마음을 의지하여 건립되었으므로, 경계를 만나면 마음이 있고 경계가 없으면 마음도 없는 것이다.

따라서 깨끗한 성품 위에다가 경계에 대한 알음알이를 굳이 짓지 말라. 또 정혜(定慧)의 비추는 작용이 역력히 밝고 고요하면서도 또렷하다[寂寂惺惺] 든가, 보고 듣고 느끼고 안다[見聞覺知] 는 것은 모든 경계 위에서 알음알이를 짓는 것이니, 이 말은 임시로 중하근기의 사람들을 위하여 설법하는 경우라면 몰라도, 몸소 깨닫고자 하는 사람은 이와 같은 견해를 지어서는 절대로 안 된다.

이것은 모두 경계의 법이므로 유견(有見)이라는 함정에 빠진 것이다. 일체법에 대해서 있다거나 없다는 견해를 짓지만 않으면, 곧 법을 보는 것이다.

"팔만사천 법문은 팔만사천 번뇌를 치료하는 것으로서
다만 대중을 교화 인도하는 방편일 뿐 일체법이란 본래 없다.
그러므로 여의는 것이 곧 법이요, 여읠 줄 아는 이가 곧 부처이다."

석존께서 설하신 법을 우리는 불법이라 한다. 그러나 실제로 법이 존재한다면 법문을 읽으면 다 부처와 같이 되어야 하는 것이고, 또 그렇게 설법을 할 줄 알 것이다. 그러나 우리가 말하는 선이나 도에서 하는 것 역시 그 궁극적 목적은 어디 있느냐? 모든 것에서 벗어나 걸림 없는 대 해탈을 이루어 자유롭게 살면서 행복을 노래하자는데 있다.

모든 사람이 다 자기가 스스로 만든 관념이란 상을 만들어 여기에 비추어 보고 듣고 가리고 선택하여 차별상을 도출하여 이것이다 저것이다 하지만, 그 어떤 것도 실제가 아니라 자기 착각임을 먼저 알아야 한다. 그래서 그 관념에 반하느냐 응하느냐 아니면 부합하느냐에 따라 스스로 즐거워하고 고통 받고 미워하고 사랑한다.

이것이다 하면 저것이 서고, 저것이다 하면 이것이 서는 양변 속에 끝없이 헤매이게 된다. 그래서 부처님도 어쩔 수 없이 이것이라 하면 이것이 아님을 설하시고 저것이라 하면 저것에 국집함을 해결해 주고자 이것이라고 하였을 뿐인 것이다. 그러니 이 모든 것은 질문하는 자의 얽매임을 풀어 주자는 것으로 부처님은 언제나 실제로 고정된 법이 없음을 말하신다.

『열반경』에서 '나는 한 법도 설한바가 없다' 고 하셨듯이 무유정법(無有定法)인 것이며 제법무아(諸法無我)인 것이다.

우리가 가진 이 식심(識心)이자 견문각지인 번뇌를 내려놓는 것이 바로 법이 되는 것이다. 이렇게 모든 것이 무상(無常)이며, 무생법인(無生法忍)임을 아는 것이 바로 부처라고 하신다.

나도 없고 경계도 없고 법도 없고 내 본마음까지 다 허공처럼 비었다는 것을 아는 것이 바른 법이며 바른 부처인 것이다.

"일체법을 여의기만 하면 얻을 만한 법이 없으니
도를 배우는 사람이 깨닫는 비결을 터득하고자 한다면
마음에 어느 것이라도 집착하지 말아야 한다.
'부처님의 참된 법신은 마치 허공과 같다' 고 한 비유가
바로 이것이다."

모든 법이 원래 없음을 안다면 얻으려고 수행을 하는 어리석음은 하지 않을 것이다. 그러니 어찌 법을 배워 깨달음을 얻겠는가. 오직 모든 성품이 비었음을 아는 것이 바로 깨달음이요, 이것을 일러 도를 얻었다 하는 것이다.

그러므로 참된 법신 즉 진실하여 허망함이 없는 진여는 '마치 허공과 같다' 라고 하신다. 허공이란 이름이 법신이 아니라 허공의 성품이 불성의 성품과 같다는 것이다. 그 어디에도 매이지 않고 집착하지 않아 일체의 번뇌망상을 내려놓으면 모든 것이 허공처럼 텅 비어 있으므로 이것을 '텅 빈 불성' 이라 하지만 이것도 비유일 뿐 불성인 진여는 그 어떤 것도 없는 허공과 같이 비어있다. 그러면서도 만상을 나투고 만 가지 생각을 일으키므로 있는 그대로 완전한 자유가 되는 것이다.

　　"법신이 곧 허공이며 허공이 곧 법신인데도
　　'법신이 허공계에 두루하고 있다' 고 하면
　　사람들은 허공 가운데에 법신을 포함하고 있다고 생각하여
　　법신 그대로가 허공이며 허공 그대로가 법신임을 모른다."

　법신이 허공이라고 하니 또 법신이 따로 있고 허공이 따로 있어서 허공 가운데 법신이라는 것이 두루 편재해 있다고 할까봐 이렇게 말씀하신다. 허공의 성품이 바로 불성의 성품과 같고 형상도 없지만 만유를 길러내고 성장하게 하는 본바탕이 되므로, 허공이 법신이고 법신이 허공과 같은 것이지 그 이름에 있는 것이 아니다.

　　"만약 결코 허공이 있다고 한다면 법신은 허공이 아니다.
　　그렇다고 결코 법신이 있다고 한다면 법신은 허공이 아니다."

　다시 강조하신다.
　허공이란 어떤 형상이 있어 허공이 아니고 그냥 텅 비어 있으니 허

공이라고 할 뿐인 것이며 그 이름이 허공인 것이다.

법신 역시 어떤 형상이 있어 법신이 아니라 그냥 텅 비어 있으므로 법신이라고 부를 뿐이다. 그러니 명색(名色)인 이름을 붙이면 국집되고 한정된 어떤 틀이 드러나므로, 허공이나 법신을 보고 이름을 붙여 허공이다 법신이다 하면 그 형상 없는 허공이나 법신이 아니라고 하신다.

"다만 허공의 알음알이를 내지 말라.
허공이 곧 법신이니라.
법신의 알음알이를 내지 말라.
법신이 곧 허공이니라.
허공과 법신은 전혀 다른 모양이 없으며
번뇌와 보리도 다른 모양이 없는 것이니
일체의 모양을 여읨이 곧 부처이니라."

다만 허공이라는 알음알이로 이름을 붙이지 말라.

그러면 그냥 텅 빈 허공이고 법신인 것이지 어떤 틀로 묶어서 허공이다 법신이다 하면 또한 생각을 굴림으로 만들어진 어떤 형상이 되어버린다는 것이다. 그러니 번뇌와 보리도 이것이 어떤 형상이나 실재하는 것이 아니라는 것이다. 다 스스로 지어서 뇌에 저장한 자기적 관념이고 이 관념 역시 다 실재가 아니라는 것이다.

무엇이라 하든 그것에 국집(局執)하여 형상화하고 명색화하면, 다 실재가 아닌 것이며, 스스로 만든 허상이므로 이 허상 역시 그 어떤 모양이 아니다. 그러니 내가 스스로 버리면 버려지는 것이고 벗어나면 벗어나지는 것이다.

스스로 모양에서 벗어나고 실재가 아님을 안다면 그래서 한 법도 취할 것이 없다면 그것이 바로 그대로 여여한 부처라고 하신다.

"범부는 경계를 취하고 도를 닦는 사람은 마음을 취하나니
마음과 경계를 함께 잊어야만 참된 법이다."

범부는 모든 경계가 실재하는 것으로 착각하여 거기에 이름을 붙여 고정화하고 스스로의 관념으로 기억하여 번뇌(煩惱)가 된다. 그리고 도를 닦는 수행자는 마음을 얻으려 한다. 그러나 그 마음마저도 텅 비어 어떤 형상도 아니요, 모양도 아니며 어떤 고정된 틀도 없이 또 텅 비어 있다. 십팔공을 이야기하고 구경공을 말하고 있듯이 모든 것은 다 형상과 모양과 명색을 떠났으므로 진정한 수도인은 이 모든 것을 내려놓고 벗어나고 걸리지 않아야만 진정한 법과 부처와 도와 진리에 다가설 수 있는 것이다.

"경계를 잊기는 오히려 쉬우나 마음을 잊기는 매우 어렵다.
사람들이 마음을 감히 잊어버리지 못하는 까닭은
공(空)에 떨어져 부여잡을 바가 없을까 두려워해서인데,
이는 공이 본래 공이랄 것도 없고, 오로지 한결 같은
참된 법계[一眞法界]임을 몰라서 낸 견해이니,
밖으로 경계를 쫓으면서 그것을 마음이라고
잘못 알지 않도록 조심해야 한다.
이것은 도둑을 제 자식으로 잘못 아는 격이다."

수행 중에 경계가 경계가 아님은 그래도 쉽게 다가간다. 많은 법문을 들으면서 귀에 딱지가 떨어져 나갈 만도 하지만 마음의 실체가 없다는 것에 이르면 이것은 참 어렵게 여긴다. 이러한 경향은 이것은 인도적 사상에서 온 것이라고 보아야 한다.

수행이라고 하면 사선팔정(四禪八定)을 닦아야 한다는 논리가 불교에 훈습되어 한국의 많은 선사나 법사나 누구든 다 법신이라는 자기적 본성이 있다고 생각하는데, 이는 브라만교의 영향이라고 할 수 있다.

사선팔정(四禪八定)은 불교수행체계에도 있는 것이지만 우주순수의식이라는 아트만이라는 순수의식이 있다는 설이 문제가 된다. 즉 사람이 사선팔정을 닦아 순수의식에 이르는 것을 아트만이라고 하고 우주적 본 의식을 브라만이라 하는데, 이것이 하나가 되어 신일합일(神人合一)하여 범아일여(梵我一如)가 된다는 것이 문제가 된다.

불멸의 의식상태가 된다는 저 브라만교의 설을 불교가 인용하여 선을 닦아 정(定)에 들어 그 곳에 이르면 영원불멸의 정에 이른다는 설이 바로 그것이다. 그러나 부처님은 그 설을 부정하셨다는 것을 알아야 한다.

그래서 두타행인 고행수행을 하지 않고 보리수 아래서 깨달음을 얻었다는 것은 바로 이 본래의식인 순수의식 마저도 나라는 마음이 지어낸 것라는 것이다. 해탈과 열반(涅槃)에 들어 그마저 내려놓으라. 그러면 모든 의식이 사라진 진공의 마음이라고 할 주시자가 없는 상태를 일러 해탈 즉 자유에 이른다고 하신 것이다. 그 자유를 얻은 사람이 모든 것에서 벗어난 진정한 대 자유인이 되는 것이다.

　주시자가 없는 그 무엇도 알 수 없는 그 자체를 일러 불성(佛性)이니, 해탈이니 열반이라고 하는 것이다. 그 자유가 바로 있는 그대로 완전한 자유인 것이다. 그러니 그 어떠한 실유적 존재를 인정하지 않는 것이 불교이며, 이것이 다른 인도의 종교와 다른 점이다.

　사선팔정(四禪八定)은 부처님의 수행법이 아니라 브라만교의 수행법이다. 지금 한국에서 가르치는 선(禪)은 불교적 수행이 아님에도 불구하고, 이를 아는 사람은 드물다.

　선(禪)을 해서 깨달음(불성)을 얻는 것은 있을 수 없다.

　왜 그러한가, 선은 삼매(三昧)가 최고의 수승한 경지이기 때문이며 삼매 속에 영원히 있을 수 있는 사람은 없다. 삼매 속에서 나오면 바로 현실이 부딪치는데 여기서도 여여할 수 없기 때문이다.

　이것은 현실 속에서 반야지혜를 나투는 보살도와는 천리 밖의 일이며, 현실이 싫어 자기적 정에 들어 현실을 도피하여 도망간 무리에 불과하다. 그래서 소승이라 부른다. 이는 자리적 수행이므로 불교는 이런 수행을 수행이라고 할 망정 진정한 불타행인 수도(修道)라 하지 않는 것이다. 이것은 현실에 아무런 영향이나 삶에 어떠한 도움이 되지 못하므로 종교집단에서 이것을 주장하는 것은 중생과 모든 인류를 버리고 도망가 저 혼자 편안함에 안주해서 밥만 축내는 도피적 행위라고 할 수밖에 없다.

　이런 것을 가지고 한국불교라고 하는 것은 정말 위험한 발상이며, 이것은 육바라밀을 행하여 불도를 닦는 불교적 수행에 비한다면 정말 없

어져야 할 사교이며, 종교집단의 집단이기주의가 낳은 병폐 중에 병폐
이다. 우리 다함께 회광반조하여 볼 때이다.

"탐욕, 성냄, 어리석음이 있기 때문에
계, 정, 혜를 세워 말씀하신 것인데,
애초부터 번뇌가 없다면 깨달음인들 어디 있겠느냐?
그러므로 조사께서 말씀하시기를
'부처님께서 일체법을 말씀하신 것은
일체의 마음을 없애기 위함이로다.
나에게 일체의 마음이 없거니 일체법이 무슨 소용이 있겠는가?'
하셨다."

부처님이 설한 불법은 중생들이 고해의 바다에서 허덕이는 것이 너
무나 안타까워 대자대비를 베푸시어 그 고통에서 벗어나게 하기위해
서 계정혜 삼학을 세워서 설하신 것이다. 그런데 그 고통의 실상이 없
다면 그 약마저 필요가 없을 것이다. 그러니 그 고통의 원인인 번뇌가
실상이 없음을 안다면 번뇌를 다스리기 위하여 이름지어진 깨달음도
사실은 있을 수 없는 것이 된다. 그래서 고사를 들어 말씀하신다.

일체의 법을 설하신 것은 원래 없는 마음을 다스리기 위함인 것인
데, 마음이 없다면 또한 일체의 법이 무슨 소용이 있겠느냐는 것이다.
그러니 이제 수도하여 나에게 원래 본심인 그 어떤 것도 없고, 없다
고 하는 그 주시자마저 없다면 법이라 할 것마저도 없다는 것이다. 그
러니 일체개공(一切皆空)이 되는 것이다.

그렇게 일체개공의 상태가 되어, 나라는 주체가 사라지면 모든 차별상과 경계와 나가 다 사라진, 있는 그대로의 일진법계(一眞法界)가 나타나는 것이다. 그러므로 무엇이든 의식이 닿는 곳까지는 다 허상이며 도둑이라고 하시면서, 그 도둑을 자식이라고 애착을 내고 집착을 하는 것이 우리의 모습이라는 것이다. 모든 것을 다 놓아버려 그 어떤 식심도 나지 않는 무의식계가 바로 진상이며, 있는 그대로 완전한 자유가 현전되는 것이다.

"본래 근원이 청정한 부처에는
다시 어떤 것도 덧붙이지 말아야 한다.
이것은 마치 허공이 수많은 보배구슬로 장엄할지라도
마침내 머무를 수 없는 것과 같다."

그러니 여태 설하였듯이 일체가 다 비어있는 것이 바로 부처인 것이니 경계도, 마음도 다 비었다는 것을 확실하게 투득하고 보면 그 어떤 것도 다 텅 빈 허공같은 것이므로 무엇이든 가져다 덧붙이면 바로 걸림이 되고 장애가 되는 것이다. 잘 보이는 눈앞에도 무엇이든 가져다 붙이면 아무것도 안 보이는 것과 같은 이치이다. 그래서 허공성에 보배구슬이 아무리 좋다 해도 그 허공에 띄울 수도 장엄할 수도 없는 것처럼 그 어떤 것도 다 걸림이지 세울 것이 없는 것이 된다.

"불성(佛性)도 허공과 같아서 비록 무량한 공덕과 지혜로써
장엄한다 하더라도 마침내 머무를 수 없는 것이다.
다만 본래 성품이 미혹되어 더더욱 보지 못할 뿐이다."

그래서 불성도 허공처럼 텅 비어 있으므로 어떤 수행도 그 어떤 좋은 공덕도 지혜로써 장엄을 해보려 해도 마침내 머무를 수 없는 것이니 다만 그냥 있는 그대로일 뿐, 그 어떤 것도 일으키면 다 장애이지 별다른 수행으로 얻어지는 것이 아니며 있는 그대로가 제일인 것이다. 그래서 방거사는 '아무리 귀한 금가루도 눈에 들면 티가 된다'고 하셨다.

"이른바 심지법문(心地法門)이란
만법이 이 마음을 의지하여 건립되었으므로
경계를 만나면 마음이 있고 경계가 없으면 마음도 없는 것이다.
따라서 깨끗한 성품 위에다가 경계에 대한
알음알이를 굳이 짓지 말라."

그래서 마음바탕을 설하는 심지법문이란 만법이 다 이 마음바탕에 의지하여 건립되는 것이듯, 경계를 만나면 경계로 인하여 마음이 드러나고 경계가 사라지면 그 경계 따라 마음도 사라진다. 따라서 깨끗한 심지 위에다가 그 어떤 알음알이인 식심이나 무엇을 궁구하지 말라는 것이다. 바로 조작이나 시비나 분별이 없고 단상이 없으며 범성이 없는 그 마음이 바로 평상심이며 그 평상심이 바로 도(道)인 것이다.

"또 '정혜(定慧)의 비추는 작용이
역력히 밝고 고요하면서도 또렷하다[寂寂惺惺] 든가'
보고 듣고 느끼고 안다[見聞覺知] 는 것은
모든 경계 위에서 알음알이를 짓는 것이니,

이 말은 임시로 중하근기의 사람들을 위하여

설법하는 경우라면 몰라도

몸소 깨닫고자 하는 사람은 이와 같은

견해를 지어서는 절대로 안 된다."

수행의 과정을 설할 때, 세우는 정과 혜도 또한 다 방편인 것이지 정도 혜도 그 실재가 있어 말하는 것은 아니라는 것이다.

선을 배우면 제일 먼저 말하는 것이 바로 정혜쌍수를 나란히 들어 밝고 고요하면서도 또렷하다. 적적성성(寂寂惺惺)이 그런 경계가 실재로 존재하는 것으로 말하지만 다 방편일 뿐 진정 수도인이라면 그런 명색에 현혹되어 실재하는 것으로 생각을 일으키지 말라고 하신다. 그것도 절대로 하지 말라고 하시니, 그 본바탕엔 그 어떤 것도 짓지 않는 그대로가 구족하여 그 어떤 것도 할 것이 없다는 것이다.

이것은 모두 경계의 법이므로

유견(有見)이라는 함정에 빠진 것이다.

일체법에 대해서 있다거나 없다는

견해를 짓지만 않으면 곧 법을 보는 것이다.

그래서 스님이 말씀하고자 하는 뜻은 본래 마음은 그 어떤 형상도 모양도 바꿀 것도 꾸밀 것도 수행할 것도 수도할 것도 없으니 오직 물들지만 말고 조작하지 말라는 것이다.

심지(心地)라고 한 법신은 그 어떤 형상도 아니고 모양도 아닌 텅 빈 허공 같은 것이므로 이것을 수행으로 조작한다고 조작이 되는 것도 아니요, 물들인다고 물이 드는 것도 아닌 것이다. 처음부터 그러했고 지금도 그렇고 나중에도 언제나 허공처럼 그대로라는 것이다. 그러니 이것을 바꾸려고 하는 것은 전부 허망한 짓에 속하는 것이며 그 어떤 수행도 수도도 그대로 여여함에 있다.

　만약 이것을 조작하려고 자기 스스로 만든 마음인 몽중일여니 숙면일여니 하는 경계를 만들었다면 이것이 바로 조작된 마음이며 변형된 마음인 것이다. 지금 여기 있는 그대로 완전하다는 것이며 그 성품이 허공을 닮아 있으므로 **'허공이 곧 바로 법신'**이라고 하신 것이다.

황벽선사 사리탑과 탑비

6. 마음을 잊어버림

구월 일일 대사께서는 배휴에게 말씀하셨다.

"달마스님께서는 중국에 오신 이후로 오로지 한 마음만을 말씀하셨고 한 법만을 전하셨다. 또한 부처로써 부처에게 전하실 뿐 다른 부처는 말씀하지 않으셨고, 법으로써 법을 전하시고 다른 법을 말씀하시지 않으셨다.

법이란 설명될 수 없는 법이며, 부처란 취할 수 없는 부처로써 본래 근원이 청정한 마음이다. 오직 이 일승(一乘)만이 사실이고 나머지 이승(二乘)은 참됨이 아니다.

반야는 지혜라는 뜻으로서 모양이 없는 본래 마음이다. 범부는 도(道)에 나아가지 않고 단지 육정(六情)만을 함부로 하여 육도(六道)에 빠져 방황한다. 도를 배우는 사람이 한 생각 모든 견해를 일으키면 곧바로 외도에 떨어진다. 또한 남(生)이 있음을 보고 없어짐으로 나아가면 성문도(聲聞道)에 떨어지고, 남(生)이 있음을 보지 않고 오로지 없어짐만을 보면 연각도(緣覺道)에 떨어진다.

법은 본시 남(生)이 없으므로 이제 또한 없어짐도 없으니, 이 두 견해를 일으키지 않아서 싫어하지도 좋아하지도 않으며 일체의 모든 법이 오직 한 마음이어야만 불승(佛乘)이 된다.

　범부는 모두가 경계를 쫓아 마음을 내서 좋고 싫음이 있다.
　만일 경계가 없기를 바란다면 그 마음을 잊어야 하고, 마음을 잊으
면 경계가 텅 비며 경계가 공적하면 곧 마음이 없어지리라. 만약 마음
을 잊지 못하고 경계만을 없애려 한다면, 경계는 없어지지 않으면서
오히려 분잡하게 시끄러움만 더할 뿐이다. 그러므로 만법은 오직 마음
일 뿐이며, 그 마음조차도 얻을 수 없는데 다시 무엇을 구하겠느냐?
　반야를 배우는 사람이 얻을 만한 어떤 법도 없는 줄 알게 되면, 삼승
(三乘)에는 뜻이 끊어져 오직 하나의 진실뿐이다. 증득하여 깨달았다고
할 것이 없는 자리인데도 '나는 깨달았노라'고 한다면, 모두가 증상만
(增上慢)을 내는 사람이다.
　『법화경』 회상에서 옷을 떨치고 나가버린 사람들이 모두가 이러한
무리들이다. 그러므로 부처님께서는 '내가 아뇩다라삼먁삼보리에 있
어서 실로 얻었다 할 것이 없다'고 하셨으니, 그저 묵묵히 계합할 따
름이다.
　범부 중생들은 다만 죽는 순간에 오온(五蘊)이 모조리 비고 사대(四
大)에 '나(我)'가 없음을 본다. 그러나 참된 마음은 모양이 없어서 가지
도 않고 오지도 않는다. 태어났다고 해서 성품이 오는 것이 아니고 죽
었다고 해서 성품이 가는 것이 아니다. 담연히 둥글고 고요하여 마음
과 경계가 한결같다. 이렇게 될 수만 있다면 그 자리에서 단박 깨쳐 삼
세에 얽매이지 않는 것이니, 곧 세간을 뛰어넘은 사람이다.
　털끝만큼이라도 나아가는 향방이 있어서는 절대로 안 된다. 만일 모
든 부처님께서 맞이해 주시는 것 같은 가지가지 신기한 모습을 보게

될지라도 역시 마음에 두려움이 없어야 한다. 다만 스스로 마음을 잊고서 법계와 같아지면, 바로 자재(自在)를 얻은 것이니, 이것이 곧 요긴한 대목이다.

구월 일일 대사께서는 배휴에게 말씀하셨다.

달마스님께서는 중국에 오신 이후로 오로지 한 마음만을 말씀하셨고 한 법만을 전하셨다. 또한 부처로써 부처에게 전하실 뿐 다른 부처는 말씀하지 않으셨고, 법으로써 법을 전하시고 다른 법을 말씀하시지 않으셨다.

"법이란 설명될 수 없는 법이며
부처란 취할 수 없는 부처로서
본래 근원이 청정한 마음이다."

여기서 스님의 심법을 배휴에게 설한 대목이다.

"달마스님께서 중국에 오셔서 무슨 법을 전하였는가." 오직 일심법(一心法)을 전하셨다는 것이다. 즉 '한 마음만을 말씀하셨고, 한 법만을 전하셨다'는 것인데, 한 마음이란 일심(一心)이요, 한 법이란 바로 심지법(心地法)이다. 일체유심조(一切唯心造)인데 무엇이 있겠는가. 오직 마음이 있을 뿐이며, 세상의 모든 것은 다 내 마음이 지은 것이라 하셨다고 일러주신다.

그러니 마음은 누구에게나 다 있는 것이라 마음이 바로 법인 것이니 법이 또한 마음인 것이다. 또 마음이 바로 부처이고 부처가 바로 마음인 것이다.

그래서 '부처로써 부처에게 전하실 뿐 다른 부처는 말씀하지 않으셨고, 법으로써 법을 전하시고 다른 법을 말씀하시지 않으셨다' 라고 하시어 부처로 와서 부처에게 불불상응(佛佛相應)하였을 뿐 전할 것도 받을 것도 없었다. 오직 부처인 마음을 부처에게 밝혀 마음을 전하였다는 것이다.

그러면 무슨 법과 부처를 전하였는가.

'법이란 설명될 수 없는 법이며' 라고 하셨다. 법이란 마음법이니, 마음에 형상과 모양이 없으므로 법 또한 정해진 법이 있을 수 없다. 그래서 전할 것이 없는 법이 곧 법이라고 하신다. 전할 것이 없는 법이 곧 마음이며 이 마음이 바로 부처인 것이므로, '부처란 취할 수 없는 부처로서' 라고 하시어 부처는 형상도 모양도 없고, 정해진 처소와 있고 없음을 떠나 있으므로 취할 수도 없고, 버릴 수도 없는 지금 있는 그대로의 마음을 전한 것이 된다.

그러므로 그 부처라는 것이 바로 '본래 근원이 청정한 마음이다' 라고 하시어 본래부터 있었고, 언제나 한결같이 있어서 생멸이 없고 형상과 모양이 없는 우리의 자성청정심인 바로 본래마음이 바로 부처이며, 부처가 바로 마음이라고 일러 주시고 계신다.

"오직 이 일승(一乘)만이 사실이고

나머지 이승(二乘)은 참됨이 아니다.

반야는 지혜라는 뜻으로서, 모양이 없는 본래 마음이다.

범부는 도(道)에 나아가지 않고 단지 육정(六情)만을

함부로 하여 육도(六道)에 빠져 방황한다."

자성청정심인 마음의 본체만이 사실이고 본체가 움직여 일어난 형상인 보신과 화신은 변하여 없어지는 것이므로 허망하다고 하시면서, 본래불인 진여자성이 바로 일승(一乘)이며 보신과 화신인 이승(二乘)은 참됨이 아니라고 하신다.

일승만이 진실하여 허망함이 없어 모든 반야지혜를 일으키는 것이니 이것이 바로 모양이 없는 본래의 마음이고, 이것을 일러 본래불 즉 본불(本佛)이라 하는 것이다. 그래서 범부란 실재가 있어서가 아니라 마음의 지음인 작용과 일어난 상을 좋아하고 국집하여 그 상을 따라 육취로 내달림으로 인하여 육도중생이 된 것이라고 하신다.

"도를 배우는 사람이 한 생각 모든 견해를 일으키면

곧바로 외도에 떨어진다.

또한 남(生)이 있음을 보고 없어짐으로 나아가면

성문도(聲聞道)에 떨어지고, 남(生)이 있음을 보지 않고

오로지 없어짐만을 보면 연각도(緣覺道)에 떨어진다."

한 생각 일념이 바로 생사(生死)의 근본이 되는 것이다.

그러므로 한 생각을 일으키면 바로 외도에 떨어진다는 것은 바로 한

생각이 번뇌인 견문각지를 바탕으로 망상을 지어 허망한 세계를 건립하는 것이므로 바로 여기를 떠난 바깥 경계에 떨어진다고 하시는 것이다. 그래서 생각을 일으켜 생이 있다고 한다면 반드시 사가 있게 된다. 생이 없으면 사가 없다.

즉 생주이멸(生住異滅)의 사상을 인연따라 다 받아들인다면 이것은 결국 영원불변의 자성에 계합치 못하므로 생멸법에 따라 흘러가 없어질 것이니, 이것을 일러 성문의 도라고 하시며 성문도(聲聞道)에 떨어진다고 하셨다. 그러나 생마저 모르고 마냥 공이나 무에 집착하여 모든 것은 다 변하여 멸해서 없어진다는 단멸에 떨어져 오직 저 이승의 무리같이 회신지멸(灰身之滅)의 단멸을 향하여 간다면 이것은 바로 영원불변이요, 상주불멸한 본래불을 모르는 것이므로, 이를 일러 연각도(緣覺道)에 떨어진다고 하신다.

"법은 본시 남(生)이 없으므로 이제 또한 없어짐도 없으니
이 두 견해를 일으키지 않아서 싫어하지도 좋아하지도 않으며
일체의 모든 법이 오직 한 마음이어야만 불승(佛乘)이 된다."

법은 본래부터 내가 법이라고 하여 생겨나는 것이 아니다. 생각의 지음으로 조작하여 만들어진 것이 법이다. 그렇다면 법은 고정된 실체가 없으며 성품이 공한 것이다. 그러니 본래부터 무생(無生)인 것이다. 그러므로 법이 없어지는 것도 또한 아닌 것이다.

이것이 바로 무생법인(無生法忍)인 것이다. 이 무생을 증득하여 마음을 쓰면 법이 되고 마음을 일으키면 바로 법이 되는 도리를 알아 스스로 법을 쓰고 거두는데 자유자재하고, 모든 양변에 막힘이 없고 그 어

떤 일으킴도 없어짐도 다 마음의 한 작용임을 알아서 여탈자재(與奪自在)하고 무위자작(無爲自作)하여야 바야흐로 일승(一乘)인 불승(佛乘)이 된다고 하신다.

> "범부는 모두가 경계를 쫓아 마음을 내서
> 좋고 싫음이 있다. 만일 경계가 없기를 바란다면
> 그 마음을 잊어야 하고, 마음을 잊으면 경계가 텅 비며
> 경계가 공적하면 곧 마음이 없어지느니라.
> 만약 마음을 잊지 못하고 경계만을 없애려 한다면
> 경계는 없어지지 않으면서
> 오히려 분잡하게 시끄러움만 더할 뿐이다."

범부라고 하는 것은 범부라는 실성이 있어 범부가 아니라 오직 경계를 쫓아 마음을 일으켜 차별심과 분별심으로 그 경계를 봄으로 인하여 좋은 것이 있고 싫은 것이 생기는 것이라고 하신다. 그러므로 경계가 없기를 바란다면 어떻게 하여야 하는가.

오직 그 차별심을 없애라는 것이다.

그 차별심과 분별심을 내려놓으면 경계가 텅 비어 경계가 바로 마음이고 마음이 경계여서 그 경계에 따른 좋고 싫음이 다 사라진다는 것이다. 그래서 경계를 없애려 한다면 더욱 마음이 일어나므로, 차별적 분별심인 이 식심을 벗어나야만이 모든 것이 원래 그대로 편안하고 조용해진다는 것이다.

"그러므로 만법은 오직 마음일 뿐이며
그 마음조차도 얻을 수 없는데 다시 무엇을 구하겠느냐?
반야를 배우는 사람이 얻을 만한 어떤 법도 없는 줄 알게 되면
삼승(三乘)에는 뜻이 끊어져 오직 하나의 진실뿐이다."

이 모든 차별과 분별과 번뇌망상이 오직 다 내 마음의 지음임을 안다면 무엇에 걸릴 것이 있겠는가라고 하신다. 그러나 그 마음마저도 형상도 없고 모양도 없으며 얻을 수도 없고 버릴 수도 없는데 무엇을 구하고 얻을 것이 있어 찾고 헤매이느냐는 것이다. 이 모든 마음의 작용과 상을 내려놓고 그냥 있는 그대로를 볼 수 있고 들을 수 있다면 있는 그대로 영원한 진실만이 남는다고 하신다.

"증득하여 깨달았다고 할 것이 없는 자리인데도
'나는 깨달았노라'고 한다면
모두가 증상만(增上慢)을 내는 사람이다.
『법화경』 회상에서 옷을 떨치고 나가버린 사람들이
모두가 이러한 무리들이다.
그러므로 부처님께서는 '내가 아뇩다라삼먁삼보리에
있어서 실로 얻었다 할 것이 없다'고 하셨으니
그저 묵묵히 계합할 따름이다."

증득하였다거나 깨달았다고 할 것이 없는 그 자리는 텅 비어 그 무엇도 없는데 내 스스로 '나는 깨달았다'라고 한다면 이것은 다 내 마음의 증상만(增上慢)이라고 하신다. 원래부터 한 법도 얻을 것이 없는

무생법인의 이치를 망각하고 마음에 깨달음이라는 상을 하나 더 만든 것이다.

그래서 예를 들어 설명하신다.

즉 『법화경』에서 부처님의 설법 중에 옷을 떨치고 나가버린 사람들이 모두가 다 법 없는 법을 얻은 사람이며, 『금강경』에서도 '이무소득고 아뇩다라삼먁삼보리' 라는 뜻을 밝혀 없을 것이 없는 법을 얻어서 바로 무상정등각을 성취하셨다는 부처님의 말씀을 인용하여 말씀하고 계신다.

실로 이 얻을 것이 없는 이 법은 스스로 묵묵히 계합할 뿐 그 무엇이라고 말할 수 없고 드러낼 수 없는 경지인 것이다.

"범부중생들은 다만 죽는 순간에 오온(五蘊)이 모조리 비고
사대(四大)는 '나(我)'가 없음을 본다.
그러나 참된 마음은 모양이 없어서 가지도 않고 오지도 않는다.
태어났다고 해서 성품이 오는 것이 아니고
죽었다고 해서 성품이 가는 것이 아니다.
담연히 둥글고 고요하여 마음과 경계가 한결같다.
이렇게 될 수만 있다면 그 자리에서 단박 깨쳐
삼세에 얽매이지 않는 것이니, 곧 세간을 뛰어넘은 사람이다."

범부중생은 다만 죽는 순간에 이르러서야 이 몸이 허망한 줄을 알고 '나' 라고 하는 오온이라는 식심과 경계가 다 허망함을 안다고 하신다. 그리하여 이 몸뚱이는 사대로 이루어진 허깨비임을 알아서 실재하는 나(我)가 없음을 본다고 하신다.

실로 안타까운 일이 아닌가. 그렇게도 날뛰고 움직이던 이 몸과 마음이라고 여겼던 식심(識心)이 허망한 것을 알았지만 이를 어찌 하겠는가. 이미 모든 것은 흩어지고 사라지는 것을....

내가 스스로 체득하지 못하였던 본래불은 오지도 않았고, 가지도 않았으며 여기 그대로 독록하고 있었다는 것이다. 그래서 스님은 태어났다고 성품이 오는 것도 아니요, 죽었다고 해서 성품이 가는 것도 아니니, 이 성품은 담연히 둥글고 고요하여 마음이랄 것도 없고 경계라고 할 것도 없이 상주불변하게 그 존재성을 드러내고 있다고 하신다.

그러므로 이 모든 식심과 사대가 다 허망한 줄 알고 본래불에 계합한다면, 비로소 모든 인연법으로 가설된 삼세와 세간의 모든 일들이 다 허망한 줄을 알아 단박에 삼계 밖으로 현출하게 벗어날 수 있다는 것이다.

"털끝만큼이라도 나아가는 향방이 있어서는 절대로 안 된다.
만일 모든 부처님께서 맞이해 주시는 것 같은
가지가지 신기한 모습을 보게 될지라도
역시 마음에 두려움이 없어야 한다.
다만 스스로 마음을 잊고서 법계와 같아지면
바로 자재(自在)를 얻은 것이니,"

그러니 한 생각 일념이 생사의 근본이 되는 것이니 오직 이 한 마음이 어떠한 방향이나 무엇을 구하고 얻을 것이 있으면 바로 생사의 바다에 일어나는 물거품임을 회광반조하여 수도를 해야 한다. 수도 중 나타나는 어떤 형상과 모양있는 부처든 조사든 보살이든 그 어떤 경계도 하나같이 내가 지은 마음의 허상임을 알아차려 마음에 두렵다거나 공경심을 내어서는 안 된다. 이 말씀을 잘 새겨들어야 한다.

이 납승이 권하는 일관참선법을 하다보면 많은 경계가 나타난다. 불보살은 말할 것 없이 수많은 사람과 귀신, 천상과 지옥, 축생 등 우리가 상상할 수 있는 모든 마음의 한량들이 드러날 것이다. 그래서 살불살조(殺佛殺祖)라는 말이 있듯이 그 어떤 상도 다 실상이 아닌 허상임을 알아 상을 없애나가는 것과 같은 것이다.

이것을 바로 알아 모든 경계와 일어나는 모든 상이 전부 내 마음의 지음임을 알아 묵묵히 그 상이 바로 내 마음의 지음이고 그 지음이 바로 상이라는 것을 알아차려야 한다. 오직 경계와 마음이 하나이면서 둘이고 둘이면서 하나인 것임을 안다면 모든 두려움도 공경심도 사라지고 담담히 비추는 있는 그대로가 될 것이라고 하시면서, '이것이 곧 요긴한 대목이다' 라고 하신다.

7. 법法은 무생無生

　시월 팔일 대사께서 배휴에게 말씀하셨다.

　"화성(化城)이란 이승(二乘) 및 십지, 등각, 묘각을 말한 것이다. 이것은 모든 중생을 이끌어 주기 위한 방편으로 세운 가르침으로, 글자 그대로 모두 변화하여 보인 성곽이다. 또한 보배가 있는 곳이란 다름 아닌 참된 마음으로서의 본래 부처이며 자기 성품의 보배를 말한다. 이 보배는 사량분별에 속하지도 않으니 그 자리에는 아무 것도 세울 수 없다. 부처도 없고 중생도 없으며 주관도 객관도 없는데 어느 곳에 성(城)이 있겠느냐?

　만약 '이곳을 이미 화성이라 한다면 어느 곳이 보배 있는 곳인가?' 하고 묻는다면, 보배 있는 곳이란 가리킬 수 없는 곳인데, 가리킨다면 곧 방위와 처소가 있게 되므로, 참으로 보배가 있는 곳이 될 수 없다. 그래서 경에서도 말씀하시기를 '가까이 있다'고만 했을 뿐이다. 그것을 얼마라고 한정할 수 없는 것이니, 오로지 그 자체에 계합하여 알면 되는 것이다.

　천제(闡提)란 믿음이 갖추어지지 않았다는 뜻이다. 육도의 모든 중생들과 이승(二乘)들은 부처님의 과[佛果]가 있음을 믿지 않으니, 그들을 모두 선근(善根)이 끊긴 천제라 한다. 보살이란 불법이 있음을 굳게 믿고 대승·소승을 차별하지 않으며, 부처와 중생을 같은 법성(法性)으로 본다. 이들을 가리켜 선근이 있는 천제라고 한다.

대개 부처님의 설법[聲敎]을 듣고 깨닫는 사람을 성문(聲聞)이라 하고 인연을 관찰하여 깨닫는 사람을 연각(緣覺)이라 한다. 그러나 자기 마음속에서 깨닫지 못한다면, 비록 부처가 된다 하더라도 역시 성문불이라 한다.

도를 배우는 사람들이 교법(敎法)에 있어서는 깨닫는 것이 많으나, 마음법[心法]에 있어서는 깨닫지 못하는데, 이렇게 하면 비록 겁을 지나도록 수행을 한다 해도 마침내 본래의 부처는 아니다.

만약 마음에서 깨닫지 못하고서 교법에서 깨닫는다면, 마음은 가벼이 여기고 가르침만 중히 여겨 흙덩이나 쫓는 개 꼴이 되고 말 것이다. 이것은 본마음을 잊었기 때문이다. 본래 마음에 계합하면 될 뿐, 법을 구할 필요가 없으니, 마음이 곧 법이다.

대부분의 사람들은 경계가 마음을 가로막고 현상[事]이 본체[理]를 흐리게 하므로, 경계로부터 도망쳐 마음을 편히 하려 하고, 현상을 물리쳐서 본체를 보존하려 한다. 그러나 이들은 오히려 마음이 경계를 가로막고, 본체가 현상을 흐리게 한다는 사실은 모르고 있다.

마음을 비우기만 하면 경계는 저절로 비고, 본체를 고요하게만 하면 현상은 저절로 고요해지므로 거꾸로 마음을 쓰지 말아야 한다. 사람들이 보통 마음을 비우려 들지 않는 까닭은 공(空)에 떨어질까 두려워서인데, 자기 마음이 본래부터 비었음을 모르는 것이다.

어리석은 사람의 경우는 경계는 없애려고 하면서 마음은 없애지 않는다. 그러나 지혜로운 이는 마음을 없애지 경계를 없애지 않고, 나아가 보살은 마음이 허공과 같아서 모든 것을 다 버리고 자기가 지은 복덕마저도 탐착하지 않는다.

이 버림에는 세 등급이 있다. 즉 안팎의 몸과 마음을 다 버림이 허공과 같으며, 어디에도 집착하지 않은 다음에 곳에 따라 중생에게 응하되 제도하는 주체도 제도될 대상도 모두 잊는 것이 '크게 버림[大捨]'이다. 만약 한편으로 도를 행하고 덕을 펴면서 한편으로는 그것을 이바지하여 놓아버리고 바라는 마음이 전혀 없으면 '중간의 버림[中捨]'이다. 또한 착한 일을 널리 행하면서도 바라는 바가 있다가 법을 듣고서 빈[空] 줄을 알고 집착하지 않으면, 이것은 '작은 버림[小捨]'이다.

큰 버림은 마치 촛불이 바로 정면에 있는 것과 같아서 더 미혹될 것도 깨달을 것도 없으며, 중간 버림은 촛불이 옆에 있는 것 같아서 밝기도 하고 어둡기도 하며, 작은 버림은 마치 촛불이 등 뒤에 있는 것 같아서 눈 앞의 구덩이나 함정을 보지 못한다. 그러므로 보살의 마음은 허공과 같아서 일체를 다 버린다. 과거의 마음을 버릴 수 없음이 미래를 버린 것이니, 이른바 삼세를 함께 버렸다고 하는 것이다.

여래께서 가섭에게 법을 부촉하실 때로부터 마음으로써 마음에 전하였으니, 마음과 마음이 서로 다르지 않다. 허공에 도장을 찍으면 아무 문체가 찍히지 않고, 그렇다고 물건에 도장을 찍으면 법을 이루지 못한다. 그러므로 마음으로써 마음에 새기는 것이니, 마음과 마음이 다르지 않다. 새김[能]과 새겨짐[所]이 함께 계합하기란 매우 어려운 것이어서, 그것을 얻은 사람은 매우 적다. 마음은 마음 없음[無心]을 말하는 것이고 얻음도 얻었다 할 것이 없는 것이다.

부처님께서는 세 몸[三身]이 있는데, 법신은 자성의 허통(虛通)한 법을, 보신(報身)은 일체 청정한 법을, 화신(化身)은 육도만행법을 말한다. 법신의 설법은 언어, 형상, 문자로써 구할 수 없으며, 설할 바도 없고 증득할 바도 없이 자성이 허통(虛通)할 뿐이다. 그러므로 말씀하시기를 '한 법도 설할 만한 법이 없음을 설법이라 이름 한다'고 하셨다.

보신이나 화신은 근기에 따라 감응하여 나타나고, 설하는 법 또한 현상에 따르고 근기에 알맞게 섭수하여 교화하는 것이므로, 이 모두는 참다운 법이 아니다. 그래서 '보신·화신은 참된 부처가 아니며, 법을 설하는 자가 아니다'고 하신 것이다. 이른바 밝고 정밀한 성품인 일정명(一精明)이 나뉘어 육화합(六和合)이 된다고 하였다.

일정명이란 바로 한 마음[一心]이요, 육화합이란 육근(根)이다. 이 육근은 각기 육진(塵)과 합하는데, 눈은 모양과 귀는 소리와 코는 냄새와 혀는 맛과 몸은 촉감과 뜻은 법과 제각기 합한다. 그런 가운데 육식(識)을 내어 십팔계(十八界)가 된다. 만약 이 십팔계가 어디에도 존재하지 않음을 알면 육화합이 하나로 묶여 일정명이 된다.

일정명이란 곧 마음이다. 그런데 도를 배우는 사람들은 이것을 모두 알면서도 일정명과 육화합에 대해 알음알이만을 지어서 교설에 묶여 본래 마음에 계합치 못한다.

여래께서는 세간에 나타나시어 일승(一乘)의 참된 법을 말씀하시려 하나 중생들은 부처님을 믿지 않고 비방하여 고통의 바다에 빠지게 될 것이며, 그렇다고 부처님께서 전혀 말씀하시지 않는다면 설법에 인색한 간탐(慳貪)에 떨어져 중생을 위하는 것이 못된다고 하시며, 현묘한 도를 널리 베푸시고 방편을 세워 삼승(三乘)이 있음을 말씀하셨다.

그래서 대승과 소승의 방편이 생겼고, 깨달음에도 깊고 얕음의 차이가 있게 되었으나, 이것은 모두 근본법이 아니다.

그러므로 말씀하시기를 '오직 일승의 도가 있을 뿐, 나머지 둘은 참된 것이 아니다'고 하셨다. 그러나 마침내는 한마음의 법[一心法]을 나타내시지 못했기 때문에 가섭을 불러 법좌를 함께 하시어, 따로이 그 '한마음'을 부촉하셨으니, 이는 언설을 떠난 법이다.

이 한 가닥의 법령은 따로이 행해지는데, 만약 계합하여 깨달을 수 있는 사람은 그 즉시 부처님 지위에 이른다.

시월 팔일 대사께서 배휴에게 말씀하셨다.

"화성(化城)이란 이승(二乘) 및 십지, 등각, 묘각을 말한 것이다.
이것은 모든 중생을 이끌어 주기 위한 방편으로 세운 가르침이므로
글자 그대로 모두 변화하여 보인 성곽이다."

여기서 화성(化城)이란 무엇일까? 변하여 만들어진 가공적 성곽이란 뜻이니, 바로 우리 앞에 펼쳐진 모든 삼천대천세계를 말한다.

그러면 이 펼쳐져 있는 두두물물은 전부 허상(虛相)이란 말인가? 아니다. 다 실상(實相)이며, 다 그대로의 진상(眞相)인 것이다.

그러면 왜 허상이라고 하는가?

여기서 석가모니불을 화신불(化身佛)이라 하는 것과 같은 이치이다.

즉 0시와 24시가 다른가 같은가? 사용처에서 보면 다르다. 그러나 지금 드러나 있는 현상은 같은 것과 마찬가지로 언제나 최소와 최대는 같은 자리에 있다. 360도가 바로 0도와 같은 것이다.

그럼 허상과 실상은 다른 것인지를 먼저 알아야 한다. 허상(虛相)과 진상(眞相)은 같은 말이다. 정반대의 말을 가지고 어찌 같은 말이라 하는가.

불교에서 보는 상(相)이란 인식적(認識的) 관계에 있다. 같은 사물을 볼 때 우리가 어떻게 인식하느냐에 따라 그 상이 달라지기 때문인 것이다. 즉 의식(意識)으로 보느냐 무의식(無意識)으로 보느냐에 따라 그 받아들여 자각(自覺)되는 것이 다르기 때문에 이런 말이 있는 것이다.

의식과 무의식의 차별이 바로 차별상이고 분별식인 것이다.

이 차별상으로 바라보는 봄은 평등성지의 무의식에서 바라보는 것과 다르기 때문에 이렇게 말하고 있는 것이다. 참 난해한 문제이니 이것을 설명하려면 많은 글로도 설명할 수 없다. 그러나 마조스님이 말한 도(道)가 바로 실상(實相)을 말한 것이다. 그 실상인 도는 바로 평상심이 도라고 하였다.

평상심이 무엇인가. 조작과 시비와 분별이 없고 단상이 없으며 범성이 없는 무심(無心)이 바로 평상심이라고 하였다. 그러니 누구나 다 평상심으로 본다면 다 진상을 볼 수 있다. 그리고 그 보이는 물건에 문제가 있는 것이 아니다. 이것은 전적으로 보는 자의 관념으로 보느냐 아무런 관념 없이 보느냐에 따라 견취되는 그 상이 달리 보이는 것이다. 그래서 실상을 못보고 허상만 본다고 하였던 것이다.

즉 의식이 만들어 낸 관념과 철학과 종교와 학문으로 바라보기 때문에 그 진상을 못본다 하였던 것이지 그런 관념이 없이 무심(無心)하게 본다면 바로 이것이 다 실상(實相)이고 진상(眞相)인 것이다. 그래서 수행을 하여 도를 이룬다는 것, 즉 수행의 오십이위 역시 다 부처를 이루려는 그 의식(意識)이 만들어낸 것이지 원래 허공성인 부처의 경지는 그 어떤 조작이나 행위에 의하여 변하거나 생겨나거나 만들어지는 것이 아니라는 뜻이다. 그러니 만약 그렇게 해서 만들어진 부처가 생겼다면 이것이 바로 마구니이며 자기 스스로 만들어낸 하나의 또 다른 관념에 불과함을 지적하고 계신 것이다.

그 어떤 것도 세우고 만들어 내면 의식의 장난에 불과 하다는 것이다. 그래서 소승에서 말하는 순수의식이란 것과 아트만이나 브라만 같은 것도 다 의식의 소산이지 실재가 아니라는 것이다. 그러므로 앞장에서 설한 바와 같이 오직 우리가 말하는 심의식(心意識)중에 화신(化身)과 보신(報身)은 마음의 작용(作用)이므로 이것은 영원하지 않고 허망한 것임을 들어 화성(化城)으로 비유한 것임을 알아야 한다.

"또한 보배가 있는 곳이란 다름 아닌 참된 마음으로서의 본래 부처이며, 자기 성품의 보배를 말한다."

그래서 마음의 작용인 보신불과 화신불은 부처는 부처이나 본래부처인 법신불(法身佛)과 같이 하면서도 셋이고, 셋이면서 하나인 것이어서 굳이 뗄 수는 없지만 그 마음의 본체와 작용면에서 본다면 그 불성의 성품이 다르므로 이를 일러 셋으로 나누는 것이다.

여기서 말하는 보배는 바로 나한테는 자성(自性), 법에서는 법성(法性), 부처에서는 불성(佛性), 진리에서는 진여(眞如), 선에서는 도(道)가 되는 마음의 본체인 법신불(法身佛)을 말하고 계신 것이다.

"이 보배는 사량분별에 속하지도 않으니
그 자리에는 아무 것도 세울 수 없다.
부처도 없고 중생도 없으며
주관도 객관도 없는데 어느 곳에 성(城)이 있겠느냐?"

그래서 이 보배인 법신은 그 어떤 차별상이 사라진, 모양도 형상도 세울 수 없는 곳이니 사량분별이라는 의식이 존재하지 않는 그대로의 무심을 말하는 것이다. 여기에 중생이란 것도 부처라는 것도 우리의 의식이 만들어낸 차별상도 다 존재하지 않는다고 하신다. 그러니 주관이니 객관이니 화성이니 진성이니 하는 그 어떤 차별상도 붙을 곳이 없으며 식심의 모든 분별이 사라진 곳이 보배 법신이라고 말씀하신다.

"만약 '이곳을 이미 화성이라 한다면
어느 곳이 보배 있는 곳인가?' 하고 묻는다면
보배 있는 곳이란 가리킬 수 없는 것인데
가리킨다면 곧 방위와 처소가 있게 되므로
참으로 보배가 있는 곳이 될 수 없다."

그래서 스님도 이렇게 말씀하고 계신다.
방위와 처소라는 것도 우리가 만들어 세운 것인데 지금 여기가 바로 화성이라고 한다면 화성이 아닌 보배 있는 곳인들 있겠느냐 하신다. 즉 이것이 없으면 저것도 없어지는 것이다. 그러므로 참으로 보배 있는 곳은 말과 언어가 끊어지고 사량분별이 끊어진 바로 그곳이니 이것을 무엇이라 할 것인가.

어쩔 수 없이 무심(無心)이라 하였지만 무심이란 것도 또한 세운 것이니 참으로 말이 다하고 의식이 다하는 오직 모를 뿐인 것이며 알 수 없는 곳이며 있다 없다의 대상도 아니며, 그 한 법도 세울 곳이 없는 것이다. 오직 그렇다고 할 뿐, 그래서 여여라고 하지만 말이나 글이나 의식으로는 닿을 수가 없다. 그러므로 부처도 갈 수 없는 곳이라고 하였다.

"그래서 경에서도 말씀하시기를
'가까이 있다'고만 했을 뿐이다.
그것을 얼마라고 한정할 수 없는 것이니
오로지 그 자체에 계합하여 알면 되는 것이다."

그래서 스님도 더 이상 말을 하지 못하시고 경을 인용하여 말씀을 하신다.

거울이 만상을 나투지만 거울 자체는 나투지 못하고 눈이 만상을 다 비추어 보지만 눈 자체는 보지 못하고 마음은 모든 사량분별을 다 하지만 마음 자체는 보지 못한다. 그러니 드러난 상을 보고 그 보는 자가 있다고 느낄 뿐 언제나 보신과 화신과 함께 하고 있으므로 '가까이에 있다' 라고 했다고 맑씀하신다.

진정 그렇다. 같이 한다. 함께 하면서도 그 본체는 드러나지 않는 것이다. 그래서 있으나 있다 할 수도 없고, 볼 수도 느낄 수도 없고, 없다고 하려니 이렇게 또렷하니 그저 '가까이에 있다' 라고 하신 것이다. 그러므로 드러난 형상과 느껴지는 감각으로 알 수밖에 없으므로 계합하여 알면 되는 것이라고 한다.

이것은 바로 '이것이 있다는 것은 바로 저것이 있다' 는 것과 같은 말이 된다. 그래서 허상이라 하든, 실상이라 하든 그런 구별을 두지 않으면, 바로 지금 여기에 그대로 현전해 있는 것이다.

"천제(闡提)란 믿음이 갖추어지지 않았다는 뜻이다.
육도의 모든 중생들과 이승(二乘)들은
부처님의 과[佛果]가 있음을 믿지 않으니
그들을 모두 선근(善根)이 끊긴 천제라 한다."

있지도 않고 없지도 않는 그 실체를 보여줄 수 없으니, 그 자체를 믿으려 하지 않고 밖으로 경계와 형상과 모양에 집착하게 되는 것이다. 그래서 육도의 중생과 이승들은 부처님의 실체[佛果]가 진실여여하게 항상함을 모르므로 그들은 모두 선근(善根)이 끊어진 천제(闡提)라고 한다고 하신 것이다.

"보살이란 불법이 있음을 굳게 믿고
대승·소승을 차별하지 않으며
부처와 중생을 같은 법성(法性)으로 본다.
이들을 가리켜 선근이 있는 천제라고 한다."

보살이란 불법의 실체인 불성(佛性)이 있음을 확실히 믿으므로 보리

살타라 하며, 보리이자 반야지혜인 불성(佛性)을 향하여 불타행을 하는 즉 보살도를 행함으로 이를 보살이라 한 것이다. 그러니 여기서도 믿음이 바로 모든 불성의 근원이 되는 것이다.

구하는 자에게만 구해지는 것이고 두드리는 자에게만 그 문은 열리는 것과 같다. 오직 신심으로 뭉치기만 하면 바로 초발심이 그대로 바른 정각을 이루는 원인이 되는 것이다. 그래서 보살은 오직 모든 차별상을 벗어나 중생과 부처가 하나라는 마음으로 모든 것을 벗어나 오직 이타행만 하는 것이므로 이를 일러 선근이 있는 천제라고 하신 것이다.

"대개 부처님의 설법[聲敎]을 듣고
깨닫는 사람을 성문(聲聞)이라 하고
인연을 관찰하여 깨닫는 사람을 연각(緣覺)이라 한다.
그러나 자기 마음속에서 깨닫지 못한다면
비록 부처가 된다 하더라도 역시 성문불이라 한다."

여기서 성문불과 연각불을 설하시고 계시는데 이는 모든 작용을 통하여 부처임을 아는 것이니, 선지식의 말을 듣고 '아! 그렇구나' 하고 깨침은 있으나 현실적으로 그렇게 되지 않고 금방 다시 망상심을 내고, 또 행위나 보살행에서 부처를 깨치므로 이것은 각성은 맞으나 마음에서 한 마음도 없음을 알아 일체를 쉴 줄을 모르므로 이렇게 말씀하시고 계신 것이다.

설법으로 깨치려고 하는 사람은 성문불(聲聞佛)이라 하고, 사물을 보고 변해가는 과정에서 무상(無常)을 깨쳐 아는 것은 또한 마음에서 일어나는 변화와 형상이 없음을 모르는 것이므로 진정한 무생(無生)의 도리를 깨닫지 못하였으므로 연각(緣覺)이라 하는 것이다.

　이렇게 마음이 원래 없음을 깨닫지 못하므로 아무리 깨달았다 해도 성문불이라고 하신다.

　"도를 배우는 사람들이
　교법(敎法)에 있어서는 깨닫는 것이 많으나
　마음 법[心法]에 있어서는 깨닫지 못하는데
　이렇게 하면 비록 겁을 지나도록 수행을 한다 해도
　마침내 본래의 부처는 아니다."

　그래서 그렇구나! 하고 이치를 깨치는 것도 깨닫는 것은 맞으나, 이치를 알았다는 것이지 실재가 무생(無生)임은 모르는 것이다. 이것은 진정한 무심(無心)이요, 무생(無生)인 것을 실증하지 못하였으므로 이러한 깨달음은 바로 잠깐 동안 이치를 알았을 뿐으로 마음에서 깨달아 아는 것과는 하늘과 땅만큼 격차가 벌어지는 것이라는 것을 밝히고 계신 것이다.

　"만약 마음에서 깨닫지 못하고서 교법에서 깨닫는다면
　마음은 가벼이 여기고 가르침만 중히 여겨
　흙덩이나 쫓는 개 꼴이 되고 말 것이다.
　이것은 본마음을 잊었기 때문이다."

　그럼 마음에서 깨닫는다는 것은 무엇이냐.
　오랜 육바라밀행을 함으로써 실제로 마음이 다 녹아 순숙되어 어떤 경계와 형상을 만나도 한 마음이 나지 않는 경지인 무심(無心)이 되어진 것을 말한다.

그래야 진정한 주인공이요, 모든 법에서 벗어난 해탈인이요, 모든 구속에서 벗어난 자유인이요, 그 어떤 것도 취하고 버릴것이 없는 열반인 것이다. 이런 무심이다, 불법이다, 해탈이다, 열반이라는 이름 마저 다 벗어나버려 한 법도 세울 게 없으면 이를 일러 일을 마친 무사인(無事人)이라 말할 수 있는 것이다.

"본래 마음에 계합하면 될 뿐
법을 구할 필요가 없으니, 마음이 곧 법이다."

마음이라 하지만 그 마음은 마음이라 할 것도 없고 마음이 아니라고 할, 어떤 말이 아닌 그대로의 마음을 말하는 것이니 그냥 쓰면 되고 누리면 되고, 펼치면 되는 것이지 이것이 무엇이다 하면 이미 틀린 것이다. 그러니 마음을 쓰는 것이 바로 그대로 법을 쓰는 것이니 스님도 마음이 곧 법이라, 즉심즉법(卽心卽法)이라고 하신다.

마조스님이 바로 즉심즉불(卽心卽佛)이라 하였는데 여기서 황벽스님은 마음이 곧 법이라고 하신다. 마음이라고 하나 법이라고 하나 부처라고 하나 이것은 그대로 같은 말인 것이다. 즉 마음의 다른 이름이라는 것임을 알아야 한다.

"대부분의 사람들은 경계가 마음을 가로막고
현상[事]이 본체[理]를 흐리게 하여,
경계로부터 도망쳐 마음을 편히 하려 하고,

현상을 물리쳐서 본체를 보존하려 한다.
그러나 이들은 오히려 마음이 경계를 가로막고
본체가 현상을 흐리게 한다는 사실은 모르고 있다.”

여기서 말씀하고 있는 것은 참으로 중요한 대목이다. 잘 가려 알아
차려야 한다. 마음과 경계가 하나냐 둘이냐 하는 것이다.

보통 사람들은 사물을 통하여 마음에 장애가 온다고 하여 산 속이나
사람이 없는 조용한 곳을 찾아 홀로 모든 경계를 물리치고 마음속에
안주하는 것으로 수행을 삼으려 하고 있다. 그래서 토굴을 파고 숲 속
을 헤매게 되는 것이다. 그러나 이것은 정말 앞에 드러나 있는 사물을
마음이 오히려 가로막아 바로 볼 수도 벗어날 수도 없이 됨을 모르는
것이다. 마음과 경계가 둘이 아닌 것이다.

경계가 오면 경계와 같이 하나로 되어 드러나는 것이다. 그러니 경
계와 마음은 둘이면서 하나이고 하나이면서 둘인 것이니 이것이 바로
불이심경(不二心境)이 되는 것이다. 그렇다고 경계가 바로 마음이냐 하
면 또한 아니다. 마음이 그럼 경계냐 하면 그 또한 아니다. 그러나 그
작용면에서 보면 하나로 작용을 일으키고 사라지는 것이다. 그래서 하
나도 아니요, 둘도 아닌 것이 되는 것이다.

“마음을 비우기만 하면 경계는 저절로 비고,
본체를 고요하게만 하면 현상은 저절로 고요해지므로
거꾸로 마음을 쓰지 말아야 한다.”

그래서 스님도 이렇게 말씀을 하고 계신다.

마음을 비우면 경계는 저절로 비고 본체를 고요하게만 하면 현상은 저절로 고요해진다고 하시는 것은 바로 경계가 일어나면 마음이 일어나고 경계가 사라지면 마음도 사라진다는 것을 역설적으로 이야기하신 말씀이다.

그러니 경계를 피할 필요가 없이 경계에 무심하면 경계라 할 것도 없고, 경계에 무심하면 마음이라 할 것도 없이 되는 것이다. 그러니 시장바닥에서도 경계에 무심하면 시끄러운 소리도 안 들림과 같고 복잡한 움직임도 그대로 조용한 그림자처럼 흔들리고 있을 뿐이다.

바른 수도를 하려면 경계를 피할 것이 아니다. 바로 마음을 조용히 하고 무심한 경지에 노닐면서도 그 어떤 형상과 경계도 다 그림자놀이에 불과하다는 것을 알면 그 어떤 마음의 동요도 없을 것이다.

"사람들이 보통 마음을 비우려 들지 않는 까닭은
공(空)에 떨어질까 두려워해서인데
자기 마음이 본래부터 비었음을 모르는 것이다."

그러면 왜 사람들이 마음을 비우려 하지 않을까.

마음이 바로 '자기'라고 하고 '내'라고 하기 때문에 마음이 없어지면 '나'도 없고, '내'라는 그 어떤 것이 다 없어져, 마치 공중에 물건이 놓이는 것처럼 떨어져 없어질까를 염려하고 그렇게 떨어져 죽는 것으로 착각하여 두려워서 비우려 하지 않는 것이다.

정말 많은 사람들을 대해 보았지만 무엇이든 의지처가 없으면 사람들은 믿지않으며, 무엇이든 세워 '이것이 의지처다' 하면 이 형상에 매달려 있기를 원하면서 지견을 구한다. 그러니 어찌 무아가 되고 무심이 되겠는가.

이것이 제일 큰 병폐이며 깨닫지 못하는 원인이 된다. 그래서 깨닫지 못하는 것이 아니라 안 깨닫는 것이다. 깨달으면 모든 것이 끊어져 죽는 줄로만 안다. 왜냐하면 붙잡을 것이 없기 때문이다. 그러나 그것이 착각인 것이다.

놓아라! 놓아도 그대로다!

'천 길 낭떠러지에서 한 걸음을 놓아라' 하듯이

다 놓아라! 삶도, 앎도, 모든 마음을 다 놓아버려라.

그리고 다시 살펴보라!

세상이 달라져 있을 것이니 두두물물이 다 부처가 되어 불국토가 이루어져 있을 것이니!

"어리석은 사람의 경우는

경계는 없애려고 하면서 마음은 없애지 않는다.

그러나 지혜로운 이는 마음을 없애지 경계를 없애지 않고,

나아가 보살은 마음이 허공과 같아서 모든 것을 다 버리고

자기가 지은 복덕마저도 탐착하지 않는다."

그래서 스님도 이렇게 말씀을 하신다.

경계에는 무심해지기 쉬우나 마음을 비우고 놓기는 참으로 어렵다고. 그러나 저 보살들을 보라. 모든 것을 함께하고 중생과 함께 모든 괴로움과 즐거움을 같이 받으면서도 그 어떤 마음도 내지 않고, 오직 텅 빈 불성으로 그 어디도 얽매임 없이 그렇게 불타행을 한다. 그러면서도 했다는 마음을 내지 않는 것은 바로 모든 마음을 다 내려놓아 허

공처럼 비어있으므로 그 어떤 상도 내지 않는 것이다.

　우리도 모든 마음을 내리고 놓고 하는 것이 진정 불도를 수도하는 것이지 얻고 가지는 것은 다 헛된 짓임을 알아야 할 것이다. 그래서 우리 모두 '마음 버림'을 통하여 무심을 증득해야 하는 근본 뜻이 여기에 있다.

　"그러나 이 버림에는 세 등급이 있다.
　즉 안팎의 몸과 마음을 다 버림이 허공과 같으며,
　어디에도 집착하지 않은 다음의 곳에 따라
　중생에게 응하되, 제도하는 주체도 제도될 대상도
　모두 잊는 것이 '크게 버림[大捨]'이다."

그럼 마음을 어떻게 버리는가?

　형상도 없고 모양도 없는데 어떻게 버릴 수가 있는가. 그러니 회광반조라고 하였다. 돌아보아 한 생각이나 한 기억이 나면 바로 그 생각과 지음에서 벗어나면 되는 것이다. 그 생각을 뛰어넘으라는 것이다. 뛰어넘는다는 것도 물론 말처럼 되지 않으나 그래도 벗어나려고 해보라.

　백장스님이 말씀하신 '열 가지로 벗어나라'를 참고하시어, 처음엔 잘 되지 않더라도 하다보면 버리는 방법도 터득하게 될 것이다. 그래서 버리되 일시에 버리고 안 버리고를 떠나 원래부터 텅 비어 있어 어떤 것도 없다라고 하면 정말 아무것도 없는 텅 빈 것이 느껴질 것이다.

　이것이 크게 버린다는 것이다.

　근본을 알아 원래 비어 있었다는 것을 알아차리는 것이다.

그러면 다시 일어날 어떤 마음도 없질 않겠는가.

그러니 그 자리가 그대로 모든 마음을 다 버린, 마음이 하나도 없는 무심처(無心處)가 되는 것이니, 이것을 일러 스님도 '크게 버리는 것이다'라고 하시어 대사(大捨)라고 하신 것이다.

"만약 한편으로 도를 행하고 덕을 펴면서
한편으로는 그것을 이바지하여 놓아버리고
바라는 마음이 전혀 없으면 '중간의 버림[中捨]'이다."

이것은 어떤 일이든 하면서 수도적 차원에서 불타행을 하면서 그 함의 무상함을 체달하여, 그 어디에도 매이지 않고 했다는 마음도 내지 않으면 자연 마음이 순숙되어 무심해지는 것을 들어 중사(中捨)라 하셨다.

이것은 실증적 체험으로 느끼고 알아 그렇게 마음을 길들이고 있는 것이니 다 버림만은 못하다 하여 중사라고 한 것이다. 그러나 대승적 차원에서 본다면 이렇게 보살도를 행하면서 불타의 길로 가는 것은 정말 우러러야 할 덕목이고 제일 좋은 방편이 아닐 수 없는 것이다.

진리적 차원에서 보면 대사가 좋으나 일반적 견지에서 본다면 참으로 불타행을 실행하면서도 거기에 무심한 보살도야말로 대승불교가 지향하고 바라는 길일 것이다.

"또한 착한 일을 널리 행하면서도 바라는 바가 있다가
법을 듣고서 빈[空] 줄을 알고 집착하지 않으면
이것은 '작은 버림[小捨]'이다."

이것은 보살도를 행하면서도 그 보살도가 공덕이 된다는 차원에서 행하여 그 함을 통하여 자아실현을 하려고 한다. 그러다 무주상보시 (無住相布施)가 진정 보시이며 그 어떤 마음도 일어나지 않는 것이 옳다고 하니까 스스로 그렇게 해 볼려고 노력하는 것을 들어 '작은 버림[小捨]'라고 하셨다.

> "큰 버림은 마치 촛불이 바로 정면에 있는 것과 같아서
> 더 미혹될 것도 깨달을 것도 없으며,
> 중간 버림은 촛불이 옆에 있는 것 같아서
> 밝기도 하고 어둡기도 하며,
> 작은 버림은 마치 촛불이 등 뒤에 있는 것 같아서
> 눈앞의 구덩이나 함정을 보지 못한다.
> **그러므로 보살의 마음은 허공과 같아서 일체를 다 버린다.**"

그렇게 크게 버리면 모든 것에 걸림이 없어서 마치 촛불이 앞에 있는 것처럼 모든 것을 있는 그대로 다 진상으로 진실여여하게 볼 수가 있어 어디에도 자유로워지는 것이며, 중간의 버림은 촛불이 옆에 있어서 어떨 땐 밝게 보이다가도 또 어떨 땐 그 상에 걸리어 얽매임이 있으므로 이렇게 말씀하는 것이며, 작은 버림은 아직 상을 완전히 버리지 못하고 또 가끔 마음이 일어나 상에 걸려들 것이니, 해도 함이 없고 안 해도 안 함에 걸리지 않는 불타행을 하는 보살의 경지와는 다르다는 것을 밝히고 있는 대목이다.

그러니 버리려면 완전히 다 크게 버리고 크게 깨달아버려야 더 이상 구할 것도 얻을 것도 막힐 것도 할 것도 없으므로 하면 하고 쉬면 쉬고

일거수일투족에 무애자재해지는 것이다. 스님도 크게 버려 완전한 자유인, 대 해탈의 경지에 들어 유유자적함을 노래하라고 간곡히 이렇게 설하고 계신 것이다.

"과거의 마음을 버릴 수 없음이 미래를 버린 것이니
이른바 삼세를 함께 버렸다고 하는 것이다.
여래께서 가섭에게 법을 부촉하실 때로부터
마음으로써 마음에 전하였으니
마음과 마음이 서로 다르지 않다."

그렇게 마음을 다 버리고 텅빈 각성만이 있다면 그 텅빈 것은 허공처럼 그 무엇도 없는 것이다. 이 없는 것은 지금이나 옛날이나 미래나 언제나 없는 것이 무엇이 다르겠는가.

그러니 없음을 전하고 전하여 온 것이니 전할 것이 없으므로 다 전한 것이 되는 것이다. 허공 속에 들어가면 너다, 나다, 내 마음이다, 네 마음이다 할 것이 없지 않은가. 마음이랄 것도 없이 그 자리인 것이다. 그러니 전함 없이 다 전해져 버린 것이 된다.

그래서 스님도 석존께서 가섭에게 전하고 이십팔대를 거쳐 지금 여기까지 전할 법이 없는 법을 전했으니 바로 이것이 무심의 도리이며 이것이 법이 없는 경지인 것이다. 바로 마음이 없는 도리와 법이 없는 도리가 바로 진정한 도리가 되는 것이다.

"허공에다 도장을 찍으면 아무 문체가 찍히지 않고
그렇다고 물건에다가 도장을 찍으면 법을
이루지 못한다. 그러므로 마음으로써
마음에 새기는 것이니, 마음과 마음이 다르지 않다."

위에서 누누이 말씀했듯이 마음이란 것을 다 버려 마음이란 것이 전혀 없어져 무심(無心)이 되라고 하신다. 허공에 도장을 찍으면 아무 문체가 찍히지 않지만 물건에다 도장을 찍으면 도장 자국이 남는다. 그러나 무심에서 하는 것은 해도 함이 없으니 다 한 것이고, 하지 않아도 한 것이니 자유자재한 것이 되는 것이며, 이것이 다르지도 같지도 않고 틀리지도 않고 맞지도 않는 것이 마음이니 그 마음 없는 마음이 어찌 다르고 틀릴 것이 있겠는가.

그래서 마음에 새기면 새겨지는 것이요, 마음에서 지우면 지워지는 것이다. 그러니 마음과 마음이 다름이 없는 그냥 마음일 뿐이다.

"새김[能]과 새겨짐[所]이 함께 계합하기란
매우 어려운 것이어서, 그것을 얻은 사람은 매우 적다.
그러나 마음은 마음 없음[無心]을 말하는 것이고
얻음도 얻었다 할 것이 없는 것이다."

새김[能]과 새겨짐[所]이 함께 계합한다는 것은 바로 무심인 경지인데 능이 어디에 있고 소가 어디에 있겠는가. 만약 주시하는 자가 있고 주시할 대상이 있다면 이것은 바로 이법이 되는 것이다.

그러니 텅 빈 그곳에는 주인인 주시자도 없고 주시해야 할 대상도 없는 공적(空寂)한 것이다. 만약 볼 때 보는 자가 있으면 보는 그것을 주시하는 자가 있게 되니 이것은 완전한 이법이 되는 것이다. 그래서 보는 주시자인 능(能)과 새겨짐인 소(所)가 없는 것이다. 보이는 그대로이고 드러나는 그대로라야 하는 것이다. 그러므로 허공에는 능소도 주객도 그 어떤 것도 있을 수 없다.

마음이란 자체가 없어져야 하는 것이며, 대상이란 자체가 없어야 하는 것이다. 그래야 완전히 자유로워지는 것이 된다. 스님도 마음은 무심(無心)이 마음이고, 어떤 얻을 만한 대상이 있을 수가 없다는 것이다. 그래서 얻음이 없는 것을 다 얻었다 하는 것이다.

"부처님께서는 세 몸[三身]이 있는데
법신은 자성의 허통(虛通)한 법을
보신(報身)은 일체 청정한 법을
화신(化身)은 육도만행법을 말한다.
법신의 설법은 언어, 형상, 문자로써 구할 수 없으며
설할 바도 없고 증득할 바도 없이 자성이 허통(虛通)할 뿐이다.
그러므로 말씀하시기를 '한 법도 설할 만한 법이
없음을 설법이라 이름 한다'고 하셨다."

그러므로 부처라 하면 다 부처 아님이 없는 것이 된다. 왜 그런가 하면 본래 마음인 법신의 작용이 있고 그 작용으로 드러난 상이 전부 마음속의 일인 것이므로 이것은 전부 마음이 일으킨 것이니 그대로 다 부처인 것이다. 그러나 그 부처를 어쩔 수 없이 불성으로 본다면 마음의 본바탕이 있고 거기에서 일어나는 작용이 있고 이 작용으로 생기는 상이 있다.

그래서 부처님은 세 몸 삼신불(三身佛)이 있으니 본래부처인 본바탕을 들어 법신이라 하였는데, 이 법신은 자성의 허통(虛通)한 법을 말하는 것으로, 허공처럼 비어 있으므로 모든 만상과 모든 작용이 일어날 수 있는 것이다.

만약 무엇인가 있다면 바로 걸림이 있어 모든 법은 반연할 수도 관조할 수도 없는 것이다. 그래서 허통이라 하여 허공처럼 비어서 모든 법이 자유로이 통하여 일어날 수 있다고 하신다. 그리고 '보신(報身)은 일체청정한 법을, 화신(化身)은 육도만행법을 말한다'라고 하셨다. 마음의 작용이 일어나서 만상을 세우고 흩으며 모였다 흩어지는 모든 것은 다 보신으로 청정하게 그 작용인 화신이 자유자재로 법을 굴릴 수 있으므로 이렇게 말씀하셨고, '법신의 설법은 언어, 형상, 문자로써 구할 수 없으며'라고 하셨다. 법신은 그 어떤 설법도 할 수 없다고 하시는 것은 법신 자체는 텅 비어 무엇이든 하지도 안 하지도 그 어떤 움직임도 없다는 것이다.

그러니 '설할 바도 없고 증득할 바도 없이 자성이 허통(虛通)할 뿐이다'라고 하신 것이다. 자기에서 보아 자성이지 법에서 보면 또한 법성이 되는 것이므로 '한 법도 설할 만한 법이 없음을 설법이라 이름 한다고 하셨다'라고 하시어, 설할 법이 없음을 설하는 것이 진정한 설법이고 얻을 것이 없는 법은 다 얻은 구족한 법이라 하고 함이 없는 법을 법이라 하는 것이다.

"보신이나 화신은 근기에 따라 감응하여 나타나고
설하는 법 또한 현상에 따르고 근기에 알맞게 섭수하여
교화하는 것이므로, 이 모두는 참다운 법이 아니다."

　그래서 마음바탕에서 한 마음을 일으켜 만법을 설하고 있으나 이것은 인연에 따라 응하고 현상에 따르고 근기에 따라 알맞게 교화하는 것이지 실제로 법이 있어 설하는 것이 아니라는 것이다. 그래서 이런 방편설이나 응병여약 같은 법을 설하는 것은 오직 인연으로 말미암을 뿐 그 어떤 정해진 법이라 할 것이 없다는 것이다.

"그래서 '보신, 화신은 참된 부처가 아니며
법을 설하는 자가 아니다'고 하신 것이다."

　그래서 인연 따라 응하고 화현하여 만상을 도출하고 있는 이 작용인 화신이나 이 작용으로 일어난 공덕상인 보신은 또 인연 따라 생주이멸에 따라 멸하여 없어지는 것이니 진실한 것이 아니라고 하신다. 그러나 우리가 느끼고 감수하고 하는 모든 것은 다 이 보신과 화신에 있는 것이지 법신은 그 어떤 설법도 하지 못한다. 화신이 설법을 하는 것이고, 이 설법으로 인하여 부처를 알게 되고 부처를 찾아 진상락에 들게 하는 공덕장을 베푸는 것이다. 이 모든 변화를 나투는 것이 또한 화신과 보신인 것이니 이것을 버리고 법신이랄 것도 없고 또 법신이 없으면 이 화신과 보신이 나툴 수 없으니 하나이면서 셋이고 셋이면서 하나인 것이 된다.
　진실하여 허망하지 않는 진실여여함을 진여라고 하여 이 법신이 바로 진리요, 도이며 선이며 마음인 것이지 변하여 멸하는 보신과 화신은 진정한 참된 부처가 아닌 것이며 진정 참 부처는 바로 법신을 두고 하는 말이라고 하신다.

"이른바 밝고 정밀한 성품인 일정명(一精明)이 나뉘어
육화합(六和合)이 된다고 하였다.
일정명이란 바로 한 마음[一心]이요, 육화합이란 육근(根)이다.
이 육근은 각기 육진(塵)과 합하는데, 눈은 모양과 귀는 소리와
코는 냄새와 혀는 맛과 몸은 촉감과 뜻은 법과 제각기 합한다.
그런 가운데 육식(識)을 내어 십팔계(十八界)가 된다.
만약 이 십팔계가 어디에도 존재하지 않음을 알면
육화합이 하나로 묶여 일정명이 된다."

일정명이란 곧 마음이다.

일심(一心)이란 삼신을 들어 일심이라 하였으니 이것을 다른 이름으로 일정명(一精明)이라 하신다. 이래서 '조사가 한 명 나면 부처 이름이 하나 생긴다'라고 내가 언제나 하듯이 이렇게 이름이 생겨나니 많은 사람들이 부처 이름에 속아 헤맨다.

그러나 백장스님도 맑고 밝은 한 형상 없는 그것을 스스로 지어 드러내본 이름일 것이다. 이 일정명이 바로 마음이다. 마음이 일어나면 육화합(六和合)이 된다는 것은 여섯 가지로 드러난다는 뜻이다. 즉 무엇으로 드러나는가. 안이비설신의(眼耳鼻舌身意)인 육근(六根)으로 드러낸다.

이 육근이 대경인 육경(六境)과 합하여 육입(六入)을 하는 것이니, 경계를 본다, 듣는다, 맡는다, 맛을 안다, 몸으로 느낀다, 머리로 생각한다는 것이다. 이것이 우리의 마음과 경계가 만나 취할 수 있는 모든 세계이니 이를 일러 십팔계(十八界)라 한다.

그러니 인연따라 화합을 하면 십팔계가 있는 것 같이 느껴지지만, 이 십팔계는 오직 마음이 빚어낸 그림자인 것이다. 즉 물결이 일지만 그냥 물일 뿐이고 만상이 도출되지만 도출된 실상이 없는 것이며, 거울에 만상이 비쳐도 거울엔 한 점 형상이 없는 것처럼 그 자체의 실상이 또한 아닌 것이니, 그래서 스님은 이렇게 말씀하신다.

'만약 이 십팔계가 어디에도 존재하지 않음을 알면 육화합이 하나로 묶여 일정명이 된다. 일정명이란 곧 마음이다' 라고 하시어 마음이란 그 어떤 흔적이나 자취를 남기지 않으므로 그 실상이 없다는 것이다. 그렇다고 그 경계가 없고 마음이 없겠는가.

오직 모든 상에 집착하지 말고 벗어나라는 뜻으로 이렇게 말씀하심을 진정으로 투득하여야 한다.

"그런데 도를 배우는 사람들은 이것을 모두 알면서도
일정명과 육화합에 대해 알음알이만을 지어서
드디어는 교설에 묶여 본래 마음에 계합치 못한다."

그래서 스님도 이런 현상적 자각증상을 다 알면서도 마음이 육근·육경·육입에 대해 알음알이를 만들어 교설적 인연법에 묶여 벗어나지 못함으로 인하여, 모든 것에서 벗어나 그 어떤 것에도 매이지 않고 물들지 않고, 훈습되지 않는 본마음이 본불(本佛)에 계합치 못함을 안타까워하신다.

벗어나고 벗어나서 모든 것에서 자유로워지면 자연 알음알이는 더이상 힘을 받지 못하여 마음이 조용해지고 편안해지는 것이다.

"여래께서는 세간에 나타나시어
일승(一乘)의 참된 법을 말씀하시려 하나
중생들은 부처님을 믿지 않고 비방하여
고통의 바다에 빠지게 될 것이며
그렇다고 부처님께서 전혀 말씀하시지 않는다면
설법에 인색한 간탐(慳貪)에 떨어져 중생을 위하는 것이
못된다고 하시어, 현묘한 도를 널리 베푸시고 방편을 세워
삼승(三乘)이 있음을 말씀하셨다."

여기서 스님이 말씀하시는 뜻을 잘 알아야 한다.

원래 법이 있는 것도 아니요, 마음이라 할 것이 있는 것도 아니요, 그 어떤 것도 실제로 존재성을 드러내는 것은 하나도 없다. 의지처도 할 것도 살 것도 원하는 것도 바램도 다 없는 것이다. 그러나 이것을 믿을 사람이 어디에 있는가. 그래서 어쩔 수 없이 삼승사과를 설하시어 신심을 내어 들어오게 하여 그 견처가 생겨날 때, 이것이 다 무상하며 원래 한 법도 생기는 것이 아님을 설하시어 일승으로 인도하는 것임을 이해해야 한다.

차제를 둘 수도 없고 나누어 말할 수도 없는 그 허공성을 무엇으로 설하겠는가. 그래서 『금강경』을 설하시어 생각과 물질과 집착과 욕심과

함에 대하여 그것들이 다 허망한 것이며 실상이 없다는 것을 설하신 다음에, 하나하나 부수고 결국엔 그 부수는 것마저 놓으라고 하셨다.

그렇게 일체개공(一切皆空), 제행무상(諸行無常) 제법무아(諸法無我)를 차례로 설하시고 마지막으로 설한 것이 바로 적정열반(寂靜涅槃)이 되는 것이다.

"그래서 대승과 소승의 방편이 생겼고
깨달음에도 깊고 얕음의 차이가 있게 되었으나
이것은 모두 근본법이 아니다.
그러므로 말씀하시기를 '오직 일승의 도가 있을 뿐
나머지 둘은 참된 것이 아니다'고 하셨다."

여기서 삼승과 이승과 일승을 말씀하신다.

삼승이란 교훈법이니 일반 모든 선악경계를 설하시어 선을 숭상하고 악을 버리는 이분법을 말하고 있는 것이며, 이것은 삼신불이 다 부처라는 것과 같은 것이어서 삼신사상이라고도 한다.

그리고 이승은 본마음이 있다는 것이다. 즉 브라만교의 진리와 같은 이치이다. 마음에는 순수의식인 아트만이 있는데 모든 식심이 사라지면 순수한 본식이 우주의 순수의식인 브라만과 합일이 되어 신인일여(神人一如)가 되며, 사람이 죽으면 이 순수의식이 우주의식이 되어 떠돌다 인연을 만나면 다시 생을 받아 태어난다고 하는 것이다.

그러나 부처님은 그것을 부정하셨다.

그렇게 생각하는 그 무의식마저 의식이며 식심(識心)이 만들어낸 상(相)이라는 것이다. 그러니 그 식심이 완전히 사라진 무의식 즉 무심(無

心)이 법신이며, 이것을 일러 열반(涅槃)이라고 하였다. 그러므로 흔히 말하는, 마음 마음 하는 의식(意識)은 전부 식심(識心)의 소산이다,

아뢰야식이라는 생각마저도 벗어나 아무런 생각이 붙을 수 없는, 즉 마음이라는 것이 붙을 수 없는 것을 무심(無心)이라 하였으니, 이 무심(無心)이란 마음마저 다 벗어나야 한다. 그 다음은 어떤 말도 글도 생각도 마음도 붙을 수 없을 것이다. 바로 이것을 본불(本佛)이라 하며 이것을 일러 해탈 또는 대 해탈, 자유, 대 자유라고 하는 것이다.

그러니 이것을 일러

"있는 그대로 완전한 자유가 되는 것이니
무위진인(無爲眞人)이며 무사인(無事人)이라 부르고 있다.
이래야만이 진정한 일승(一乘)이요, 일승법(一乘法)이 되는 것이다.
그러나 마침내 한마음의 법[一心法]을 나타내시지 못했기 때문에
가섭을 불러 법좌를 함께 하시어
따로 그 '한마음'을 부촉하셨으니 이는 언설을 떠난 법이다."

그래서 스님도 이렇게 말씀하신다.

부처님도 이 일심법(一心法)은 설하실 수 없는 법이며 나타낼 수도 없는 것이다. 있는 그대로 완전한 자유의 경지에서 가섭을 불러 법좌를 함께 하시면서 그 일어나는 완전한 자유를 통하여 있는 그대로의 마음을 전하였던 것이다.

그래서 언어도단(言語道斷)이요, 불립문자(不立文字)이며 심행처멸(心行處滅)이 되어 무심처(無心處)가 되는 것이며, 있는 그대로의 마음을 전하여 지금 여기까지 오고 있는 것임을 설파하신다.

"이 한 가닥의 법령은 따로이 행해지는데
만약 계합하여 깨달을 수 있는 사람은
그 즉시 부처님 지위에 이른다."

그래서 스님도 이렇게 당부를 하신다.

전할 수 없는 법이며 드러낼 수 없는 법이라 오직 한 가닥 형상 없는 법령을 교외별전(敎外別傳)으로 전승하여 왔으니, 이것에 따라 오직 스스로 완전한 자유를 체득하여 있는 그대로를 깨달으면 되는 것이며, 그렇게 알고 깨달으면 즉시 부처님의 지위에 이른다고 하신다.

알겠는가!

알았다 하면 여우 혼령일 것이며, 모른다 하면 범부이다.

오직 스스로 체득하면 무불(無佛)이 되어 만중생의 복전(福田)이 될 것이다.

나무영산회상 불보살.

8. 도道를 닦는다는 것

배휴가 물었다.

"도란 무엇이며 어떻게 수행해야 합니까?"

대사께서 말씀하셨다.

"도가 무슨 물건이길래 수행하려 하느냐?"

"그렇다면 제방의 종사가 서로 이어받아 참선하여 도를 배우는 것은 무엇 때문입니까?"

"둔근기(鈍根機)를 이끌어 주는 말이니 의지할 것이 못되느니라."

"그것이 둔근기를 위한 말이라고 하신다면, 상근기(上根機)를 위해서는 무슨 법을 설하시는지요?"

"상근기라면 어디 남에게서 찾으려 하겠느냐? 저 자신마저도 얻지 못하거늘, 더구나 따로 뜻에 합당한 법이 어디 있겠느냐? '법이란 법이 무슨 모양이더냐?'고 한 경(經)의 말씀을 보지 못했느냐?"

"그렇다면 도무지 구하여 찾을 필요가 없다는 말씀입니까?"

"그렇게만 된다면 마음의 힘이 덜어지는 것이니라."

"그렇다면 온통 끊어져버려서 '없다는 것'도 가당치 않겠습니다."

"누가 그것을 없다 하였으며, 또 그것이 대관절 무엇이길래 너는 찾으려 하느냐?"

"스님께서는 이미 찾는 것을 허락하지 않으시고서는, 어찌하여 그것을 끊지도 말라 하십니까?"

"찾지 않으면 그 자리는 바로 '쉼'인데, 누가 너더러 끊으라 하였느냐? 눈앞의 허공을 보아라. 어떻게 저것을 끊겠느냐? 여기에 알음알이를 내는구나."

"사람들로 더불어 알음알이를 내지 않음이 마땅한 것입니까?"

"내 너를 방해한 적은 한 번도 없거니와, 요컨대 알음알이란 뜻[情]에 속한 것으로서 뜻이 생기면 지혜가 막히게 되느니라."

"여기에 있어서 뜻을 내지 않는 것이 옳은 것입니까?"

"뜻을 내지 않는다면 누가 옳다고 말하겠느냐?"

이 『전심법요』를 읽으면서 하나의 의문을 가질 것이다. 과연 승상 배휴는 깨달았을까 아니면 아직 마음을 깨닫지 못해서 이런 질문을 하고 있는 것일까를 잘 관해보라.

그는 이미 마음의 본성을 다 깨쳐있다. 그럼 왜 이런 질문을 하고 있는 것일까? 바로 지금 이 글을 읽고 있는 사람을 위해서다.

즉 법연에 참석한 많은 사람들에게 무심법(無心法)이요, 일승법(一乘法)을 선문답(禪問答)을 통하여 드러내 보이고자 하는 것에 맞추어 훗날 기록이란 형식으로 짠 것이다. 대부분의 내용이 겹치지 않고 보통사람들이 궁금해하는 부분을 묻고 답하는 형식을 빌었다. 그 짜여져 있는 것을 보면, 이 선문답을 통하여 근본 뜻을 밝히는데 목적이 있음을 알 수 있다.

그러니 답한 황벽스님의 대의는 드러나 있지만 이 법요는 당연히 배휴가 쓴 것이고, 배휴의 깨달은 내용이 그대로 고스란히 전해진 것이라고 할 수 있다. 그래서 『완릉록』까지의 내용 중에 배휴의 깨달은 부분은 빠져 있고 또 황벽스님의 뒤를 당연히 배휴가 이었어야 하지만 배휴는 승상이란 직책을 가진 정치가였다.

그래서 이런 요지를 적어 황벽스님의 적자인 임제에게 전하지 않고 일반 제자들에게 전하여 후인을 위하여 유포하였던 것이라고 보아야 한다. 이것으로 본다면 일승법에는 재가와 스님이란 그 어떤 차별상도 존재하지 않는 것이며, 선지식 역시 출·재가를 가리지 않고 오직 진실만을 전하였음을 알아야 한다. 오늘날 일승법을 설하는 곳이 사라진 이유가 어디에 있는지를 잘 간파하여, 재가불자들도 정법을 세워 나가는 데에 매진할 뿐, 그 누구에게도 의지하여서는 안 될 것이다.

여러 재가불자들이 부처행을 하고 부처로 살아갈 때 저 공룡 같은 승단이 자정(自淨)될 것이다.

배휴가 물었다.
"도란 무엇이며 어떻게 수행해야 합니까?"

대사께서 말씀하셨다.
"도가 무슨 물건이기에 수행하려 하느냐?"

도가 무엇이며 어떻게 수행해야 하느냐를 물었다.

도가 무슨 물건이길래 수행하려 하느냐고 하신다. 그럼 도란 무슨 물건인가? 도(道)는 법(法)이며 불(佛)이며 선(禪)이며 심(心)이다. 이 다섯 가지는 전부 같은 말이다. 도라고 할 때는 진리이며 이치이다. 그러니 진리나 이치는 형상이 아니며 말할 수도 없다. 그러니 어찌 진리나 이치가 수행해서 얻어지겠는가.

법(法)이라 할 때 법은 무위법(無爲法)이다. 그 무위가 어찌 수행이란 행위로 얻어지겠는가?

불(佛)이라 할 때 부처는 자성청정심 즉 법신(法身)이다. 법신은 형상도 그 어떤 식심으로도 볼 수도 느낄 수도 없는 것인데 어찌 수행이란 말이 붙을 곳이 있는가?

선(禪)이라 하는 것은 그 어떤 움직임이 없는 고요함이다. 그 고요함에 무엇을 수행하고 닦을 것이 있다는 말인가?

심(心)이라 할 때 심은 무심(無心)을 말하는데 무심에 무엇이 있어 닦고 수행할 것이 있다는 말인가? 라고 하시면서 다시 묻고 계신다.

"그렇다면 제방의 종사가 서로 이어받아 참선하여
 도를 배우는 것은 무엇 때문입니까?"
"둔근기(鈍根機)를 이끌어 주는 말이니 의지할 것이 못되느니라."

그래서 배휴가 다시 묻는다.

수행을 할 필요가 없다면 그럼 왜 제방에서는 참선을 하며, 도를 배운다고 하는 것은 무엇을 위한 것이냐고 묻고 있다. 그래서 스님께서 둔근기(鈍根機)를 이끌어주는 말이니 의지할 것이 못된다고 하신다.

여기서 말하는 둔근기를 잘 알아야 한다. 둔근기란 모든 것이 있다는 유위적(有爲的)인 가설에 입각하여 부처도 있고 마음도 있고 선도 있고 법도 있고 도가 있는 것으로 받아들이는 범부를 일러 하는 말이다.

모든 말이 다 실상이 있는 것으로 받아들이므로 부처님과 선지식들이 방편으로 법·마음·선·도·부처 등 가설(假說)을 세워 이끈다. 이 엄청난 사실을 어떻게 받아들여야 하는가.

그래서 부처님께서도 『열반경』에서 '나는 한 법도 설한 바가 없다'라고 하시며 무설설(無說說)이라 했고, 유마거사는 비아리성 아래서 입을 다물었고, 달마대사는 면벽 구년 하시고 신발 한 짝 들고 가셨으며, 방거사는 아무리 귀한 금가루도 눈에 들면 티가 된다고 하셨다.

진리는 언설이 없고 형상이 없고 그 한 법도 세울 수 없지만 서산에 걸린 해는 오늘도 저렇게 아름답게 비추고 있는 것이다.

무엇이 있어 수행할 것이 있으며, 무엇이 있어 얻을 게 있겠는가!

다 부질없음을 진정 안다면 일 마쳤다 하리라.

"이것이 둔근기를 위한 말이라고 하신다면
상근기(上根機)를 위해서는 무슨 법을 설하시는지요?"
"상근기라면 어디 남에게서 찾으려 하겠느냐?
저 자신마저도 얻지 못하거늘
더구나 따로 뜻에 합당한 법이 어디 있겠느냐?
'법이란 법이 무슨 모양이더냐?' 고
한 경(經)의 말씀을 보지 못했느냐?"

그러면 이 모든 가설이 둔근기를 위한 말이라고 한다면 그럼 상근기

(上根機)를 위해서는 무슨 법을 설하시는지를 말씀해 달라고 조른다.

그래서 스님은 '상근기라면 찾을 게 있겠는가?'라고 하시면서 '스스로 자기마저도 얻지 못하거늘 법을 어디서 구할 것인가?'라고 다시 물으신다. 그리고는 부처님이 말씀하신 경을 인용하여 '법이란 법이 무슨 모양이더냐?' 하시며 '구할 것도 없고 얻을 것도 없는 것이 다 구했고, 다 얻었음을 알라'고 하신다.

이 말씀은 진정한 제법무아(諸法無我)을 설하고 계신 부분이다. 법도 나도 진정 없음을 알아야 모든 것에서 자유로워진다는 말씀이다.

"그렇다면 도무지 구하여 찾을 필요가 없다는 말씀입니까?"
"그렇게만 된다면 마음의 힘이 덜리는 것이니라."

그런데 배휴가 생각하기를 그러면 진정 얻을 것도 없고 구할 것도 이룰 것도 없다면 무엇이 있어 이런 법회가 필요하고 법을 설하는 것이 필요하냐고 묻고 있다.

회광반조하여 생각을 해보라.

누가 물으라 했던가?

누가 말하라고 했던가?

지금 스스로 묻고 있지 않는가?

그러나

진정코 法이 法이다 라고 스스로 하지 않았으며

진정코 禪이 禪이다 라고 스스로 하지 않았으며

진정코 佛이 佛이다 라고 스스로 하지 않았으며

진정코 心이 心이다 라고 스스로 하지 않았으며

진정코 道가 道이다 라고 스스로 하지 아니했다
진정코 내가 있다고 하고 스스로 미혹해서이고
진정코 찾고 구하려하고 얻으려 했을 뿐인 것이다.

그러니
진정코 찾지 않으면 法이라 할 것도 원래 없고
진정코 찾지 않으면 禪이라 할 것도 원래 없고
진정코 찾지 않으면 佛이라 할 것도 원래 없고
진정코 찾지 않으면 心이라 할 것도 원래 없고
진정코 찾지 않으면 道라고 할 것이 본래 없다.
일체가 진정 없는 줄 확실히 안다면 다 알았다.
이 모두 나의 마음이 일으킨 한마음일 것이다.

그래서 백장스님이 열 가지로 벗어나라고 했고 부처님도 얻을 것이
없음을 얻는 것이 바로 아뇩다라삼먁삼보리를 다 얻는 것이라고 했다.
그러니 벗어나고 내려놓고 아무것도 짓는 것이 없다면 바로 마음이 쉬
는 것이며, 마음에 힘을 더는 일이라고 하신다.

"그렇다면 온통 끊어져버려서 '없다는 것' 도 가당치 않겠습니다."
"누가 그것을 없다 하였으며, 또 그것이 대관절 무엇이길래
너는 찾으려 하느냐?"

그러니 더욱 의심이 나서 묻는다.
"그럼 아무것도 하지 않고 찾지도 않고 구하지도 않고 얻으려고도

하지 않고 찾을 것도 없어서 아주 단멸적으로 없는 것입니까?" 그러니 스님은 이렇게 다시 묻는다.

"그것이 대관절 무엇이길래 너는 찾으려 하느냐?" 하시면서 그 찾는 마음이 불안하고 찾아 헤매는 것이 의심이고, 구하는 마음이 탐심이 되어 드러나는 것이고, 무엇인가 얻어 채워야 마음이 편안하다고 생각하는 그 마음이 바로 지음이고, 함이고, 구함인 것이며, 조작되고 시비하고 분별하고 차별하며 단상이 있고 성인과 범부가 있는 것이 아니냐!

그러니 그 조작된 마음을 짓지 않으면 다 아무 일 없는 것이고 편안해지는 것이지 어찌 달리 무엇을 더할 필요가 있겠느냐는 뜻이다. 그 모든 것을ㅅ 내려놓고 찾지 않으며 지금 있는 그대로 완전한 자유를 누리는 그 평상심 그대로가 바로 도(道)인 것이다.

"스님께서는 이미 찾는 것을 허락하지 않으시고서는
어찌하여 그것을 끊지도 말라 하십니까?"
"찾지 않으면 그 자리는 바로 쉼인데 누가 너더러 끊으라 하였느냐?"

아무리 설법하여도 계합치 못한다. 그래서 또 물고 늘어진다.

"찾는 것을 허락하지 않으시면서 또 끊지도 말라 하십니까?"라고 한다. 참 답답한 노릇이다. 누가 끊으라 했으며 무엇이 있어야 끊어지고 이어질 것이 아닌가. 찾지 말라고 하는 것은 찾아서 찾아지는 것이 아니라는 것이지, 누가 끊으라고 하였는가?

그래서 스님은 이렇게 말씀하신다.

"찾지 말라는 것은, 찾는다는 마음을 지어서 일으키지 않으면 그대로 조용하고 편안한 본심이며, 마음 그대로인데 왜 굳이 찾으려 하느냐." 하는 것이다. 그래서 이것을 마음의 '쉼'이라고 표현하신다. 그러니 '누가 너더러 끊으라고 하느냐' 하신 뜻은 도라는 것이 별도로 존재하는 것으로 알고 자꾸 찾는 마음을 일으키니까 '찾지 말라. 그러면 원래 그대로이며 본심이 드러나니 그것이 바로 도'라는 것이다.

"눈앞의 허공을 보아라. 어떻게 저것을 끊겠느냐?
여기에 알음알이를 내는구나."

배휴는 도가 실제로 존재한다는 측면에서 계속 말을 이어가고 있다. 도라고 하나 마음이라고 하나 다 같은 말이지만 이것은 오직 허공성이라고 누누이 말했다.

모양과 형상이 없는 저 허공 같은 것을 어찌 끊으려 하고 지으려고 하는가. 허공은 그 어떤 조작도 만들 수 없고 이을 수도 없고 그 어떤 것도 붙을 수가 없다. 오직 아무 일도 안 하는 것이 바로 허공을 보는 것이다. 그래서 마음을 움직여 무엇인가 해보려고 지견을 구하고 알음알이를 지어서 만들어 보려고 하지만 허공은 그대로 허공 일뿐 그 어떤 조작도 되지 않는다.

그러니 그런 헛수고를 하지만 않으면 그대로 허공일 뿐인 것이다.

"사람들로 더불어 알음알이를 내지 않음이 마땅한 것입니까?"
"내 너를 방해한 적은 한 번도 없거니와, 요컨대 알음알이란
뜻[情]에 속한 것으로서 뜻이 생기면 지혜가 막히게 되느니라."

끝이 없이 물고 늘어진다.

"그렇게 아무것도 하지 말라고 하시면 사람과 사람이 만나도 아무것도 하지 말고 말도 하지 말며, 그 어떤 것도 하지 않음이 옳습니까?"하고 또 묻는다. 참 한심한 노릇이다.

"왜! 찾지 말랬지, 누가 말하고 행동을 하지 말라고 하였는가?" 그래서 스님도 "내 너를 방해한 적은 한 번도 없는데"라고 하시며 "언제 네가 움직이고 말하고 손님과 접대하는 것을 내가 하지 말라고 방해를 하였는가. 도와 왜 결부시켜 말을 하고 있는 것이냐."

아무것도 찾지 않고 지음 없는 그 평상심으로 하면 되는 것이지 누가 있어 그대에게 그마저 하지 말라고 한 것이냐고 하신다. 조작이 없고 시비가 없고 단상이 없고 범성이 없는 평상심시도(平常心是道)라고 하신 마조스님의 뜻을 그대로 비유해서 말씀하고 계신 것이다.

"여기에 있어서 뜻을 내지 않는 것이 옳은 것입니까?"
"뜻을 내지 않는다면 누가 옳다고 말하겠느냐?"

마지막으로 묻고 있는 말은 사람과 만나서 이런 저런 이야기를 하고 차를 마시는 것에서 어떤 뜻을 내지 않는 것이 무위법(無爲法)이냐고 묻고 있다. 그러니 참 끝까지 계합하지 못하고 계속 같은 말이다. 그 평상심으로 하면 될 뿐 누가 못하게 하는 것도 아닌데, 그래서 스님은 이렇게 말씀하신다.

"뜻을 내지 않으면 누가 옳고 그름을 말할 수 있겠느냐?" 하시면서 무엇을 하든, 말을 하든, 대화를 하든 하는 것에 문제가 있는 것이 아니다. 그 뜻에 따라 집착하고 조작하여 뜻을 만들지 말라는 것은 맞겠으나, 그 행동이 도와 무슨 관계가 있느냐, 도란 것을 의식하지도 생각하지도 말고 그대 의지대로 뜻을 펴고 나타내면 되는 것이다.

정사를 보는 승상으로서는 당연히 옳고 그름을 판별해야 하고 자기 의지를 실현해야 하는 것이지만 어떤 뜻을 펴고 나타내는 것은 아무런 관계가 없다. 단지 평상심에 어떤 뜻을 내면 바로 지혜가 막힘을 말하고 있을 뿐이다. 그러니 어떤 조작이나 시비에 집착하지 말고 하라는 것이며 도를 닦는다는 것 역시 그렇다고 하시는 것이다. 도(道)는 결국 닦아서 수행해서 이루어지는 것이 아니며 있는 그대로가 바로 도이며 진리라는 것이다.

있는 그대로 완전한 자유를 누리십시오!

황벽사 탑림

9. 말에 떨어지다(話墮)

"스님께서는 제가 한 말씀이라도 드리기만 하면, 어찌해서 바로 말에 떨어진다[話墮]고 하십니까?"

"네 스스로 말을 알아듣지 못한 사람이거늘 무슨 잘못에 떨어짐이 있겠느냐?"

"스님께서는 제가 한 말씀이라도 드리기만 하면,
어찌해서 바로 말에 떨어진다[話墮]고 하십니까?"

짧은 글 속에 엄청난 사실을 숨겼다.

말이란 무엇일까? 말이란 자기의 뜻을 나타낸 것이다. 그럼 뜻은 무엇인가 정(情)이다. 이 정(情)이란 바로 마음을 형상화한 상(相)이다.

선문답(禪問答)에서 선(禪)이란 무엇인가?

고요하여 그 어떤 흔적이 없고, 그 어떤 느낌도 감각도 그 무엇도 찾을 수 없는 상태를 일러 선(禪)이라고 한다. 그래서 선이 곧 도(道)이며 마음(心)이며 법(法)이며 불(佛)인 것이다. 그런데 어찌하여 그 선이나 도나 마음이나 법이나 부처를 드러낼 수 있는가?

선이란 고요해서 그 흔적을 찾을 수 없어서 선이라 했고 도란 진리의 당체여서 그 어떤 형상이나 뜻이 아닌데 이것을 드러낼 수는 없고, 마음도 무심(無心)이 체이니 어찌 드러낼 수 있으며, 법은 그 실상이 없고 오직 방편법이므로 그 형상을 드러내서 '이것이 법이다' 할 것이 없으며, 부처라 한다면 부처는 무불(無佛)이 진여이니 진여는 드러낼 수 없는 것이다. 그러니 다 드러낼 수 없는 것뿐이다.

그러니 드러내면 바로 식심(識心)의 경계이지 법신(法身)도 드러낼 수 없으며, 도(道)도 드러낼 수 없으며, 법도 또한 드러낼 수 없고, 부처도 드러낼 수 없다. 그러니 더욱 고요한 선(禪)도 드러낼 수 없다.

그러니 이미 드러내었다 하면 이미 상이 되어버린다.

드러난 상이 어찌 진실이겠는가. 이것은 다 스스로 미혹해서 식심(識心)이 만들어 낸 상이며 마음의 작용인 것이다. 그러므로 스님도 말을 했다하면 그르친다고 누누이 말씀을 하셨다.

그래서 스님은 이렇게 말씀하고 계신다.

"네 스스로 말을 알아듣지 못한 사람이거늘
무슨 잘못에 떨어짐이 있겠느냐?"

배휴에게 '네 스스로 말을 알아듣지 못한 사람' 이라고 했는데, 왜 알아듣지를 못한다고 하셨는가?

진리나 선이나 도나 법이나 부처나 마음이나 다 그것은 스스로 계합하여 알아차릴 뿐, 그 어떤 말이나 글이나 행동으로는 나타낼 수 없는 것이다. 그래서 알아듣지를 못한다고 하셨다. 따라서 이 모든 것이 형상을 벗어나 있는 것인데 '어찌 하물며 잘못이다, 맞다' 라는 양변에 속할 것이며, '떨어졌다느니 안 떨어졌다느니' 하는 말이 통하겠느냐? 라는 것이다.

모든 이름은 명색(名色)인 것이다. 그러니 명색에서 벗어나야만 진실한 것이 되는 것이다.

그럼 진실한 것은 무엇이냐? 있는 그대로인 것이다. '모든 두두물물이 부처 아님이 없다' 라는 것은 모든 것은 다 있는 그대로 완전한 자유라는 것이다. 거기에 우리의 식심인 알음알이를 붙여서 말하고 행동하고 보고 듣는 것이니 그 알음알이와 충돌하여 시비하고 분별하고 조작하고 단상을 정하고 범부와 성인을 갈라놓아 천차만별의 차별상을 도출하고 있는 이것이 바로 우리가 말하는 식심(識心)이며 일반적으로 마음이라고 하는 것이다.

이 모든 식심사량에서 벗어나야만 진정한 법이 되고, 걸림 없는 마음이 되고, 움직임이 없는 선이 되고, 걸림과 차별이 없는 부처가 되는 것이니 이것을 굳이 말로 지어 도라고 한 것이다.

10. 사문이란 무심을 얻은 사람

"그렇다면 이제까지의 허다한 언설들이 모두 방편으로 대꾸한 것들이어서 사람들에게 가르쳐 보이신 실다운 법이란 아주 없었다는 말씀입니까?"

"실다운 법이란 전도됨이 없거늘, 네 지금 묻는 곳에서 스스로 전도되고 있느니라. 그러면서 무슨 실다운 법을 찾는다는 말이냐?"

"묻는 곳에서 이미 스스로 전도된 것이라면, 스님께서 대답하신 곳은 어떠하십니까?"

"사물을 통해서 자신을 비춰 볼지언정 남의 일에는 상관할 것이 없다."

그리고는 다시 말씀하셨다.

"어리석은 개와도 같아서 움직이는 물건을 보기만 하면 문득 짖어대니, 바람에 흔들리는 초목과 뭐 별다를 게 있겠느냐."

이어서 말씀하셨다.

"우리의 이 선종은 위로부터 이제껏 이어 내려오면서 알음알이[知解]를 구하게 한 적이 없었다. 오로지 도를 닦으라고만 했을 뿐인데, 사실 이것도 교화하는 방편설이니라. 그러니 도 또한 배울 수 없는 것이다. 뜻을 두고 알음알이를 배우게 되면 도에는 도리어 어둡게 된다. 도에 일정한 방위와 처소가 없는 것을 이름하여 대승의 마음[大乘心]이라고 하느니라.

이 마음은 안팎, 중간 어디에도 있지 않으며 실로 방위와 처소가 없는 것이니, 첫째로 알음알이를 짓지 말아야 한다. 지금까지 너에게 말한 것은 뜻으로 헤아림이 다해버린 바로 그 자리가 도라는 것을 말했을 뿐이다. 뜻으로 헤아림이 다하면 마음에는 방위도 처소도 없느니라. 이 도라는 것은 천진하여 본래 이름이 없다. 다만 사람들이 이것을 알지 못하고 뜻으로 헤아리는데 미혹되었으므로 모든 부처님께서 나오시어 이 일을 자상히 말씀하신 것이니라.

그러나 너희 모든 사람들이 깨닫지 못할까 걱정하셔서 방편으로 '도'라는 이름을 세우셨으니, 이름에 얽매여서 알음알이를 내서는 안 되느니라. 그러므로 말하기를 '고기를 잡았으면 통발을 잊어버려라!'고 하는 것이다.

몸과 마음이 자연히 도에 통하고 마음을 알아 본래의 근원에 통달한 이를 사문(沙門)이라 부른다. 사문이라는 자리는 생각을 쉬어서 이루어지는 것이지, 배워서 되는 것이 아니니라.

그런데도 너희들은 남의 집에 세살이 하듯, 마음을 가지고 마음을 구하면서 배워서 얻으려하니 될 까닭이 있겠느냐?

옛 사람들은 영민하여 한 말씀 들으면 당장에 배움을 끊었다. 그래서 그들을 '배울 것이 끊어진 하릴없는 한가한 도인'이라고 했다. 반면 지금 사람들은 수많은 알음알이를 구하고, 널리 글의 뜻을 캐면서 그것을 수행이라고 하지만, 넓은 지식과 견해 때문에 도리어 장애가 된다는 사실을 알지 못하기 때문이니라. 이는 매한 것이므로 각각 말씀이 다르다.

다만 요달하여 알기만 하면 미혹되지 않느니라. 무엇보다도 주의할 것은 한 근기를 대상으로 말 씀에 있어서 글자에 얽매여 알음알이를 내지 말아야 한다. 무엇 때문에 그러한가? 실로 여래께서 말씀하실 만한 정해진 법이 없기 때문이다.

우리의 선종은 이런 일을 따지지 않는 것이니, 다만 마음을 그칠 줄 알면 곧 쉬는 것이요, 다시 앞뒤를 생각할 필요가 없느니라."

이 선문답은 앞 단의 문답에서 이어지는 것처럼 엮어져 있다. 즉 말만하면 화타(話墮)라 하여 전도된다고 하시고, 어떤 의문을 물을 것도 없고 답할 것도 아무것도 없으니 그냥 쉬라고만 하여 더욱 궁금증이 생겨 이렇게 묻는데, 진정 물을 것도 답할 법도 없느냐는 것이다.

"그렇다면 이제까지의 허다한 언설들이 모두 방편으로
대꾸한 것들이어서, 사람들에게 가르쳐 보이신
실다운 법이란 아주 없었다는 말씀입니까?"
"실다운 법이란 전도됨이 없거늘
네 지금 묻는 곳에서 스스로 전도되고 있느니라.
그러면서 무슨 실다운 법을 찾는다는 말이냐?"
"묻는 곳에서 이미 스스로 전도된 것이라면,
스님께서 대답하신 곳은 어떠하십니까?"

**"사물을 통해서 자신을 비춰볼지언정
남의 일에는 상관할 것이 없다."**

그래서 배휴가 황벽스님께 다시 묻는다.

"정말 실다운 법이 아주 없다는 것입니까."라고 하니 황벽스님께서
는 "답을 잘 관(觀)해보라. 실다운 법이란 전도됨이 없거늘 네가 묻는
곳에서 스스로 전도되었다" 고 하신다.

이것이 참다운 말이며 이 말을 잘 관해야 한다.

法이있어   제스스로   法이라고   하지않고
禪이있어   제스스로   禪이라고   하지않고
佛이있어   제스스로   佛이라고   하지않고
心이있어   제스스로   心이라고   하지않고
道가있어   제스스로   道라고도   아니했다.

法이란게   법이라고   아니하니   法다웁고
禪이란게   선이라고   아니하니   禪다웁고
佛이란게   불이라고   아니하니   佛다웁고
心이란게   심이라고   아니하니   心다웁고
道이란게   도이다고   아니하니   道다웁다.

法을보고   법이라고   생각하니   法아니고
禪을보고   선이라고   생각하니   禪아니고
佛을보고   불이라고   생각하니   佛아니고

心을보고　심이라고　생각하니　心아니고
道를보고　도라면서　생각하니　道아니다.

法이라고　아니하면　그대로가　法이되고
禪이라고　아니하면　그대로가　禪이되고
佛이라고　아니하면　그대로가　佛이되고
心이라고　아니하면　그대로가　心이되고
道이라고　아니하면　그대로가　道가된다.

어디서 전도되었는지 알겠는가?
그리고는 다시 말씀하셨다.
"어리석은 개와도 같아서 움직이는 물건을 보기만 하면
문득 짖어대니, 바람에 흔들리는 초목과 뭐 별다를 게 있겠느냐."

法이라면　실지하는　法있다고　집착하고
禪이라면　실지하는　禪있다고　국집하고
佛이라면　실지하는　佛있다고　고집하고
心이라면　실지하는　心있다고　현혹되고
道라면은　실지하는　道있다고　망상한다.

스스로가　지어내서　찾는다고　헤매이니
허공같은　저성품을　어이하여　알것인가
형상따라　지어가고　모양따라　지어가니
지어가는　그한마음　그언제나　그칠려나

소리나면　소리따라　개짖듯이　짖어대고
보이면은　보인다고　개가뛰듯　달려가고
향기따라　맛을따라　촉감따라　달려가니
초목총림　비금조수　그대또한　같을지라.

찾는마음　내려놓고　있는대로　바라보고
들음없이　들려오는　모든소리　그대로다
있다없다　찾지말고　그대로를　볼지언정
한마음에　회광반조　있는대로　진실이다.

이어서 말씀하셨다.
"우리의 이 선종은 위로부터 이제껏 이어 내려오면서
알음알이[知解]를 구하게 한 적이 없었다.
오로지 도를 닦으라고만 했을 뿐인데, 사실 이것도
교화하는 방편설이니라. 그러니 도 또한 배울 수 없는 것으로서
뜻을 두고 알음알이를 배우게 되면 도에는 도리어 어둡게 된다."

부처님이　이르시되　한법또한　원래없다.
방편으로　세웠으니　방편따라　베풀었고
방편따라　가져지녀　그대들을　이끔이라.
방편따라　행하여서　스스로가　가져가네.

조사님들　한결같이　알음알이　짓지말라.
본래부터　무일물이　굴린다고　생겨날까

생각으로　지은도는　이름만이　도가되니
견문각지　안굴리면　있는대로　도가된다.

한물건도　없다는말　진실되게　믿어봐라.
생각으로　지어내면　이모두가　마구니니
생각생각　이어져서　망념세계　만들어서
이것이다　국집하여　스스로가　안주하네.

여보시게　시주님아　그세계가　무엇인가
그대홀로　만들어서　스스로가　갇히였네.
누에고치　집을지어　집이라고　들어앉듯
스스로가　미혹하여　지옥인줄　모르구나.

도란생각　내려놓고　눈밝혀서　바라보라
허공같은　심법계에　그무엇이　있었던가.
모든망념　문득쉬어　있는대로　누릴지니
그대식심　그모두가　도와등져　있음이라.

도란생각　내려놓고　식심또한　내려노면
허공같이　텅빈불성　그대로가　현전하니
눈감아도　그대로고　눈을떠도　그대로다.
진여법신　있는대로　완전하여　자유리라.

"도에는 일정한 방위와 처소가 없는 것을 이름하여
대승의 마음[大乘心]이라고 하느니라.
이 마음은 안팎, 중간 어디에도 있지 않으며
실로 방위와 처소가 없는 것이니
첫째로 알음알이를 짓지 말아야 한다.
지금까지 너에게 말한 것은 뜻으로 헤아림이 다해버린
바로 그 자리가 도라는 것을 말했을 뿐이다.
뜻으로 헤아림이 다하면 마음에는 방위도 처소도 없느니라."

동서사방   상하내외   그누구가   만들었나
지음으로   만들어서   편리하게   사용할뿐
원래부터   방위처소   그어디도   이름없다.
서로서로   만들어서   인연따라   쓰고있네.

마음에는   방위처소   그어디도   흔적없고
안과밖과   구별하는   마음또한   원래없다.
이것이다   저것이다   형상따라   이름하고
명색따라   흔들리니   이모두가   지음이다.

알음알이   견문각지   그생각만   짓지않고
한생각도   짓지않아   차별하고   분별하는
망념하나   일지않는   그자리는   텅비었다.
텅빈자리   그자리를   이름하여   도라하네.

도이라고   이름하니   이름따라   분별하면
천리만리   멀어져서   흔적조차   없으리라.
도란말도   이름이다   한생각도   안붙이면
도라하는   마음바탕   텅비어서   현전한다.

"이 도라는 것은 천진하여 본래 이름이 없다.
다만 사람들이 이것을 알지 못하고
뜻으로 헤아리는데 미혹되었으므로
모든 부처님께서 나오시어 이 일을 자상히 말씀하신 것이니라."

도라는게   마음이니   도와마음   같은거다
천진불을   이름하여   본래부처   이름하듯
도란것도   자연대로   천진성품   그대로다.
도와마음   따로보아   이름따라   찾는구나.

안타깝고   안타까워   모든부처   화현하여
이를밝혀   줄려함이   어쩔수가   가이없어
이름하여   도라하고   마음이라   하였구나.
이름없는   천진자연   그대로가   도이로다.

도라하나   부처라나   마음이나   이모두가
세워만든   방편으로   이름뿐인   허명이다.
진법계의   저허공은   무엇이라   이름할까.
원래부터   한물건도   이름또한   없는거니

방편따라　세워만든　모든이름　허상인줄
깊이알아　깨치면은　모든마음　절로없어
한순간에　깨달아서　원래부터　이마음이
부처이며　모든법은　내마음에　지음일세.

"그러나 너희 모든 사람들이 깨닫지 못할까 걱정하셔서
방편으로 '도' 라는 이름을 세우셨으니
이름에 얽매여서 알음알이를 내서는 안되느니라.
그러므로 말하기를
'고기를 잡았으면 통발을 잊어버려라!' 고 하는 것이다."

모든것이　본래부터　비었음을　깊이알아
세운방편　이름따라　이끌어서　들게하니
모든부처　중생위한　방편으로　세웠도다.
허명인줄　알았으면　모든명색　내려노라.

알음알이　견문각지　그모두를　내려노면
텅빈불성　그대로가　본래부처　이아닌가.
방편따라　알았으면　방편마저　내려놓아
고기잡은　저통발을　짊어지고　가지마라.

혼혼불락　노닐면서　노래한곡　불러보세
저허공에　구름가듯　한시절을　보내면서
깊이깊이　궁구하면　이대로가　진실하니

여기떠나 세우면은 그모두가 부질없다.

나도없고 법도없고 도도없고 심도없다.
세우면은 세워지고 만들면은 생겨나니
본래부처 신통하여 신통묘용 이아닌가.
참된부처 나의부처 이를일러 도라하네.

"몸과 마음이 자연히 도에 통하고 마음을 알아
본래의 근원에 통달한 이를 사문(沙門)이라 부른다.
사문이라는 자리는 생각을 쉬어서 이루어지는 것이지
배워서 되는 것이 아니니라."

몸도허공 심도허공 그모두를 벗어나니
그어디에 걸림없이 자유자재 하였도다.
모든마음 모다놓아 한물건도 없어지니
허허로운 심법계가 그대로가 나이도다.

이육신이 법신이요 이마음이 부처로다.
허공같은 심법계에 세우면은 법이되고
펼치면은 도가되고 누리면은 선이되니
자유자재 신통묘용 그대로가 완전하다.

유유자적 허공계에 신통묘용 나투이고
걸림없는 심법계에 자유롭게 노닐면서

유유자적　노래하니　이름하여　사문이라

그누구가　나를알까　누가있어　나를볼까.

한마음을　굴려보니　옛생각이　분명하다.

찾아헤맨　그세월이　안타깝고　안타깝다.

여보시오　시주님아　한마음을　내려놓게

찾고배워　이뤄지는　이자리가　아니로세.

"그런데도 너희들은 남의 집에 세살이 하듯,

마음을 가지고 마음을 구하면서 배워서 얻으려 하니,

될 까닭이 있겠느냐? 옛 사람들은 영민하여

한 말씀 들으면 당장에 배움을 끊었다.

그래서 그들을 '배울 것이 끊어진 하릴없는 한가한 도인'

이라고 했다."

들도보도　못했는가　옛노인네　노래소리

마음으로　마음찾고　나를두고　나찾는다.

애를업고　애를찾고　머리두고　머리찾네.

찾는마음　내려노면　지금당장　그대로다.

배울것도　찾을것도　얻을것도　하나없다.

찾는마음　내려놓고　얻는마음　내려노면

찾는마음　그대로가　진실여여　진여이고

얻음없는　그마음이　텅빈불성　법신이다.

조작하여　얻은마음　마구니의　권속이고
시비하여　분별하는　그마음이　지옥이라
차별하는　경계따라　팔만지옥　건설되고
모다놓은　그대로가　극락정토　이아닌가.

원래부터　완전하여　그대로가　자유인데
무얼찾아　삼천대천　팔만진로　내달리나
여보시오　시주님아　그마음이　없어지면
무심경지　그대로가　진실하여　도가된다.

"반면 지금 사람들은 하 많은 알음알이를 구하고
널리 글의 뜻을 캐면서 그것을 수행이라고 하지만
넓은 지식과 견해 때문에
도리어 장애가 된다는 사실을 알지 못하기 때문이니라.
이는 매한 것이므로 각각 말씀이 다르다."

팔만사천　방편문에　알음알이　굴리어서
지견으로　도를찾아　배워알고　채워안다.
조작하고　시비하는　그마음이　지견인데
어찌하여　알음알이　놓을생각　하지않나.

황벽선사　안타까워　자비심을　발하여서
이렇게도　정연하게　일깨우고　이끄심과
대자대비　간절함은　어이하여　모르시나

안타깝고　안타까워　이납승도　소리친다.

부디부디　찾지말고　얻으려도　하지마라.
오직하나　회광반조　찾는놈을　살펴보라.
찾는마음　그대로가　이내마음　그대로고
알음알이　굴리는맘　그대로가　마음이다.

마음떠나　한물건이　그어디에　있겠는가.
평상심이　도이라고　마조선사　말했듯이
조작말고　시비말고　단상분별　성인범부
이마음을　안지으면　그대로가　부처일세.

"다만 요달하여 알기만 하면 미혹되지 않느니라.
무엇보다도 주의할 것은 한 근기를 대상으로 말 씀에 있어서
글자에 얽매여 알음알이를 내지 말아야 한다.
무엇 때문에 그러한가?
실로 여래께서 말씀하실 만한 정해진 법이 없기 때문이다."

찾는마음　내려놓고　무심경계　그대로니
이를알면　성인이고　그대로가　부처로다.
본래부처　체달하여　깨달아서　알아지면
모든경계　오욕팔풍　소리없이　사라진다.

허공계를　둘러보라　그무엇이　있었던가.
법이란게　인연따라　방편으로　세웠으니
그어디가　법일거며　그어디가　법아닌가.
세우면은　법이되고　안세우면　무법이다.

마음또한　이와같아　세우면은　마음이고
안세우는　그자리가　무심경계　본래마음
텅빈불성　그자리가　본래부처　자리라네.
이름없는　부처자리　나의부처　참나이다.

참나라는　이름없이　그대로가　진실이니
무엇이든　지으면은　허명만이　맴을돈다.
둘러보고　살펴봐도　허명만이　떠도누나
있는대로　완전하온　자유누려　살아가소.

"우리의 선종은 이런 일을 따지지 않는 것이니
다만 마음을 그칠 줄 알면 곧 쉬는 것이요,
다시 앞뒤를 생각할 필요가 없느니라."

선종이라　하는말은　고요함이　근본이라.
그어디에　걸림없이　모든마음　내려놓고
있는대로　바라보고　있는대로　들어봐라
무엇이든　한생각을　일으키면　병이된다.

모든마음   내려놓고   회광반조   살펴봐라.
간절하게   지어가고   일념으로   관조하라.
만법또한   하나이니   이하나는   어디가나
돌고도는   심법계는   흔적조차   하나없다.

텅빈각성   텅빈불성   텅빈마음   텅빈법계
고요하고   적막하여   허공이라   부르지만
허공또한   이름이니   무엇이라   할것인가.
이름없는   텅빈마음   그대로가   마음이다.

마음씀이   법이되고   이름하여   도라한다.
그모두를   벗어나면   이름마저   사라진다.
이름없고   형상없고   고요하고   적막하니
이를일러   부처이고   참나찾은   사문이다.

알았는가! 부처가 되었는가! 깨달았는가!
그래도 모른다면 궁리하고 궁리해라.
천재라면 간화선(看話禪)이라도 하기를!

11. 마음이 부처

배휴가 물었다.

"예로부터 마음이 부처라고들 하는데, 어느 마음이 부처인지를 알지 못하겠습니다."

대사께서 대답하셨다.

"너는 몇 개의 마음을 가졌느냐?"

"그렇다면 범부에 즉(卽)한 마음이 부처입니까? 아니면 성인(聖人)에 즉(卽)한 마음이 부처입니까?"

"어느 곳에 범·성의 마음이 있느냐?"

"지금 삼승 가운데서 범·성을 말씀하셨는데, 스님께서는 어찌해서 그것이 없다고 하십니까?"

"삼승을 말하는 가운데 분명 너희에게 말씀하시기를 '범·성의 마음이 허망하다'고 하셨느니라. 그런데도 너희는 지금 알지 못하고 아직 '있다'고 집착하여 공허한 것을 무언가 있는 것으로 여기고 있으니, 어찌 허망하지 않겠느냐? 허망하기 때문에 마음이 미혹되는 것이니, 네 만약 범부의 뜻과 성인의 경계를 없애기만 한다면, 마음 밖에 다른 부처가 없느니라. 달마스님께서 서쪽에서 오시어 모든 사람이 다 부처님을 가르쳐 주셨다.

그런데도 너희는 아직도 그것을 모르고 범부, 성인에 집착하고 마음을 밖으로 내달리며 도리어 스스로 마음을 미혹시키고 있다.

그러므로 너희에게 말하기를 **'마음 그대로가 곧 부처'** 라고 하였으니, 한 생각 뜻이 생기면 그 즉시 육도의 다른 곳에 떨어지게 된다. 비롯 없는 옛날로부터 오늘날이 한결같이 다르지 않아 어떠한 다른 법이 없었으니, 그러므로 그것을 일컬어 정등각(正等覺)을 성취했다고 하느니라."

"스님께서 말씀하신 '곧 그대로[即]' 라 함은 무슨 도리입니까?"

"너는 무슨 도리를 찾는 것이냐? 어떤 도리라도 있기만 하면 바로 곧 본래의 마음과는 달라지느니라."

"앞서 말씀하신 '시작 없는 때로부터 오늘에 이르기까지 한결같이 다르지 않다' 고 하신 이치는 무엇입니까?"

"찾기 때문에 네 스스로 그것과 달라지는 것이니라. 네 만약 찾지 않는다면 어디에 다를 것이 있겠느냐?"

"이미 다르지 않다면, 굳이 '곧 그대로' 라고 하실 필요가 있겠습니까?"

"네 만약 범·성을 구별하지 않는다면, 누가 너에게 굳이 '곧 그대로' 라는 말을 하겠느냐? '곧 그대로' 가 '곧 그대로' 가 아니라면, 마음 또한 마음이 아닌 것이니, 이런 가운데 마음과 '곧 그대로' 라는 것을 다 잊으면, 네가 더 이상 무엇을 찾겠느냐?"

보설

"배휴가 물었다.

"**예로부터 마음이 부처라고들 하는데,**

어느 마음이 부처인지를 알지 못하겠습니다."

대사께서 대답하셨다.

"**너는 몇 개의 마음을 가졌느냐?**"

이 단락에서의 문답은 심즉불(心卽佛)에 대한 문답이다.

마음이 부처라고 하니 막연해 보인다. 즉불(卽佛)에 대한 물음이라고 해야 할 것이다. 곧 부처라고 하나 마음이라 하나 부처라고 하나 같은 말이 되어버린다. 그렇다고 원숭이 재주부리듯이 날뛰는 이 마음을 어찌 부처라고 하느냐 하는 물음이다.

다시 말해 유식(唯識)에서 오위백법이라 하여 마음을 백 가지로 나누어 설하고 있다. 그래서 그 중에 어느 마음이 부처의 마음이냐고 묻는다. 그래서 황벽스님은 다시 이렇게 묻고 있다.

"너는 몇 개의 마음을 가졌느냐? 여기서 알아차려야 하는 것은 마음이란 형상이 없다. 그러나 일어나는 것은 천만 가지로 벌어진다. 왜 이렇까?

그럼 이 일어나는 것 중에 어디서 일어나는 것이 진짜 부처님의 마음이냐고 물은 것인데, 스님은 마음이란 일심(一心)이니 하나일 뿐 어찌 몇 개의 마음이 있느냐고 물으신다.

이것은 '만법귀일(萬法歸一)이니 일귀하처(一歸何處)요'라고 한 화두와 같은 말이다.

'만 가지 법은 하나로 돌아가는데 그 하나는 어디로 가느냐?' '법은 마음이니 만 가지 마음은 일심으로 돌아가는데 그 일심은 어디로 가느냐?' 하는 것과 같은 말이 된다.

여기서 육조혜능의 게송을 떠올려보라.

'마음이란 원래 한 물건도 없는데 어디서 마음을 닦을 수가 있으랴'라고 하셨다. 그리고 '무심즉불(無心卽佛)'이라 하기도 하고 '심즉불(心卽佛)'이라고도 하였다. 같은가, 틀린가? 여기서 기미를 잡아야 한다. 그래도 모르겠다면 다음 이야기를 더 들어보자.

"그렇다면 범부에 즉(卽)한 마음이 부처입니까?
아니면 성인(聖人)에 즉(卽) 마음이 부처입니까?"
"어느 곳에 범·성의 마음이 있느냐?"

마음이 부처라고 하면서 즉심즉불(卽心卽佛)이라고 하니 범심즉불(凡心卽佛)이냐 성심즉불(聖心卽佛)이냐고 묻고 있는 것이다. 여기서 또한 상대법으로 들고 있는 배휴의 말을 잘 살펴봐라.

즉심즉불(卽心卽佛)과 비심비불(非心非佛)이 같은가, 다른 말인가 하는 것이다. 여기서 기미를 잡아야 하는 것은 즉심(卽心)이라 하는 것은 마음이란 있다 없다의 경계가 아니라는 것이다. '마음이 있다. 마음이 없다. 마음이 있기도 하고 없기도 하다. 마음이 있는 것도 아니고 없는 것도 아니다'라는 것이 사구(四句)이니 이것은 전부 어디서 하는 것이냐, 마음의 작용(作用)인 경계(境界)에서 하는 말이다.

그럼 작용을 떠난 본체에서는 부처를 뭐라고 하는가? 말할 수 없다!

무엇인가 조금이라도 느껴지는가? 느껴진다고 한다면 이는 여우 혼령인 것이다. 그럼 전혀 안 느껴지는가? 그럼 범부이다. 스스로 체달이 되는가? 그럼 성인이다. 그러나 범부라도 성인이라도 다 작용일 뿐이다.

여기서 백척간두(百尺竿頭)에 진일보(進一步) 하든지.

은산철벽(銀山鐵壁)을 뚫어야 한다.

"지금 삼승 가운데서 범·성을 말씀하셨는데

스님께서는 어찌해서 그것이 없다고 하십니까?"

"삼승을 말하는 가운데 분명 너희에게 말씀하시기를

'범·성의 마음이 허망하다' 고 하셨느니라.

그런데도 너희는 지금 알지 못하고 아직 '있다' 고 집착하여

공허한 것을 무언가 있는 것으로 여기고 있으니

어찌 허망되지 않겠느냐?

허망하기 때문에 마음이 미혹되는 것이니

네 만약 범부의 뜻과 성인의 경계를 없애기만 한다면

마음 밖에 다른 부처가 없느니라.

위의 물음에 대한 답을 다 말씀하셨다.

그 어떤 마음도 다 작용일 뿐이지 본마음은 아니다.

'느낀다', '알았다', '깨달았다', '한 소식했다' 그 어떤 표현이든 느낌이든 감수되는 모든 것은 다 '식심(識心)' 즉 마음의 작용에서 나온 것이다. 그래서 스님도 이렇게 말씀하고 계신다.

"범인의 마음도 허망하고 성인의 마음도 허망하다. 왜 그럴까, 말로

지어서 하면, 다 말이며 형상인 것이다. 그러니 그 말을 형상으로 받아들인다면 이것은 주하다 변하여 다시 없어진다. 그러니 어찌 허망하지 않겠는가."

그래서 허망하다고 하셨고 그러므로 미혹되었으나 그런 마음을 짓지 않는다면 아무 일 없는 것이며 백척간두에서 한 걸음 걸어나가면 어디겠는가? 바로 허공(虛空)이다. 은산철벽을 뚫고 나가려면? 내가 없으면 된다. 그래서 무아(無我)인 것이다.

세우지 않는 곳이 바로 빈 허공 같은 것이라 걸림이 없다. 걸림이 없는데 어찌 괴로움이 있고 고통이 있겠는가. 내가 없으면 은산이면 무엇하며 철벽이면 무엇하나, 나를 없애면 다 없는 것이다.

무엇이 세울 것이 있겠는가. 그러니 다 말일뿐 식심이 스스로 지어 낸 것이다. 그러니 부질없고 허망한 짓이라는 것이다. 그래서 무아(無我)면 무법(無法)이고 무심(無心)이 되는 것이다. 그래서 마조스님은 '놓아라' 했고, 백장스님은 '벗어나라' 했고 여기서 황벽스님은 '허망하다'고 하신 것이다.

"차별하지 않으면 경계가 없고
경계가 없으니 걸림이 없고
걸림이 없으니 있는 그대로인 것이며
있는 그대로이니 영원한 자유인 것이다."

"달마스님께서 서쪽에서 오시어
모든 사람이 다 부처임을 가르쳐 주셨다.

그런데도 너희는 아직도 그것을 모르고 범부·성인을 집착하고
마음을 밖으로 내달리며 도리어 스스로 마음을 미혹시키고 있다.
그러므로 너희에게 말하기를
'마음 그대로가 곧 부처'라고 하였으니,
한 생각 뜻이 생기면 그 즉시 육도의 다른 곳에 떨어지게 된다."

달마스님께서 오신 뜻은 오직 모든 사람이 다 부처임을 가르쳐 주신
것이다. 즉 사람이 그대로 부처라고 하셨다. 인즉불(人卽佛)이라 하신
다. 마조스님은 즉심즉불(卽心卽佛)이라 하셨고 백장스님은 심즉불(心
卽佛)이라 하셨는데 황벽스님은 인즉불(人卽佛)이라고 하신다.

여기서 '즉(卽)'을 잘 알아야 한다. '즉'이란 우리말로 하면 '곧', 또
는 '있는 그대로'가 된다. 그러니 '있는 그대로'라는 것은 지금 여기
서 드러난 그대로의 그 자체라는 말이다. 자체이므로 자성이 되는 것
이며 자체인 법신이 되는 것이고, 그 자체이니 그 어떤 것도 거기다 붙
이면 틀어지는 것이다. 그러므로 아무런 조작이 없고 지음이 없고 차
별이 없고 단상이 없고 범성이라는 분별이 없는 순수한 그대로인 것을
들어서 하는 말인 것이다.

그러므로 '마음이 부처'하는 것은 바로 지금 여기서 있는 그대로
의 마음을 말하는 것이니 그 자체의 마음에는 그 어떤 것도 없이 허공
처럼 비어 있으면서 아무런 조작이 없다는 것이다. 그러면서도 만상을
그대로 드러내고 활발발하게 살아 있는 것이다.

그래서 스님은 조작하고 분별하여 마음을 만들어 성인의 마음이니
범부의 마음이니 하기 때문에 희비가 생기고 좋아함과 싫어함이 있어
육도로 유전상속하는 것이지, 어디에 육도가 별도로 존재하여 가고 오

는 것이 아니라고 일괄하신다.

"비롯 없는 옛날로부터 오늘날이 한결같이 다르지 않아
어떠한 다른 법이 없었으니, 그러므로 그것을 일컬어
정등각(正等覺)을 성취했다고 하느니라."

또다시 스님은 말씀을 이어가신다.
"이런 조작이나 차별하는 것이 없는 있는 그대로의 마음이 부처이
며, 이것이 바로 무상정등각이지 다른 조작된 마음을 보고 부처라고
하지 않는다"는 것이니, 지금 있는 그대로의 완전한 부처를 쓰고 누
리고 펼치면 되는 것이라는 말씀이다.

그러니 지금 있는 그대로 완전한 마음이 어찌 옛과 다를 것이며 석
가의 마음이나 달마의 마음이나 마조스님의 마음이나 백장스님의 마
음이나 이 납승의 마음이나 여러분의 마음이 한 점 틀림도 없고 그대
로 똑같은 마음인 것이며 모두가 다 부처가 되는 것이다.

어찌 마음 없는 사람이 있을 것인가. 그러므로 사람이 바로 부처인
것이다. 이 말에 한 점 걸림 없이 그대로 알아차리면 바로 지금 깨달음
을 이루어 정각을 이룬 것이다.

사바하!

"스님께서 말씀하신 '곧 그대로[卽]' 라 함은 무슨 도리입니까?"
"너는 무슨 도리를 찾는 것이냐? 어떤 도리라도 있기만 하면
바로 곧 본래의 마음과는 달라지느니라."
"앞서 말씀하신 '시작 없는 때로부터 오늘에 이르기까지

한결 같이 다르지 않다' 고 하신 이치는 무엇입니까?"

"찾기 때문에 네 스스로 그것과 달라지는 것이니라.
네가 만약 찾지 않는다면 어디에 다를 것이 있겠느냐?"

그렇게 다 일러 주셨는데도 배휴는 또 물고 늘어진다.

즉(卽)에 대하여 위에서 납승이 다 설명했다. 왜 이렇게 물을까? 사람들은 문자에 얽매이기 때문이다. 글자로 해석해서 풀어 보려는 집착이 이런 말을 만들어 낸다. 그럼 배휴가 몰라서 물었을까? 아니다. 지금 여기 이 글을 읽고 있는 사람을 위해서다.

왜 그런가, 그대들은 의심병 환자이기 때문이다. 여우같이 머리를 돌려 요리조리 빈틈이 없나 찾아서 그 구멍을 통하여 시비를 일으키고 싶은 것이 남아 있다. 그래서 그 병을 치료하기 위하여 배휴가 대신 이 물음을 만들어 들려주고 있는 것이다. 왜? 배휴도 그전에는 그랬으니까.

즉 그대들과 같은 조작된 의식으로 무언가를 해석하려는 식심이 있었기 때문이다. 지금 이 글을 읽고 있는 사람은 마음이 무엇인지 모를 것이다. 안다면 이 글마저 읽을 필요가 없는 것이다. 이 글을 읽고 있는 사람은 다 식심밖에 모른다. 그러면서 그 식심을 내 마음이라고 하기 때문에 배휴와 같은 질문이 필요한 것이다.

위에서 스님이 예나 지금이나 미래나 사람의 마음은 있는 그대로 완전한 마음이지 다른 마음이 아니라고 했다. 그럼 그렇게 알았는데 또 무슨 즉한 마음이 어떻고 한결 같은 마음은 따로 존재한다는 이분법적 논리를 전개하고 있는 것이다. 이것이 바로 병이고 의심이며 조작인 것이다. 그래서 스님도 그런 의심인 식심을 일으키지 않으면 그대로 마음일 뿐이며, 찾으려 하고 분별함으로 말미암아 지금 이대로의 완전한 마음을 놓친다는 것이다.

"이미 다르지 않다면
굳이 '곧 그대로'라고 하실 필요가 있겠습니까?"
"네 만약 범·성을 구별하지 않는다면
누가 너에게 굳이 '곧 그대로'라는 말을 하겠느냐?
'곧 그대로'가 '곧 그대로'가 아니라면
마음 또한 마음이 아닌 것이니
이런 가운데 마음과 '곧 그대로'라는 것을 다 잊으면
네가 더 이상 무엇을 찾겠느냐?"

끝까지 물고 늘어진다.

이 물고 늘어지는 의심이 바로 스스로 조작하여 분별적으로 문자에 얽매여 시비를 일으키는 것이다. 이미 마음의 작용이 허망하다고 했는데도 그 허망함을 계속하여 일으키는 것은 미혹의 대변이다.

그러니 스님은 이렇게 답하신다.

'**곧 그대로**'라는 것이나 마음이라는 것까지 다 잊어버리고 아무런 지음이 없을 때 그 마음이 바로 '곧'이며 아무런 시비와 의심이 떠오르지 않는다면 있는 그대로가 되어서 완전한 마음이 되는 것"이라고 일러주신다.

그래도 모른다면 어쩔 수 없지만 참 답답할 뿐, 지어서 지음의 답을 구할 필요가 없지 않은가. 그 물음이 이미 전도되어 있는 것인지 모를 뿐, 그 의심병을 치료하는 것이 우선이니 아무것도 짓지 않는다면 마음을 마음이라 할 것도 없고 마음 아니라고 할 것도 없는 것이다. 아무 일 없이 있는 그대로 완전한 마음을 알아차리면 되는 것이니, 그대로 완전한 자유를 누리고 펼치면 되는 것이다.

모든 것은 그 원천이 바로 허공같은 빈 것이다.
오직 비어있는 그대로가 모든 것이 되는 것이다.
마음이 부처라는 말도 사실 필요 없는 말이다.
알겠는가? 소로 소로 사바하!

황벽선사 사리탑

12. 마음으로써 마음에 전하다(以心傳心)

"망념이 자신의 마음을 가로막는다는데 무엇으로써 망념을 없애야 합니까?"

"망념을 일으키고 그것을 없애는 것 또한 망념이 되느니라. 망념은 본래 뿌리가 없지만, 다만 분별 때문에 생긴다. 다만 범·성의 두 곳에 알음알이를 내지 않는다면, 자연 망념은 없어지는 것이니, 다시 그것을 어떻게 떨쳐버리겠느냐? 떨끝 만큼도 의지하여 집착함이 없으면 이른바 '내가 두 팔을 다 버렸으니 반드시 부처를 이루리라'고 한 것이 되느니라."

"이미 의지하여 집착함이 없다면 어떻게 역대 조사들께서는 서로 이어 받았습니까?"

"마음으로써 마음에 전하느니라."

"마음으로써 마음에 전한다면 어찌 마음 또한 없다고 하십니까?"

"한 법도 얻을 수 없는 것을 마음에 전한다고 하는 것이니, 만약 이 마음을 깨치면 곧 마음도 없고 법도 없느니라."

"마음도 법도 없다면 어찌하여 전한다고 하십니까?"

"너는 마음에 전한다는 말을 듣고는 얻을 만한 무엇이 있다고 생각하는구나. 그래서 조사께서는, '마음의 성품[心性]을 깨달았을 때에야 불가사의하리라. 요연히 사무쳐 얻을 바가 없나니, 얻었을 때라도 알았다 하지 못하노라'고 하셨느니라.

만약 이것을 너에게 알도록 한다 하여도 어떻게 감당하겠느냐?"

"망념이 자신의 마음을 가로막는다는데
무엇으로써 망념을 없애야 합니까?"
"망념을 일으키고 그것을 없애는 것 또한 망념이 되느니라.
망념은 본래 뿌리가 없지만, 다만 분별 때문에 생긴다.
다만 범·성의 두 곳에 알음알이를 내지 않는다면
자연스럽게 망념은 없어지는 것이니
다시 그것을 어떻게 떨쳐 버리겠느냐?
떨끝 만큼도 의지하여 집착함이 없으면
이른바 '내가 두 팔을 다 버렸으니 반드시 부처를 이루리라'고
한 것이 되느니라."

이전 단락에서 조작하여 만들지만 않는다면 마음 그대로가 마음이라고 하였다. 그러니 물을 것이 있고 또 의심이 난다는 것은 무엇일까. 이것을 일러 망념(妄念)이라고 한다.

즉 지나간 기억을 번뇌(煩惱)라고 하고, 이 번뇌로 인하여 아직 일어나지 않는 것을 상상하여 조작하여 만들어내는 마음을 일러 이것 역시

마음은 마음이다. 그러나 이것은 마음의 작용이며 작용으로 일어난 것은 허망한 것이므로, 이것을 망령된 생각이라 하여 망념(妄念)이라고 하였다.

우리의 모든 괴로움과 고통과 의심과 분심과 진심과 탐심은 다 이 망념 때문에 생겨나는 것이다.

왜 그런가?

지나간 기억에 비추어 앞으로 다가올 미래의 불안과 의심이 문제인 것이다. 그래서 널리 지견을 구하고 알음알이를 굴려 보다 편안하고, 보다 더 높은 곳으로 보다 더 행복하고 보다 편안함을 구하여 지견놀음을 하는 것이다. 또 부처가 좋다고 하니, 부처가 되려고 이리저리 궁리를 하는 것이니, 이 궁리가 바로 알음알이를 굴리는 식심(識心)이며 망념(妄念)인 것이다.

그래서 이 망념이 일어나지 않으면, 아무런 문제가 없어지는 것이며 모든 괴로움이 사라지는 것이 된다.

부처님의 가르침이나 조사의 가르침이나, 한결같이 이 견문각지(見聞覺知)를 바탕으로 한 식심의 굴림인 망념(妄念)을 어떻게 하면 일으키지 않게 할 수 있을까 하여 많은 말씀을 방편으로 만들어내는 것이다.

그래서 스님은 이렇게 말씀을 하신다.

망념을 없애려는 마음이 또한 망념이라고 하신다.

그렇다! 마음을 없애려면 더 많은 마음이 생기기 때문이다. 그럼 어떻게 없앨 수가 있느냐?

망념은 본래 뿌리가 없는 것이며 다 자기 스스로 번뇌에서 추론하여 일으키는 것이다. 그래서 분별하고 차별하는 것에서 온다는 것이다. 그러니 다만 범인이니 성인이니 하는 차별상에 떨어지지 않고 있는 그대로의 경계로 볼 수만 있다면 그런 망념이 자연스럽게 사라진다고 하신다.

이 말씀은 의심을 믿음으로, 그대로 받아들이는 회광반조(廻光返照)를 말씀하시는 것이다.

그러면서 너가 다만 '다시 그것을 어떻게 떨쳐 버리겠느냐?' 라고 다시 물으시면서 무엇이든 의심하여 집착하지 않는다면 아무런 문제가 없이 된다는 것이다.

지금 이대로 완전한 마음을 그대로 인증하고 그대로 쓰고 누리고 펼치면 될 뿐 집착과 분별심을 놓으라고 하시면서 그렇게만 할 수 있다면 '내가 두 팔을 다 버렸으니 반드시 부처를 이루리라' 하신 부처님의 말씀을 인용하여 들려주신다. 두 팔이란 양변이며 양변에 집착한 차별상을 내려놓으면 두 팔을 버리고 오직 한 몸인 일심(一心) 그대로를 투득하여 다시는 의심하여 집착하고 분별하고 차별하지 않는 경지에 이른다고 자세히 설명을 하고 계신다.

"이미 의지하여 집착함이 없다면
어떻게 역대 조사들께서는 서로 이어 받았습니까?"
"마음으로써 마음에 전하느니라."
"마음으로써 마음에 전한다면 어찌 마음 또한 없다고 하십니까?"
"한 법도 얻을 수 없는 것을 마음에 전한다고 하는 것이니
만약 이 마음을 깨치면 곧 마음도 없고 법도 없느니라."

그래도 배휴는 놓지 않고 또 마음을 조작하여 분별심인 알음알이를 굴리고 있다.

"의지하여 집착함이 없는데 어떻게 조사와 조사가 서로 그 뜻을 이어 받았습니까?"라고 묻는다.

아직도 무엇인가 있다는 유위적(有爲的) 견해를 놓지 못한다.

그래서 스님은 "마음으로써 마음에 전하느니라."

이심전심(以心傳心)이라고 하신다.

"이심전심이면 마음이 있지 않습니까. 왜 없다고 하십니까?" 하면서 또 물고 늘어진다.

"전했다 하니 무엇이 있어 전하지 않았습니까." 즉 마음을 전했으니 그 마음이 어떤 마음이냐고 묻는다. 끝이 안 보인다. 오직 이렇게 물고 늘어짐은 다 후인을 위하는 배휴의 마음이니 가상하고 자비롭다.

여기서 알아야 할 것은 마음의 실체가 있느냐 없느냐 하는 것이다. 마음의 실체는 드러낼 수가 없지만 사용하는 작용면에서 본다면 그대로 다 드러난다. 좋으면 얼굴에 웃음을 띠고 싫으면 찡그린다. 그러나 여기서 말하는 마음은 마음의 본체인 법신을 두고 말하는 것이다. 누누이 말했지만 법신은 식심을 벗어난 경지이므로 어떤 말이나 행동이나 사량분별로도 닿을 수 없는 허공성 그대로라고 하였다. 그러므로 무심(無心)인 것이다.

그런데 없는 마음을 어떻게 전할 것이 있겠는가.

그 없음 자체를 깨달아 알게 하였으니 전한 것이 된다. 즉 이무소득고(以無所得故)로, 즉 얻을 것이 없음을 얻음으로 아뇩다라삼먁삼보리라고 하신 『반야심경』의 말씀과 같은 말이 된다.

그래서 말후구를 말씀하신다.

'만약 이 마음을 깨치면 곧 마음도 없고 법도 없느니라'

그러니 교법으로 제법무아(諸法無我)이며 심행처멸(心行處滅)이 되는 것이다.

"마음도 법도 없다면 어찌하여 전한다고 하십니까?"
"너는 마음에 전한다는 말을 듣고는
얻을 만한 무엇이 있다고 생각하는구나.
그래서 조사께서는
'마음의 성품[心性]을 깨달았을 때에야 불가사의하리라.
요연히 사무쳐 얻을 바가 없나니
얻었을 때라도 알았다 하지 못하노라' 고 하셨느니라.

전한다는 말은 말로써 본다면 무엇이 있어야 전한다는 것이 되는 것은 맞다. 그러나 마음이란 자체는 본래부터 그렇게 아무런 흔적도 모양도 형상도 아니다. 그러나 그것이 마음이라는 글로 나타내면 또한 형상이 된다. 그러니 전할 수 있는 것이 된다. 즉 말이 되면 바로 형상이며 명색(名色)이 된다. 그러므로 '마음이라 하면 이미 마음이 아니다' 라고 하는 것이다.

오직 드러나지 않는 있는 그대로의 완전한 마음이 바로 이를 명색으로 드러내어 마음이라고 할 뿐임을 안다면 이런 질문은 필요가 없을 것이다. 스님도 '오직 성품을 깨달았을 때라야 불가사의하리라' 라고 하시어 그 어떤 말이나 생각으로 지을 수는 없으나 그대로 완전함을 체득하는 것이며, 이것이 원래부터 구족하여 모든 것을 다 갖추었고 모자라지도 남지도 않는 그 경지를 그냥 요연히 사무쳐 얻을 바가 없으며 또한 그 경지를 투득하여 얻었을 때라도 알았다 하지 못한다고 하시는 것이니, 이는 마음의 작용으로는 도저히 밝힐 수가 없다는 것이다.

오직 스스로 알 뿐!

"만약 이것을 너에게 알도록 한다 하여도 어떻게 감당하겠느냐?"

"알아도 체득해도 말할 수 없는 이 경지를 만약 너 스스로 체득한다면 너는 어떻게 이것을 다루고 펼칠 수가 있겠는가."라고 하신다.

구원겁 전의 그 마음이 지금 여기까지 전해져 이심전심으로 지금도 미래도 그 언제나 전해졌던 것이다. 항상하여 다함이 없고 끝이 없는 것이다.

다음은 오직 이 글을 읽고 있는 사람의 몫이다.

13. 마음과 경계

"눈 앞의 허공을 경계가 아니라고 할 수 있겠습니까? 경계를 가리켜 마음을 보는 것이 어찌 없다고 하겠습니까?"

"어떤 마음을 너더러 경계 위에서 보게 하느냐? 설혹 볼 수 있다 하더라도 경계를 비추는 마음일 뿐이니라. 사람이 거울로 얼굴을 비출 때처럼 눈썹과 눈을 분명하게 볼 수 있다 하더라도, 그것은 본래 그림자일 뿐 너의 일과 무슨 상관이 있겠느냐?"

"거울에 의지하지 않는다면 어떻게 볼 수 있겠습니까?"

"의지함에 빠진다면 항상 의지할 그 무엇이 있어야 한다. 그렇게 해서야 언제 깨달을 수 있겠느냐?

너는 '손을 털고 그대에게 내보일 아무 것도 없구나. 수천 가지로 말한들 모두 헛수고로다' 하는 말을 들어보지 못했느냐?"

"마음을 분명히 알았다면 비출 만한 아무 것도 없는 것입니까?"

"아무 것도 없다면 어찌 더 비출 필요가 있겠느냐? 눈을 뻔히 뜨고 잠꼬대 같은 말을 하지 말라."

보설

이 선문답에서는 보는 것과 보이는 것, 이것이 무엇인가에 대하여 문답을 한다.

"눈 앞의 허공을 경계가 아니라고 할 수 있겠습니까?
경계를 가리켜 마음을 보는 것이 어찌 없다고 하겠습니까?"
"어떤 마음을 너더러 경계 위에서 보게 하느냐?
설혹 볼 수 있다 하더라도 경계를 비추는 마음일 뿐이니라.

여기서 본다는 것은 무엇을 말하는 것일까를 먼저 알아야 이 문답을 설명할 수 있다. 의식적 측면에서 살펴본다면 당연히 보는 의식이 있고 보이는 경계가 있다. 그러니 보는 능(能)이 있고 보이는 소(所)가 있다. 그러면 보는 자와 보이는 것이 있으니 분명히 이분법이고 차별법이며 이법(二法)이 된다.

본불의 경지에서 보자.

본불은 무심(無心)이니 보는 자가 없다. 즉 주시자가 없다는 말이다. 이것을 어떻게 표현해야 하는가? 없는데 그럼 어찌 보이고 있느냐? 그리고 보이는 경계는 색이니 형상이다. 형상은 마음의 그림자이며 이것도 역시 공이다. 그럼 보는 자도 없고 보이는 자도 없는 것이 어떻게 보이고 느껴지는가 하는 것이다.

그러면 잠깐 다른 측면을 살펴보자.

어떤 형상을 카메라로 찍어서 사진으로 보라. 그 사진을 잘 살펴보라. 마음이 그 사진에 있는가. 그냥 사진만 있을 뿐이다. 그럼 카메라

가 그 사진에 있는가? 당연히 없을 것이다. 그럼 그 사진은 그 경계와
같은가 다른가? 사진이란 빛이 빚어낸 그림자일 것이다.

그 경계를 사진으로 찍었을 때 그 사진은 그 경계와 다르지만 비슷
하다. 그러면 남은 것은 경계도 없고 찍은 카메라도 당연히 없고 그것
을 알아차리는 마음도 역시 당연히 없을 것이다. 오직 사진만 있을 뿐
이다.

똑같은 이치로 보는 자인 마음과 보이는 경계는 오직 사진처럼, 그
경계만 있을 뿐이다. 그러니 그 경계마저도 마음이 빚어낸 빛의 그림
자인 것을 안다면 보고 보이는 것이 있을 것이냐 하는 것이다. 주시자
인 마음도 보이는 경계가 그냥 드러나 있을 뿐이라, 둘이 아닌 것이다.
경계 그대로가 마음이고 마음 그대로가 경계인 것이다.

그래서 스님도 이렇게 대답을 하고 계신다.

"어떤 마음을 너더러 경계 위에서 보게 하느냐?" 하는 것은, 어떤 마
음이 있어 그 마음 위에 경계가 드러나 있는 것으로 보지 말라는 것이
다. 여기서 본다거나 보인다 하면 이법이 되는 것이다. 오직 드러나 있
을 뿐이다.

그래서 또 이렇게 말씀을 하신다.

"설혹 볼 수 있다 하더라도 경계를 비추는 마음일 뿐이니라."

이 말씀은 설혹 본다는 것은 오직 마음이란 능(能)이 경계인 소(所)를
보는 것이 아니라 그냥 드러난 한 형상이 있을 뿐이라는 것이다. 그것
을 비춘다 하든 본다고 하든 보인다 하든, 마음이나 경계에 차별없이
마음바탕에서 일어난 작용인 것이니 둘이 아니라 오직 드러난 상만 있

을 뿐이다.

그렇게 알아야 경계에 혹하여 다시 조작하는 분별심이 일어나지 않을 것이며, 집착하여 그 안에 매달리지도 않을 것이다. 그러니 마음이다, 경계다 하는 조작된 마음이 없어야만이 지금 이렇게 있는 그대로의 형상이 드러날 수 있는 것이다.

그러니 스님이 다시 이렇게 일러 주신다.

"사람이 거울로 얼굴을 비출 때처럼
눈썹과 눈을 분명하게 볼 수 있다 하더라도
그것은 본래 그림자일 뿐 너의 일과 무슨 상관이 있겠느냐?"

라고 하시어 거울에 상이 비친다는 것은 거울이 별도로 있어 그 상이 비치는 것처럼 보이지만 이 또한 그 상은 오직 상일 뿐 거울도 경계도 다 내 마음에서 일어난 그림자에 불과한 것이다.

"상이란 경계도 오직 마음바탕에 드러난 영상일 것이며 그 상은 잠시 비추다 사라지는 것이라는 것인데, 왜 너는 그 상을 본다느니 보는 주시자가 있다느니 경계가 마음에 투영되어 보인다느니 하면서 쓸데없는 분별심을 짓고 있느냐." 라고 하신 것이다.

그러니 배휴는 더욱 궁금하다.

지금 당연히 내가 보고 있고, 보이는 상이 앞에 드러나 있는데, 왜 능소(能所)가 없다고 하시냐고 이렇게 묻고 있다.

"거울에 의지하지 않는다면 어떻게 볼 수 있겠습니까?" 라고 반문한다.

즉 거울이라는 능(能)에 의지하듯이 마음에 의지하지 않고서는 어떻게 보이는 소(所)인 경계가 드러날 수 있느냐고 묻고 있다.

그래서 스님은 다시 이렇게 말씀을 이어가신다.

"의지함에 빠진다면 항상 의지할 그 무엇이 있어야 한다.
그렇게 해서야 언제 깨달을 수 있겠느냐?"

우리가 보거나 하거나 느낀다 할 때, 이미 그것은 보아야 하는 그 무엇이 있어서 보려고 하고 해야 한다는 그 무엇이 있어서 하려고 하고 느껴야 한다는 그 무엇이 있어서 느낀다면, 이것은 전부 스스로 의지처를 만들어서 보고 듣고 말하고 생각을 해야 하는 것이니, 이미 전도된 망념으로 하려는 것과 같은 것이 된다.

"해야 한다는 망념을 의지처로 삼아서 보려고 했으니, 어찌 바르게 볼 수가 있겠느냐?" 는 말씀은, 그렇게 해서야 어떻게 드러나면 드러나는 대로 그대로이고, 보이면 보이는 그대로가 되어서 마음이라 할 것도 없고, 경계라 할 것도 없이 지금 있는 그대로 완전함을 보겠느냐는 질책의 말씀이다.

그래서 다시 이렇게 일러 주신다.

"너는 '손을 털고 그대에게 내보일 아무 것도 없구나.
수천 가지로 말한들 모두 헛수고로다.'
하는 말을 들어보지 못했느냐?"

그래서 옛 선사의 말씀을 인용하여 보는 자인 주시자가 있고 보이는 경계가 별도로 있어 보인다면 어찌 정견이 되겠느냐. 오직 주시자도 없고 보이는 경계도 없지만 지금 여기 만상이 그대로 드러나 있지 않느냐고 일러주신다.

그러니 경계를 대하든 무엇을 하든 그 근본을 뜻이나 식심으로 굴려서 분별하기 때문에 생긴 일이지, 그 어떤 조작도 없이 아무 일 없으면 지금 있는 그대로 완전한 드러남이 된다는 것이다.

그래도 배휴가 이렇게 묻고 있는 것은 다만 이 글을 읽고 있는 사람에게 그 뜻을 명확히 드러내 주기 위하여, 빈틈없이 묻고 있는 것이다. 이 문답을 스스로 비추어 감각(鑑覺)해 본다면 소분이나마 알았다 할 것이다.

"마음을 분명히 알았다면 비출 만한 아무 것도 없는 것입니까?"

"그럼 보는 자도 없고 보이는 경계도 그림자라면 정말 마음이 이렇게 소소하게 있는데, 어찌 마음으로 투영시킬 그 어떤 것마저 없다는 것입니까, 그럼 능소(能所)가 아주 없다는 말입니까."라고 묻고 있다.

그래서 스님이 말후구를 날린다.

"아무 것도 없다면 어찌 더 비출 필요가 있겠느냐?
눈을 뻔히 뜨고 잠꼬대 같은 말을 하지 말라."

이것은 있다 없다는 차별적인 식심(識心)을 통하여 논하는 것이 아니라는 것이다. 즉 누가 마음이 없고, 경계가 없다고 하였느냐. 만약 마음이 없다면 비출 그 어떤 것도 없을 것이고, 경계가 없다면 마음바탕에 드러날 것도 없을 것이다. 오직 이것이 경계다, 이것이 마음이다에 국집하지 말고 마음이 그냥 그대로 경계이고, 경계 그대로가 마음이어서 마음이다, 경계라는 뜻이 없이 그냥 그대로 비치면 비치는 대로, 드러나면 드러나는 대로 그냥 그렇게 보라는 것이다. 상이면 상으로, 형상이면 형상으로, 무엇이든 아무런 조작이나 집착 없이 느끼고 감각(感覺)하면 될 것을 왜 군이 마음의 경계를 비추어 본다느니, 경계가 마음속에 드러난다느니 하면서 쓸데없는 헛소리를 하고 있느냐 하는 것이다.

그러니 네가 묻고 있는 곳에서 벌써 전도가 되어 있으니 눈을 뜨고도 잠꼬대 같은 말이 되는 것이다.

묻는다는 것은 이미 다 의심인 것이며
있는 그대로 완전히 자유롭기 못하기 때문이다.

14. 구함이 없음

상당하여 말씀하셨다.

"백 가지로 많이 아는 것이 '아무것도 구하지 않음' 만 훨씬 못하니라. 도인이란 일 없는 사람이어서 실로 허다한 마음도 없고 나아가 말할 만한 도리도 없다. 더 이상 일이 없으니, 헤어져 돌아가거라."

이 상당법문은 '함' 에 대한 설법이다.

그럼 함이 무엇일까를 좀 짚어보고 가야 말씀하는 취지를 알수 있을 것이다.

사람은 왜 태어났을까? 무엇인가 하려고 태어났다.

무엇을 할 것인가.

자기라는 아상(我相)을 만들어 나(我)라 하고 견문각지(見聞覺知)와 식심(識心)을 나의 관념(觀念)으로 삼아 이것을 내 마음이라 하고, 탐심과 진심과 치심을 부리면서 이것을 '자기' 라고 한다.

그래서 자기의 관념에 따라 욕심(欲心)으로 무엇을 하고자 함을 결정하여 이를 위해 노력하는데 그 목적은 오직 구함에 있는 것이다. 그 길을 가다 자기적 관념에 맞지 않으면 화를 내고 나의 적이라고 하여 미워하며, 내 관념에 맞는 사람을 만나면 좋아하고 웃는다. 그러니 자기적 관념을 위해 평생을 살아간다.

　관념은 전부 자기의 기억에서 도출하여 자기화한 것이다. 그러면서 좋다, 싫다, 맞다, 안 맞다 시비분별하고 취사선택하고, 희비오락을 느낀다. 머리로는 옛 기억인 이 번뇌를 바탕으로 아직 오지 않은 수만 가지의 욕심으로 자기 관념을 현실화하려고 사량분별하면서 한없는 망상을 부리며 살아가는 것을 우리는 인생이라 한다. 그러니 이 속에 진실이나 진리는 하나도 없다.

　오직 취사선택으로 만들어진 번뇌를 자기로 삼았기 때문에 이렇게 괴물이 되어버린 것이다. 그 원인은 바로 번뇌인 알음알이에 있다. 그러니 얻어서 채우려 하고 구해서 얻으려 하고 분별하여 시비하는 이 모든 것의 원인은 바로 자기 자신에게 있는 것이다.

　자기가 원래 있었던 것이 아님을 알고, 이 모든 것이 내 업(業)이라는 번뇌망상이 관념화되어 내 앞에서 춤을 추고 있다는 사실을 받아들인다면 이 모든 것이 다 부질없음을 깨게 될 것이다. 그렇게 제행무상(諸行無常), 즉 모든 것은 다 내 관념이 일으키고 있는 것이며 설령 얻고, 가지고, 채웠다 해도 그것은 조금 머물다 변하여, 없어지는 것이며 영원한 것이 없음을 체달하게 되면 그때서야 이것이 다 인연놀음이며, 전부 내가 구하는 이 한 마음이 일으키는 물결이라는 것을 알게 될 것이다.

바다에 수많은 파도가 쳐도 그 물결은 다 그냥 물인 것이다.

이렇게 파도가 물이고, 물이 파도임을 알면 더 이상 파도를 보고 바람아 더 불어라, 파도야 더 쳐라 하지 않을 것이다. 파도가 일어나면 일어나는가 보다, 파도가 사라지면 사라지는가 보다 할 것이다.

이렇게 수많은 파도를 만들려는 이 마음이 조용해지면, 파도라는 수많은 법도 사라지고 이치도 사라지고 나도 없고 경계도 없고 법도 없고 구함의 일체의 행도 다 사라져 안심입명(安心立命)하여 해인삼매(海印三昧)에 이르는 것이다.

그래서 스님은 이렇게 법문을 하신다.

상당하여 말씀하셨다.
"백 가지로 많이 아는 것이 '아무 것도 구하지 않음' 만
훨씬 못하니라. 도인이란 일 없는 사람이어서
실로 허다한 마음도 없고 나아가 말할 만한 도리도 없다.
더 이상 일이 없으니, 헤어져 돌아가거라."

백 가지로 많이 아는 것, 이것이 알음알이인 식심(識心)이며 이것이 바로 번뇌(煩惱)인 것이며, 나의 업(業)이 되는 것이다.

구하지 않으면 함이 없어지고 함이 없어지면 아무런 문제가 발생하지 않는 것이다. 그러니 차라리 구하지 않음이 얻어 채우고 괴로워하는 것보다 훨씬 좋은 것이 된다.

왜 그런가, 원인이 없으면 결과가 오지 않으니까 스스로 내가 편안하지 않겠는가. 그래서 도인이라는 명색을 가져다 설하지만, 도인이란

도인이라는 실체가 있는 것이 아니라 한 법도 없고 한 마음도 일으키지 않는 고요하면서도 다 비추어 아는 그런 사람을 일러 도인이라 한다. 이런 사람은 허다한 마음이 없어서 쓸데없이 관념으로 이것이다 저것이다 하는 분별적 마음을 쓰지 않는다. 즉 식심(識心)을 일으키지 않으니 '없다'라고 하는 것이다.

그리고 한 마음을 다 가졌지만 분별하여 일으키지 않으니 마음의 작용인 한 법도 없는 것이며, 이것이다 할 것이 없다고 하신다. 그러니 나다 할 것도 없고 법이라 할 것도 없으며 이치라 할 것도 없으며 마음이라 할 것도 없고 도라 할 것도 사실 없는 것이다.

그러니 마음을 일으키면 법이 되고 법을 펼치면 이치가 되고 도리가 되고 도리를 설하면 이것이 도가 되고 선이 되어 천차만별로 또 벌어지지만 아무 일 없음 즉 구함이 없으면 어떨까?

아무 일 없는 것이 되니 그냥 편안할 것이다.

그러니 일없는 사람을 일러 무사인(無事人)이라 하며 그러면서도 모든 것을 다 감각하고, 하고자 하면 못하는 것이 없이 다 하면서도 그 자취에 끄달림 없이 행하므로, 함이 없는 무위(無爲)적 함이 되는 것이다.

이런 사람을 무위진인(無爲眞人)이라 하는 것이며, 이런 사람을 일러 도인이라고 할 뿐이다. 그러니 해도 함이 없이 행하면 되는 것이다.

보아서 구하려 하지 말고 그냥 보는 것을 봄이라 하고
들어서 채우려 하지 말고 그냥 듣는 것을 듣는다 하고
맡아서 얻으려 하지 말고 그냥 맡는 것을 맡는다 하고

먹어서 가지려 하지 말고 그냥 먹는 것을 먹는다 하고
느껴서 즐기려 하지 말고 그냥 느낀 것을 느낀다 하고
생각해 만들려 하지 말고 생각하는 것이 정념이 된다.
그렇게 아무런 구함이 없음을 일러 무위(無爲)라 한다.

모든 오감과 식심을 구함없이 하면 오감 그대로가 감각이 되고 식심
(識心) 그대로가 평상심(平常心)이 되어 지금 여기 '있는 그대로 완전한
자유' 일 것이다!

알겠는가?
알아도 그대 마음이고, 몰라도 그대 마음이다.
그러니 너희들은 다 본분종사로 돌아가 무위적 삶을 살아갈 수 있도
록 불타행이나 잘하라고 당부하면서, 법 없는 법이며 함이 없는 일승
법을 설해 마치셨다.

15. 머문 바 없이 마음을 내면 곧 부처님의 행

배휴가 물었다.

"어떤 것이 세간의 이치[世諦]입니까?"

"언어 문자에 얽매인 이치를 논하여 무엇하겠느냐?

본래 청정한 것인데, 어찌 언설을 빌려서 문답을 하겠는가?

다만 일체의 마음이 없기만 하면 번뇌 없는 지혜[無漏智]라 부른다. 네가 모든 언행에 있어 하염없는 법[有爲法]에 집착하지만 않는다면, 말하고 눈 깜빡이는 것 모두가 번뇌 없는 지혜와 같으니라.

지금 말법시대에 접어들면서 참선의 도를 배우는 사람들이 대부분 온갖 소리와 빛깔에 집착하고 있다. 이래서야 어찌 자기 마음을 여의었다고 하겠느냐? 마음이 허공 같고 마른 나무와 돌덩이처럼 되어 가며, 또한 타고 남은 재와 꺼진 불처럼 되어야 한다. 그래야만 바야흐로 도에 상응할 분(分)이 조금 있는 것이다.

만약 이와 같지 못한다면 뒷날 모두 염라대왕에게서 엄한 문책을 받을 때가 올 것이다. 네가 다만 '있다', '없다' 하는 모든 법을 여의기만 하면, 마음이 마치 허공에 떠있는 햇살 같아 태양이 비추지 않아도 자연히 두루 비추는 것이니, 이 어찌 힘 덜리는 일[省力事]이 아니겠느냐?

이런 때에 이르러서는 쉬어 머물 바가 없어서, 모든 부처님이 행하시는 행을 하게 되고 '머문 바 없이 그 마음을 낸다' 는 것이 되느니라. 이것이 바로 자신의 청정한 법신이며 무상정등정각이니라.

만약 이 뜻을 알지 못한다면 많은 지식을 배워 얻고 부지런히 고행 수도하며 풀 옷을 입고 나무 먹이를 먹는다 하더라도 결국 자기 마음을 모르는 것이니라.

이것을 모두 삿된 수행이라 하며, 정작 천마의 권속이 되는 것이니, 이런 식으로 수행을 한다면 무슨 이익이 있겠느냐?

지공(誌公: 418~514)이 말하기를 "부처란 본래 자기 마음으로 짓는 것인데 어찌 문자로 인해 구해지겠는가? 설령 그렇게 해서 삼현(三賢), 사과(四果), 십지만심(十地滿心)의 지위를 얻는다 해도, 그 역시 범부와 성인의 테두리를 벗어나지 못한 것이다."고 하였다. 너는 보지 못하였느냐?

'모든 행위가 무상하나니, 이것이 나고 없어지는 법이니라' 고 하였으며, "힘이 다한 화살은 다시 떨어지나니, 뜻대로 되지 않을 내생을 초래하리로다. 어찌 하염없는 실상의 문[無爲實相門]에 한번 뛰어넘어 여래의 지위에 바로 드는 것만 같으리오." 라고 하였느니라.

너는 이 정도의 근기가 아니므로 옛사람이 세우신 방편문에서 알음 알이를 널리 배워야 하느니라.

지공이 말하기를 "세간을 뛰어 넘은 명철한 스승을 만나지 못하면 대승의 법약(法藥)을 잘못 먹는 것이다."고 하였다. 네 지금 일거일동에 항상 무심(無心)을 닦아 오래오래 되면 반드시 얻는 것이 있을 것이다. 그러나 너는 역량이 부족하니 단박에 뛰어넘지는 못한다.

다만 삼년이나 오년 혹 십년만 지나면 반드시 들어갈 곳을 얻어 자연히 알게 될 것이니라. 그러나 너는 이렇게 해내지 못하고, 굳이 마음을 가지고 선(禪)을 배우고 도를 배워야 하니, 그것이 불법과 무슨 상관이 있겠느냐? 그러므로 경에서 이르시기를, '여래의 설법은 모두 사람을 교화하기 위한 것이다. 이것은 마치 누런 나뭇잎을 돈이라 하여 어린아이의 울음을 그치게 하는 것과 같다'고 하였다.

따라서 법이란 결코 실다운 무엇이 있는 것이 아니다. 만약 무엇인가 얻을 것이 있다고 한다면, 그 사람은 우리 종문(宗門)의 사람이 아니다. 뿐만 아니라 너의 본분과는 아무런 상관이 없느니라.

그래서 경에 말씀하시기를 "실로 얻을 만한 조그마한 법도 없는 것을 무상정각이라 부른다."고 하였다. 만약 이 뜻을 알아낸다면, 부처님의 도와 마구니의 도가 모두 잘못 되었음을 알게 될 것이니라. 본래 깨끗하여 환히 밝아 모남도 둥근 것도 없고 크고 작음도 길고 짧은 모양도 없으며, 번뇌(漏)도 작위(作爲)도 없고 미혹됨도 깨달음도 없다.

그러므로 말하기를 '요연히 사무쳐 보아 한 물건도 없나니, 중생도 없고 부처도 없도다. 항하사 대천세계(大千世界)는 바다의 물거품이요, 모든 성현들은 스치는 번갯불 같도다' 한 것이다.

모든 것이 진실한 마음만 같질 못하니라.

법신은 예로부터 지금까지 부처님, 조사와 더불어 마찬가지여서 어디 떨끝 만큼이라도 모자람이 있겠느냐. 이런 내 말의 뜻을 알아 들었다면 열심히 노력해야 하니, 이생을 마칠 즈음에는 내쉬는 숨이 들이 쉬는 숨을 보장치 못하느니라.

배휴가 물었다.

"어떤 것이 세간의 이치[世諦]입니까?"

"언어나 문자에 얽매인 이치를 논하여 무엇하겠느냐?

본래 청정한 것인데, 어찌 언설을 빌려서 문답을 하겠는가?

다만 일체의 마음이 없기만 하면 번뇌없는 지혜[無漏智]라 부른다."

여기서 배휴가 물은 것은 세간의 이치 즉 세제(世諦)을 묻고 있다.

세제란 출세간법과 반대되는 말이다. 마명보살이 『대승기신론』에서 일심을 세간법과 출세간법으로 나누어 설명하듯이, 세간법은 일체의 제법을 말하는 유위법(有爲法)이고 출세간법은 무위법(無爲法)을 말하는 것이다.

그러나 유위법은 다 실체가 없는 허망한 것이므로 언어 문자에 얽매인 이치를 논해 무엇하겠느냐, 법이란 원래 청정한 것인데 언설로 문답을 해서 무엇하겠느냐고 하신다. 진실하여 허망하지 않는 법은 오직 무위법인 출세간법을 논할 뿐이라고 하시면서 모든 제법인 일체의 마음이 없기만 하면 된다는 것이다. 여기서 말하는 제법은 법신을 제외한 마음의 작용과 그 작용으로 드러난 덕상(德相)을 말하고 있는 것이다.

이 작용을 떠난 본바탕인 법신에는 어떤 번뇌와 망상이 없으므로 이를 무루지(無漏智)라고 하며 변함이 없는 지혜이니 이것이 바로 무위법(無爲法)인 것이다. 무위란 허공, 택멸, 비택멸, 멸진정, 부동, 진여를 말하는데 이것은 전부 법신을 칭하는 이름인 것이다.

이 무위가 바로 진여 법신이며 우리 마음의 체이며 무루지이자 반야 지혜이다.

그러면 허망한 마음은 무엇이고 진실한 마음은 무엇인가? 법신은 항주불멸하여 영원하고 보신과 화신은 변하여 없어지는 것이므로 허망하다고 하였을 뿐 일체제법은 하나같이 일심(一心)이요, 작용면에서 나눈 것이지 다 부처인 것이다.

"네가 모든 언행에 있어 하염없는 법[有爲法]에
집착하지만 않는다면, 말하고 눈 깜빡이는 것
모두가 번뇌 없는 지혜와 같으니라."

만약 모든 제법을 쓰면서도 여기에 집착하거나 차별하고 시비하고 조작하지만 않는다면 일체의 행주좌와 어묵동정(行住坐臥 語默動靜)에 일체시일체처(一切時一切處)가 있는 그대로 진실여상한 것이라는 말이다.

"지금 말법시대에 접어들면서 참선의 도를 배우는 사람들이
대부분 온갖 소리와 빛깔에 집착하고 있다.
이래서야 어찌 자기 마음을 여의었다고 하겠느냐?"

"선을 배운다는 것은 오직 마음을 버리는 공부이지 배워서 얻어가는 공부가 아님을 알아야 한다"고 하시면서 "온갖 소리와 빛깔 등의 명색(名色)에 젖어 집착을 하고 이것을 배운다 하고 있으니 이것이 어찌 참다운 공부일 것이며, 마음이라는 이 모든 식심(識心)을 여의었다고 할

수 있겠는가?"라고 묻고 계신다.

그러면 어떻게 공부를 지어가야 하는가.

"마음이 허공 같고 마른 나무와 돌덩이처럼,
또한 타고 남은 재와 꺼진 불처럼 되어야 한다.
그래야만 바야흐로 도에 상응할 분(分)이 조금 있는 것이다.
만약 이와 같지 못한다면 뒷날 모두 염라대왕에게
엄한 문책을 받을 때가 올 것이다."

마음이 한 점 걸림 없는 허공 같고 부동의 경지인 마른 나무와 돌덩이처럼 되어가고 타다 남은 재와 꺼진 불처럼 아무런 움직임이 없는 경지에 이르러야 비로소 조금은 상응했다고 할 수 있다는 것이다.

만약 그렇지 못하고 마음의 작용으로 제법을 일으켜 분별하고 조작하여 집착한다면 이것은 전부 허망한 것이며, 인과의 도리에 따라 인과응보를 피할 길이 없을 것이라고 하신다.

"네가 다만 '있다', '없다' 하는 모든 법을 여의기만 하면
마음이 마치 허공에 떠 있는 햇살 같아
태양이 비추지 않아도 자연히 두루 비추는 것이니
이 어찌 힘 덜리는 일[省力事]이 아니겠느냐?"

모든 유위법에 있다 없다하는 차별심을 내지 않는다면 바로 모든 것이 그대로 완전하여 무슨 일이 있겠는가?

허공은 햇살이 비추어도 허공이고, 비추지 않아도 그대로 허공인 것

처럼 힘 안 들이고 모든 것을 그대로 구족해 있으니, 걸리고 얽히어 시비에 빠져 고통 받지 않을 것이며 안심입명(安心立命)하여 편안할 것이라는 것이다.

"이런 때에 이르러서는 쉬어 머물 바가 없어서
모든 부처님이 행하시는 행을 하게 되고
'머문 바 없이 그 마음을 낸다'는 것이 되느니라.
이것이 바로 자신의 청정한 법신이며 무상정등정각이니라."

이렇게 마음을 다 비워 허공처럼 된다면 쉬어갈 것도 머물 바도 머물지 않을 바도 없이 행하되 행함이 없이 행하는 부처님의 행을 하게 된다. '머문 바 없이 그 마음을 낸다'는 『금강경』의 구절처럼 무엇이 있어 나는 것이 아니라 경계에 따르고 대경에 따라 일어나는 곳도 없이 마음이 일어나는 것이다. 이것이 바로 자신으로 보면 자성이요, 법으로 보면 법성이요, 법계로 보면 진여요, 부처로 보면 법신인 자성청정심인 본마음이요, 본불(本佛)이 되는 것이라고 하시며 이것이 바로 최고 최상의 완전한 깨달음이라고 하신다.

"만약 이 뜻을 알지 못한다면 많은 지식을 배워 얻고 부지런히
고행수도하며 풀 옷을 입고 나무 먹이를 먹는다 하더라도
결국 자기 마음을 모르는 것이니라.
이것을 모두 삿된 수행이라 하며, 정작 천마의 권속이 되는 것이니
이런 식으로 수행을 한다면 무슨 이익이 있겠느냐?"

'머무는 바 없이 그 마음을 낸다' 라는 근본 뜻을 모른다면 지식을 배워서 아는 견문각지나 부지런히 고행수도하며 풀 옷을 입고 두타행을 한다고 하여도 그것은 전부 유위적 조작에 불과한 것이다.

　이것은 다 생주이멸(生住異滅)의 인과의 법칙에 따라 허망하게 사라지는 것이니, 어찌 본래의 마음은 청정하여 불생불멸(不生不滅)이요, 상주불변하는 본래불임을 알겠는가! 하시면서, 그 어떤 수도나 수행도 인과의 도리에 따라 지음으로 인한 결과이므로 그 결과에 따라 육취중생으로 각각 그 과보를 받을 것이니, 이것이 무슨 이익이 있겠느냐? 라고 하신다. 조작하여 만들어진 식심의 허망함을 꾸짖고 있는 것이다.

　"지공(誌公: 418~514)이 말하기를
　'부처란 본래 자기 마음으로 짓는 것인데 어찌
　문자로 인해 구해지겠는가?
　설령 그렇게 해서 삼현(三賢), 사과(四果), 십지만심(十地滿心)의
　지위를 얻는다 해도, 그 역시 범부와 성인의 테두리를
　벗어나지 못한 것이다' 고 하였다."

　지공화상의 말씀을 빌어 확실하게 증거를 든다.

　일체의 모든 것이 다 내 마음의 지음인 것인데 어찌 문자로 인해 구해지겠는가. 설령 그렇게 해서 구했다 하더라도 그 역시 차별적 세계의 구분이지 원래 성인과 범부가 없음을 어찌 알겠는가 하는 것이다.

　즉 성인이라고 하는 것도 내 마음이 이름 붙인 것이요, 범인이라는 것도 내 마음이 이름을 붙인 것이다.

"너는 보지 못하였느냐?
'모든 행위가 무상하나니, 이것이 나고 없어지는 법이니라' 고
하였으며, 힘이 다한 화살은 다시 떨어지나니
뜻대로 되지 않을 내생을 초래하리로다.
어찌 하염없는 실상의 문[無爲實相門]에 한번 뛰어넘어
여래의 지위에 바로 드는 것만 같으리오.' 라고 하였느니라."

모든 행위가 무상하리니, 제행무상(諸行無常)을 안다면 어찌 얻을게
있으며 잃을 것이 있겠는가.

유위적 조작은 화살이 조금은 나가는 것 같지만 그 힘이 떨어지면
바닥으로 다시 떨어지는 것과 같이 그 인연이 다하면 멸하여 본자리로
돌아가는 것이다. 그래서 인과를 지어 다시 내생이라는 것을 만들어
그곳으로 간다고 하신다.

즉 내생이 있어서가 아니라 스스로 지어서 여기가 이승이라 하니, 다
음 생인 내생은 생각으로 만든 것이기 때문이다. 이 모든 것이 다 마음
이 짓는 것임을 알아 허망한 식심을 벗어나 본래불에 계합한다면 그
즉시에 무위실상문(無爲實相門)에 뛰어올라 바로 일촉지에 불지(佛地)에
이른다고 하신다.

"그러나 너는 이 정도의 근기가 아니므로 옛사람이
세우신 방편문에서 알음알이를 널리 배워야 하느니라.
지공이 말하기를 '세간을 뛰어 넘은 명철한 스승을
만나지 못하면 대승의 법약(法藥)을 잘못 먹는 것이다.' 고 하였다."

그래서 이런 질문을 하는 배휴를 꾸짖어 그 정도로 근기가 모자라니 우선은 옛사람이 세운 방편문에서 알음알이를 널리 배울 수밖에 없다. 그러니 세간을 뛰어넘은 명철한 스승을 만나지 못한다면 대승의 법약인들 무슨 소용이 있겠는가. 오직 스스로 벗어나는 일승법으로 해야지 사법을 실제하는 것으로 하여, 그것을 배운다면 다 생사의 바다에 떠 있는 물거품이 될 것이라고 꾸짖고 계신 것이다.

그래서 여기서는 오직 스승을 잘못 만나 알음알이에 속는다면 부처님의 뜻은 고사하고 삿된 길로 접어들 것이니 스승을 잘 만나야 된다는 점을 강조하고 있다.

"네 지금 일거일동에 항상 무심(無心)을 닦아
오래오래 되면 반드시 얻는 것이 있을 것이다.
그러나 너는 역량이 부족하니 단박에 뛰어넘지는 못한다.
다만 삼년이나 오년 혹 십년만 지나면
반드시 들어갈 곳을 얻어 자연히 알게 될 것이니라."

그러니 이제 모든 식심과 알음알이를 일으키지 말고 오직 이 마음의 바탕에서 일어나는 허망한 물결임을 알아, 한 마음도 짓지 않고 견문각지를 굴리지 않아 무심한 경지에서 있다보면, 몇 년이 걸리더라도 마음이 스스로 훈숙되어 식심은 사라지고 본바탕이 드러날 것이라고 일러 주신다.

"그러나 너는 이렇게 해내지 못하고,
굳이 마음을 가지고 선(禪)을 배우고 도를 배워야 하니,
그것이 불법과 무슨 상관이 있겠느냐?"

그러나 배휴 자네는 굳이 마음을 가지고 알음알이로 선을 배우고 도를 배워서 이루어지는 것으로 알고 있으니, 이것은 부처님의 근본 뜻을 등지는 것이며, 그렇게 하여서는 겁이 지나고 세월이 흘러도 도를 이루지 못할 것이라고 하신다.

"그러므로 경에서 이르시기를
'여래의 설법은 모두 사람을 교화하기 위한 것이다.
이것은 마치 누런 나뭇잎을 돈이라 하여
어린아이의 울음을 그치게 하는 것과 같다'고 하였다.
따라서 법이란 결코 실다운 무엇이 있는 것이 아니다.
만약 무엇인가 얻을 것이 있다고 한다면
그 사람은 우리 종문(宗門)의 사람이 아니다."

그래서 팔만사천법은 전부 사람의 병을 다스리기 위하여 세운 방편법이지, 법이 실제로 있음이 아니며 우는 아이를 달래려고 하는 것임을 밝힌다. 조사들의 선기방편은 그 어떤 법도 세울 게 없으며 원래 마음의 지음을 일러 법이라고 하였을 뿐, 모든 것은 마음바탕을 떠나서 세울 것도 얻을 것도 구할 것도 지을 것도 없는 것을 아는 것이다. 모든 마음에 얽매이지 않고 벗어나고 벗어났다는 것 마저도 벗어난 진정 이런 사람이라야 우리 종문의 사람이지 '배워서 채워가는 사람은 우

리 종문의 사람이 아니다' 라고 하신다.

> "뿐만 아니라 너의 본분과는 아무런 상관이 없느니라.
> 그래서 경에 말씀하시기를, '실로 얻을 만한 조그마한
> 법도 없는 것을 무상정등각이라 부른다' 고 하였다.
> 만약 이 뜻을 알아낸다면, 부처님의 도와 마구니의 도가
> 모두 잘못 되었음을 알게 될 것이니라.
> 본래 깨끗하여 환히 밝아 모남도 둥근 것도 없고
> 크고 작음도 길고 짧은 모양도 없으며
> 번뇌(漏)도 작위(作爲)도 없고 미혹됨도 깨달음도 없다."

이렇게 모든 유위의 법에서 벗어나 마음이라는 그 생각까지 벗어나야 하며, 그 어떤 것에도 걸리거나 세우거나 막히면 벗어날 수 없는 것이다. 오직 실로 얻을 만한 그 어떤 것도 없음을 알아야만이 무상정등각이라고 하시면서 이런 뜻을 알아 부처님의 도나 마구니의 도까지도 다 벗어나야 한다. 번뇌망상이다, 반야지혜다, 깨달음이다, 미혹함이다 하는 것마저도 벗어나야 하며 이것은 다 방편으로 세운 명색(名色)이며 실재하는 그 무엇도 없음을 알아야만 바로 있는 그대로 완전한 자유인이 된다고 설하시고 계신 것이다.

> "그러므로 말하기를 '요연히 사무쳐 보아 한 물건도
> 없나니, 중생도 없고 부처도 없도다.
> 항하사 대천세계(大千世界)는 바다의 물거품이요,
> 모든 성현들은 스치는 번갯불 같도다' 한 것이다."

그러니 명색이 아니라 실제로 그 어떠한 마음도 없는 경지인 무심(無心)에 이르러 본다면 중생이라는 것도 부처라는 것도 삼천대천세계마저 다 여몽환포영(如夢幻泡影)인 것이다.

그러니 선지식의 말은 번갯불 같이 한 순간에 모든 것을 태워버리는 것을 가리키는 것이라고 받아들여야 옳은 안목을 길러 견처가 생기고 행리처가 달라질 것이라고 하신다.

"모든 것이 진실한 마음만 같질 못하니라.
법신은 예로부터 지금까지 부처님, 조사와 더불어
마찬가지여서 어디 털끝만큼이라도 모자람이 있겠느냐.
이런 내 말의 뜻을 알아들었다면 열심히 노력해야 하니 이생을
마칠 즈음에는 내쉬는 숨이 들이쉬는 숨을 보장치 못하느니라."

그러니 유위조작으로 이루어진 허망한 식심(識心)을 마음이라 잘못 알지 말고 진실하여 허망함이 없는 법신을 증득해야 한다. 예나 지금이나 부처나 조사는 모두 본마음인 법신을 말하였다.

다른 마음이 아님을 알아야 하며 고요하여 담담히 비추는 이 경지만이 진실한 것이다. 그러니 언제나 무심한 경지에서 담담히 발을 옮길지언정 허망한 마음의 작용으로 일어난 물거품 같은 경계에 휘둘리지 않아야 한다. 알음알이인 견문각지를 떠나 상주불변한 법신의 경지를 투득하지 못한다면 이생을 마칠 즈음에는 내쉬는 숨이 들이쉬는 숨을 보장치 못하느니, 함이 없는 무위적 불도를 간절히 지어가라고 하시면서 법문을 마치셨다.

기미를 잡았는가~! 돌!

16. 육조六祖는 어째서 조사가 되었는가?

배휴가 물었다.

"혜능스님께서는 경전을 모르셨는데 어떻게 법의를 전수받고 육조가 되셨으며, 반면 신수스님은 오백 대중의 수좌로서 교수사(教授師)의 임무를 받아 삼십이 본(本)의 경론을 강의할 수 있었는데 왜 법의를 전수받지 못하였습니까?"

"신수스님에게는 마음이 있었기 때문이니, 이는 유위의 법으로써 닦고 깨닫는 것을 옳다고 여겼기 때문이다. 그러므로 오조께서는 육조에게 부촉하셨느니라.

한편 육조는 당시에 다만 묵묵히 계합하여 여래께서 은밀히 주신 매우 깊은 뜻을 얻으셨으므로 그에게 법을 부촉하셨느니라."

너는 듣지 못했느냐?

'법이란 본래 법이랄 것 없나니 법 없는 법을 또한 법이라 하느니라. 이제 법 없음을 부촉할 때에 법이다 하는 것이 일찍이 무슨 법이었던고?' 라고 하셨다. 이 뜻을 알면 바야흐로 출가자라고 부르게 되느니라. 만약 믿지 못하겠다면, 어찌하여 도명(道明)상좌가 대유령 꼭대기까지 달려와서 육조를 찾았겠느냐.

그때 육조스님이 묻기를 "그대는 무엇을 구하러 왔는가 옷을 구하는가, 아니면 법인가?" 하니, 도명상좌가 "옷이 아니라 오로지 법을 위하여 왔습니다."고 하였다.

육조께서 말씀하시기를 "네 잠시 마음을 거두고 선도 악도 전혀 생각하지 말라." 하시자 도명상좌가 말씀을 받드니, 육조께서 "선도 생각하지 말고 악도 생각하지 말라. 바로 이러할 때 부모가 낳기 이전 명상좌의 본래면목을 나에게 가져와 보아라." 하셨다.

도명상좌가 이 말을 듣고 곧바로 묵연히 계합하고 문득 절하며 말하기를 '마치 물을 마셔보고 차고 더움을 스스로 아는 것과 같사옵니다. 제가 오조 문하에서 삼십년 동안 잘못 공부하다가 오늘에야 비로소 지난날의 잘못을 깨달았습니다' 하자, 육조께서 말씀하시기를 '그렇도다' 하셨다.

이제 조사가 서쪽에서 오시어 사람의 마음을 바로 가리켜 성품을 보아 부처를 이루게 하심이 언설에 있지 않음을 바야흐로 알 것이로다.

어찌 듣지 못했느냐?

아난이 가섭에게 묻기를 '세존께서 금란가사를 전하신 외에 따로 무슨 법을 전하셨습니까?' 하니 가섭이 아난을 불렀다.

아난이 대답하자 가섭이 말하기를

"문 앞의 깃대[刹竿]를 거꾸러뜨려 버려라." 하였으니, 이것이 바로 조사의 표방이니라. 몹시 총명한 아난이 삼십년 동안 시자로 있으면서 많이 들어얻은 지혜 때문에 부처님으로부터 '천일 동안 닦은 너의 지혜는 하루 동안 도를 닦느니만 못하다' 고 하는 꾸지람을 들었다. 만약 도를 배우지 않는다면 물 한 방울도 소화시키기 어렵다 하리라.

보설

배휴가 물었다.

"혜능스님께서는 경전을 모르셨는데 어떻게 법의를 전수받고
육조가 되셨으며, 반면 신수스님은 오백 대중의 수좌로서
교수사(教授師)의 임무를 받아 삼십이 본(本)의 경론을
강의할 수 있었는데 왜 법의를 전수받지 못하였습니까?"
"신수스님에게는 마음이 있었기 때문이니 이는 유위의 법으로써
닦고 깨닫는 것을 옳다고 여겼기 때문이다.
그러므로 오조께서는 육조에게 부촉하셨느니라.
한편 육조는 당시에 다만 묵묵히 계합하여 여래께서 은밀히 주신
매우 깊은 뜻을 얻으셨으므로 그에게 법을 부촉하셨느니라."

『전심법요』 끝 단락에 이 문답을 넣은 것은 무위(無爲)와 유위(有爲)를
밝혀 이것마저 떠난 본래지(本來智)를 투득하여 본래불(本來佛)을 드러
내고자 함에 있을 것이다.

여기서는 홍인선사께서 무슨 까닭으로 박식다변하고 불교공부를 많
이 하고 수행을 많이 하여 많은 대중의 존경을 받은 신수스님에게 법
을 전하지 않고 무학(無學)이요, 무식(無識)한 혜능에게 심법(心法)과 법
의(法衣)를 전하였는가를 묻고 있다.

공부라고 하면 보통 배우고 익혀서 그것을 활용하여 어떤 일을 하는

것을 말한다. 그러나 이것은 전부 내 마음이 지어낸 식심(識心)의 경계이지 마음의 본바탕인 심지(心地)가 아니다. 그래서 심지를 투득하여 모든 법에서 벗어나 있는 혜능에게 법을 부촉하였던 것이다.

스님은 그래서 '신수스님에게는 마음이 있기 때문이다' 라고 하시어 생멸심(生滅心)이 있으니 이것은 전부 조작이요, 유위적 견해이며, 식심의 경지에 있었다는 것을 말하고 있다. 혜능스님은 이 모든 법이 공하여 한 법도 세울 것이 없으며, 원래 그 어떠한 한 물건도 생기는 것도 멸하는 것도 없는 무생지(無生地)에 계합하여, 원래 무일물(無一物)의 심지(心地)를 밝혔으므로 법을 부촉한 것이라고 하신다.

"너는 듣지 못했느냐?
'법이란 본래 법이랄 것 없나니
법 없는 법을 또한 법이라 하느니라.
이제 법 없음을 부촉할 때에 법이다 법이다 하는 것이
일찌기 무슨 법이었던고?' 라고 하셨다.
이 뜻을 알면 바야흐로 출가자라고 부르게 되느니라."

그래서 이렇게 말씀을 하신다.

법이라고 하는 본래법은 법 없는 법을 일러 법이라고 한다고 하신다. 즉 무유정법(無有定法)이다. 법이란 사람이 고통과 고난이 있으니, 이를 치유하기 위하여 방편으로 세운 것이며 정해진 그 법의 성품(性品)이 비었다는 것을 안다면 법을 법이라 하지 않고 원래 없는 법이지만 방편으로 가설하여 만들어진 법이 바로 법임을 알 것이라고 하신다. 그러니 이 법마저 벗어나야만 진정한 법을 보는 안목을 갖추었다고 할 것이다.

"만약 믿지 못하겠다면, 어찌하여 도명(道明)상좌가
대유령 꼭대기까지 달려와서 육조를 찾았겠느냐.
그때 육조스님이 묻기를
'그대는 무엇을 구하러 왔는가 옷을 구하는가, 아니면 법인가?'
하니, 도명상좌가 '옷이 아니라 오로지 법을 위하여 왔습니다.'
고 하였다. 육조께서 말씀하시기를
'네 잠시 마음을 거두고 선도 악도 전혀 생각하지 말라'
하시자 도명상좌가 말씀을 받드니,
육조께서 '선도 생각하지 말고 악도 생각하지 말라.
바로 이러할 때 부모가 낳기 이전 명상좌의 본래 면목을
나에게 가져와 보아라' 하셨다.
도명상좌가 이 말을 듣고 곧바로 묵연히 계합하고 문득 절하며
말하기를 '마치 물을 마셔 보고 차고 더움을 스스로 아는 것과
같사옵니다. 제가 오조 문하에서 삼십년 동안 잘못 공부하다가
오늘에야 비로소 지난날의 잘못을 깨달았습니다' 하자
육조께서 말씀하시기를 '그렇도다' 고 하셨다.
이제 조사가 서쪽에서 오시어 사람의 마음을 바로 가리켜
성품을 보아 부처를 이루게 하심이 언설에 있지 않음을
바야흐로 알 것이로다."

여기서 도명상좌가 깨우친 비유를 들고 계신다.
여기서 혜능선사께서 말씀하신 것이 바로 그 유명한 '부모미생전(父

母未生前) 너의 본래면목(本來面目)'이다. '지금 내가 여기 있다고 한다면 그럼 여기 있는 내가 나라는 실체가 있는가' 라는 것이다.

실체가 있다면 백년 전 천년 전 아니 부모가 이승에 있기도 전에는 어디에 나라는 것이 있었는가 하는 것이다. 또 실재하는 나가 있다면 백년 후 천년 후에는 어디에 있을 것이냐는 말도 된다.

그럼 무엇이라고 하겠는가? 나라는 물건이 있는가? 없는가? 여기서 스스로 벗어나는 길을 찾아야 한다. 여기서는 깜빡였다하면 바로 생사로 떨어진다.

오직 궁구하고 궁구할 일이로다.

"어찌 듣지 못했느냐?
아난이 가섭에게 묻기를 "세존께서 금란가사를 전하신 외에
따로 무슨 법을 전하셨습니까?" 하니 가섭이 아난을 불렀다.
아난이 대답하자 가섭이 말하기를
"문 앞의 깃대[刹竿]를 거꾸러뜨려 버려라" 하였으니
이것이 바로 조사의 표방이니라."

그래서 스님께서는 유위적(有爲的)인 그 어떤 것도 다 허망(虛妄)하다. 만들어 얻어진 것은 다 시간이 흐르면 인과의 법칙에 따라 조금 주하다 변하여 멸할 것이니 어찌 진실이 있다 할 것인가, 모든 것은 본래지를 투득하여 언제나 항상하는 여래지에 들어야만 상주불변할 것이라고 하시면서 아난과 가섭의 문답을 예로 드신다.

아난은 들은 것은 다 기억하여 한 글자도 놓치지 않았다.

부처님의 설법을 그대로 다 기억 속에 넣어 물을 이 그릇에서 저 그

릇으로 옮겨놓듯이 다 기억하고 있었다. 그러나 그것이 무슨 소용이 있겠는가. 머릿속의 기억은 언젠가는 다 없어진다. 그러나 그 말의 뜻을 알아 본래지를 투득하면 굳이 외우지 않아도 부처님의 근본 뜻을 다 알 수 있는 것이다. 즉 진리는 누가 말해도 똑같은 말이 되기 때문이다.

그래서 가섭이 아난존자에게 이렇게 말했다.

'문 앞의 깃대[刹竿]를 거꾸러뜨려 버려라'

이 뜻은 바로 모든 것을 다 벗어나라. 당간지주를 세워 법을 편다는 생각, 법이 있다는 생각, 내가 스님 노릇을 해야 한다는 생각, 그 모든 것을 벗어나야만이 해탈이며, 자유인이 되는 것이다. 어디에건 매여 있거나 묶여 있으면 이것은 무엇인가에 의지하여 세운 것이 되므로 다 무상하다는 것을 일깨워주고 있는 것이다.

"몹시 총명한 아난이 삼십년 동안 시자로 있으면서
많이 들어 얻은 지혜때문에 부처님으로부터
'천일 동안 닦은 너의 지혜는 하루 동안 도를 닦느니만 못하다' 고
하는 꾸지람을 들었다. 만약 도를 배우지 않는다면
물 한 방울도 소화시키기 어렵다 하리라."

총명하고 기억력이 좋은 아난에게 부처님은 '천일 동안 닦은 너의 지혜는 하루 동안 도를 닦느니만 못하다' 라고 하셨다. 그 어떤 유위적 행위도 얻을 것이 있다면 다 무상한 것이다.

오직 무심한 경지에서 스스로 텅 빈 경지를 투득하는 것만 못하다고 꾸지람을 당하신 것이다. 그러니 모든 유위적 행위와 지식과 식심(識

心)으로 지어서 얻은 것과 행한 것은 다 무상한 것이 된다.

부처님의 근본 가르침인 모든 행은 무상하다는 제행무상(諸行無常)과 나와 법이 실재하지 않는다는 제법무아(諸法無我)를 밝히신 후, 하루 동안 도를 닦는다는 무심의 경지인 적정열반(寂靜涅槃)인 삼법인(三法印)의 대의를 다 밝히시고 이 『전심법요』를 마치셨다.

"듣는다고 수고했다 쉬어라!"

배휴는 이렇게 『전심법요』를 마감을 했다.

마음을 전하는 법의 요지라는 이 『전심법요』가 이렇게 선문답식으로 구성된 것은 처음 황벽스님을 만나서였으며, 당시 배휴가 아직 최상승이 아닌 이승의 경지에서 묻고 답한 내용인 것이다. 선을 모르는 초심자나 초발심자에게는 정말 가슴에 와닿는 선문답이니, 공부인이나 수행자의 지남이 될 것이라 확신하며 법연에 향읍함을 표합니다.

황벽산의 메아리를 듣고 납승 원오가 삼가 보설합니다.

전심법요 終

완릉록
宛陵錄

황벽선사 탑비

1. 도는 마음 깨치는 데 있다

배상공이 황벽스님께 여쭈었다.

"산중(山中)의 사오백 명 대중 가운데서 몇 명이나 스님의 법을 얻었습니까?"

대사가 말씀하셨다.

"법을 얻은 사람은 그 수를 헤아릴 수 없다. 왜냐하면 도는 마음을 깨치는 데 있는 것이지 어찌 언설에 있겠느냐? 언설이란 다만 어린아이를 교화할 뿐이니라."

보설

진리의 당체는 실로 시간과 공간을 초월하여 언제 어디서나 항존하는 것이다. 이『완릉록』은 황벽선사의 어록이다.

아쉬운 것은 상당법문이나 간변이 나타나 있지 않은 것인데, 이는 『전심법요』와『완릉록』이 승상 배휴가 재가불자로써 황벽선사와 문답한 것만 추려서 정리한 책이기 때문이다. 『전심법요』는 배휴가 842년 종릉 관찰사로 부임하여 황벽스님을 만나고부터 개인적으로 질문하고 들었던 것을 몇 가지만 추려 쓴 것이며, 이『완릉록』역시 848년 완릉 관찰사로 부임했을 때 다시 황벽스님을 개원사로 모셔와 조석으로 문안드리면서 묻고 답한 것만 적은 것이다.

재가불자여서 항상 스님을 보필하고 모신 제자가 아니었으므로 자기가 들은 것만을 엮었다. 그러니 공부가 아직 익지 않는 재가불자들에게 들려주는 법문으로써는 더욱 가치가 있고 마음공부에는 더없이 중요한 지남이 될 것이다.

이 속에는 불교의 대의와 진리의 당체가 그대로 다 드러나 있으니 시간과 공간을 뛰어넘어 지금도 납승들의 지침서가 되고 구도자의 안내서가 되는 것이다. 진리는 누가 어디서 언제 설하여도 똑같은 말이며 그 방편기틀은 조금씩 달라도 그 근원은 다 같은 것이다. 왜 그런가. 마음의 심처는 모든 사람이 다 같기 때문이다. 그래서 언제 어디서 들어도 일승법을 들어야 하고 참문은 역시 선지식을 찾아 참문하는 것이 삿된 길로 빠지지 않는 유일한 길일 것이다.

배상공이 황벽스님께 여쭈었다.
"산중(山中)의 사오백명 대중 가운데서
몇 명이나 스님의 법을 얻었습니까?"

배상공이 실로 육년만에 다시 만나 황벽스님을 개원사로 모셔와 조석으로 예를 올리며 불교의 대의를 묻고 있다.

그러니 그동안 많은 설법으로 수많은 사람들을 교화하여 이끌었음을 잘 알고 있었다. 그래서 지금의 사부대중이 사오백 명이나 되고 하니 궁금하여 물었을 것이다.

'몇 명이나 스님의 법을 얻었습니까?' 라고 물었을 때, 여기서 법을 얻는다는 것이 무슨 말일까. 법을 얻는 거나 마음을 얻는 거나 같은 말일 것이다. 법이나 마음은 얻어지는 것이 아닐 것이다. 법은 마음의 작용이며 형상인 것이며 마음은 그 어떤 모양도 형상이 없다. 그러니 당연히 법은 법없음을 얻어야 하고 마음은 마음없음을 얻어야 제대로 아는 것이다.

그러나 여기서 말하고 있는 배휴의 법은 도라고 이야기했으며 법은 얻었는가라고 물은 것으로 보아 아직은 법의 심요를 깨치지도 마음의 심요를 얻지 못한 사람의 의문이고 궁금증일 것이다.

"법을 얻은 사람은 그 수를 헤아릴 수 없다.
왜냐하면 도는 마음을 깨치는 데 있는 것이지
어찌 언설에 있겠느냐?
언설이란 다만 어린아이를 교화할 뿐이니라."

그래서 스님께서 '법을 얻은 사람은 그 수를 헤아릴 수 없다' 라고 하셨는데, 이 말씀을 깊이 참구해 보아야 할 것이다.

법이란 마음의 씀의 형상을 법이라 한다. 그 어떤 마음이라고 사용하면 다 법이된다. 즉 설법을 하든 참문을 하든 평상행을 하던 많은 사람이 듣고 보고 알고 지녔을 것이다. 그것을 이해(理解)를 하든 해오(解悟)를 하든 보고 들으면 다 황벽스님의 법이라 할 것이다. 그러니 안 들은 사람이 없고 다 듣고 각자 나름대로 가지고 지닌 것이니, 법으로 말한다면 다 받아지녔다.

그래서 스님도 법을 얻은 사람은 그 수를 헤아릴 수 없이 많은 사람이 받아지녔다고 한다. 그러나 진실한 법은 그런 법이 아닌 것이다. 즉

앎에도 있지 않고, 모름에도 있지 않다. 오직 법의 심요를 깨치는데 있으며 이 법의 심요를 깨친다는 것이 바로 마음을 깨치는 것이 된다. 그러니 어찌 법을 받아지니는 수지(受持)에 있겠는가, 말이나 언설이나 문자에 있지 않다는 말씀이다.

바로 마음의 본성에 계합하여야 진정 마음을 얻은 것이 되는 것이며, 여기서 마음이라고 하는 것은 본래지의 본불(本佛)인 진여당체를 말하고 있다. 그러니 모든 법은 마음의 작용이며, 이 작용은 허망하여 인연에 따라 잠깐 일어나는 파도의 물거품과 같은 것이며, 거울에 비친 그림자에 불과한 것이며, 불 위의 눈꽃이며 한바탕 몰아치는 천둥·번개와 다름이 없는 것이다.

그러므로 법이란 팔만사천 방편문이니 우는 아이를 달래고 헛된 길에 얽매여 고통 받고 힘들어 하는 중생들을 교화하기 위하여 만들어진 것이며, 조사님의 방편설도 또한 피안으로 이끌려는 나룻배이지 그 진리의 당체는 아닌 것이다. 그래서 그 형상도 모양도 그 어떤 감각도 이를 수 없는 텅빈 불성을 스스로 체득하여 묵묵히 계합할 따름임을 밝히시어 조사선의 근본 대의를 다 드러내 보였다.

조사선(祖師禪) 근본대의인 언어도단(言語道斷)이며 불립문자(不立文字)이며 심행처멸(心行處滅)을 다 밝히신 것이다. 즉 진리의 당체는 말길이 끊어지고 글로도 그 것을 쓸 수 없으며, 마음이 다하여 마음이라는 그 어떤 식심(識心)의 경계를 훤출하게 벗어나, 법도 없고 선도 없고 심도 없고 불도 없는 말길 이전이며 생각 이전의 길이며 텅빈 저 허공처럼 시작도 끝도 없으며 오직 그 길 만이 도이며, 법이며 선이며 부처이며 마음이라고 하신다.

2. 자기의 마음을 알자

"어떤 것이 부처입니까?"

"마음이 곧 부처요 무심(無心)이 도이니라. 다만 마음을 내어서 생각을 움직인다든지, 혹은 있고[有], 길고 짧음, 너와 나, 나아가 주체니 객체니 하는 마음이 없기만 하면 마음이 본래로 부처요, 부처가 본래 마음이니라.

마음은 허공과 같기 때문에 말씀하시기를 '부처님의 참된 법신은 허공과 같다'고 하였다. 그러니 부처를 따로 구하려 하지 말 것이니, 구함이 있으면 모두가 고통이니라. 설사 오랜 세월동안 육도(六度) 만행을 실천하여 부처님의 깨달음을 얻는다 하더라도 그것은 결코 완전한 구경(究竟)이 되지 못한다. 왜냐하면 그것은 인연의 조작에 속하기 때문이다. 인연이 다하면 덧없음으로 돌아가고 만다."

그러므로 이르시기를

"보신과 화신은 참된 부처가 아니요, 또한 법을 설하는 자가 아니라고 하였다. 다만 자기의 마음을 알기만 하면 나[我]라고 할 것도 없고 또한 남[人]도 없어서 본래 그대로 부처이니라."

보설

"어떤 것이 부처입니까?"

"마음이 곧 부처요 무심(無心)이 도이니라.

다만 마음을 내어서 생각을 움직인다든지, 혹은 있고[有],

길고 짧음, 너와 나, 나아가 주체니 객체니 하는 마음이

없기만 하면 마음이 본래로 부처요, 부처가 본래 마음이니라.

마음은 허공과 같기 때문에 말씀하시기를

'부처님의 참된 법신은 허공과 같다'고 하였다."

여하시불(如何是佛), 무엇이 부처입니까?

이 한마디가 선문답의 처음이자 끝이라고 해야 할 것이다. 무엇을 물었든 그 결과는 다 여하시불이 되는 것임을 알아야 한다. 이때 황벽 스님은 마조스님처럼 몽둥이로 때려야 했다.

여전히 배휴는 명색으로만 묻고 있다.

부처라 하나 선이라 하나 도라고 하나 법이라 하나 전부 마음을 지칭한 말인 것이다. 그래서 마조스님은 즉심즉불(卽心卽佛)이라 하셨고 백장스님은 심즉불(心卽佛)이라 하셨다.

말과 글은 무엇이라 하든 전부 마음의 지음이요, 마음의 작용일 뿐인 것이다. 그리고 무심(無心)이 바로 도(道)라고 하신다.

여기서 조금 분별 아닌 분별을 해보고자 한다.

도라는 말은 주로 법신(法身)을 칭할 때 사용한다. 그러나 이 역시 마음의 이름이니 마음은 둘이 아니다. 그러나 마음을 체상용(體相用)으로 어쩔 수 없이 나누어 설하고 있으므로 이것을 알고 가야 혼돈이 없을

것이다.

체는 마음의 바탕인 심지(心地)를 일러 말하는 것이고, 용은 마음의 일어남을 말하니 마음의 작용이다. 상은 마음의 작용으로 일어난 형상을 말한다. 그래서 작용과 상은 인연에 따라 생주이멸(生住異滅)이 있으나 법신은 상주불변(常住不變)이므로 선문답의 모든 부처라는 말은 이 법신을 칭하는 것이다.

그러나 이것을 부처라고 하면 삼신불이 있으므로, 법신을 칭할 때는 주로 도(道)라고 칭할 뿐이다. 그러나 도(道) 역시 삼신불로 다 사용될 때도 있다.

다만 마음을 내어서 생각을 움직인다는 것은 바로 한 생각을 일으키는 것이니, 이것은 바로 작용을 한다는 것이 된다.

이 작용을 통하여 차별적 관계인 이분법으로 '유무장단(有無長短)이나 피차주객(彼此主客)'으로 차별하므로 상이 발생하고 생각이 생겨서 희비애락에 빠지므로, 이 한 생각을 일으키지 않는다면 지금 있는 그대로의 마음이 바로 본래 부처라고 하신다.

그 마음이라고 한 법신은 허공과 같이 그 어떤 형상이나 모양이 없고 흔적도 없기 때문에 부처님의 참된 법신은 허공과 같다고 하시는 것이다. 그러나 여기서 '허공이 곧 법신이다' 라든가 '법신이 그대로 허공' 이라고 말하지 말아야 한다.

"그러나 부처를 따로 구하려 하지 말 것이니
구함이 있으면 모두가 고통이니라.
설사 오랜 세월 동안 육도(六度) 만행을 실천하여
부처님의 깨달음을 얻는다 하더라도

그것은 결코 완전한 구경(究竟)이 되지 못한다."

마음이 부처라고 하니까 마음을 구하려는 마음을 또 낼까봐 이렇게 말씀하신다.

마음을 구하려 하지 말라고 하신다. 바로 마음이란 허공과 같다고 하셨는데 그 허공이 어떻게 구하거나 얻어지겠는가. 오직 짓지 않으면 된다. 구하려는 마음도 얻으려는 마음도 다 마음의 작용인 것이기 때문이다.

한 마음을 일으켜 인연을 만들고 상에 치우쳐 고통을 받고 슬퍼하는 것이니 이것은 전부 인연조작에 속하기 때문인 것이다. 인연소생(因緣所生)은 결국 인과법에 따라 멸하여 없어지므로 허망하고 부질없다. 그러니 마음의 일으킴과 상은 허망한 것이라며 삼신불에서 작용(用)인 화신과 상(相)인 보신은 부처가 아니라고 하신 것이다. 그러므로 '법 또한 설하는 자가 아니다' 라고 하신다.

그러니 있는 그대로의 마음이 부처인줄 알면 되는 것이지 구해서 얻어지는 것이 아니라고 하시고 그 마음은 텅 빈 허공 같으니 그곳에는 나다 남이다 할 그 무엇도 없어서 텅 빈 허공 그대로와 같다.

그러니 오직 자기의 마음을 알기만 하면 본래 그대로 마음이며, 이것이 부처라고 하신다.

오직 형상으로 부처를 구하고 이름으로 부처를 구하고 얻으려 하는 그 마음이 허망한 보신이요, 화신인 것이다.

이 역시 부처는 맞으나 그 부처는 허망한 것이므로, 진실하여 허망함이 하나 없는 진여이자 법신불이며 마음의 본체인 심지(心地)를 밝혀 모든 마음의 작용과 상을 일으키지 않아야 본래 그대로 마음이며 부처인 것이다.

그래서 스님은 작용과 상으로 하고 있는 그 보신과 화신으로 설사 오랜 세월동안 육도만행을 실천하여 부처님의 깨달음을 얻는다 하더라도 그것은 조작과 인연소생으로 생겨난 것이므로 그것은 본래 구원겁 전부터 항존한 본마음이 아닌 것이라고 하신다. 그렇게 얻어진 깨달음은 인연조작으로 만들어진 것이지, 우리의 본래마음, 본래불이 아니며, 깨달음도 아니고 완전한 구경의 경지가 되지 않는다고 하신다.

"왜냐하면 그것은 인연의 조작에 속하기 때문이다.
인연이 다하면 덧없음으로 돌아가고 만다.
그러므로 이르시기를 '보신과 화신은 참된 부처가 아니요,
또한 법을 설하는 자가 아니다' 고 하였다.
다만 자기의 마음을 알기만 하면 나[我]라고 할 것도 없고
또한 남[人]도 없어서 본래 그대로 부처이니라."

만들어서 얻어진 마음은 다 인연조작이기 때문이며, 인연이 다하면 덧없음으로 돌아가고 말 것이니, 이것이 어찌 본래불이겠으며, 본래의 마음이겠는가! 라고 하고 계신다.

정말 긴요하고 긴요한 부문이다.

흔히들 알기로는 수행을 하고 두타행인 고행을 해서 모든 마음을 다 녹이고 훈숙시켜 그 결과로 얻어진 깨달음이야말로 진정한 깨달음이라고 알고 있다. 그러나 조사선에서 말하고 있는 그 역대 어느 스님도 그렇게 수행하라고 하신 분은 없다. 오직 스스로 묵묵히 계합할 뿐이

며 일촉지에 불지에 오르는 것이니, 이것이 돈오돈수(頓悟頓修)인 것이며, 단계와 절차가 없는 것이다.

수행이란 오직 마음의 작용을 일으켜 몸이나 마음으로 그 어떤 행동을 하여서 조작하는 것이니 이것은 전부 마음의 보신(報身)이요, 화신(化身)인 것이다. 그러므로 보신과 화신의 수행을 통해서 법신이 드러나는 것이 아니라는 것이다. 원래부터 원만구족하여 상주불변한 원래 마음은 그 어떤 수행에도 물들거나 훈습되지 않는다는 것을 알아야 하는 것이다. 그래서 천년을 수행한다 해도 자기 마음을 밝히지 못하는 깨달음은 전부 인연소생으로 조작된 것이며 만들어진 마음인 것이지 본래의 마음이 아닌 것이다.

그래서 청정법신이라고 했듯이 본래부터 완전하고 청정한 자성인 것이며 청정법신 비로자나불이라고 하였다.

오직 자기 마음을 바로 알면 되는 것이다.

3. 기틀을 쉬고 견해를 잊음

"성인의 무심은 곧 부처의 경지이지만 범부의 무심은 공적한 상태에 빠지는 것이 아닙니까?"

"법에는 범·성의 구별이 없으며 또한 공적한 상태에 빠지는 것도 없다. 법이 본래 있는 것이 아니지만, 없다는 견해도 내지를 말라. 또한 법은 본래 없지 않으나 있다는 견해도 내지 말라. 법이 있느니 없느니 하는 것은 모두 뜻[情]으로 헤아리는 견해로서 마치 허깨비와도 같은 것이다.

그러므로 말씀하시기를

"보고 듣는 것은 마치 허깨비 같고, 사랑하고 느끼는 것이 바로 중생이니라."고 하였다.

조사문중에 있어서는 오로지 마음을 쉬고 알음알이를 잊는 것을 논할 뿐이다. 그러므로 마음을 쉬어버리면 부처님의 도가 융성해지고 분별하면 마구니의 장난이 치성해지느니라."

"성인의 무심은 곧 부처의 경지이지만
범부의 무심은 공적한 상태에 빠지는 것이 아닙니까?"
"법에는 범·성의 구별이 없으며 또한
공적한 상태에 빠지는 것도 없다."

배휴가 몰라서 묻는 것일까 아니면 후인을 위해서 이런 질문을 할
까? 오직 이 글은 다 후인을 견책하기 위하여 구성되었기 때문에 수도
인의 지남이 되고자 하는 물음일 것이다.

무심이 곧 부처라고 하니 마음이 없는 경지를 일러 불지라면, 범부
의 입장에서 보면 아무런 마음이 일어나지 않으면 그 어떤 것도 분별
하지도 못하고 알지도 못하고 볼 수도 없어서 아주 단멸적 적멸에 떨
어지는 것이 아니냐고 묻고 있다.

잘 물어주었다.

많은 공부인들이 무심에 들지 못하는 것이 바로 이것이다.

공에 떨어져 아주 적멸이 되어버리면 내가 살았는지 죽은 것인지 모
를 것이니, 이것은 죽은 거나 마찬가지일 것이라는 그 두려움이 바로
무심에 들 수 없는 근본 원인이 되는 것이다.

납승도 많은 공부인을 이끌어 보았으나 이 무심에는 가려고 하지 않
는다. 저 허공같은 백척간두에서 진일보(進一步)라고 하면 나아가지
않는다. 오히려 삼매에 들어 내가 다시 깨어나지 못하면 어쩌냐고 하
면서 그곳은 가지 말아야 한다고 하면서 많은 지견을 찾고 또 다른 선
지식을 찾는 것을 수없이 보아왔다. 그러나 그것은 여러분들의 착각

이다.

　무심이라고 하니 아주 마음이 없어지는 것으로 안다면 이것이야말로 천리만리로 벌어지는 것이다. 무심(無心)이란 형상에 이끌리거나 집착하지 않고 차별적 경계를 만들어내지 않는 마음을 말하는 것이지 마음이 아주 없는 것으로 한 생각도 일어날 수 없는 것이 아닌 것이다.

　오히려 또렷하고 더욱 선명하여 밝고 지혜로워져 있다. 이것은 마음은 항주불변하여 그 언제나 없어지지 않는 것이며, 그렇다고 이것이다 할 것은 없지만 그대로 완전하게 존재성을 드러내고 있다.

　만상을 다 비추고 만법을 다 쓰고 펼친다. 누리고 펼치고 자유자재로 여탈자재하여 취하고 버림 또한 자유자재하다. 그래서 관자재보살이라고 한 것이다. 마음의 작용이나 보신의 상을 다 드러낼 수도 쓸어버릴 수도 있지만 단 집착하거나 물들지도 않고 어디에 훈습되지도 않으며 생각의 굴림을 하지 않아, 있는 그대로를 보고 듣고 다 하면서도 거기를 벗어나 있으므로 무(無)자를 붙여서 무심이라고 할 뿐 유심이 그대로 무심이고, 무심(無心)이 그대로 유심(有心)인 것이다.

　오직 한마음인 것이다.

　"법이 본래 있는 것이 아니지만, 없다는 견해도 내지를 말라.
　또한 법은 본래 없지 않으나 있다는 견해도 내지 말라.
　법이 있느니 없느니 하는 것은 모두 뜻[情]으로 헤아리는
　견해로 마치 허깨비와도 같은 것이다.
　그러므로 말씀하시기를 '보고 듣는 것은 마치 허깨비 같고,
　사량하고 느끼는 것이 바로 중생이니라' 고 하였다."

법이라고 할 때 법은 무위법과 유위법를 통칭하여 말한다.

그러니 무위법에서 보면 법이 있는 것이 아닐 것이고, 또 유위법에서 보면 실로 마음의 용이 전부 그대로 법이 되는 것이니 이것은 오직 작용면에서 보느냐 체에서 보느냐만 다를 뿐, 만들면 법이고 버리면 법이 아니다.

그러니 있다거나 없다는 견해를 내지 말라는 것이다. 견해를 내면 견해는 또 다른 관념을 부르고 그 관념은 잘못과 바름이 있게 되고, 잘못이 있으면 바로 죄가 되고, 죄가 되면 괴롭고 고통이 따라오게 된다. 그러므로 이 모든 것이 무유정법(無有定法)인 것이다.

제법은 마음의 작용를 통칭하여 하는 것이니, 이것은 다 방편법이며 인연조작에 의한 법이므로 고정된 실체가 없는 것이다. 그래서 법이 아니다' 라고 할 뿐 세우면 세우는 대로 법이 되는 것이다.

그러니 유위적 법을 쓰는 것을 정(情)이라고 하시면서 이 정으로 살아가는 것이 바로 중생이라고 하신다.

"조사문중에 있어서는 오로지 마음을
쉬고 알음알이를 잊는 것을 논할 뿐이다.
그러므로 마음을 쉬어버리면 부처님의 도가 융성해지고
분별하면 마구니의 장난이 치성해지느니라."

스님이 조사문중이라고 하신 것은 조사선을 말하는 것으로 달마대사로 부터 전해온 원래부터 있는 그대로의 본불인 마음을 밝히는 것을 할 뿐 마음의 지음을 이야기하지 않는다.

즉 지금은 다 인연소생으로, 이것은 다시 인연이 다하면 사라져

버리는 허망한 것이므로 그 실상이 없는 것이다. 이 마음이 일어나는 것을 줄이고 오직 마음을 쉬고 또 쉬어서 식심의 경계인 견문각지인 알음알이를 잊는 것을 논할 뿐이라고 하신다. 마음이 쉬면 부처님의 도가 융성해진다는 이 말씀은 오직 마음이라는 그 명색이나 알음알이를 쉬라는 것이니, 이것은 마음의 작용과 상이 허망한 것이라는 뜻이다.

그러므로 본래불인 본마음은 이런 알음알이가 다하면, 자연히 드러나는 것이지, 만들어 드러나는 것이 아니다. 이를 일러 부처님 도가 치성해진다고 하신 것이다. 그러나 한 마음을 일으켜 분별하고 차별한다면 이것은 전부 마구니의 장난, 즉 알음알이인 식심만 난무하여 허망한 경계로 떨어지는 것이니, 오직 피하고 피해야 하는 것이 바로 분별하는 마음인 것이다.

그래서 스님은 무심이 도이니 오직 내가 안다는 견해를 내지 말고, 내가 어떤 경지에 있다는 차별적 기틀을 쉬는 것이 바로 조사선의 수도이며 불도를 닦는 것이라고 하신다.

4. 마음과 성품이 다르지 않다

"마음이 본래로 부처인데 육도만행을 다시 닦아야 합니까?"

"깨달음은 마음에 달려 있는 것이지 육도만행과는 상관이 없느니라. 육도만행이란 그저 교화의 방편으로써 중생을 제도하는 쪽의 일일 뿐이다. 설사 보리, 진여와 실제의 해탈법신과 나아가 십지, 사과 등의 성인의 지위에 도달한다 할지라도 모두가 교화 제도하는 방편의 문일 뿐이어서, 부처님의 마음과는 아무런 관계가 없느니라.

마음이 곧 그대로 부처이니 교화 제도하는 모든 방편문 가운데서 부처님의 마음이 으뜸이니라. 다만 생사, 번뇌 따위의 마음만 없으면 보리 등의 법을 쓸 필요가 없다.

그러므로 말씀하시기를

'부처님께서 말씀하신 모든 법은 나의 모든 마음을 제도하시기 위함이로다. 나에게 일체의 마음이 없거니, 어찌 일체법을 쓰리오' 라고 하였다. 부처님으로부터 역대조사에 이르기까지 모두가 다른 것은 말하지 않으셨고, 오직 한마음만을 말했을 뿐이며, 또한 일불승(一佛乘)만을 말하셨을 뿐이다.

그러므로 말씀하시기를

'시방을 두루 살펴보아도 다시 다른 승(乘)이 없나니, 지금 여기에 남아 있는 대중들은 곁가지와 잎은 없고 오로지 모두 잘 익은 열매들뿐이로다' 고 하였다.

　그러나 이 뜻은 쉽게 믿기가 어렵다.

　달마스님이 이 땅에 오셔서 양(梁), 위(魏) 두 나라에 머물렀는데, 오직 혜가(慧可; 487~593)스님 한 분만이 자기의 마음을 가만히 믿고 말끝에 문득 마음이 곧 부처임을 알았다.

　몸과 마음이 모두 함께 없음을 이름하여 큰 도라고 하느니라.

　큰 도는 본래로 평등하기 때문에 모든 중생들이 하나의 참 성품으로 같다는 것을 깊이 믿어야 한다.

　마음과 성품이 본래 다르지 않으므로 성품이 곧 마음이니라.

　마음이 성품과 다르지 않은 사람을 일컬어 조사(祖師)라고 한다. 그러므로 말하기를 '마음의 성품을 알았을 때 비로소 불가사의하다고 말할 수 있도다' 고 하였다.

"마음이 본래로 부처인데 육도만행을 다시 닦아야 합니까?"

"깨달음은 마음에 달려 있는 것이지 육도만행과는 상관이 없느니라.

육도만행이란 그저 교화의 방편으로써

중생을 제도하는 쪽의 일일뿐이다."

심즉불(心卽佛)이라 하는데 마음이 곧 부처이다.

그렇게 말을 해도 중생심은 움직이지 않는다. 왜 믿고 받아들이지 않을까. 바로 식심이 자리하고 있기 때문이다. 견문각지(見聞覺知)로 받아들여 스스로 판단하고 분별하여, 이것이다 하여 만들어진 부처의 상을 바로 전면으로 사량분별하여, 내가 아는 부처는 그런 부처가 아니라고 한다.

그래서 받아들이지 않으니 어쩌겠는가.

그럼 너 스스로 찾아봐라 해서 나온 방편이 바로 십이두타행이며 육도만행이라는 것이다. 자기 스스로 만든 관념이나 철학이나 신념이나 종교관을 바로 거부하는 것이다. 이것이 아집(我執)이며 아상(我相)이며 관념(觀念)들을 다 부정하는 부정심(不定心)이며 의구심(疑懼心)인 것이다. 이런 자기적 논리로 그 원래가 다 방편임을 모르고 부처라면 부처라는 실재가 존재하는 것으로 받아들인다.

그러니 그 존재성을 너 스스로 보아라 하는 것과 같은 것이다.

그리하여 또 방편으로 생겨나는 것이 바로 등상불(等象佛)인 것이며 사리탑이 등장한다. 그리고 불화인 영산회상도 등 각종 탱화가 등장하고 각종 신장과 수많은 불보살이 도열하게 되었던 것이다.

그렇게 여기 이 화엄회상을 떠나 경전 속에 있는 그 불국토를 도상화하여 나열한 것이 지금의 가람의 형태가 되었던 것이며, 이것을 절이라 하였다. 그래서 그 형상에 의지하여 마음을 일으키게 하고, 그 마음을 훈숙시켜 본래자리로 돌아가게 하는, 점차적으로 삼아승지를 돌아 부처의 세계로 간다는 방편론을 쓰게 되었던 것이다.

그것이 굳어져 신앙이 되었고 종교화되었으며, 의식과 율이 자리하여 불교라는 형태를 유지하게 되었다.

부처님의 모든 법이 바로 마음을 이야기하고 있는데 어찌 허망한 형상을 의지하여, 마음을 깨칠 수가 있겠는가.

부처님의 경전이 아닌 교외별전이라는 것이 있었으니, 마음을 보아 부처를 이루는 것을 일러 선불교(禪佛敎)라 하며 조사선(祖師禪)이 되었던 것이다. 이것은 마음을 깨치고 마음을 전하여 사자전승의 계통을 밟아 마하가섭으로부터 출발하여 이십팔대를 거쳐 동토의 첫 달마대사가 마음을 전하였다. 혜가, 승찬, 도신, 홍인을 거쳐 육조 혜능대사에게 전하였으며, 이것이 회양선사를 거쳐 마조 도일스님에게 전해졌고, 다시 백장스님을 이어 여기 황벽스님에게 전해진 것이다.

그리하여 황벽스님은 재가불자인 배휴를 만나 이렇게 마음법을 설하고 있는 것이다.

앞에 설한 『전심법요』에 이어 여기 『완릉록』 역시 배휴가 묻고 황벽스님이 답한 내용을 배휴가 정리하여 후대에 전해진 것이니, 당연히 재가 불자, 즉 아직 마음을 깨치지 못한 범부를 위하여 그 내용이 정리된 것이다. 내용상 배휴 자신이 깨달아가는 과정을 도설하였으므로 마음을 떠나 일반적 불교까지 이렇게 묻고 답하는 형식으로 구성된 것이라 보아야 한다.

그리하여 배휴는 마음이 부처라고 알면, 더는 알 것도 구할 것도 바랄 것도 얻을 것도 없는데, 무엇하러 다시 육도만행을 하느냐고 묻는다. 그래서 스님은 이렇게 답한다.

다 방편이라고, 왜!

방편을 베푸느냐?

믿지 않으니까!

스스로 체험해서 확실하게 스스로 알게 하는 방편인 것이다. 십이 두타행을 해서 아무리 고행을 해봐도 '그 마음이 그 마음이지 바뀌거나 변하지 않는 것' 이라는 것을 스스로 알아차리라는 방편인 것이다.

"설사 보리, 진여와 실제의 해탈법신과 나아가 십지, 사과 등의
성인의 지위에 도달한다 할지라도 모두가 교화 제도하는
방편의 문일 뿐이어서 부처님의 마음과는 아무런 관계가 없느니라.
마음이 곧 그대로 부처이니 교화 제도하는
모든 방편문 가운데서 부처님의 마음이 으뜸이니라.
다만 생사, 번뇌 따위의 마음만 없으면
보리 등의 법을 쓸 필요가 없다."

그래서 스님은 설사 육도만행을 하여 보리니 진여니 해탈법신과 십지, 사과 등의 성인의 지위에 도달한다 할지라도 그것은 다 본래마음을 아는 것이며 다 교화 방편임을 스스로 체달하도록 하는 것이지, 부처님의 마음과는 아무런 관계가 없다고 하신 것은 부처님의 마음이란 바로 본래 우리의 마음이라는 뜻이다.

그래서 얻어지든 구해서 얻어지든 본래 그 마음이지 조작하여 얻어지는 것이 아니라는 것이다. 다만 지금의 마음에서 생사, 번뇌 따위의 내가 만들고 조작하는 마음만 없으면 지금 그대로의 마음이 바로 본래불(本來佛)인 본래(本來) 마음이라는 것이다.

그런데 무슨 보리니 법을 '별도로 쓸 필요가 있겠는가' 라고 말씀하신다. 그래도 믿지 못한다면 더는 해줄 수가 없다. 수십년 두타행을 해

서 알아보든 삼아승지를 돌아가든 오직 그것은 그대 자신의 문제일 것
이다.

"그러므로 말씀하시기를
'부처님께서 말씀하신 모든 법은 나의 모든 마음을
제도하시기 위함이로다. 나에게 일체의 마음이 없거니
어찌 일체법을 쓰리오' 라고 하였다.
부처님으로부터 역대조사에 이르기까지 모두가 다른 것은
말하지 않으셨고, 오직 한 마음만을 말했을 뿐이며
또한 일불승(一佛乘)만을 말하셨을 뿐이다."

부처님의 경전을 인용하여 말씀하신다.
"모든 법은 나의 모든 마음을 제도하시기 위함이로다. 나에게 일체
의 마음이 없거니 어찌 일체법을 쓰리오." 라고 하신 대목을 들어 설
하신다.

원래 마음이라고 하나 법이라고 하나 그것은 같은 것인데, 본래의
마음은 형상도 아니요, 흔적도 없고 허공같이 그 어떠한 한 물건도 없
는데, 어찌 법인들 있을 것이며 마음이라고 할 어떤 것이 있겠는가. 그
러나 그렇다고 없는 것도 아니니, 그대로의 마음을 쓰고 펼치고 누리
면 될 것을 어찌 언설을 빌어 설할 수 있겠느냐고 하신다.

여기서 그대로의 마음이란 바로 법신을 말하는 것이며, 그 법신을
들어 조사들이 서로 서로 사자전승을 한 것이지 다른 것이 아닌 것이
다. 또 일불승(一佛乘)만을 설하셨다는 것은 부처님께서 법화회상에서
보살과 성문 연각과 사과 등은 다 방편설이지 실재가 아니라고 밝히

신 것을 말한다.

그러니 무엇이 있는가, '오직 마음인 일불승이 있을 뿐이다' 하셨으니 이것이 바로 일심이며 부처라고 하는 마음의 심지를 말하고 있는 것이다. 그래서 법을 설하는데 일승법문이라는 것도 일불승(一佛乘)을 설하는 법문인 것이다. 그러니 모든 법문은 다 방편법이지만 일승법문만은 오직 부처를 말할 뿐 그 어떤 것도 말하지 않는다.

"그러므로 말씀하시기를
'시방을 두루 살펴보아도 다시 다른 승(乘)이 없나니
지금 여기에 남아 있는 대중들은 곁가지와 잎은 없고
오로지 모두 잘 익은 열매들뿐이로다' 고 하였다.
그러나 이 뜻은 쉽게 믿기가 어렵다.
달마스님이 이 땅에 오셔서 양(梁), 위(魏) 두 나라에 머물렀는데,
오직 혜가(慧可; 487~593)스님 한 분만이 자기의 마음을
가만히 믿고 말끝에 문득 마음이 곧 부처임을 알았었다."

다른 승(乘)이 없다는 것은 마음을 떠나 한 법도 세울 것이 없다는 것이다. 그러니 지금 법문을 듣고 있는 그대들 역시 보신과 화신을 떠나 본체인 법신은 한결 같이 그대로라는 것이며, 달마스님이 오셔서 그렇게 많은 구도자를 제접하였으나 오직 혜가만이 자기 마음을 잘 관하여 가만히 믿고 달마대사의 말끝에 바로 마음이 부처임을 알았다고 하신다.

"몸과 마음이 모두 함께 없음을 이름하여 큰 도라고 하느니라.
큰 도는 본래로 평등하기 때문에, 모든 중생들이
하나의 참 성품으로 같다는 것을 깊이 믿어야 한다."

몸과 마음이 모두 함께 없음이란 몸이라는 상과 마음이라는 제법이 원래 없다는 것으로 제법무아(諸法無我)를 말하는 것이며, 그것을 바로 큰 도라고 하신다.

나라는 것도 실재가 아니며, 법이라는 것도 다 방편인줄 밝혀 안다면 무엇에 걸리고 막힐 것이 있겠는가. 이것은 바로 의심을 내려놓는 것이다. 그래서 중생심은 바로 의심이라고 누누이 말했다.

부처님의 마음이나 우리의 마음이 조금도 다름이 없으므로 그 마음이 그 마음인 것이다. 그래서 원래부터 그대로였으므로 여여(如如)라 하였고, 그 여여에서 왔다고 하여 여래(如來)라고 하셨던 것이다.

이제 모든 의심을 내려놓고 그대로의 본래불이 바로 지금 이대로의 마음인줄 안다면, 이것이 바로 아는 마음의 참 성품이며 이 성품은 누구나 똑같으므로 평등성지라고 하였으며 이것을 도라고 하였던 것이다. 그래서 스님도 믿으라고 다시 한 번 강조하신다.

"마음과 성품이 본래 다르지 않으므로 성품이 곧 마음이니라.
마음이 성품과 다르지 않은 사람을 일컬어 조사(祖師)라고 한다.
그러므로 말하기를, '마음의 성품을 알았을 때
비로소 불가사의하다고 말할 수 있도다' 고 하였다."

그러니 원래 허공성인 마음의 성품이 별도로 존재하는 것이 아니다.

바로 마음이라고 하지만 그 마음이라는 것은 마음의 법신을 말하는 것이니, 그 법신이 바로 본래 부처이며, 이것이 불성(佛性)이라는 부처의 성품(性品)인 것이다. 그러니 마음과 성품이 다르지 않고 마음 그대로가 성품이라고 하신다.

부처와 불성이 같은 것이며 법과 법성이 같은 것이며 나와 자성이 다른 것이 아니며, 법계와 진여가 다르지 않는 것이니 이것은 다 같은 말이며 둘이면서 하나인 것이지, 결코 이것을 떠나서 말할 수 없는 것이다. 그래서 마음의 성품을 안다는 것은 이것이 바로 부처의 불성을 안다는 것이 되는 것이다. 그래서 '마음의 성품을 통달한 사람을 조사(祖師)라 한다' 라고 하신다.

그러니 마음의 성품을 알았을 때라야 비로소 모든 것을 쉬어서 불가사의하다고 하신다. 또 불가사의하다는 말에 떨어지지 않으면 되는 것이지 또 이 말에 떨어지면 천리만리일 것이다.

부디 본래불을 믿고 심즉불(心卽佛)을 믿어라.

5. 모양 있는 것은 허망하다

"부처님께서 중생을 제도하십니까?"

"정말로 여래께서 제도할 중생은 없느니라. 나[我]도 오히려 얻을 수 없는데 나 아니면 어찌 얻을 수 있겠느냐! 부처와 중생을 모두 다 얻을 수 없느니라."

"현재 부처님의 삼십이상(相)과 중생 제도가 분명히 있는데 스님께서는 어찌 없다고 말씀하십니까?"

경에서 말씀하시기를 '무릇 모양이 있는 존재는 모두가 허망하니, 만약 모든 모양을 보되 모양이 아닌 줄을 알면 곧 여래를 보게 되느니라'고 하셨다.

부처니 중생이니 하는 것은 모두 네가 허망하게 지어낸 견해로서 오로지 본래의 마음을 알지 못한 탓으로 그같은 잘못된 견해를 내게 된 것이니라. 부처의 견해를 내는 순간 바로 부처에 끄달리고, 중생의 견해를 내는 순간 중생에 끄달린다.

범부다 성인이다 하는 견해를 내고 더럽느니 깨끗하다느니 하는 견해를 내는 등이 모두 그 장애를 받느니라. 그것들이 너의 마음을 가로막기 때문에 결국 윤회하게 된다.

이것은 마치 원숭이가 무언가를 들었다 놨다 하느라고 쉴새가 없는 것과 다를 바가 없다. 진정한 배움이란 모름지기 배울 것이 없어야 한다. 범부도 성인도 없고 깨끗함도 더러움도 없으며 큼도 없고 작음도 없으며 번뇌도 없고 인위적 작위도 없다.

이와 같은 한 마음 가운데서 바야흐로 방편으로 부지런히 장엄하는 것이다. 설혹 네가 삼승 십이분의 가르침과 모든 이론들을 배운다 하더라도 그 모든 것을 다 버려야 한다.

그러므로 '가진 것을 모조리 없애버리고 오직 침상 하나만을 남겨두고 병들어 누워 있다' 고 한 말은 바로 모든 견해를 일으키지 않음을 말한 것이다. 한 법도 가히 얻을 것이 없어서 법의 장애를 받지 않고, 삼계의 범·성의 경계를 훌쩍 벗어나야만 비로소 세간을 벗어난 부처님이라고 하느니라.

그러므로 말하기를

'허공처럼 의지할 바 없음에 머리숙여, 외도의 굴레를 벗어나는도다' 고 하였다. 마음이 이미 다르지 않기 때문에 법 또한 다르지 않으며, 마음이 하염없으므로 법 또한 하염이 없다.

만법이 모두 마음으로 말미암아 변한 것이다. 그러므로 나의 마음이 비었기 때문에 모든 법이 공하며, 천만 가지 중생들도 모두 다 같은 것이다. 온 시방의 허공계가 같은 한마음의 본체이니, 마음이란 본래 서로 다르지 않고 법 또한 다르지 않건만, 다만 너의 견해가 같질 않으므로 차별이 있게 되느니라.

비유하면 모든 하늘사람들이 다 보배 그릇으로 음식을 받아 먹지만 각자의 복덕에 따라 밥의 빛깔이 다른 것과 같다.

시방의 모든 부처님께서는 실로 작은 법도 얻은 것이 없으니, 이것을 이름하여 무상정각이라 한다.

오로지 한마음일 뿐 실로 다른 모양이 없으며, 또한 광채가 빼어날 것도 없고 나을 것도 못할 것도 없다. 나을 것이 없기 때문에 부처라는 모양이 없고 못할 것이 없기 때문에 중생이라는 모양이 없다.

"마음이야 모양이 없다고 할 수도 있겠지만, 어찌 부처님의 삼십이상(相) 팔십종호(種好)와 중생을 교화하여 제도하는 일이 전혀 없다고 할 수 있겠습니까?"

삼십이상은 모양에 속한 것이니, '무릇 모양 있는 것은 모두 허망하다'라고 한 것이요, 팔십종호는 색깔에 속한 것이니, '만약 겉모습으로 나를 보려 하면 이 사람은 삿된 도를 행하는 것이니 여래를 볼 수 없느니라'고 하신 것이다.

"부처님께서 중생을 제도하십니까?"

"정말로 여래께서 제도할 중생은 없느니라.

나[我]도 오히려 얻을 수 없는데 나 아님이야 어찌 얻을 수 있겠느냐!

부처와 중생을 모두 다 얻을 수 없느니라."

이 단락에서의 문답은 물질이나 이름이 실재하는가. 아니면 우리가 스스로 만들어낸 것이냐를 밝히고 있는 대목이다.

배휴가 "부처님이 중생을 제도하십니까?"라고 물었다.

이것은 부처라는 것이 실재하고, 중생이라는 것이 실재해야만이, 이런 물음이 이루어질 수 있다. 이런 물음이 나오자마자 바로 몽둥이로 두들겨 패야 하는데 그래도 스님의 자비가 한량이 없다.

부처라는 것은 마음의 바탕을 비유해서 하는 말이고 중생이란 마음에 스스로 세운 가설적 용인 식심을 비유하여 하는 말이다. 마음의 본바탕은 그 어떤 것이라 할 수가 없는 것이다. 세울 것도 말할 것도 없이 텅 빈 허공성인데 스스로 견문각지로 세워 만든 조작적 마음, 즉 식심(識心)을 마음이라고 오인하여, 부처와 중생이 다르다는 차별적 관계 속에서 하는 말이며 이름인 것이다.

『금강경』에서, 수보리가 묻기를

'어찌하여야 제보살이 마음을 조복 받겠느냐' 고 물으니, 석존께서는 '실로 중생이라는 것이 없는데, 아상(아상·인상·중생상·수자상)을 스스로 세워 중생이 된 것이니, 실로 제도할 그 어떤 보살이 실재로 존재하는 것은 없다' 고 하셨다. 그와 같이 스님도 '정말로 여래께서 제도할 중생은 없느니라' 라고 하신다.

이를 받아들이기가 쉽지는 않을 것이다. 그러나 부처라는 이름이나 중생이라는 것은 차별적 마음의 소산이지 실제로 그 존재성이 없는 것이다. 마음의 본체를 부처라 하고 마음의 작용과 보신을 들어 중생이라고 하지만, 그 모두는 한마음인 것이다. 그러니 마음이 어디에 있느냐……

마음이라고 하는 말 역시 형상이며 이름인 것이다. 그러니 그 마음 또한 얻어서 얻어지는 것이 아닌데 어찌 중생인들 얻을 수 있으며, 부처를 어찌 얻고 제도할 것인가. 무엇이 무엇을 제도한다는 말인가!

그래서 스님은 또 이렇게 말씀하신다.

'나[我]도 오히려 얻을 수 없는데 나 아니면 어찌 얻을 수 있겠느냐!' 라고.

나[我]는 무엇일까. 『금강경』에서는 사상(四相)을 나라고 착각하고 있다고 하셨다. 나란 내 마음인데 그 마음마저 얻을 수 없는 것이라면 어찌 나인들 얻을 수 있으며, '나도 얻을 수 없다면 나 아님이야 어떻게 얻을 수 있겠는가' 라고 묻고 계신다. 그러니 나아가 분별심으로 세워 만든 이름인 부처니 중생이니 하는 그 모두를 다 얻을 수 없는 것이며 이 모든 것이 다 스스로 세워 만든 이름인 허명(虛名)이라고 하신다.

"현재 부처님의 삽십이상(相)과 중생 제도가
분명히 있는데 스님께서는 어찌 없다고 말씀하십니까?"
경에서 말씀하시기를,
'무릇 모양이 있는 존재는 모두가 허망하니,
만약 모든 모양을 보되 모양이 아닌 줄을 알면
곧 여래를 보게 되느니라' 고 하셨다.

그렇게 말씀하셔도 배휴는 믿지 않고 다시 부처님의 삽십이상과 중생 제도가 경에 있는데 어찌 스님은 자꾸 없다고 하시느냐고 묻고 늘어진다. 그래서 스님도 할 수 없이 네가 믿지 못하겠다니 나로서는 어쩔 수 없이 네가 믿을 수 있는 석존의 『금강경』을 인용하겠다며 말씀하신다.

약이색견아(若以色見我)하거나 이음성구아(以音聲求我)하면 시인(是人)은 행사도(行邪道)라 불능견여래(佛能見如來)이니라.

만약 어떤 사람이 나의 형상을 보고 부처라 하거나
내가 말하는 음성을 듣고 이것이 부처님의 설법이라 하면
이 사람은 삿됨과 아만을 행하는 것이다.
이 사람은 여래의 진정한 뜻을 볼 수 없다고 하는 『금강경』 사구게
를 들어 설파하신다.

"부처니 중생이니 하는 것은 모두 네가 허망하게 지어낸 견해로서
오로지 본래의 마음을 알지 못한 탓으로 그 같은 잘못된 견해를
내게 된 것이니라.
부처의 견해를 내는 순간 바로 부처에 끄달리고,
중생의 견해를 내는 순간 중생에 끄달린다.
범부다 성인이다 하는 견해를 내고 더럽느니 깨끗하다느니 하는
견해를 내는 등이 모두 그 장애를 받느니라.
그것들이 너의 마음을 가로 막기 때문에 결국 윤회하게 된다."

그래서 다시 그 차별적 분별심을 깨어주기 위하여 부처니 중생이니
하는 것은 모두 네 스스로 지어낸 너의 관념적 견해인 것이라고, 그것
은 오로지 본래의 마음을 알지 못한 탓으로 그 같은 잘못된 견해를 내
게 된 것이라 하신다. 부처라 하면 실재하는 부처가 있다고 집착하고
중생이라 하면 실재하는 중생이 있다고 집착하니, 그 차별적 경계를
깨기 위하여 부처라 하였고 중생이라고 하였다는 것을 밝히고 계신다.
그러니 중생이다 부처다 범부다 성인이다, 더럽다 깨끗하다 라는 차

별적 분별심이 바로 너의 식심이고 다 스스로 만든 허망한 경계이므로 그 근본 뜻을 알아 경계에서 벗어나라고 하시면서, 그렇게 만들어진 경계가 바로 육취로 내달리면 생사고해에서 허덕이고 생사윤회를 스스로 불러 허망하게 육취중생이 되는 것이라고 꾸짖고 계신다.

"이것은 마치 원숭이가 무언가를 들었다 놨다 하느라고
쉴새가 없는 것과 다를 바가 없다.
진정한 배움이란 모름지기 배울 것이 없어야 한다.
범부도 성인도 없고 깨끗함도 더러움도 없으며
큼도 없고 작음도 없으며, 번뇌도 없고 인위적 작위도 없다.
이와 같은 한마음 가운데서 바야흐로 방편으로
부지런히 장엄하는 것이다. 설혹 네가 삼승 십이분의 가르침과
모든 이론들을 배운다 하더라도 그 모든 것을 다 버려야 한다."

이렇게 스스로 지어 만든 것이라. 원숭이가 물건을 쥐었다 놓았다 하는 것과 무엇이 다르랴. 그러니 도를 구하는 사람은 오직 원래부터 무일물(無一物)이라 배울 것도 취할 것도 얻을 것도 없어야 하는 것이라고 하시면서, 오직 범부니 성인이니 하는 차별적 경계에 집착하여 물들지 말고 그 어떤 차별적 조작이나 단상을 세우지 말고, 그저 무심히 이 모든 것이 다 한마음의 지음임을 알아 그렇게 가라. 가다보면 이 모든 것이 다 내 마음이 내 스스로 그려낸 그림임을 알아 오직 한 마음 속의 일이며 물 위에 비친 상과 같음을 알게될 것이며, 그래야 스스로 유유자적할 수 있다고 하신다.

아직도 구할 것이 있고 제도할 게 있고 얻을 것이 있다고 생각해 부

처님의 경전인 삼승 십이분경의 가르침을 찾는 것은 어리석은 일이다. 이는 다 내 마음의 소현(所顯)이므로 그 경 마저 버리고 오직 한 마음이 있을 뿐임을 굳게 믿고 알라고 하시면서, 그 모든 제법은 실로 방편으로 세운 가설임을 알아 모든 것을 버리라고 하신다.

> "그러므로 '가진 것을 모조리 없애버리고
> 오직 침상 하나만을 남겨두고 병들어 누워 있다'고
> 한 말은 바로 모든 견해를 일으키지 않음을 말한 것이다.
> 한 법도 가히 얻을 것이 없어서 법의 장애를 받지 않고
> 삼계의 범·성의 경계를 훌쩍 벗어나야만
> 비로소 세간을 벗어난 부처님이라고 하느니라."

가진 것이라는 것은 내 스스로 세워 만든 식심(識心)이니 이 허망한 견해에서 벗어나면 오직 진실하여 허망함이 없는 마음의 본체만이 독로할 것이라는 뜻으로 병들어 누워있다고 하신다.

모든 견해를 일으키지 않는다면 세울 것도 법이라 할 것도 사실 없는 것이 되는 것이다. 그 본바탕에는 가히 세울 그 어떤 법도 없고 형상도 모양마저 없으므로 법의 장애를 받지도 않고 물들지도 아니하여 삼계를 벗어나고, 성인이라거나 범부라는 모든 차별성을 뛰어넘어야만 비로소 모든 법에 자유자재하여 매이지 않으므로 이를 일러 세간을 벗어난 부처님이라고 하신다.

"그러므로 말하기를
'허공처럼 의지할 바 없음에 머리 숙여
외도의 굴레를 벗어나는도다' 고 하였다.
마음이 이미 다르지 않기 때문에 법 또한 다르지 않으며
마음이 하염없으므로 법 또한 하염이 없다.
만법이 모두 마음으로 말미암아 변한 것이다."

그런 허공성이 바로 마음의 본바탕인 것이니 의지할 바도 걸릴 것도
없는 무심의 경지인 허공에 머리 숙여 감사하며 이 바탕을 투득 하여
야 한다고 말씀하신다.

외도들은 무엇인가 '있다' 고 주장하지만, 마음이 법과 다르지 않으
므로 마음이 곧 법이고 법이 곧 마음이어서 마음도 법도 세우면 세우
는 대로 하염이 없고 세우지 않으면 그대로 무심(無心)인 것이다. 만법
이라는 것이 다 내 마음으로 말미암아 변하여 드러난 것이지 마음을
떠나 한 법도 세울 것이 없음을 다시 한 번 밝히고 계신다.

"그러므로 나의 마음이 비었기 때문에 모든 법이 공하며
천만 가지 중생들도 모두 다 같은 것이다.
온 시방의 허공계가 같은 한마음의 본체이니
마음이란 본래 서로 다르지 않고 법 또한 다르지 않건만
다만 너의 견해가 같질 않으므로 차별이 있게 되느니라.
비유하면 모든 하늘사람들이 다 보배 그릇으로 음식을 받아
먹지만 각자의 복덕에 따라 밥의 빛깔이 다른 것과 같다."

마음의 본바탕이 허공같이 비어 있으므로 모든 법 또한 공이며 천만 가지 중생들도 모두 다 같이 그 실체가 없이 텅 빈 그대로라는 것이다.

온 허공계가 마음과 똑같은 본체이므로 마음과 마음이 서로 다르지 않다고 밝히신다. 즉 성인인 석가모니의 마음이나 달마대사의 마음이나 혜능선사의 마음이나 마조스님의 마음이나 황벽스님의 마음이나 나의 마음이나 여러분의 마음의 본바탕이 한결같이 텅 빈 불성이며, 텅 빈 허공이며 텅 빈 무심이므로 다 같은 것이라는 엄청난 진리를 설파하신다. 오직 이것이 진실이며 도인 것이다.

황벽스님의 이 설법으로 더는 구할 것도 얻을 것도 알 것도 밝힐 것도 없을 것이다. 그래도 있다면 그는 바로 마구니일 것이다. 부처님의 제자도 아니요, 삿된 법을 구하는 마구니다. 그래도 아니라고 하는 것은 바로 그대의 견해라고 하신다. 그 견해라는 것이 바로 중생심이요, 차별심인 것이며 조작이요, 시비분별인 것이다.

그래서 그 견해로 인하여 다름이 있고 같음이 있는 것이지 마음의 본바탕에서 본다면 일미평등하여 그 어떤 차별도 없는 것이며, 우리의 마음이나 부처님의 마음이 오직 하나인 것이며 다 허공성이며 무심인 것이다.

"시방의 모든 부처님께서는 실로 작은 법도 얻은 것이 없으니 이것을 이름하여 무상정각이라 한다.
오로지 한 마음일 뿐, 실로 다른 모양이 없으며
또한 광채가 빼어날 것도 없고 나을 것도 못할 것도 없다.
나을 것이 없기 때문에 부처라는 모양이 없고
못할 것이 없기 때문에 중생이라는 모양이 없다."

그래서 무심(無心) 즉 텅빈 마음바탕에는 실로 그 어떤 작은 법도 얻을 것이 없으니 이 경지를 일러 무상정등각(無上正等覺)이라고 하신다. 그러니 이제 오직 믿고 믿어야 한다.

오직 마음뿐! 유식(唯識)이라고!

그 마음은 모양이 없으니 광채도 없고 나을 것도 못할 것도 없다. 그러므로 나을 것이 없으므로 부처라는 모양이 없고 못할 것이 없기 때문에 중생이라는 모양이 없다. 그 모든 것이 다 인연지소생(因緣之所生)이며 일체유심조(一切唯心造)라, 있다는 모든 법과 형상과 이름은 전부 다 오직 내 마음의 지음일세.

"마음이야 모양이 없다고 할 수도 있겠지만
어찌 부처님의 삽십이상(相) 팔십종호(種好)와 중생을 교화하여
제도하는 일이 전혀 없다고 할 수 있겠습니까?"
"삽십이상은 모양에 속한 것이니 '무릇 모양 있는 것은
모두 허망하다' 라고 한 것이요, 팔십종호는 색깔에 속한 것이니
'만약 겉모습으로 나를 보려 하면 이 사람은 삿된 도를
행하는 것이니 여래를 볼 수 없느니라' 고 하신 것이다."

그래도 또 물고 늘어진다.

오직 이 물음은 배휴가 몰라서 하는 말이 아니다. 지금 이 글을 읽고 있는 사람을 위하여 그대의 의심을 내려 놓으라고 묻고 답한 것이다.

사람의 지견이란 무엇인가. 그 무엇에 의지하여야만 다음으로 넘어가고 그 단계를 세워서 알아가는 것을 근본으로 한다. 그러니 또 이렇게 물을 수 있는 것이다.

'그래서 마음이야 모양이 없으니, 그렇게 말씀하실 수 있지만 석존이 설한 삼십이상 팔십종호가 어찌 중생을 교화하고 제도하는 것이 없다고 할 수 있겠습니까' 라고 묻고 있다 .

그래서 스님은 삼십이상이란 것은 모양에 속하는 것이니 모양이란 바로 허망한 것이라며, 석존이 경에서 하신 말씀을 또 인용하여 말씀하신다.

'약견제상비상 즉견여래(若見諸相非相 卽見如來)'

'일체유위법 개시허망(一切有爲法 皆是虛妄)' 이라고 『금강경』에서 말씀하셨듯이 모든 상이라는 것은 다 인연의 화합으로 일어난 가합성의 허상인 것이다. 그러니 어찌 실제로 존재하는 상이 있을 것이며, 팔십종호는 색깔인 것이니 이 색깔 역시 허망한 것이다.

그래서 석존의 사구게를 다시 위와 같이 설파하시어 오직 모든 상이 상이 아닌 줄 알면 바로 여래를 보는 것이라고 밝히시면서 모든 모양이나 색깔에서 벗어나 오직 유식이며 일체유심조(一切唯心造)임을 믿어 허망한 경계에서 벗어나라고 설하셨다.

6. 한마음의 법

"부처의 성품과 중생의 성품이 같습니까? 다릅니까?"

"성품 자체는 같고 다름이 없으나 만약 삼승의 가르침에 의거해 말한다면 부처의 성품과 중생의 성품이 따로 있는 것이다. 그리하여 삼승의 인과가 있어서 같고 다름이 있느니라. 그러나 만약 불승(佛乘)과 조사가 서로 전한 것에 의거해 보면 절대로 그렇게 말하지 않고 오로지 한마음만을 가리키는 것이다. 한마음은 같지도 않고 다르지도 않으며 원인도 아니고 결과도 아니다. 그러므로 말씀하시기를,

'오직 이 일승(一乘)의 도뿐이요, 이승도 없고 삼승도 없느니라. 그러나 부처님의 방편설만은 제외하노라' 고 하셨다.

"부처의 성품과 중생의 성품이 같습니까? 다릅니까?"

"성품 자체는 같고 다름이 없으나 만약 삼승의 가르침에 의거해 말한다면 부처의 성품과 중생의 성품이 따로 있는 것이다.

그리하여 삼승의 인과가 있어서 같고 다름이 있느니라."

여기서 배휴는 부처의 성품이 범부의 불성(佛性)과 같은가 다른가를 묻고 있다.

부처님이 『열반경』에서 '일체중생실유불성(一切衆生悉有佛性)'이라고 하여 모든 중생은 다 부처 될 성품을 가지고 있다'고 하시어 누구나 다 부처를 이룰 수 있음을 밝혔다. 그러나 이 성품 문제는 많은 의론이 있다. 원래 모든 중생은 다 그대로 불성을 가지고 있으며 이것을 쓰고 있으나, 대승에서는 보편적 불성을 말하여 모든 중생이 보편적으로 다 가지고 있다고 하고, 일부 소승에서는 가지고 있으나 그 불성을 수행을 통하여 개발하느냐에 따라 세 가지로 나누고 있다.

첫째는 자성주불성(自性住佛性)으로 중생들이 원래부터 가지고 있는 불성을 말하는 것이고, 둘째는 인출불성(引出佛性)은 수행을 통하여 내재된 불성을 끌어낸다는 뜻이며, 셋째는 지득과불성(至得果佛性)이라 하여 수행을 통하여 불성을 득하여 깨달음을 이룬다는 뜻으로 쓰인다. 그리고 오종불성 등 교학에서 많은 논쟁이 있다. 그러나 이 불성(佛性)을 조사선(祖師禪)에서는 오직 부처님께서 『법화경』에서 말씀하셨듯이 삼신불(三身佛)이 한마음이며, 한마음이 일심이니 오직 있는 그대로 일심으로 보기 때문에 따로 나누지 않는다.

"그러나 만약 불승(佛乘)과 조사가 서로 전한 것에 의거해 보면
절대로 그렇게 말하지 않고 오로지 한마음만을 가리키는 것이다.
한마음은 같지도 않고 다르지도 않으며
원인도 아니고 결과도 아니다."

부처님도 일불승(一佛乘)이 있을 뿐 보살, 성문, 연각과 사과는 다 방편이라고 말씀하셨듯이 오직 전승되어온 것은 오직 일심만을 말한다.

일심은 삼신으로도 나누지 않고 또한 같은 것도 아니며 있다는 것도 없다는 것도 다 떠난 오직 마음만을 말한다. 그래서 평상심 그대로를 일심이라고 하고, 일심 그대로를 불성이라고 한다.

"그러므로 말씀하시기를,
'오직 이 일승(一乘)의 도 뿐이요, 이승도 없고 삼승도 없느니라.
그러나 부처님의 방편설만은 제외하노라' 고 하셨다."

그러므로 황벽스님도 '오직 이 일승의 도일 뿐이요, 이승도 없고 삼승도 없느니라' 라고 하신다.

이 말씀은 '불성이다, 부처다' 라는 원인과 결과를 놓고 말하는 것이 아니라 원인이 결과요, 결과가 원인이며 마음에는 인도 과도 사실 없는 것이다. 그러므로 부처님이 일불승을 설하심과 같이 스님도 오직 일승(一乘)의 마음만을 말씀하시었다.

그러나 이승과 삼승 등 불성마저 모르는 중생들을 이끌어들이기 위하여 방편으로 가설하여 설한 방편설은 제외한다고 하신다. 왜냐하면 누구나 바로 일승으로 이끌기에는 너무나 근기가 낮아 어쩔 수 없이 방편을 베풀어 삼승과 이승을 설하셨다는 뜻을 밝히고 있는 부분이다.

그래서 오직 마음뿐, 유식(唯識)인 것이다.

7. 모든 견해를 여읨이 무변신보살

"무변신보살(無邊身菩薩)은 왜 여래의 정수리를 보지 못합니까?"

"실로 볼 것이 없느니라. 왜냐하면 무변신보살이란 곧 여래이기 때문에 응당 보지 못한다. 다만 너희에게 부처라는 견해를 짓지 않아서 부처라는 변견(邊見)에 떨어지지 않도록 하며, 중생이라는 견해를 짓지 않아서 중생이라는 변견에 떨어지지 않게 하며, 있다[有]는 견해를 짓지 않아서 있다는 변견에 떨어지지 않게 하며, 없다[無]는 견해를 짓지 않아서 없다는 변견에 떨어지지 않게 하며, 범부라는 견해를 짓지 않아서 범부라는 변견에 떨어지지 않게 하며 나아가 성인이라는 견해를 짓지 않아서 성인이라는 변견에 떨어지지 않게 하는 것이다.

다만 모든 견해만 없으면 그대로가 곧 가없는 몸[無邊身]이니라. 그러나 무엇인가 보는 곳이 있으면 곧 외도라고 부른다.

외도란 모든 견해를 즐기고 보살은 모든 견해에 있어서도 흔들리지 않으며, 여래란 곧 모든 법에 여여(如如)한 뜻이니라. 그러므로 말하기를 '미륵도 또한 그러하고 모든 성현도 또한 그러하다' 고 하였다.

여여하기 때문에 생겨나지도 않고 없어지지도 않으며, 볼 것도 들을 것도 없다. 여래의 정수리는 뚜렷이 볼 수 있는 것이지만 뚜렷이 보는 것도 없으므로, 뚜렷하다는 변견에도 떨어지지 않는다. 그러므로 부처님 몸은 하염없으신 것이다.

숫자로써 헤아리는 범주에 속하지도 않지만, 다만 방편으로 허공에 비유할 뿐이니라.

'원만하기가 태허공과 같아서 모자람도 없고 남음도 없으며' 한가로이 일삼을 것이 없다. 다른 경계를 억지로 끌어들여 설명하려 하지 말 것이니, 설명하려 들면 벌써 식(識)이 이뤄지고 만다. 그러므로 말하기를 '원성실성(圓成實性)은 의식의 바다에 잠겨서 나부끼는 쑥대처럼 흘러 도네' 라고 하였다.

그저 말하기를 '나는 알았으며 배워서 얻었으며 깨달았으며 해탈하였으며 도의 이치를 얻었노라' 고 한다. 그러나 자기가 강한 곳에서는 뜻대로 되지만 약한 곳에서는 뜻대로 되질 않는다면 이런 견해가 무슨 쓸모가 있겠느냐. 내 너에게 말하노니, '한가하여 스스로 일 없도록 하여 쓸데없이 마음을 쓰지 말라.'

'참됨을 구할 필요가 없나니, 오직 모든 견해를 쉴지니라' 고 한 것이다. 그러므로 안으로 봄[內見]과 밖으로 봄[外見]이 모두 잘못이며 부처의 도와 마구니의 도가 모두 나쁜 것이니라. 그렇기 때문에 문수보살이 잠깐 두 견해를 일으켰다가 그만 두 철위산 지옥으로 떨어진 것이다.

문수보살은 참된 지혜의 상징이고 보현보살은 방편적인 지혜의 상징이다. 방편과 참됨이 서로서로 작용을 하여 끝내는 방편과 참됨 그것마저도 사라지고 오로지 한마음뿐인 것이다.

마음은 결코 부처도 아니고 중생도 아니다. 서로 다른 견해가 있는 것이 아닌데, 부처의 견해를 갖기만 하면 바로 중생의 견해를 내게 되느니라. 있다는 견해[有見], 없다는 견해[無見], 영원불변하다는 견해[常見], 단멸한다는 견해[斷見]가 바로 두 철위산 지옥을 이룬다.

이처럼 견해와 장애를 받기 때문에 역대의 조사들께서 일체 중생의 본래 몸과 마음이 그대로 부처임을 바로 가리키신 것이다. 이것은 닦아서 되는 것도 아니고 점차적인 단계를 밟아서 얻을 수 있는 것도 아니다. 밝음이나 어두움에 속하지도 않아서 밝음이 아니기 때문에 밝음도 없으며 어둠이 아니기 때문에 어두움도 없다. 그러므로 밝음 없음[無明]도 없으며 또한 밝음 없음이 다함[無明盡]도 없다.

우리 선가의 종문에 들어와서는 누구든지 뜻을 간절하게 가져야 한다. 이와 같이 볼 수 있는 것을 이름하여 법이라 하고 법을 보기 때문에 부처라고 하며 부처와 법이 모두 함께 없는 것을 승(僧)이라 부르며, 하릴없는 중이라 부르며 또한 한몸의 삼보[一 三]라 하느니라.

대저 법을 구하는 이는 부처에 집착하여 구하지도 말고, 법에 집착하여 구하지도 말며 대중에 집착하여 구하지 말아서 마땅히 구하는 바가 없어야 하느니라.

부처에 집착하여 구하지 않기 때문에 부처랄 것도 없으며 법에 집착하여 구하지 않기 때문에 법이랄 것도 없으며 대중에 집착하여 구하지 않기 때문에 승(僧)이랄 것도 없느니라."

"무변신보살(無邊身菩薩)은 왜 여래의 정수리를 보지 못합니까?"

"실로 볼 것이 없느니라. 왜냐하면

무변신보살이란 곧 여래이기 때문에 응당 보지 못한다."

모든 불보살의 명호는 그 뜻에 따라 지어진 명호일 것이다. 무변신이란 어느 쪽이든 유무 고저장단의 한 변에 떨어짐이 없다는 뜻이다. 그러니 양변(兩邊)을 벗어나 일미평등한 경지를 일러 여여(如如)한 경지 즉 여래라는 것이니, 무변신보살이면 이미 여래인데 여래가 어찌 여래의 정수리를 볼 수 있겠는가.

그래서 다음과 같이 말씀을 이어가신다.

"다만 너희에게 부처라는 견해를 짓지 않아서

부처라는 변견(邊見)에 떨어지지 않도록 하며

중생이라는 견해를 짓지 않아서 중생이라는 변견에

떨어지지 않게 하며, 있다[有]는 견해를 짓지 않아서 있다는

변견에 떨어지지 않게 하며, 없다[無]는 견해를 짓지 않아서

없다는 변견에 떨어지지 않게 하며, 범부라는 견해를

짓지 않아서 범부라는 변견에 떨어지지 않게 하며

나아가 성인이라는 견해를 짓지 않아서 성인이라는

변견에 떨어지지 않게 하는 것이다.

다만 모든 견해만 없으면 그대로가 곧 가없는 몸[無邊身]이니라."

부처라는 견해에 떨어지지 않아야 하며 중생이라는 견해에도 있다는 견해에도 없다는 견해에도 떨어지지 말아야 하며, 나아가 성인이라는 견해마저 짓지 않아야 한다고 하시면서 양변을 떠나 평등성지에 이르러야만 그대로가 곧 가없는 몸인 무변신(無邊身)이며, 곧 여래라고 하신다.

"그러나 무엇인가 보는 곳이 있으면 곧 외도라고 부른다.
외도란 모든 견해를 즐기고 보살은 모든 견해에 있어서도
흔들리지 않으며 여래란 곧 모든 법에 여여(如如)한 뜻이니라.
그러므로 말하기를 '미륵도 또한 그러하고,
모든 성현도 또한 그러하다' 고 하였다."

무엇인가 보는 곳이 있으면 양변이며 차별상이고 분별심인 것이다. 그래서 작위(作爲)가 있으면 바로 외도라고 하시면서 외도란 작위와 견해를 즐기고 보살은 모든 작위와 견해에 흔들리지 않고 여래란 법에 여여하여 있는 그대로이다. 과거·현재·미래의 모든 성현과 미륵부처도 다 여여(如如)하므로 그 어떤 작위와 지향이 없음을 일러 그렇게 부르는 것이다.

"여여하기 때문에 생겨나지도 않고 없어지지도 않으며
볼 것도 들을 것도 없다. 여래의 정수리는
뚜렷이 볼 수 있는 것이지만 뚜렷이 보는 것도 없으므로
뚜렷하다는 변견에도 떨어지지 않는다.
그러므로 부처님 몸은 하염없으신 것이다.

숫자로써 헤아리는 범주에 속하지도 않지만,
다만 방편으로 허공에 비유할 뿐이니라.”

여여는 원래 그렇게 항상한 것이므로 생사가 없으며 차별과 분별이
없는 것이다. 어떠한 변견에 떨어짐도 없고 상주불멸한 것이니 부처님
몸도 하염없으신 것이라고 하신다. 그래서 방편으로 허공에 비유할 뿐
인 것이지 허공이라 하면 또한 허공이란 변에 떨어진다.
  그러니 그 무엇이라고 할 수 없는 ‘있는 그대로’ 일 뿐인 것이다.

‘원만하기가 태허공과 같아서 모자람도
없고 남음도 없으며’ 한가로이 일삼을 것이 없다.
다른 경계를 억지로 끌어들여 설명하려 하지 말 것이니,
설명하려들면 벌써 식(識)이 이뤄지고 만다.

여래는 원래 그렇게 되어 있었고 과거 현재 미래를 상통하여 항일한
것이며, 변하거나 멸하지도 않고 생겨나는 것도 아니니 ‘원만하기가 태
허공과 같아서 모자람도 없고 남음도 없으며’ 한가로이 일삼을 것이 없
다고 하시어 무위(無爲)이며 무작(無作)인 것이다.
  그러므로 이 여래를 설명하려 어떤 명칭이나 개념이나 비유를 들어
도 다 그것은 아닌 것이며 설명하려고 한다면 이미 식심(識心)이라고
하신다.

“그러므로 말하기를
‘원성실성(圓成實性)은 의식의 바다에 잠겨서 나부끼는

쑥대처럼 흘러 도네' 라고 하였다."

그러므로 이 여여를 일러 원성실성(圓成實性)이라 한다고 하시면서 원성실성이란 원래의 불성이며, 마음의 체를 일러 하는 말인 것이다. 이 원성실성인 체는 의식이 일어났다 꺼졌다 하는 가운데 함께 하면서도 드러나지도 않고 그렇다고 의식도 아님을 들어 말씀을 하고 계신다.

"그저 말하기를 '나는 알았으며 배워서 얻었으며 깨달았으며
해탈하였으며 도의 이치를 얻었노라' 고 한다.
그러나 자기가 강한 곳에서는 뜻대로 되지만 약한 곳에서는
뜻대로 되질 않는다면 이런 견해가 무슨 쓸모가 있겠느냐."

그러니 이 여여는 배워서 아는 것도 아니요, 깨달아 아는 것도 아니며 벗어나서 되는 것도 아니니 스스로 미혹하여 알았다느니 얻었다느니, 도의 이치를 얻었다고 하는 것은 전부 하나같이 식심의 의식에서 하는 소리이지 여래와는 아무 관계가 없는 말일 뿐인 것이다. 어찌 이것이 어디에 쓸모가 있을 것이며 생사를 벗어나는 경지에 있어서야 무슨 소용이 있겠느냐고 하신다. 깊이 사유할 것이로다.

"내 너에게 말하노니, 한가하여 스스로 일 없도록 하여
쓸데없이 마음을 쓰지 말라. '참됨을 구할 필요가 없나니,
오직 모든 견해를 쉴지니라' 고 한 것이다."

그래서 스님은 정연히 일러주신다.

어떤 마음이든 견해를 지으면 다 작위와 지향이 있는 것이니, 오직 모든 견해를 쉬는 것이 곧 수도이며 수행이라고 하신다.

"그러므로 안으로 봄[內見]과 밖으로 봄[外見]이
모두 잘못이며 부처의 도와 마구니의 도가 모두 나쁜 것이니라.
그렇기 때문에 문수보살이 잠깐 두 견해를 일으켰다가
그만 두 철위산 지옥으로 떨어진 것이다."

안으로 보는 것이나 밖으로 보는 것이나 다 작위와 지향일 것이다. 그러니 부처가 되고자 하는 것이나 마구니의 도가 다른 것이 아니라 다 작위라는 것이다. 무엇이든 지향하는 바가 있으면 안 된다는 것이며, 문수보살은 지혜의 상징인 보살이나 잠깐동안 중생을 구제하여야 한다거나 이끌어 지혜방편을 베풀어야 한다는 한 생각을 일으키다 바로 지옥인 철위산으로 떨어진다고 말씀하고 계신다. 그러니 무엇이든 함[作爲]의 법은 다 허망한 것임을 일깨우고 계신 것이다.

"문수보살은 참된 지혜의 상징이고
보현보살은 방편적인 지혜의 상징이다.
방편과 참됨이 서로서로 작용을 하여 끝내는 방편과
참됨 그것마저도 사라지고 오로지 한마음뿐인 것이다."

문수와 보현은 오직 보신불과 화신불인 것이다.
즉 마음의 작용이며 공덕장인 것이다. 마음의 본체에서 본다면 작용과 공덕장은 다 결국은 허망함으로 돌아가므로 그 어떤 마음의 작용도 공덕장도 인연법에 의하여 사라지고 마는 것이므로 오로지 한마음만이 진실여상하다고 하신다.

> "마음은 결코 부처도 아니고 중생도 아니다.
> 서로 다른 견해가 있는 것이 아닌데
> 부처의 견해를 갖기만 하면 바로 중생의 견해를 내게 되느니라."

그러니 마음을 보고 부처라 하거나 중생이라 하거나 다 이것은 편견으로 이름을 붙였을 뿐 마음 자체는 허공성인데 어찌 이름이 필요하겠는가. 그러니 어떤 견해를 갖기만 하면 작위가 되어 차별심에 떨어지는 것이니, 이것을 들어 중생의 견해라고 하시는 것이다.

> "있다는 견해[有見], 없다는 견해[無見], 영원불변하다는 견해[常見],
> 단멸한다는 견해[斷見]가 바로 두 철위산 지옥을 이룬다."

그러므로 있다는 견해나 없다는 견해 또는 영원하다는 견해나 아주 아무 것도 없어서 단멸이라고 하는 견해 역시 다 편견이어서 이런 편견들이 모여 철위산 지옥을 이룬다고 하시면서 어떤 견해를 짓든 다 지옥업을 짓는 것이라고 경계하신다.

> "이처럼 견해와 장애를 받기 때문에
> 역대의 조사들께서 일체 중생의 본래 몸과 마음이
> 그대로 부처임을 바로 가리키신 것이다."

이처럼 어떤 견해이든 내어서 이것이다 저것이다 국집하고 집착하여 차별에 떨어지는 것이니 이것을 안타까이 여기시어 본래 몸과 마음이 그대로 부처임을 가리키신다고 정련하게 일러 주신다.

"이것은 닦아서 되는 것도 아니고 점차적인 단계를
밟아서 얻을 수 있는 것도 아니다.
밝음이나 어두움에 속하지도 않아서 밝음이 아니기 때문에
밝음도 없으며 어둠이 아니기 때문에 어두움도 없다.
그러므로 밝음 없음[無明]도 없으며
또한 밝음 없음이 다함[無明盡]도 없다."

이 본래 마음인 본래심(本來心)은 그 어떤 수행이나 점차적인 수도를 통해 밝혀지는 것이 아니라 본래부터 그렇게 밝아 있다는 것이다. 그러므로 차별적 분별심을 내지 않으면 지금 그대로의 마음인 것이며, 이것이 바로 부처인 것이다.

그 부처를 보고 밝다느니 어둡다는 말을 붙이면 그 마음에는 밝음도 어둠도 어둠이 다함도 없다라고 하셨으니, 부처님께서 『반야심경』에서 '무명역무무명진(無明亦無無明盡)'이라고 하신 것과 같은 말이다.

"우리 선가의 종문에 들어와서는 누구든지
뜻을 간절하게 가져야 한다.
이와 같이 볼 수 있는 것을 이름하여 법이라 하고
법을 보기 때문에 부처라고 하며
부처와 법이 모두 함께 없는 것을 승(僧)이라 부르며,

하릴없는 중이라 부르며, 또한 한 몸의 삼보[一三]라 하느니라."

그러므로 선가의 종문에서는 간절함만을 원하며 이 간절함을 이름
하여 법이라 하며 법을 보기 때문에 부처라고 한다고 하시면서, 부처
와 법이 모두 함께 없는 것을 승이라 칭하며, 할 일 없는 무사인(無事人)
을 일러 중이라 하며, 이 삼보를 통칭하여 '한 몸의 삼보[一三]' 라 한
다고 말씀하신다.

"대저 법을 구하는 이는 부처에 집착하여 구하지도 말고
법에 집착하여 구하지도 말며
대중에 집착하여 구하지 말아서
마땅히 구하는 바가 없어야 하느니라.
부처에 집착하여 구하지 않기 때문에 부처랄 것도 없으며
법에 집착하여 구하지 않기 때문에 법이랄 것도 없으며
대중에 집착하여 구하지 않기 때문에 승(僧)이랄 것도 없느니라."

법은 구하는 자는 부처에 집착하여 구하지도 말고 법에 집착하여 구
하지도 말고 나아가 대중이나 그 어떤 것에도 구하는 바가 없어야 한
다고 하신다.
그래야만 부처에 집착하지 않으므로 부처랄 것도 없고 법에 집착하
여 구하지 않기에 법이랄 것도 없고, 대중에게 집착하지 않기에 대중
이랄 것도 없으며 그렇기 때문에 승(僧)이랄 것도 없다고 하신다.
이 모든 것은 다 마음의 다른 이름이다.

8. 한 법도 얻을 수 없다

"스님께서는 지금 법을 말씀하고 계시거늘 어찌하여 승(僧)이랄 것도 없고 법(法)이랄 것도 없다고 말씀하십니까?"

"네 만약 가히 설명할 만한 법이 있다고 생각한다면, '음성으로써 부처님을 찾는 것'이 된다. 나[我]란 것이 있다고 견해를 내면 곧 처소(處所)인 것이다. 법 또한 법이라 할 만한 것이 없으니 법이란 바로 마음이니라."

그러므로 조사께서 말씀하셨다.

"이 마음의 법을 부촉할 때에 법이라 하는 법이 일찍이 무슨 법이던가. 법도 없고 본래 마음도 없으면 마음, 마음하는 법을 비로소 알리라. 실로 한 법도 얻을 수 없는 것을 이름하여 '도량에 앉음'이라고 한다. 도량이란 오직 일체의 견해를 일으키지 않는 것이다. 법이 본래 공(空)한 줄을 깨닫는 것을 공여래장(空如來藏)이라 하는데, 본래 한 물건도 없거니 어느 곳엔들 티끌과 먼지가 있겠느냐. 만약 이 소식을 안다면 유유자적하게 소요함인들 논할 바 있겠느냐."

"스님께서는 지금 법을 말씀하고 계시거늘
어찌하여 승(僧)이랄 것도 없고
법(法)이랄 것도 없다고 말씀하십니까?"

앞 단락에서 무엇이든 집착하거나 작위와 지향이 있어 지음이 있으면 다 허망한 것이며, 있는 그대로 완전한 것이어서 부처나 법이나 승이나 이런 이름에 현혹되어 본래불(本來佛)을 허물지 말라고 하였다. 그러나 배휴는 또 의심이 가시지를 않아 이렇게 물고 늘어진다. 지금 말씀하고 계신 것이 바로 법인데 어찌 법이 없다고 하시느냐고 따지고 묻는다.

그래서 황벽스님은 이렇게 말씀을 하신다.

"네 만약 가히 설명할 만한 법이 있다고 생각한다면
'음성으로써 부처님을 찾는 것'이 된다.
나[我]란 것이 있다고 견해를 내면 곧 처소(處所)인 것이다.
법 또한 법이라 할 만한 것이 없으니 법이란 바로 마음이니라."

설명할 만한 법이란 '이것이 법이다'라고 말할 수 있는 실재하는 법이 있는 것이 아니라, 마음의 작용과 덕상을 들어 말하고 있는 것이다. 어찌 그것을 법이라고 하느냐! 무유정법(無有定法)이다. 만약 그것을 법이라 한다면 이미 법이 아닌 것이 된다.

내가 말하는 말을 보고 법이라고 하다니, 듣지도 못했는가! 고불께서 '이음성구아 시인행사도(以音聲求我 是人行邪道)'라고 하신『금강경』사구게를. 소리를 보고 법이라고 한다면 바로 내가 있고 소리를 듣는 처소가 있는 것이 된다. 그러므로 법이 법 아닌 줄 알아야만 바로 법이 그대로 마음임을 알아차릴 수 있다.

"그러므로 조사께서 말씀하셨다.
이 마음의 법을 부촉할 때에
법이라 하는 법이 일찍이 무슨 법이던가.
법도 없고 본래 마음도 없으면
마음 마음하는 법을 비로소 알리라."

조사님들이 이심전심으로 마음을 전하는 것이 바로 법을 부촉하는 것인데, 그럼 그 법이 무슨 법이냐 하면 바로 법도 없고 본래 마음도 없으며 전할 수 없는 그 마음을 전한다는 것이다.

"실로 한 법도 얻을 수 없는 것을
이름하여 '도량에 앉음'이라고 한다.
도량이란 오직 일체의 견해를 일으키지 않는 것이다."

실로 한 법도 얻을 수 없는 것을 이름하여 '도량에 앉음'이라고 하신 것은, 무심인 마음의 체에서 본다면 그 마음의 작용이 바로 법인데 그 법은 인연 따라 있다가 인연이 다하면 사라지는 실체가 없는 것이다. 그러므로 없다고 하신 것임을 알아야 하는 것이다.

작위와 지향이 없는 것을 도량이라고 하시어 작위와 지향이 없으며 범부와 성인이 없는 평상심시도(平常心是道)를 다시 한 번 일깨워 주고 계신다.

"법이 본래 공(空)한 줄을 깨닫는 것을
공여래장(空如來藏)이라 하는데
본래 한 물건도 없거니
어느 곳엔들 티끌과 먼지가 있겠느냐."

제법공상(諸法空相)을 깨닫는 것을 일러 공여래장이라 하신다.
여래장이란 모든 공덕을 구족하였으나 형상이 없으므로 텅빈 그대가 바로 성공덕장이듯이 이것을 스님은 공여래장이라고 하신다. 저 허공처럼 텅 빈 불성의 바다에 본래무일물(本來無一物)인데 어느 곳엔들 티끌과 먼지가 있겠느냐며 혜능선사의 시 한 구절을 들어 일러 주신다.

"만약 이 소식을 안다면 유유자적하게
소요함인들 논할 바 있겠느냐."

이 소식은 본래무일물이다.
즉 텅빈 불성의 바다에 노닌다면 무엇이 걸림이 있고 무엇이 걱정할 일이 있을 것이며, 무엇이 집착할 일이 있겠는가.
오직 바람이 부니 벚꽃이 휘날릴 뿐 눈앞에 바로 허공 꽃만 만발하였구나!

9. 한 물건도 없음(無一物)

"본래 한 물건도 없다고 하신다면 한 물건도 없음이 과연 옳은 것입니까?"

"없다고 해도 맞지 않다. 깨달음이란 옳은 것도 없으며 그렇다고 앎이 없는 것도 없다."

"본래 한 물건도 없다고 하신다면
한 물건도 없음이 과연 옳은 것입니까?"

앞 단락에서 '한 법도 얻을 수 없다' 라는 말씀을 듣고도 배휴는 또 물고 늘어진다.

"그 입 다물라."라고 하면 될 것을 참 알뜰히도 챙겨주신다. 원래 무일물(無一物)이란 말을 쓴 사람은 바로 육조 혜능선사이다. 홍인화상 회상에 계실 때, 홍인선사께서 '한 게송을 지어오면 내가 법의를 전하여 내 법을 전하고자 한다'고 대중에게 말하자, 수제자인 신수가 계송을 벽에다 써놓았다. 그러자 홍인대사께서 '참 잘 지었다. 이 계송을 받아 지니면 인천에 복을 받으리라'고 하셨다.

게왈偈曰
신시보리수身是菩提樹요   심여명경대心如明鏡臺로다
시시근불식時時勤拂拭하야   물사야진애勿使惹塵埃어다

몸은 보리수요 마음은 밝은 거울
부지런히 털고 닦아서 때 묻지 않도록 하라.

이 계송 소식을 들은 방아거사 혜능이 글을 읽지 못하니 옆에 있는 도반에게 물어 '무엇이라고 썼는지 가리쳐 달라'고 하여 듣고는 '그럼 나도 한 계송을 짓고 싶은데 글을 써줄 수 있는가'라고 하니 '그렇게 하라'하여 한 계송을 지었으니, 이게 그 유명한 본래무일물(本來無一物)이다.

이 글을 본 많은 수좌들이 동요하자 홍인대사가 쓸데없는 글이라며 지워버렸다. 그러나 이 글을 통하여 혜능의 근기를 알아보시고 방앗간으로 가 혜능에게 "방아 일은 다 했는가?" 하니 혜능이 "이제 체질만 하면 됩니다." 하니 방아를 세 번 찍고 가셨다.

삼경에 혜능이 홍인대사 조실에 들어가니 병풍을 둘러치고『금강경』을 설하신 후 법의를 전하면서 '남으로 가라'고 하였다. 야밤에 법을 전하고 배를 태워 손수 건네주었던 것이다.

이렇게 하여 조계의 법이 혜능에게 전해지게 되었던 것이다.

바로 이 게송이다.

보리菩提는 본무수本無樹요   명경明鏡도 역배대亦非臺라
본래무일물本來無一物이어니   하처何處에 야진애惹塵埃이오

보리에 나무 없고   거울 또한 거울이 아니다.
본래 한 물건 없거니 어느 곳에 티끌이 일어나랴.

이 게송에서 말해주듯이 청정법신 비로자나불이라는 본심에는 형상도 없고 차별하는 분별심도 간택하는 간택심도 원래 없었다. 그러므로 본래면목인 텅 빈 불성인 청정심인 심지(心地)를 투득하였던 것이다.

그런데 배휴가 '무일물이라고 하면 되지 않는다는 것'은 바로 또 심지에 스스로 만든 분별심과 간택심으로 이분법인 차별상을 만들어 있다 없다고 따지고 있다. 그래서

"없다고 해도 맞지 않다.
깨달음이란 옳은 것도 없으며
그렇다고 앎이 없는 것도 없다."

있다 없다라는 분별심인 이분법을 떠나 지금 여기 바로 눈앞에 펼쳐진 여여한 그대로 진실을 보라는 뜻으로 '없다고 해도 맞지 않는다'고 말씀하시며, 그래서 깨달음이란 옳다 그르다, 있다 없다, 앎도 무지도 아니라 '지금 있는 그대로'라는 진리를 설파해주고 계신다.

10. 마음 밖에 다른 부처가 없다

10-1. 어떤 것이 부처입니까(如何是佛)

"어떤 것이 부처입니까?"

"너의 마음이 부처이니라. 부처는 곧 마음이니, 마음과 부처가 서로 다르지 않기 때문에 '마음이 곧 부처' 라고 하는 것이다. 마음을 떠나서는 따로 부처가 없느니라."

『완릉록』 전체를 들어 이 한 물음과 답변이 시작이며 결론이다.

이제 황벽선사는 입을 열 필요가 없다.

선문답의 물음이란 여하시불(如何是佛) 즉 '부처가 무엇입니까?' 라는 물음 밖엔 없다. 무엇을 물어보건 그것은 전부 이 한마디라고 보아야 한다.

"어떤 것이 부처입니까?" 하며 배휴가 물었다.

배휴가 왜 물었을까? 바로 후일을 도모하고자 물었다.

지금 이 글을 읽고 있는 그대를 위한 황벽선사의 즉답이다.

심즉불(心卽佛), 마음이 바로 부처다.

이 말은 누가 했는가.

석가세존이 마하가섭에게 하셨고 마하가섭은 아난존자에게 하였다. 그 이후 이십팔대 보리달마에게 하였다. 그리고 동토에서는 혜가, 승찬, 도신, 홍인, 혜능, 회양, 마조스님까지 이어져 왔다.

마조스님은 즉심즉불(卽心卽佛)이라고 하셨고, 백장스님이 심즉불(心卽佛)이라 하셨는데, 지금 황벽스님도 역시 심즉불(心卽佛)이라고 하신다. 더 물을 말이 있는가. 더 전해줄 말이 없다.

그래서 부연하여 이렇게 설해 주신다.

"부처는 곧 마음이니, 마음과 부처가 서로 다르지 않기 때문에 '마음이 곧 부처' 라고 하는 것이다.
마음을 떠나서는 따로 부처가 없느니라."

부처라는 말은 범어로 붓다이며 중국에서는 불타라고 하였다. 그러다 그 말이 변하여 우리나라에서 부처가 된 것이다.

경전은 다 마음을 설하신 것이며, 세존께서 심법계인 마음을 떠나서 설하신 경은 아무것도 없다. 오직 마음 하나만 설하시고 그 마음이 부처임을 은밀히 부촉하셨던 것이다.

황벽스님 역시 마음법을 설하셨고 방편을 베푸신 것이지만 여기서 직설적으로 가리켜 주셨다.

선사들 역시 모두다 마음의 변화인 심법계를 방편으로 베푸셨고 가리켰던 것이다. 그러니 마음을 떠나 한마디라도 한다면 그것은 불교도 부처님의 법도 아니며 오직 중생을 현혹하는 사도(邪道)인 것이다.

10-2. 너의 마음이 본래 부처

"만약 자신의 마음이 부처라 한다면, 달마스님이 인도에서 오시어 어떻게 그것을 전수하셨습니까?"

"달마스님이 인도에서 오셔서 전한 것은 오직 마음의 부처이니라. 즉 너의 마음이 본래 부처임을 바로 가르쳐 주신 것이며, 마음과 마음이 다르지 않기 때문에 조사라 부르느니라.

만약 곧바로 이 뜻을 깨닫는다면 곧 삼승의 모든 지위를 단박에 뛰어넘어서 본래의 부처인 것이니, 결코 점차로 닦음에 의지해서 이루는 것이 아니니라."

무엇이 부처입니까? 여하시불(如何是佛)이라고 배휴가 물으니, 황벽스님이 심즉불(心卽佛)이라고 직설적으로 바로 가르쳐 주셨다. 그런데 배휴는 이해가 되지 않는다. 지금 이 글을 읽는 사람도 마찬가지다. 왜 그럴까. 부처는 높고 고귀하고 깊고 은밀하고 육신통과 십안을 가졌고 만유에 두루 통하여 막힘이 없고 여탈자재하고 열반을 이루신 분이라는 착각에 빠져 있다. 참 엄청난 착각이다. 이 의심과 착각이 바로 중생이라는 단어를 만들어냈다.

스님들이 집단화 조직화 되면서 서서히 종교적 색법을 만들어내어 "바로 부처는 신성이다."라고 말하면서부터 중생과 부처라는 차별상을 만들어 왔다. 법문할 때마다 부처님께 잘하면 다 잘된다며 불자들을 현혹하여 너희들은 중생이니 부처님을 섬겨 받들고 예경찬탄하고 우러러 받들라고 하며 신성과 중생을 둘인 것으로 가르쳐왔다.

사바세계의 일체 종교가 다 그렇듯이 우리 중생은 차별상속의 신성을 내세운 신성에 종속된 피조물이요, 신성의 노예가 되어버린 것이 현실이다. 그래도 그렇게 하면 뭔가 얻을 것이 있고 잘된다 하면서 운명론을 믿고 나는 중생이니 하면서 체념하고 믿고 의지하고 있다.

그래서 이것이 종교가 되어버리고, 몸은 국가와 정치가들의 가축이 되어버리고, 정신인 마음은 종교의 피조물이 되어 노예로 살아간다. 아무런 행복을 모르면서 몸과 마음을 송두리째 빼앗긴 채 부질없이 도살장에 끌려가는 소처럼 우리는 숙명이다 하면서 업해파랑의 화택을 살아갈 뿐이다.

이 얼마나 통탄할 일인가!

석존의 가르침은 종교(宗敎)가 아니다.

석존과 조사들의 가르침인 선불교는 바로 진리(眞理)인 것이다.

석존께서 『금강경』을 설하여

약이색견아(若以色見我) 이음성구아(以音聲求我)

시인행사도(是人行邪道) 불능견여래(不能見如來)라 하셨다.

"나를 보고 부처라고 하거나, 나의 말을 부처님 말씀이라고 하는 자는 삿된 도를 행하는 자들이며 여래를 볼 수 없다." 라고 그토록 읽고 들어도, 스님이라고 칭하는 도인들은 누구 할 것 없이 '부처님은 신이다. 받들라, 믿으라' 라고 하고 있으니 이런 분들을 어찌 부처님의 제자라고 말할 수 있겠는가?

이렇게 수행도량이 고정화되고, 형식화, 도식화, 집단화되어 영리집단으로 변해버린 현실 속에서 여기에 부합한 불쌍한 불자들까지 부처를 마치 만유에 형통하여 신통을 부리는 신으로 둔갑시켜버린 것이다.

우리 주위를 둘러보라. 참 말세는 말세다. 바로 말법시대인 것이다.

석존께서는 다 알고 계셨다. 말법시대에는 오탁악세(五濁惡世)의 세상이 되고 정법은 사라지고 사법만 횡행하는 마구니의 세상이 되고 승들의 옷이 중생들의 복전이 될 것이라고. 그러니 머리만 깎으면 스님이 되는 세상이니...

조선시대 이방원과 정도전이 성리학을 숭상하면서 불교말살 정책을 펴던 억불시대에 유생과 중들이 구별이 안 되니 머리를 깎이고 도성을 출입하는 중들은 이마에 불도장을 찍던 시절, 그 아픈 현실 속에 깎였던 머리가 지금도 자랑삼아 깎고 있으니 이 얼마나 통탄할 일인가!

승들의 옷은 어떠한가?

억불시대에 살아남기 위하여 유생들의 도포를 흉내내 입고 머리를 길러 승이 아닌 것처럼 위장하기 위하여 머리에는 삿갓을 썼다. 옷은 도포자락을 휘날리며 지팡이를 짚고 유랑하는 유생같이 속이기 위하여 입었던 옷이 지금의 가사 장삼이 된 것이다.

그 뿐인가. 중국의 도교에서 사용한 요령과 목탁, 샤머니즘들이 사용한 쾌징 등이 불교의 사물로 등장한다.

불교의 모습과 형상과 법과 그 모든 것이 다 사라지고 없는데도 세계에서 불교가 온전히 살아 숨쉬는 곳이 한국뿐이라는 말을 한다.

한국불교를 통불교라고 한다.

그게 무슨 소리냐? 도교, 유교, 샤머니즘 거기에 기독교, 천주교, 회교까지 넘쳐나며 불교는 바람 앞의 등불처럼 일부 납승들에 의하여 겨우 그 명맥을 유지하며 형식적 불교가 뒤섞여 있다. 그럼에도 우리는 원융사상이라 무엇이든 다 받아들인다고 하면서, 진정한 불교가 무엇인지 스님들조차 모르는 잡탕이 바로 우리한국의 통불교인 것이다.

그나마 불교을 알면 안 되는 이유가 무엇이냐. 불교를 하면 종교가 안 되고 승들이 살아갈 수 없으니 다 버린 것 아닌가!

분소의를 입고, 먹는 것은 탁발을 하여 먹어야 하며, 중생의 시주물을 받거나 초대에 응하거나 혼자의 공양을 받으면 안 되는 사마니죄를 다 범하고 있으면서, 앉아서 편하게 '이뭣꼬!' 하면서 불자들을 혹세무민하고 있는 수행자들이 난무하는 작금의 실태를 그대! 눈이 있다면 조금은 보아라!

이런 말을 어디서 하겠으며 어디다 글을 쓰겠는가. 그러니 정말 마음 길을 가는 납승들은 어디서 한 소리를 하겠는가!

납승이 없어서 진리를 설하지 못하고 들을 수 없겠는가? 해도 못 알아 들으니 안 할 뿐이고, 하면 미친 스님으로 욕만 하니 누가 하겠는가! 차라리 깊은 산속 찾아 혼자 살든지 아니면 미친 짓을 하든가!

그만 쓰자. 내 손과 귀와 눈이 아프다.

여기서 배휴도 마찬가지지만 의심으로 받아들이니 이 글을 읽는 그대 역시 마찬가지일 것이다. 마음이 바로 부처다. 즉 마음이라 하나 부처라고 하나 둘이 아닌 하나이다 하면, 바로 그렇구나! 마음을 보고 인도에서는 붓다라고 하였구나! 그리고 중국에서는 불타라고 하더니 한국으로 와 부처라고 하는구나.

이렇게 알아 들어서 바로 마음을 회광반조하여 모든 것이 마음의 화현임을 알면 공부고 수행이고 바른 믿음 즉 신심이 생겨 일촉지에 불계로 갈 수 있다. 불계로 가버리면 그대로 사람이 부처이고 행동이 부처행이고 일거수일투족이 다 부처행이 되는 것이다.

그래서 여러분들을 대신해서 그 의심을 다시 배휴가 토해낸다.

"만약 자신의 마음이 부처라 한다면,
달마스님이 인도에서 오시어 어떻게 그것을 전수하셨습니까?"
마치 마음이 무슨 물건이라도 되는 것이냐?
그래서 황벽스님이 다시 한 번 일러 주신다.
"달마스님이 인도에서 오셔서 전한 것은 오직 마음의 부처이니라.
즉 너의 마음이 본래 부처임을 바로 가르쳐주신 것이며,
마음과 마음이 다르지 않기 때문에 조사라 부르느니라."

달마대사가 마음을 전했다고 하나 마음을 전한 것이 아니라 '지금 그대 마음 그 자체가 바로 부처'라는 가르침을 전한 것이다.

생명을 가진 모든 생명들의 원천인 그 마음을 일러 부처라고 상세히도 가르쳐 주신다. 그래서 이 심즉불(心卽佛), '마음이 바로 부처다'라고 다시 한 번 설하시면서 그래서 석존께서 가섭으로 가섭에서 아난으로 그렇게 삽십삼조의 스님들이 마음이 부처임을 알려 주고 대를 이어 왔으므로 조상 조(祖)자를 써서 조사(祖師)라고 한다고 말씀하신다.

"만약 곧바로 이 뜻을 깨닫는다면, 곧 삼승의 모든 지위를 단박에 뛰어넘어서 본래의 부처인 것이니, 결코 점차 닦음에 의지해서 이루는 것이 아니니라."라고 하시면서, 제발 의심을 버리고 단 한 번이라도 그렇구나 하면서 바로 믿어버리면, 모든 수행의 오십이단계를 훌쩍 뛰어넘어 바로 불계로 들어간다고 자세히도 알려 주신다.

우리가 수행을 해서 불지에 이른다는 점차나 수행단계들은 우리들이 의심병 환자이며 불신이라는 상이 마음을 덮고 있어 바른 말을 들을 수 있는 귀가 없고 바른 것을 볼 수 있는 눈이 없고 바름을 받아들일 수 있는 마음이 없기 때문에 만들어진 것이다.

그럼 지금 이 글을 읽고 있는 그대는 받아들이겠는가?

아리송하게 못 믿는다면 더 이상 불교를 믿지도 말고 그냥 그 마음을 죽여라. 제발 그냥 죽이는 것이 진정 열반에 이르는 길이니....

10-3. 법의 문[無爲法門]

"만약 그렇다면 시방의 모든 부처님께서 세상에 출현하시어 무슨 법을 말씀하십니까?"

"시방의 모든 부처님께서 세간에 나오셔서 오로지 한마음의 법만을 말씀하시니라. 그러므로 부처님께서 마하대가섭에게 그것을 은밀히 부촉하셨느니라. 이 마음법[心法]의 본체는 허공계를 다하여 온 법계를 두루하기 때문에 모든 부처님의 이치라고 부른다.

이러한 법을 논하건대 너는 어찌 언어, 문자로써 그것을 알 수 있겠는가. 또한 한 기틀, 한 경계 위에서 결코 심법(心法)을 볼 수 없는 것이니, 오로지 묵묵히 계합할 따름이니라. 이 하나의 문을 얻는 것을 이름하여 하염없는 법의 문[無爲法門]이라 한다.

만약 깨쳐 알고자 한다면 다만 무심을 알아야 한다. 홀연히 깨치면 곧 되는 것이요, 만약 마음을 써서 배워 깨달으려 하면 할수록 더욱더 멀어지느니라.

갈라진 마음과 모든 취사(取捨)하는 마음이 없어서, 나무와 돌 같은 마음이 되어야만 비로소 도를 배울 분(分)이 있느니라."

"만약 그렇다면 시방의 모든 부처님께서
세상에 출현하시어 무슨 법을 말씀하십니까?"

아무리 말씀을 해도 지식과 자기 견해인 관념을 가지고 있는 인간은 누구나 어떤 말을 들어도 그 견해라는 것을 통해 받아들인다. 그러므로 바른 진리를 말해도 그 말을 자기 견해의 틀 속에 넣는다.

제칠식인 말라식, 즉 사량식을 통하여 해석을 해서 제팔식인 아뢰야식에 저장을 하기 때문에 바로 알아들을 수도 깨칠수도 없는 것이다. 그러나 배휴는 이미 다 깨달았다. 오직 후학을 위하여 이 황벽스님의 어록을 집필하다보니 각종 차별상을 만들어 묻고 답하는 식으로 구성하였다고 이해하며, 이 글들을 읽는다면 이해가 쉬울 것이다. 그래서 부처님들이 세상에 출현하여 무슨 법을 설하시냐고 묻는다.

법이란 것이 무엇인가?

바로 마음의 사유와 작용을 하여 드러내면 법이 된다.

말 한마디 행동 하나 두두물물이 일체시 일체처에 어묵동정(語默動靜)

행주좌와(行住坐臥)에 이 모든 것이 다 법이 되는 것이다. 그러나 여기서 말하는 법은 심법(心法) 즉 마음법이다. 그래서 이렇게 말씀하신다.

"시방의 모든 부처님께서 세간에 나오셔서 오로지 한 마음의
법만을 말씀하시니라. 그러므로 부처님께서 마하가섭에게
그것을 은밀히 부촉하셨느니라."

마음이 부처다!

이 말은 오직 심지(心地)에서 하는 말씀이다.

모든 경전이 다 마음을 설한 것이나 여기서 말하는 법은 심지법(心地法)을 말하고 계신다. 그래서 심인(心印)을 마하가섭에게 은밀히 부촉하셨다고 하신다. 왜 여기서 은밀히 부촉하셨다고 했는가.

그것은 말씀으로 하신 게 아니라 가섭이 알아차리도록 세 곳에서 마음을 전했기 때문이다. 그래서 직설이 아니라 마음으로 투득하여 깨닫게 하였으므로 은밀하게 부촉하셨다고 설하신다. 그리고 이 마음법[心法]의 본체[諦]에 대하여 설하신다.

"이 마음법[心法]의 본체는 허공계를 다하여
온 법계를 두루하기 때문에 모든 부처님의 이치라고 부른다.
이러한 법을 논하건대 너는 어찌 언어, 문자로써 그것을
알 수 있겠는가. 또한 한 기틀, 한 경계 위에서 결코 심법(心法)을
볼 수 없는 것이니, 오로지 묵묵히 계합할 따름이니라.
이 하나의 문을 얻는 것을 이름하여 하염없는 법의 문[無爲法門]
이라 한다."

설하신 것과 같이 가없는 허공계와 같은 마음은 온 법계에 두루 하며 태허공도 다 마음이 그려낸 것임을 설하시며, 심법을 투득하려면 이해(理解)와 해오(解悟)를 통하여 알아지는 것이 아니다.

바로 묵묵히 스스로 체달(採達)하여 계합(契合)함을 통해 깨달음에 이른다는 것을 말씀하시면서 이 깨달음의 문을 통하여 얻는 것을 하염없는 법의 문[無爲法門]이라고 하신다.

여기서 무위법문이란 '함이 없이 하는 것'을 말한다.

하고 지어가고 작용하되 드러나지 않으니, 함이 없는 무위(無爲)라 한다. 그러므로 오직 간절함 하나만으로 한마음이 계합이 될 때까지 좌선을 한다면, 좌선은 누가 봐도 함이 없는 것 같지만 하고 있는 것이 듯이, 마음의 일어남을 관하여 회광반조 한 마음도 일어나지 않는 경지로 가는 것을 통하여 무심(無心)을 증득하는 것이다.

그래서 스님은 무심을 증득하려면 어떻게 하여야 하는가?

궁금해 하니 이렇게 말씀하신다.

"만약 깨쳐 알고자 한다면 다만 무심을 알아야 한다.
홀연히 깨치면 곧 되는 것이요, 만약 마음을 써서
배워 깨달으려 하면 할수록 더욱더 멀어지느니라.
갈라진 마음과 모든 취사(取捨)하는 마음이 없어서
나무와 돌 같은 마음이 되어야만
비로소 도를 배울 분(分)이 있느니라."

무심을 증득하려면 배우고 공부하고 수행을 해서 아는 것이 아니라 우리의 마음에서 취사와 간택의 두 마음이 일어나지 않는 무정물 같은 경지를 체득해야 하는 것이다. 나무와 돌 같이 분별심이 일어나지 않는 경지를 증득해야만 심지인 본래마음으로 갈 수가 있으며, 그래야만 도를 배울 분(分)이 있고 바른 길을 가고 있다고 설해 주신다.

무심지도(無心之道)!

10-4. 망념은 본시 본체가 없는 것

"지금 갖가지 망념이 있는데, 스님께서는 어찌하여 없다고 하십니까?"

"망념은 본시 본체가 없는 것인데, 너의 마음이 허망하게 일으킨 것이다. 만약 네가 마음이 부처임을 안다면 마음은 본래 허망함이 없는 것이거늘, 어찌 마음을 일으켜 다시 망념을 알려 하느냐?

네 만약 마음을 내서 생각을 일으키지 않는다면 자연히 망념은 없을 것이다. 그러므로 말하기를 '마음이 일어나면 갖가지 법이 나고, 마음이 없어지면 갖가지 법이 없어진다' 고 하였다"

보설

무정물 같이 한 마음 일어남을 없이 하여 무심을 투득하라고 하니 승상 배휴가 또 의문이 생긴다. 아무리 정(靜)에 들려고 해도 한 생각 일어남은 어쩔 수가 없는데 이를 어찌 막을 수가 없다.

그래서 이렇게 묻고 있다.

"지금 갖가지 망념이 있는데
스님께서는 어찌하여 없다고 하십니까?"

망념은 본시 본체가 없는 것인데, 너의 마음이 허망하게 일으킨 것이다. 여기서 망념이란 무엇일까?

번뇌와 망상을 통칭하여 망념이라고 한다. 즉 한 생각 일어나면 모두가 다 망념이다. 그러면 마음이 살아있는데 어찌 움직이지 않을 수 있을까?

여태까지 오온으로 받아들인 모든 기억들이 저장이 되어 있고 그 쪽으로 돌리지 않아도 망상이 자연히 생성되고 날뛴다.

그렇다! 그것이 무엇일까?

그것이 한 마음이다. 번뇌와 망상이 바로 한 마음인 것이다. 경계가 바로 마음이듯이 번뇌와 망상도 한 마음이다. 어떠한 원인이든 일어나고 사라짐은 다 한 마음이다. 왜 그런가. 마음 외엔 그 어떠한 것도 없으니까 우주엔 한 물질도 존재하지 않는다.

이것은 과학적 차원에서도 다 밝혀졌다. 아인슈타인 박사가 증명했다. 그런데 과학적으로도 다 밝혀진 사실을 왜 못 믿을까? 바로 '마음 따로 작용 따로 경계 따로' 라는 분별심이 바로 그것이다. 모든 것이 마음뿐이고 일어남도 마음이요, 경계도 마음이요, 번뇌와 망상도 마음이다. 마음을 떠나 한 법도 존재치 않는 것이니까! 이 번뇌나 망상이나 경계와 마음이라는 명색으로 느껴지기 때문이다.

그래서 황벽스님이 "망념은 본시 본체가 없는 것인데, 너의 마음이 허망하게 일으킨 것이다."라고 하신다.

망념이란 말은 있다. 그러나 망념은 없다.

그러나 한 생각 일어나면 우리는 이것은 '내가 기억한 것의 마음이니 번뇌이고, 내 기억에 없는 것이 떠오르면 이것은 망상이다' 라고 스스로 다시 마음을 지어 판단하고 결론을 내린다. 바로 이것이 문제이다. 이것이 마음으로 마음을 짓는 것이다. 일어나면 일어나는 대로 '그냥 한 마음이 일어나는구나' 한 생각이 사라지면 '마음이 사라지는구나' 라고 그냥 감각(感覺)하면 된다. 그래서 백장스님은 그냥 그대로 감각되는 그 자체가 바로 부처라고 했다.

그래서 황벽스님도 이렇게 다시 일러주신다.

"만약 네가 마음이 부처임을 안다면
마음은 본래 허망함이 없는 것이거늘
어찌 마음을 일으켜 다시 망념을 알려 하느냐?
네 만약 마음을 내서 생각을 일으키지 않는다면
자연히 망념은 없을 것이다."

이렇게 정연하게 가르쳐 주는데도 마음을 모른다면 할 말이 없다.

손에 쥐여 주고 머리에 넣어 주신다. 마음이나 부처나 번뇌나 망상이나 그 어떤 것도 다 마음이다. 그냥 마음이 일어난다고 감각하면 되는 것을 지금 일어난 것은 또 무엇이냐 하면서 다시 마음을 일으키니까 앞생각과 뒷생각이 충돌하여 주와 객으로 벌어져서 갈등과 혼돈이 오는 것이다.

그러니 뒷생각을 일으키지 않으면 그대로 실상이요, 부처인 것이다.

그러니 망념이 어디에 있는가!!!

바로 다시 지어 만들어낸 그대의 한마음, 그것이 헛된 짓이므로 조작하지 말라고 하는 것이며, 알음알이라 하기도 하고 망상이라고 할 뿐이다. 그러니 망상이 바로 법이 되는 것이다. 망상이 바로 부처이고 마음인 것이다. 그래서 황벽스님은 이렇게 정연하게 방편을 베푸시고 계신다.

'마음이 일어나면 갖가지 법이 나고, 마음이 없어지면 갖가지 법이 없어진다' 고 하였다.

마음에서 한 생각 일어나면 부처가 화현하는 것이고 마음에서 한 생각 사라지면 부처가 열반하는 것이다!!!

10-5. 부처는 어느 곳에 있습니까?

"지금 바로 망념이 일어날 때 부처는 어느 곳에 있습니까?"

"네 지금 망념이 일어난 것을 깨달았을 때에 그 깨달음이 바로 부처님이다. 그런 가운데 망념이 없다면 부처 또한 없느니라. 무엇 때문에 그러한가? 네가 마음을 일으켜 부처의 견해를 지어서 문득 이룰 만한 부처가 있다고 하며, 중생의 견해를 지어서 제도할 중생이 있다고 하는데, 마음을 일으키고 생각을 움직이는 것이 모조리 너의 견해가 작용하는 곳이기 때문이니라.

만약 일체의 견해가 없다면 부처는 어느 곳에 있겠느냐? 마치 문수가 부처라는 견해를 일으키자마자 바로 두 철위산 지옥에 떨어진 경우와 같은 것이다."

보설

"지금 바로 망념이 일어날 때 부처는 어느 곳에 있습니까?"

망념은 실상이 없다.

'망념 그 자체가 마음이다' 라고 하였으면 마음이 부처이니 망념 그 자체가 부처이다. 그런데 마음 따로 망념 따로 있다는 분별심이 가시지를 않는다.

그래서 망념이 일어날 때 '부처는 어디에 있습니까?' 라고 묻고 있다. 이때는 방으로 삼십방하며 두들겨 패야 한다. 마조스님이라면 그냥 발로 차버렸을 것인데 차분하게 참 친절히도 가르쳐 주신다.

"네 지금 망념이 일어난 것을 깨달았을 때에
그 깨달음이 바로 부처님이다.
그런 가운데 망념이 없다면, 부처 또한 없느니라."

망념이 일어난 것을 한 생각이 일어나는구나 하면서 알아차리는 것, 즉 감각(感覺)되어지는 그 자체가 바로 부처이다. 그러니 망념이 일어날 때 그 일어나는 것을 감각하는 그 놈이 바로 부처인 것이다. 부처는 인연따라 드러났다가 인연이 없으면 사라진다. 즉 망념이 인이 되어 부처가 화현하는 것이다. 그러니 망념이 사라지면 부처도 사라진다.

둘이면서 하나이고 하나이면서 둘인 것이다. 그래서 인과 연은 동시생(同時生)이며, 동시멸(同時滅)인 것이다. 그래서 망념이 일어나니 부처가 있고 망념이 사라지면 부처 또한 없다고 하신다.

그래서 다음과 같이 상세히 설명을 하고 계신다.

"무엇 때문에 그러한가?
네가 마음을 일으켜 부처의 견해를 지어서 문득 이룰 만한
부처가 있다고 하며, 중생의 견해를 지어서 제도할 중생이
있다고 하는데, 마음을 일으키고 생각을 움직이는 것이
모조리 너의 견해가 작용하는 곳이기 때문이니라.
만약 일체의 견해가 없다면 부처는 어느 곳에 있겠느냐?"

즉 마음을 일으킨다는 것이 바로 생각이 떠오르는 것이다. 그 떠오른 생각이 바로 부처가 감각하는 곳이다. 그러니 부처의 견해를 지으면 부처라 하고 중생의 견해를 지으면 중생이라고 하지만 부처라는 명색은 그 작용의 형상을 설명하기 위하여 붙여진 이름이다.

그러니 무슨 생각이 떠오르건 모두 다 부처의 작용인 것이다. 그 생각이 어떤 것을 짓더라도 다 나의 견해이며 나의 생각이며 나의 망상이며, 이것이 다 나의 마음이니 그대로 부처인 것이다. 그러니 생각이나 망념이나 부처가 없다면 이것이 어디서 나오겠느냐.

부처라는 말은 그 일어나는 속에 같이 있다. 그러므로 생각이 일어나면 부처가 있고 생각이 사라지면 부처가 사라지는 것이다.

그래서 그 예를 들어 이렇게 설파하신다.

"마치 문수가 부처라는 견해를 일으키자마자
바로 두 철위산 지옥에 떨어진 경우와 같은 것이다."

라고 하시는 것은 한 생각이나 망념이나 떠오르면 바로 부처의 출현이요, 화현인데 거기에다가 머리 위에 머리를 얹는 것처럼 '아, 이것이 부처구나' 하는 견해를 다시 지으므로 문수보살처럼 지혜로운 보살도 바로 지옥으로 떨어진다고 하신다.

그대도 지금 또 이 글을 보고 견해를 지어 머리를 굴리고 있지.

하! 하! 그게 바로 지옥 가는 지름길이다.

팔만사천 지옥이 왜 건설되느냐.

수많은 그대의 견해가 지어낸 것이로다.

10-6. 산은 산이요 물은 물이로다 [山山水水]

"이제 바로 깨달았을 때 부처는 어느 곳에 있습니까?"

"물음은 어느 곳으로부터 왔으며, 깨달음은 무엇으로부터 일어났느냐? 일상의 어묵동정간에 모든 소리와 빛깔이 모두 불사(佛事) 아님이 없거늘 어느 곳에서 부처를 찾겠느냐?

머리 위에 머리를 얹지 말며 부리 위에 부리를 더하지 말라. 그저 다른 견해만 내지 않으면 산은 산, 물은 물, 승(僧)은 승, 속(俗)은 속일 뿐이니라.

산하대지와 일월성신이 모두 너의 마음을 벗어나지 않으며, 삼천대천세계가 모두 너의 본래면목인 것이다. 그런데 어느 곳에 허다한 일들이 있겠느냐? 마음 밖에 법이 없으니 눈 가득히 푸른 산이니라. 허공세계가 밝고 깨끗하여 한 터럭만큼도 너에게 견해를 짓게 하지 않는다. 그러므로 모든 소리와 빛깔들이 그대로 부처님 지혜의 눈이니라.

법은 홀로 일어나지 않고 경계를 의지해야만 비로소 생긴 것이니, 경계때문에 그 많은 지혜가 있는 것이다. 종일 말하나 일찍이 무슨 말을 하였으며, 종일 들으나 일찍이 무엇을 들었느냐?

그러므로 석가세존께서 사십구년 설법하셨어도 일찍이 한 글자도 결코 말씀하시지 않은 것이니라."

"이제 바로 깨달았을 때 부처는 어느 곳에 있습니까?"

"물음은 어느 곳으로부터 왔으며

깨달음은 무엇으로부터 일어났느냐?

일상의 어묵동정간에 모든 소리와 빛깔이

모두 불사(佛事) 아님이 없거늘 어느 곳에서 부처를 찾겠느냐?

머리 위에 머리를 얹지 말며, 부리 위에 부리를 더하지 말라."

하하! 마이동풍이다.

말해도 못 알아 들으니 무엇이라 할까. 여기서 승상 배휴가 몰라서 물을까? 아니다. 지금 읽고 있는 그대들을 위하여 구성된 글이기 때문이다.

'망상이 일어날 때 부처는 어디에 있습니까?' 와 '바로 깨달았을 때 부처는 어디에 있습니까?' 는 다른가 같은가? 같은 말이다. 왜 그런가 형상은 다르지만 그 마음의 작용면에서 본다면 같은 것이니까.

그래서 황벽스님이 차근차근 삼근기에게 들려주듯이 다시 설명을 부연한다. 일상사의 어묵동정 간에 모든 소리와 빛깔이 모두 불사(佛事)아님이 없다는 것은 불사란 부처의 작용을 말하는 것이니, 무엇이든 일으키면 모든 것이 다 부처가 하는 것이다.

왜 그런가? 부처밖엔 없으니까!

이것이 바로 유불(唯佛)이며 일불승(一佛乘)이며 일승법(一乘法)인 것이다. 그런데 여기서 부처 따로 부처의 작용 따로 이렇게 분별해서 형상 따라 이름이 붙여진 줄 모르고 실상의 부처가 있고 중생이 있고 망상이 있고 깨달음이 있다고 하는 그것이 바로 다시 마음을 조작하여 만들어내는 견해인 것이다.

그래서 머리 위에 머리를 얹지 말라고 하신다.

알겠는가? 알아도 그대로고, 몰라도 그대로다.

오직 부처밖에 없다.

그래서 간곡히 부탁을 하신다.

"그저 다른 견해만 내지 않으면
산은 산, 물은 물, 승(僧)은 승, 속(俗)은 속일 뿐이니라.
산하대지와 일월성신이 모두 너의 마음을 벗어나지 않으며
삼천대천세계가 모두 너의 본래면목인 것이다.
그런데 어느 곳에 허다한 일들이 있겠느냐?"

무엇이라고 하든 그것은 다 부처인 것이고 법인 것이고 마음인 것이고 깨달음인 것이고 망상인 것이다.

그러니 두두물물이 부처 아님이 없는 것이며, 무엇이라고 하든 산은 산이요 물은 물인 것이다. 여기서 산산수수(山山水水)라는 말이 나온다.

성철스님의 한소리는 언제나 '산산수수' 였다.

지금 여기 있는 그대로라는 것이다. 오직 부처뿐인데 무엇이 있는가?

부처를 보고 다시 다른 견해만 짓지 않는다면 일촉지에 바로 지금 그대가 부처인 것이다. 깨달은 것이고 부처님이 된 것이다. 그러니 부처님의 세상에서 본다면 일월성신도 마음바탕의 일월성신이고 삼천대천세계가 모든 내 마음의 화현이니 이것이 바로 우리의 본래면목인 것이다. 그러니 마음을 떠나 한 법도 없듯이 있는 그대로 완전한 자유를 누리는 것이다. 그래서 한 게송을 읊듯이 한 소절 하신다.

"마음 밖에 법이 없으니 눈 가득히 푸른 산이니라.
허공세계가 밝고 깨끗하여 한 터럭만큼도
너에게 견해를 짓게 하지 않는다.
그러므로 모든 소리와 빛깔들이 그대로 부처님 지혜의 눈이니라.
법은 홀로 일어나지 않고 경계를 의지해야만 비로소 생긴 것이니
경계때문에 그 많은 지혜가 있는 것이다.
종일 말하나 일찍이 무슨 말을 하였으며
종일 들으나 일찍이 무엇을 들었느냐?"

마음 밖에 법이 없으니 눈 가득히 푸른 산이니라.

오직 유식이다 하는 것이나 오직 부처밖에 없다 하는 것이나 오직 보이고 들리고 향기 맡고 몸으로 느끼고 머리로 생각하는 모든 것을 감각하고 있는 이 한 물건이 바로 마음이요, 부처인 것이다.

그러니 이 모든 것이 그대로 부처님의 지혜의 눈이라고 설파하신다.

법은 홀로 일어나지 않고 경계를 의지해서 일어나듯이 종일 말을 하나 들으나 무엇을 들었겠는가. 마음의 화현이 생겼다 사라졌다 하였을 뿐이니 다른 것이 아니라는 것이다. 그래서 인간사 일장춘몽(一場春夢)인 것이다. 그러니 황벽스님이 배휴에게 설한 수많은 법도 다 하였으나 함이 없는 무위법문이 되는 것이다.

"그러므로 석가세존께서 사십구 년 설법하셨어도
일찍이 한 글자도 결코 말씀하시지 않은 것이니라."

이것이 바로 일불승인 부처의 세계인 심법계이며 심법계를 설하는 것이 바로 일승법문(一乘法門)인 것이다.

원오선원 전경

11. 보리의 마음

"만약 그렇다면 어느 곳이 깨달음입니까?"

"깨달음은 일정한 처소가 없느니라. 부처라 해서 역시 깨달음을 얻는 것이 아니며, 중생이라 해서 깨달음을 잃는 것도 아니다. 깨달음은 몸으로 얻지 못하며, 마음으로도 구할 수 없는 것이니 일체중생이 그대로 깨달음의 모양이니라."

"그러면 어떻게 보리심을 냅니까?"

"보리는 얻는 것이 아니다. 네 지금 얻음이 없는 마음을 내기만 하면 결코 한 법도 얻을 수 없는 것, 그대로가 보리의 마음이니라. 보리는 머물 자리가 없기 때문에 얻을 그 무엇도 없다. 그러므로 말씀하시기를 '내가 연등부처님의 처소에서 작은 법도 얻을 수 없었으므로 연등부처님께서 나에게 수기하셨느니라' 고 하셨다.

일체중생이 본래 보리이므로 다시 보리를 얻으려 할 필요가 없음을 명백히 알아야 한다. 네 이제 보리심을 낸다는 말을 듣고 한 마음을 가지고 배워서 부처를 얻는다고 말하여 오로지 부처가 되려고 한다면 네가 삼대 아승지겁을 닦는다 해도 다만 보신, 화신의 부처만을 얻을 뿐, 너의 근본 연원인 참된 성품의 부처와는 아무런 상관도 없는 것이니

라. 그러므로 말하기를 '밖으로 구하는 모양있는 부처는 그대와는 닮지 않았도다' 고 하였다."

"만약 그렇다면 어느 곳이 깨달음입니까?"
"깨달음은 일정한 처소가 없느니라.
부처라 해서 역시 깨달음을 얻는 것이 아니며
중생이라 해서 깨달음을 잃는 것도 아니다.
깨달음은 몸으로 얻지 못하며, 마음으로도 구할 수 없는 것이니,
일체중생이 그대로 깨달음의 모양이니라."

묻고 또 물어 사구백비(四句百非)가 되어간다.
마음이 부처임도 알았고 망상이 부처임도 알았다. 그러면 깨달음이 어느 곳에 있느냐고 묻는다.
부처와 마음과 망상은 다 작용과 형상을 따라 붙여진 이름이다.
그러면 깨달음이라는 것은 무엇을 말하는가.
깨달음이란 작용과 형상이 일어나는 그 본체를 말한다. 다시 말해 마음은 형상이 없다. 그래서 느낄 수도 볼 수도 만질 수도 상상으로도 알 수 없는 것이다. 그러나 단지 작용이 일어나고 형상으로 지어지니 그 본체가 있을 것이라고 투득할 뿐이다.
그래서 황벽스님은 깨달음은 일정한 처소가 없다고 하신다.
'처소도 없고 형상도 없으니 부처도 깨달음을 얻은 것이 아니며 중

생이라고 잃은 것도 아니다' 라고 하시는데, 여기서 어쩔 수 없이 삼신
불(三身佛)을 말하지 않을 수 없다.

부처를 세 가지로 나누어 설하면 마음의 본체인 법신(法身), 마음의
작용인 보신(報身), 마음의 형상인 화신(化身)인데 마음의 본체인 법신
은 비로자나불이라 칭하고 마음의 작용인 보신은 노사나불이라 칭하
고 마음의 형상인 화신은 석가모니불이라 칭한다.

그러니 여기서 말하는 법신을 깨달음이라고 칭한다.

그럼 어찌 법신은 마음 그 자체인데 어찌 마음으로 마음을 볼 수 있
겠는가? 눈으로 눈을 볼 수 없듯이 오직 그 자체는 알 수 없다. 그래서
황벽스님의 마음이 작용하고 그 작용으로 형상으로 드러난 것이 바로
석가모니인 것처럼

"깨달음은 몸으로 얻지 못하며
마음으로도 구할 수 없는 것이니
일체중생이 그대로 깨달음의 모양이니라."

라고 하시면서 일체중생 역시 석가모니처럼 마음이 깨달아 작용하
고 형상으로 그대로 모습을 드러낸다는 것이다.

그래서 중생시불(衆生是佛)인 것이다.

그러므로 말씀하시기를 '내가 연등부처님의 처소에서 작은 법도 얻
을 수 없었으므로 연등부처님께서 나에게 수기하셨느니라' 고 하셨다.
석존께서 경에서 말씀한 것을 인용하여 수기란 바로 네가 부처라고 일
러주시는 것이 수기라 한다. 그러니 수기를 받았으면 그냥 '내가 부처
이구나' 하면 될 것을 '내가 왜 부처일까? 부처 짓도 못하는데' 하면서

견해를 내므로 중생이라는 형상으로 살아가는 것이다.

　"일체중생이 본래 보리이므로 다시 보리를 얻으려 할 필요가 없음을 명백히 알아야 한다."

　라고 부연하는 것은 바로 너의 마음 그 자체가 부처이고 그 부처가 작용을 일으킴이 바로 보리심이라고 알려 주신다.

　그런데 이 글을 읽는 사람은 또 내가 일으키는 것은 모두 번뇌망상 밖에 없는데 무슨 보리심인가? 라고 견해를 짓겠지...

　그러나 그 견해만 짓지 않는다면 작용은 전부 부처가 일으키는 보리심임을 그대로 알아차려야 한다. 그래서 또 작용과 형상에 매달려 부처를 구하려고 한다면 안 되기 때문에 이렇게 설하신다.

> "네 이제 보리심을 낸다는 말을 듣고 한 마음을 가지고 배워서
> 부처를 얻는다고 말하여, 오로지 부처가 되려고 한다면
> 네가 삼대아승지겁을 닦는다 해도 다만 보신, 화신의
> 부처만을 얻을 뿐, 너의 근본 연원인 참된 성품의 부처와는
> 아무런 상관도 없는 것이니라."

　라고 말씀하시어 법신은 증득되고 투득되는 것이지 작용과 형상으로 얻어지는 것이 아님을 말하고 계신 것이다.

> "그러므로 말하기를 '밖으로 구하는 모양 있는 부처는
> 그대와는 닮지 않았도다'고 하였다."

　여기서 밖으로 드러나는 모양있는 부처란 바로 화신을 말하는 것이

니 일어남을 알아차리는 것도 보신이요, 형상은 화신이니 모양있는 부처는 그대 마음의 본체인 법신과는 닮지 않았다고 일러 주신다.

그러니 법신을 깨닫는다는 말은 말일 뿐 "석가도 몰랐는데 가섭이 알겠느냐?"라고 말했듯이 깨달음을 얻는다는 말은 말도 안 되는 말일 뿐이다.

그래서 진여이며 참 성품이며 법신인 깨달음을 증득하라고 해야 한다. 참 성품이 바로 깨달음인 것이다.

그래서 견성성불(見性成佛)인 것이다!

원오선원

12. 수은의 비유

"본래로 이미 부처일진대 어찌하여 사생과 육도가 있어 갖가지로 형상과 모양이 같지 않습니까?"

"모든 부처님께서는 본체가 뚜렷하여 거기에 더 붙어나고 줄어들 것이 없다. 또한 육도에 흘러들어도 곳곳마다 모두 원만하고, 여러 만물이 모두 낱낱이 부처이니라. 이것은 마치 한 덩어리의 수은이 여러 곳으로 나뉘어 흩어졌어도 방울방울이 모두 둥근 것과 같다. 나뉘지 않았을 때에도 한 덩이였을 뿐이니, 이는 하나가 곧 일체요, 일체가 곧 하나이니라. 온갖 형상과 모습은 마치 집과 같다. 나귀의 집을 버리고 사람의 집으로 들어가기도 하고 사람의 몸을 버리고 하늘의 몸이 되기도 하며, 성문, 연각, 보살, 부처의 집은 모두 네 자신이 취하고 버리는 것이니라. 그래서 모든 구별이 있는 것이지만 본래 근원의 성품에는 무슨 차별이 있겠느냐?"

보설

"본래로 이미 부처일진대 어찌하여 사생과 육도가 있어

갖가지로 형상과 모양이 같지 않습니까?"

"모든 부처님께서는 본체가 뚜렷하여
거기에 더 불어나고 줄어들 것이 없다.
또한 육도에 흘러들어도 곳곳마다 모두 원만하고
여러 만물이 모두 낱낱이 부처이니라."

앞 단락에서 모든 사람이 다 부처이고 모든 일으키는 작용도 부처의 보리심이고 산하대지 초목총림 비금조수가 다 부처의 형상이라고 했다. 그런데 '왜 사생과 육도로 사는 모습이 다른가'라고 묻는다.

태어나는 형상이나 사는 모습이 다르다는 것은 마음을 일으키고 형상으로 드러남이 다르다는 것일 뿐 그 본바탕인 참성품은 일미평등(一味平等)하고 원만하여 모자람도 더함도 없다는 것을 설파하신다. 이것이 우리의 의심이며 견해인 것이다.

새를 보고 왜 새같이 생겼느냐? 고기를 보고 왜 물에 사느냐? 지렁이를 보고 왜 땅속에 사느냐? 라고 말하는 것과 같다. 그 성품 대로 그렇게 즐겁고 행복하게 살고 있을 뿐이다. 인간 외에는 그런 의심을 하지 않는다. 각처의 두두물물이 그 성품 그대로, 즉 있는 그대로 완전한 자유를 누리고 있다. 오직 인간이 그런 의심을 하고 있다. 그것은 스스로 아상(我相)·인상(人相)·중생상(衆生相)·수자상(壽者相)을 만들어 내어 하는 말인 것이다.

모든 것은 있는 그대로 완전한데 우리가 사상산(四相山)을 만들어 걱정하고 근심하고 희노애락에 빠져 있으므로, 이것이 안타까워 지금 우리들이 그 상을 깨고나와 산하대지와 비금조수와 초목총림이 자기 성품을 노래하며 얼마나 즐겁고 행복한지를 알아차리라고 황벽스님께서 말씀하고 있는 것이다.

그래서 부연하여 설명을 하고 계신다.

"이것은 마치 한 덩어리의 수은이 여러 곳으로
나뉘어 흩어졌어도 방울방울이 모두 둥근 것과 같다.
나뉘지 않았을 때에도 한 덩이였을 뿐이니
이는 하나가 곧 일체요, 일체가 곧 하나이니라."

수은은 수은 그대로 성품을 드러내고 있다. 둥근 모양으로 뭉쳐도
나누어도 둥근 모양 그대로다. 수은은 그대로 수은일 뿐이다. 그러니
모여도 하나의 수은이고 나누어져도 수은 그대로일 뿐이다. 그래서 일
즉일체 다즉일(一卽一切 多卽一)이라고 하신다.

"온갖 형상과 모습은 마치 집과 같다.
나귀의 집을 버리고 사람의 집으로 들어가기도 하고 사람의 몸을 버
리고 하늘의 몸이 되기도 하며 성문, 연각, 보살, 부처의 집은 모두 네
자신이 취하고 버리는 곳이니라.
그래서 모든 구별이 있는 것이지만 본래 근원의 성품에는 무슨 차별
이 있겠느냐? 라고 하시어 스스로 지은 대로 일으키는 대로 그 성품이
천차만별이라도 그대로 완벽하므로 '참 성품에는 차별이 없다' 라고
하신다. 그러므로 스스로 차별상을 지어 스스로 얽매일 뿐, 그 자체는
두두물물이 부처의 성품을 드러내어 온 천지가 다 내 마음의 화현으로
드러내지만 마음의 참 성품에는 그 어떤 것도 없어서 있는 그대로 완
전한 자유인 것이다.

13. 무연자비

"모든 부처님께서는 어떻게 자비를 베풀어 중생을 위해 법을 설하십니까?"

"부처님의 자비란 인연이 없기 때문에 큰 자비라고 한다. 사랑함[慈]이란 이룰 만한 부처가 있다는 견해를 내지 않는 것이고, 슬퍼함[悲]이란 제도할 중생이 있다는 견해를 내지 않는 것이다.

설하시는 법은 설함도 없고 보임도 없으며 그 법을 듣는 자는 들음도 얻음도 없는 것이다. 이것은 마치 마술사가 마술로 만들어 놓은 인간을 위하여 설법하는 것과 같다. 이러한 법을 어떻게 '내가 선지식으로부터 말끝에서 알아차리고 이해하여 깨달았다'고 말하겠으며, 이러한 자비를 어떻게 마음을 일으키고 생각을 움직여 가지고 배워서 얻겠느냐? 스스로 본래의 마음을 깨닫지 못한 것이라면 마침내 아무런 이익도 없느니라."

"모든 부처님께서는 어떻게 자비를 베풀어
중생을 위해 법을 설하십니까?"

배휴의 질문이 무엇일까?

자기 스스로 의심을 만들어 자기의 생각을 일으켰다. 그럼 한 순간
일어나는 본심의 작용일까? 아니다. 조용한 본바탕에 한바탕 번뇌인
기억을 더듬어 선지식은 자비의 마음을 가지고 있어 불쌍한 중생을 위
하여 부처님의 말씀을 들려주어 편안함을 얻게 하고 깨닫게 한다는 조
작된 생각을 일으킨 것이다. 왜 그럴까?

자기의 의심이 사라지지 않아서 그렇다. 그렇다면 황벽스님이 이 말
에 또 정을 베풀어 '그래! 답답하신가? 내가 풀어줄게' 라고 하실까,
아니라는 것이다. 그래서 이렇게 말씀하신다.

"부처님의 자비란 인연이 없기 때문에 큰 자비라고 한다.
사랑함[慈]이란 이룰 만한 부처가 있다는 견해를 내지 않는 것이고
슬퍼함[悲]이란 제도할 중생이 있다는 견해를 내지 않는 것이다.
설하시는 법은 설함도 없고 보임도 없으며
그 법을 듣는 자는 들음도 얻음도 없는 것이다."

이 말씀은 지금 본심의 입장에서 하시는 말씀이다.

본심에는 그 어떠한 의심도 자비심도 없다. 묻고 답하는 설법도 있
을 수가 없다. 묻는 데 답하는 것은 인연이다. 질문이 있으니 답을 할

뿐이다. 그래서 '자비란 인연이 없기 때문에 큰 자비'라고 한다.

큰 자비는 본심에서 하는 말씀이고 인연을 세워서 말하자면, 즉 차제를 세워 말을 하면 '사랑함[慈]은 이룰 만한 부처가 있다는 견해를 내지 않는 것이고 슬퍼함[悲]이란 제도할 중생이 있다는 견해를 내지 않는 것이다'라고 하시어 먼저 본심의 바탕을 드러내 보이신다.

그래서 인연법이 통하지 않는 본심은 무정(無情)이요, 무작(無作)인 것인데 어찌 설법이 붙을 수 있느냐 그래서 이렇게 첨언하신다.

'설하시는 법은 설함도 없고 보임도 없으며, 그 법을 듣는 자는 들음도 얻음도 없는 것이다'라고 하시어 본지풍광을 드러내신다.

본지풍광으로 알아 들을 수가 없다는 것을 아시는 황벽스님은 부연하여 다시 이렇게 첨언을 하신다.

"이것은 마치 마술사가 마술로 만들어 놓은 인간을 위하여 설법하는 것과 같다. 이러한 법을 어떻게 '내가 선지식으로부터 말끝에서 알아차리고 이해하여 깨달았다'고 말하겠으며, 이러한 자비를 어떻게 마음을 일으키고 생각을 움직여 가지고 배워서 얻겠느냐?"

자, 여기서 본심의 기미를 조금이나마 느껴보라고 참 자비를 베풀고 계신 것이다. 산새들의 노래소리와 허공 구름의 한가로움, 개울가 시냇물의 무정곡과 자연이 주는 무정설법 등이 다 진정한 설법이다.

마음을 일으켜 하는 설법은 그래서 방편이라고 하는 것이며, 마치 본심에 번뇌와 망상의 바람을 일으켜 마술사가 마술을 부리듯 하는 설법을 듣고 깨달았다고 할 수 있겠느냐고 반문하듯이 하고 있는 것이다.

배워서 알고 생각을 움직여 자비심을 내고 하는 유위 조작으로는 우리 본심의 그림자도 느낄 수 없다.

그러니 유위 조작이 없는 무정설법, 즉 우리의 본심은 산하대지 삼천대천세계를 두루 포섭하여 녹아있는 허공과 같은 것이다. 그러니 그 자연을 통하여 하나 하나 부합해 나가는 것이다.

보임(保任)이란 원래 깨달아 있는 마음을 현상계의 현상에 대입하여 그 연기의 실상을 투득해 나가는 것이다. 그래서 육조 혜능대사도 마음을 깨친 후 가사를 이어받았으나 십육 년 동안 사냥꾼들과 함께 생활을 했다. 그러면서 산천을 떠돌며 마음의 작용과 덕상을 자연과 일치시켜 나갔던 것이다. 학문과 학술과 지식이 아닌 무정설법인 자연계와 하나가 되는 것, 이것이 바로 보임(保任)이라는 오후수행이라고 하는 것이다. 조사님들의 행적을 더듬어 간파해 보면 다 그런 과정을 거쳐 왔다는 사실을 알 것이다. 그래서 이렇게 말씀하신다.

"스스로 본래의 마음을 깨닫지 못한 것이라면 마침내 아무런 이익도 없느니라."

마음을 깨닫지 못한 사람이 설법하는 것은 장님에게 길을 묻는 것과 같은 것이며, 조작된 이론이나 지식이나 관념으로 하는 설법은 하는 자도 듣는자도 다 코끼리 다리 만지기와 다름이 없어 지옥으로 스스로 가고 있는 것이 될 것이라는 뜻으로 하시는 말씀이다.

이 글을 읽고 계신 자는 누구에게 설법을 듣고 내가 불교를 안다고 할 수 있는지 스스로에게 물어볼 일이다. 그래서 황벽스님 역시 자비를 묻는 배휴에게 부처님의 큰 자비와 함이 없는 인연이 아닌 무정설법과 참 그대로의 자비인 무연자비(無緣慈悲)를 설하신 것이다.

14. 정진이란?

"어떤 것이 정진(精進)입니까?"

"몸과 마음을 일으키지 않는 것이 가장 굳건한 정진이니라.

마음을 일으켜서 밖으로 구하기만 하면 '가리왕이 사냥놀이를 좋아함'이라고 부른다. 마음이 밖으로 나다니지 않는 것이 곧 인욕선인이며, 몸과 마음이 함께 없음이 곧 부처님의 도이니라."

"어떤 것이 정진(精進)입니까?"

흔히들 인간세상에서 말하는 정진이란 수행하여 불도를 이룬다, 성불하십시오, 노력하여 성공한다, 소원성취 하십시오, 열심히하면 된다, 노력끝에 성공이 있다 등의 말에 나타나는 느낌이다.

마음을 일으켜 허공에 점을 찍으면 동서사방팔방이 생기고 상하사방팔방 세상의 모습이 생기듯이 모든 것은 마음을 일으키면 다 생겨난다.

바다가 보고싶다는 생각이 일어나면 어떻게 하든 바닷가로 간다. 신발을 생각하면 신발 가게로 가고 옷을 생각하면 옷 가게로 가게 되어 있다. 그것을 우리는 일이라고 하고 그렇게 하여 찾고 얻고 구하고 보고 느끼고 가졌다고 한다. 가졌으니 부자다, 잘산다, 풍요롭다라고 말한다. 그렇게 하여 모은 돈이며 물질이며 쾌락이며 느낌이며 감각까지도 저승갈 때 가져가는 사람을 보았는가.

인간이 지구에 온것이 불과 백만 년이 될까 말까다. 거기에 글로써 남겨 그 흔적을 알 수 있는 것은 만 년도 채 안 된다.

지금 당장 인류가 지구상에서 사라진다면 그 흔적이 얼마나 갈까요? 강남의 비싼 빌딩들은 어떻게 될까요? 인간이 만든 모든 편리한 기구나 기계들은 몇년이나 갈까요?

인간의 흔적은 만년을 넘기지 못할 것이다.

그런데 하는 것이 과연 있을까, 지구가 탄생한지 약 사십억 년이 된다고 하니까 우주는 언제 생겨났을까, 인간이 지구에서 사라지면 지구도 과연 멸망할까?

인간은 지구에 붙어사는 바이러스와 같은 것이며 있어도 없어도 아무도 모른다. 진정한 지구의 평화는 인간이 사라지는 것일지도...

세상의 모든 법은 다 인간을 위하여 만들어진다. 그렇다면 인간이 없으면 법도 사라질 것이다.

법이 없으면 공부나 수행이라는 것이 필요할까?

인간은 동물들을 보고 불쌍하다고 생각한다. 과연 인간을 제외한 다른 동물들이 괴로워하고 걱정하고 고민하고 슬퍼하는 것을 보았는가? 오직 있는 그대로 행복을 노래하고 사랑을 나누면서 새끼를 키우고 사랑하며 행복 그 자체로 살다 죽음조차 두려움 없이 받아들인다.

바퀴벌레가 일억육천만 년을 살아왔다고 하는데 인간의 미래는 몇 년이나 보는가? 얼마나 갈 것 같은가?

아무도 천년을 내다보는 학자나 예언자는 없을 것이다. 그러면서 천만 년을 꿈꾸고 천만 년을 그린다. 괴로움과 근심, 걱정, 하소연하면서 사는 동물은 인간이란 동물 외에는 없는 것 같지 않는가.

인간은 위대하다고 한다. 그러나 개는 인간보다 스물다섯 배나 소리를 잘 듣고, 박쥐는 초음파로 캄캄한 동굴 속에서도 아무런 지장없이 살아간다. 여왕개미 한 마리가 일년에 일만 마리의 새끼를 낳는다. 그것도 여왕개미 숫개미 일개미로 분리되어, 그래도 잘도 산다. 말로 다 쓸 수 없지만 모든 초목총림 비금조수 산하대지가 지수화풍 사대로 다 살아간다.

지수화풍은 우주가 생기면서 같이 생겨났다.

모두가 그대로 부처님이 주신 것도 하느님이 주신 것도 그 누가 주어서 이루어진 것이 없다. 그렇게 있었던 것이다.

이 속에서 무정 유정 모든 것들이 없어지는 것도 없고 사라지는 것도 없고 생겨나는 것도 없이 잘들 살아왔고 또 살아갈 것이다.

인간만 없다면!

부처님이 설한 말씀은 무엇인가?

있는 그대로 완전하니 자유를 누리면서 행복하게 잘 살다 가라고 진리를 설파하신 것이다. 오직 인간에게 천진불로 살아가라고 말이다. 사람같이 살아가라고 제발 사람되라고 하신 말씀이다. 정신차려 사람되라고 하신 말씀인 것이다.

더 이상 설법을 왜 하겠는가.

선사들의 말은 '본래대로 돌아가라', '고향으로 돌아가라', '너 태어날 때 천진불인 그대로 돌아가라' '정신차려라' '다 사람되라' 고 하는 설법이다. 깨달음을 얻었다는 것은 천진성을 회복하여 사람이 되었다는 것이다. 그럼 왜 깨닫지 못한 인간들을 중생이라 할까.

전도몽상 뒤집힌(조작된) 마음으로 미친 짓만 찾아다니면서 하니까 회광반조하여 그대가 하고 있는 짓이 얼마나 미친 짓인지 스스로 느껴 정신차려 사람이 되라고 하는 것이다.

그래서 '무엇이 정진입니까' 라는 물음에 이렇게 답을 하신다.

"몸과 마음을 일으키지 않는 것이 가장 굳건한 정진이니라."

즉, 하면서도 함이 없는 무위(無爲)이며, 몸을 일으키지 않는 무작(無作)이다. 하고 있지만 생각이나 집착에 눌려 하는 것이 아니라 스스로 하고싶어 하는 것을 함이 없는 함인 무작이라고 한다. 그래서 몸과 마음을 스스로 자유로이 걸림없고 집착없이 하고 싶은 것을 하는 것이 무위자작(無爲自作)이며 행복함이다.

그래서 황벽선사께서는 자유인 무위진인으로 살아가라고 이렇게 참 자비를 베풀고 계신다.

"마음을 일으켜서 밖으로 구하기만 하면 '가리왕이 사냥놀이를 좋아함' 이라고 부른다. 마음이 밖으로 나다니지 않는 것이 곧 인욕선인이며, 몸과 마음이 함께 없음이 곧 부처님의 도이니라."라고.

밖으로 구한다는 것은 무엇일까.

내가 하고 싶지 않지만 가족을 위해서 일해야 하고, 상사의 지시니 해야 하고 법망에 걸리니 해야 하고 교통법규가 있으니 신호를 지켜야 하고 출퇴근 시간이 정해져 있으니 가고 오고, 이렇게 모든 것은 인간이 만든 틀 속에 갇혀 옴짝달싹도 못하면서 마치 길러지는 가축처럼 남의 눈을 의식하며 살고 있다.

모든 것이 내가 하고 싶어 좋아서 하는 것이 아니라 정해진 틀에 내가 끼여 자동차 부품처럼 일하며 살다, 고장이라도 나면 폐기 처분되는 그 삶이 싫고 지치지만 욕망을 누르면서 착한 척 순한 척 열심히 살아야 한다.

그러나 세상만사 다 마음먹기 나름이다.

한마음 회광반조하여 '그래, 내가 내 스스로 어떻게 어떤 각도에서 바라보느냐에 따라 세상이 달라지는 것이 아니라 내 마음이 바뀌면 된다' 는 자각이 일어나면 행위하는 일거수일투족이 다 부처행이다.

내가 하는 일이 수행정진이다.

그래서 **내가 행복하면 그게 바로 극락정토** 아닌가.

이 삶을 마음의 천진성에 비추어 모든 것을 압박으로 여기지 말아야 한다. 모든 것이 있는 그대로 부처이니 내가 보고 듣고 맛보고 향기 맡고 몸으로 움직이고 생각하는 그대로 육신통이요, 불국정토여서 대자유를 누리면서 행복하다는 것을 깨달으면 그 자체가 바로 극락정토로 바뀌어버리는 것이다.

허망한 생각에 끌려 다니지 말고 있는 그대로 모든 것이 다 행복 자체이며 삶 자체가 완벽한 부처님의 행복이며, 생각 생각이 다 부처님의 보리심으로 회광반조하여 살아간다면 바로 그대가 무위진인(無爲眞人)이다!

15. 무심한 행

"만약 마음이 없으면 이 도를 행하여 얻을 수 있습니까?"

"마음없음[無心]이 바로 도를 행함이거늘 거기에 다시 더 얻고 말고 할 것이 있겠느냐? 만약 잠깐이라도 한 생각 일으키면 곧 경계이고, 한 생각 없다 하여도 경계이니라. 망령된 마음이 스스로 없어지면 더 이상 쫓아가 찾을 것이 없느니라."

보설

"만약 마음이 없으면 이 도를 행하여 얻을 수 있습니까?"

이 물음을 잘 살펴보라.

여기서 배휴가 황벽스님에게 묻는 요지는 무심(無心)이면 마음이 없는 것인데, 없는 마음으로 어찌 그 신선이나 도인이 행하는 도(道)를 행하여 얻을 수 있습니까? 라고 하고 있는 것이다.

다시 말하면 '어찌 없는 것으로 있는 것을 얻을 수 있습니까' 라고 묻는 것과 같다. 여기서 무심을 다시 한번 설명할 수 밖에 없어 보설하는 원오도 답답한데, 여태 설명한 황벽스님은 얼마나 답답했을까...

배휴가 묻고 또 이렇게 묻는 것이 바로 사구백비인 것이다.

의심이 나면 묻고 또 물어 스스로 알아차릴 때까지 물어가는 것, 이 것이 선문답(禪問答)이요, 일승법회(一乘法會)인 것이다.

지금 우리 불가에서 하고 있는 무차법회(無遮法會)가 바로 조사선(祖師禪)에서 하는 일승법회인 것이다. 한마디 할(喝)이나 방(棒)에서 알아차리면 조사선이요, 못 알아차리고 궁구하고 궁구하는 것이 간화선이다.

무심(無心)은 마음의 본바탕인 심지를 말하는 것으로, 거기엔 형상이나 모양이나 생각이나 느낌이나 그 어떠한 것도 붙을 수 없는 청정 그대로인 것이다.

비유해서 '거울이다', '마니주다' 라고 하지만 사람의 그 어떠한 감각으로도 발붙일 수 없는 적멸(寂滅)인 것이다. 그래서 묻고 답하는 것도 다 이 무심의 작용에서 하는 소리다. 그러니 차제라고 하지만 마음이 없다라고 해도 맞지 않다. 맞다 안 맞다, 느낀다 못느낀다를 떠나버린 것이다. 그러니 마음의 작용을 통하여 일어나는 작용이 전부 도인 것이다. 그러니 얻고 못 얻고 할 것이 무엇인가. 일어나는 그 자체가 바로 도인데, 어찌 다시 얻고 못 얻고 라는 말이 필요한가?

지금 묻고 있는 그것이 바로 무심이요, 도인 것이다.

그래서 황벽스님은 이렇게 말씀하신다.

"마음없음[無心]이 바로 도를 행함이거늘
거기에 다시 더 얻고 말고 할 것이 있겠느냐?

만약 잠깐이라도 한 생각 일으키면 곧 경계이고,
한 생각 없다 하여도 경계이니라.”

지금 묻는 그 자체는 바로 마음의 본체로서 심지(心地)인 무심(無心)
에서 한바탕 본지풍광(本地風光)이 일어난 것이다.

지금 묻고 있는 그 모습 그대로가 또한 바로 그대의 본래면목(本來面
目)인 것이다. 그런데 거기에 다시 내가 끼어들어 ‘이렇게 물을까, 무엇
을 물어야 하지, 그래 이것이구나!’ 하면서 형상을 만들고 의심한다.
그리고 답하면 답하는 대로 다시 머리에 넣어 궁리를 하고 의심을 하
는 그것이 바로 경계이고 생각의 굴림이 되는 것이다. 마음에다 생각
을 붙이지 말고 형상인 본래면목에 다시 생각을 굴리지 말라고 하신다.
그대 본얼굴에 화장을 안 하면 생긴 그대로가 그대의 얼굴이라고 하시
면서 이렇게 무연자비를 베풀고 계신 것이다. 마지막으로 부연하여 명
쾌하게 참자비를 이렇게 베푸신다.

**“망령된 마음이 스스로 없어지면
더 이상 쫓아가 찾을 것이 없느니라.”**

네가 머리로 돌리고 생각으로 굴리는 그 알음알이만 없으면 더 이상
쫓아가 찾을 도(道)도 얻을 도(道)도 없다고 일러주신다.

나 원오에게 묻는다면 지금 네가 다 하고 있으면서 뭘 찾느냐!

네가 찾는 것은 전부 저승사자다!

죽기 싫으면 정신차려!

16. 삼계三界를 벗어남

"어떤 것이 삼계를 벗어나는 것입니까?"

"선과 악을 전혀 생각하지 않는다면 그 자리에서 곧 삼계를 벗어나느니라. 여래께서 세간에 출현하신 것은 삼계를 부수기 위해서이다. 만약 모든 마음이 없다면 삼계 또한 없느니라.

가령 작은 티끌 하나를 백 등분 부수어 그 중 구십구 등분을 없애고 한 등분만 남았더라도 대승의 입장에서는 완전히 벗어난 것이 못 된다. 백 등분이 모두 다 없어야만 대승에 있어서 비로소 잘 벗어났다고 하느니라."

"어떤 것이 삼계를 벗어나는 것인가?"

여기서 배휴가 묻는 삼계는 무엇일까?
바로 현상계의 삼계를 말하는 것일 것이다.

즉 욕계의 세상, 색계의 세상, 무색계의 세상, 이런 세상을 두루 거쳐 불계로 나아가는 현상계의 형상을 말한다. 그리고 이렇게 드러나 있는 세상을 존재하는 것으로 알고 '그 단계를 다 어떻게 벗어나느냐'고 묻고 있는 것이다.

보통 불교에 입문하여 교리를 배우다 보면 이렇게 알아간다. 이승에서 좋은 일, 착한 일을 하여 다음 세상인 저승에 가서 사천왕천, 도리천, 야마천, 도솔천, 화락천, 타화자재천인 욕계를 살고, 다시 선업을 쌓아 선천에 태어나 제일선천인 범천과 제이선천인 광천 제삼선천인 정천을 지나 제사선천인 무운천, 복생천, 광과천, 무상천, 무번천, 무열천, 선현천, 선견천, 색구경천의 구계의 세계를 거쳐 정신적 식인 수상행식의 사온만 있는 무색계인 식무변천, 공무변천, 무소유천, 비상비비상처천을 거쳐 다시 등각을 지나 묘각인 불계로 가는 것을 말한다. 이렇게 선업을 지어 가는 세상은 삼아승지겁을 돌아가는 것이며, 동남아 등의 상좌부불교에서 오직 평생 수행만 하여 이렇게 단계를 거쳐 부처님의 세상으로 나아간다고 하는 것이다.

이렇게 인간이 복을 짓고 선업만 쌓아 그 공덕의 인연으로 삼계를 벗어나려면 수억만 겁을 거쳐도 삼계를 벗어나는 일은 요원한 것이며 있을 수도 없을 것이다. 그래서 이런 교론적 관념만 쌓여 더욱 집착하고 그 집착에 쌓여 사상만 늘어가는 종교적인 것이 지금의 현실이라고 보아야 한다.

그렇게 만들어진 것이 바로 천인의 세상에 사는 존재들인데, 우리는 그들을 힘과 능력을 가진 신으로 보아서 믿고 의지하면서 복을 빈다.

또한 선과 악을 구별하여 선이 마치 있는 것으로 생각하여 종교인이 되어 몸은 국가에 얽매이고 마음은 종교에 얽매여 그렇게 운명과 숙명을 믿으며 살아왔고, 또 그렇게 믿고 있을 것이다. 이 얼마나 석존의 가르침을 잘못 받아들인 것인가!

석존께서 제일 마지막에 제자들의 근기를 최상승으로 끌어올려 설한 경전이 바로 『법화경』이며 그 이후에 열반에 이르러 『열반경』을 설하셨다.

『법화경』을 설하기 전 천육백승을 향하여 말씀하시기를

"성문도 없고 연각도 없고 보살도 없다. 내가 세운 삼세인과법과 인연법인 연기법 등 모든 법은 전부 방편으로 내가 만들어 설한 것이며 실제가 아니다."

"내가 방편으로 너희들을 속였다. 이것이 용서가 되지 않는 자는 이 자리에서 나가라."

라고 하였을때 칠백명의 나한들이 자리를 박차고 나가버렸고, 그 나간 사람들이 동남아시아 쪽으로 가서 그동안 들었던 삼세인과법과 선인선과(善因善果)법과 인과응보(因果應報)와 인연법(因緣法)인 연기법(緣起法) 등을 토대로 만든 것이 지금의 상좌부불교인 것이다.

인연법은 사실 석존 이전에 인도의 바라문에서 다 행하던 법이며 석존의 법이 아닌 것이다. 그러니 지금 사찰에서 스님들이 설하고 있는 살아가는 법과 복을 짓는 법, 잘되는 법은 전부 기복이며 사법인 것이다.

지금 한국에 전래되어 행해지고 있는 각 사찰의 스님이나 행위적 현실은 전체적으로 이 종교화된 유물론적 신앙체계이며 다른 종교와 조금도 다른 것이 없는 신성사상과 우리의 샤머니즘, 중국의 도교에 의하여 전해진 것이라고 말할 수 밖에 없다.

그렇게 칠백명의 나한이 나가고 나서 석존께서

"이제 쭉정이는 다 나가고 튼실한 내 제자인 최상근기만 남았다. 내 이제야 너희들에게 이 경을 설하노라"

하시면서 설한 경이 바로 『법화경(法華經)』인 것이다.

『법화경』은 바로 일불승으로 가는 것만이 나의 가르침이며 진리로 가는 길이라고 한다.

여기서 일불승(一佛乘)은 바로 깨달음으로 가는 길!

성불로 가는 길, 성품을 깨달아 부처가 되는 길이다. 그래서 이 대승경전이 중국에 전해진 것도 불교가 중국에 온지 오백년이 지나서 전해졌으며, 선불교가 전해진 것은 양나라 무제 때 보리달마스님이 처음이다. 보리달마스님의 이름은 바로 우리말로 해석하면 보리는 깨달음이고 달마는 범어로 다르마이니 법인 것이다.

그러니 보리달마는 '**깨달음을 이루는 법**' 이란 의미의 이름이다.

일승법은 바로 일불승의 길을 설법으로 하는 것임을 알고 들으시면 경 중의 최상승이요, 깨달음과 성품론과 성불론을 말한 첫 경이자 마지막 경이며 경 중의 경인 것이다.

그런 중에 다시 격외소식인 선불교의 조사선은 삼아승지를 돌아가는 길은 전부 버리고 『법화경』의 핵심인 부처님의 마음법을 바로 설하는 것이다. 이것이 바로 살아있는 부처님 최고의 설법임을 알고 듣는다면, '오백생의 선근공덕이 쌓이지 않으면 선지식을 만날 수 있는 기회도 없다' 는 최상근기가 되어야만 만날 수 있는 것인데도, 지금 어떠한가?

『화엄경』에서 석존께서 무엇이라고 하셨는가!

"삼승 · 사승 · 오승이 일승법을 들으면 머리가 깨어진다.

일승법은 진리이니 인간이 제일 두려운 것이 진리다."

왜 그런가.

뒤집힌 전도몽상의 마음에는 진리가 들어가면 미쳐 버리기 때문인 것이다. 납승이 설하는 설법을 듣고 날 욕하는 자가 바로 그런 사람일 것이다.

사상산에 가려진 사람은 어쩔 수 없이 헛것이 진리요, 잘못된 것이 바른 것이기 때문이다. 그래서 납승은 비난과 질시와 욕만 얻어먹고 산다. 기이하고 기이하지만 심법계을 유유자적하면서 있는지 없는지 사람들의 눈에 잘 띄지 않는 희유하고 희유하며, 물따라 바람따라 떠 도는 부평초 같다고 하여 '떠도는 납승'이라고 한다.

각설하고, 이렇게 뒤집힌 관념으로 배휴가 묻자 황벽스님은 이렇게 말씀을 하신다.

"선과 악을 전혀 생각하지 않는다면 그 자리에서 곧 삼계를 벗어나 느니라. 여래께서 세간에 출현하신 것은 삼계를 부수기 위해서이다."

위에서 설명한 삼계는 형상의 세계가 아니다.

지금 여러분들이 보고 듣고 있는 이 세상은 세상이 아니라 그대들이 짓고 있는 마음의 세계인 것이다. 이것을 가리켜 심법계(心法界)라고 한다.

그대들이 하고 있는 모든 것은 스스로 택해서 스스로 만들어 하고 있는 마음의 경계이다. 한마음이 일어나서 그대의 욕심으로 상상의 나래를 펴다가 하나하나 형상화해서 마음의 작용을 통하여 결집되고 응집되면 형상으로 화현하는 것이다. 마치 이것이 실재인양 스스로 그렇게 관념으로 만들어 그 안에서 나가고 다니고 생활하는 것이다.

아니라고 한다면 내가 왜? 이 넓은 우주 속에서 지금 여기 내집이라 구입하고 내가 좋아하는 가구와 집기와 옷과 모든 것을 스스로 구입하고 생활하고 있는지 회광반조하여 보라.

점은 점일 뿐이다.

그대들이 이 점을 욕망의 헛꿈따라 찍고 찍어 선이 되고 평면이 되고 입체가 되고 더 많은 꿈을 꾸어 살아 움직이게 만드는 것이다. 동영상을 만들듯이 그렇게 만들어 펼쳐 놓고 형상화된 것이 삼계라고 하는 것이며, 그렇게 허물었다가 지었다가 꾸몄다가 버렸다하고 있는 것이다. 그러므로 어찌 이게 다 꿈이 아니겠는가. 실상이라면 영원히 존재해야하는데 생각이 바뀜에 따라 변하여 없어지는 것을 어떻게 설명할 수 있을까.

다 꿈이며 마음의 작용으로 일어난 화현이다.

그러니 그대가 지금 바로 이 삼계를 가고 싶은 데로 가보라. 그대가 일촉지에 바로 만들 수 있다. 도솔천도 색구경천도 만들면 바로 만들어진다. 그러니 이 모든 것이 다 유심조(唯心造)인 것이다.

부디 꿈에서 깨어나시라.

그래서 황벽스님이 선도 악도 만들지 않으면 바로 삼계를 벗어난다고 하신다.

선업을 지어 나아가는 삼계가 선이 없다면 어떻게 될까. 갈 수가 없다. 악을 지어 간다는 지옥이나 축생, 아수라는 악이 없다면 어떻게 갈까 갈 수가 없다.

악이다 선이다 하는 것도 다 자기 스스로 만들어내므로 선도 악도 짓지 않는다는 것은 바로 무심을 말한다. 한 마음도 일어나지 않으면 바로 모든 것이 적멸이다. 그 적멸 속에 있으라는 것도 또한 아니요, 있는 그대로 받아 비추면 다 허상이니 그 허상은 실제로 인연법을 따르지 않는다. 그러니 갈 곳이 어디에 있고 올 곳이 어디인가.

한 점 흔들림 없는 맑은 호수처럼 그냥 그대로 일어나면 일어나는 대로 잠잠하면 잠잠한 대로 그냥 거울에 비친 영상처럼 집착없이 감각만 한다면 그 어떤 삼계라는 세계는 다 내 마음이 만들어낸 허상이며, 내 마음의 지음인 것이다.

그러니 최상 중의 최상의 행복은 안심입명(安心立命), 마음의 세계에 안주하여 만상을 다 비추고 만상을 다 감각하며 죽음도 없고 변화도 없고 그냥 참 행복만이 가득한 심법계에서 불생불멸 불구부정을 증득하라는 것이다.

그래서 부처님이 세상에 화현하신 뜻은 바로 이 삼계라고 하는 이 우주 전체가 바로 그대가 만들어낸 세계이니 이 모두를 부숴 버리기 위하여 출현하셨다고 하는 것이다.

그러니 납승이 왜 그대들에게 설법할 때 다 죽어라 죽어라 하겠는가. 삼계를 다 부수면 그대 생각의 지음도 다 부숴 버려야 무심을 증득하여 참 행복을 이루는 것이라는 것을 이제 모두 설파해 드렸다.

그래서 황벽스님은 이렇게 말씀하신다.

"만약 모든 마음이 없다면 삼계 또한 없느니라.

가령 작은 티끌 하나를 백 등분 부수어 그 중 구십구 등분을 없애고 한 등분만 남았더라도 대승의 입장에서는 완전히 벗어난 것이 못 된다. 백 등분이 모두 다 없어야만 대승에 있어서 비로소 잘 벗어났다고 하느니라."

짓지 않으면 없어지는 것이다.

짓지 않는다는 것은 바로 마음의 체인 심지를 증득한 무심의 경지를 말하는 것이다. 그래도 의심이 사라지지 않을 것이다. 그래야 삼계에 사는 욕계중생이지!

한 생각을 잘 지으면 내 맘대로 펼쳐진다.

삼계의 주인은 바로 이 참 나인 것이다.

17. 마음이 부처

17-1. 일체중생 실유불성(一切衆生 悉有佛性)

상당하여 말씀하셨다.

"마음이 곧 부처이니라. 위로는 모든 부처님으로부터 아래로는 꿈틀거리는 벌레에 이르기까지 모두다 불성이 있어서 동일한 마음의 본체를 지녔느니라."

그러므로 달마스님이 인도로부터 오셔서 오직 한마음의 법만을 전하셨으니, 일체 중생이 본래 부처임을 곧 바르게 가르쳐 주신 것이다.

상당법문이라 열두 단락으로 나누어 보설한다.

상당법문이란 사부대중이 다 모인 법회에서 법문형식을 취한 설법인 것이다. 제목에서 보듯이 '심즉불(心卽佛), 마음이 곧 부처다' 이 법문 외에 다른 법문이 필요하겠는가.

법이든 법문이든 다 마음을 바탕으로 하는 것이니 무슨 말로 물어도 선문답이든 설법이든 마음을 떠나 할 수 있는 것이 아니다.

그래서 황벽스님도 위로는 일체제불(一切諸佛)과 아래로는 비금조수까지 모두 다 불성이 있어서 이 말은 석존께서 일체중생 실유불성(一切衆生 悉有佛性)이라고 설하신 『열반경』에 있는 말이다.

불성이란 부처의 성품(性品)인데 바로 마음의 작용을 성품이라고 한다. 성품이라고 하나 마음이라고 하나 같은 말이다.

인도에서 오신 보리달마께서 무엇을 가르쳐 주었나. 바로 한마음의 법만을 전해주었으니 여기서 한마음은 마음의 체와 용과 성품인 덕성을 통틀어 표현한 것이다.

마음이 곧 부처이니 모든 중생이 다 불성을 가지고 있으니 한 마음으로 보면 다 부처인 것이다. 부처는 한마음이며 그냥 마음이라고 하나 나누어 삼신불이 모두 부처인 것이다.

그러니 그대가 바로 부처인 것이며 모든 중생이 다 부처인 것이다.

중생시불(衆生是佛)인 것이다!

17-2. 참된 성품의 마음자리[眞性心地藏]

깨달음이란 수행을 빌려서 되는 것이 아니다. 다만 지금의 자기 마음을 알아서 자기의 본래 성품을 보는 것이요, 결코 달리 구하지 말라.

어떻게 자기의 마음을 아는 것인가?

지금 말하는 것이 바로 너의 마음이니라. 만약 말하지 않고 작용도 하지 않는다면, 마음의 본체는 허공과 같아서 모양도 없고 또한 방위와 처소도 없다. 그렇다고 그저 한결같이 없는 것만도 아니다. 있으면서도 볼 수가 없기 때문에 조사스님께서는 '참된 성품의 마음자리[眞性心地藏]는 머리도 꼬리도 없는지라 인연에 호응하여 중생을 교화하나니, 방편으로 그것을 지혜라 부른다'고 하셨다.

만약 인연에 호응하지 않을 때라도 있고 없음을 말할 수 없으며 그렇다고 바로 호응할 때라도 또한 종적이 없느니라. 이미 이런 줄 알았을진댄 '없음' 가운데 쉬어 깃든다면 곧 모든 부처님의 길을 가는 것이니라.

보설

모든 중생이 부처라고 밝히고 나서, 그럼 모두 부처이면 뭐 더 바랄 것도 없고, 무엇을 해서 불도를 이룰 것도 없다는 말씀이다.

오히려 혼침만 더할 뿐이다. 그래서 다시 깨달음에 대하여 설하신다. 깨달음이란 마음의 본체를 말하는데 체(體)는 법신(法身)이라고도 하고 심지(心地)라고도 하며 참 성품이라고도 하는데, 조사님들이 정전백수자, 몰현금, 삼서근, 간시궐 등 무엇이라고 하든 다 이 체를 들어 하는 말이다.

이 법신이 체를 체득하는 것을 깨달음이라고 한다.

그러나 진정 이 법신은 얻을 수도, 구할 수도 그 어떤 수행을 하건 안하건 갈 수 없는 곳이며, 느낄 수도 없다. 그러니 깨달음이라는 말은 있으나 '깨달음을 이루었다, 성불했다' 하는 말은 말일 뿐 부처도 갈 수 없는 곳이다.

'석가도 몰랐는데 가섭이 알랴' 하듯이 아무도 간 사람이 없고 심지어 석존께서도 반열반을 얻었다고 하는 것이며, 유여열반(有餘涅槃)의 상태에서 법을 설하셨다. 그리고 몸을 버리고나서야 온 열반 즉 무여열반(無餘涅槃)을 이루신 것이다.

그러니 깨달으신 스님이라는 말은 맞지 않다. 입적 후에 깨달으신 스님이라고 해야 맞다. 그러나 성불(成佛)이라는 말은 써도 된다. 성불이란 부처를 이룸이니 이미 태어날 때부터 부처로 태어났고 부처로 살아가고 있으나, 부처인 줄을 모르고 살아가니 정신 차려 부처같이 살아가라고 "성불하십시오."라는 말을 하고 있는 것이다.

그래서 황벽스님도 이렇게 말씀하신다.

"깨달음이란 수행을 빌려서 되는 것이 아니다.
다만 지금의 자기 마음을 알아서 자기의 본래 성품을 보는 것이요,
결코 달리 구하지 말라."

'깨달음이란 수행을 해서 얻어지는 것이 아니라 자기 마음을 알아서 자기의 본래성품을 보는 것이다' 라고 말씀하시는 것은 성품, 즉 마음의 작용을 보아 법신이 있음을 알아차리는 것이고 그 감각을 통해 체득되는 것이기 때문에 견성성불(見性成佛)이라 하는 것이다. 자기의 성품을 보아, 즉 자기에게는 자성(自性) 법에서는 법성(法性) 전체로써는 성품이 되는 것이니 자기의 마음이 일어나는 것을 보아 체가 있음을 체득하고 증득하는 것이다.

이 성품을 보는 것으로 참선이 제일 좋은 방법이다. 실참을 통해 마음이 일어나는 그 자체를 감각하여 마음의 성품을 아는 것이므로 밖으로 구하거나 무엇을 해서 얻어지는 것이 아니라고 하신다.

그러면 마음하면 성품이요, 성품하면 마음이니, 어떻게 마음을 알수 있느냐는 것을 이렇게 설명하신다.

"어떻게 자기의 마음을 아는 것인가?
지금 말하는 것이 바로 너의 마음이니라."

지금 말하는 것이 '바로 너의 마음이니라!' 라고 하시는 것은 바로 마음이 경계이고 경계가 바로 마음이니 말을 한다는 것은 마음의 체에서 성품인 작용을 일으켜 입으로 말을 하여 형상화된 것이니 이것이 전부 마음의 도요, 마음인 것이다.

색즉시공 공즉시색(色卽是空 空卽是色)인 것이다.

색은 형상으로 드러남이요, 공은 마음의 본체이니 형상을 경계라 하니 경계가 바로 마음이요, 마음이 바로 경계인 것이며, 상호가 항상 함께 드러나고 사라진다. 그러니 경계가 나타나면 마음도 나타나고 경계가 사라지면 마음도 사라진다. 이것이 체용의 도리(道理)이며, 삼신불(三身佛)의 도리인 것이다. 그래서 다시 부연하여

"만약 말하지 않고 작용도 하지 않는다면
마음의 본체는 허공과 같아서 모양도 없고
또한 방위와 처소도 없다.
그렇다고 그저 한결같이 없는 것만도 아니다."

'한결같이 없는 것만도 아니다' 라고 하신 것은 마음을 공이라고 해서 아무것도 없이 텅 빈 것으로 알면 안 된다는 것이다.

형상이 없어 빈 것 같지만, 온 우주와 삼천대천세계가 모두 한마음인 것이다. 그러니 어찌 있느니 없느니 할 수가 있겠는가.

그러나 있지만 볼 수도 느낄 수도 없으니 인연이 드러나면 있고 인연이 끊어지면 사라질 뿐 언제나 그대로 여여하므로 여래라고 하였듯이 황벽스님도 이렇게 말씀하신다.

"있으면서도 볼 수가 없기 때문에 조사스님께서는
'참된 성품의 마음자리[眞性心地藏]는 머리도 꼬리도 없는지라
인연에 호응하여 중생을 교화하나니
방편으로 그것을 지혜라 부른다' 고 하셨다."

여기서 말씀하신 참된 성품의 마음자리라고 한 것은 참된 성품이 법신의 성품을 말하는 것이요, 마음자리는 바로 법신인 체를 말하는 것이다. 그래서 법신인 체는 인연따라 호응하지 않을 때에도 항시 존재하므로 실존(實存)이라 하고 실체(實體)라고도 한다.

그래서 이렇게 설하신다.

"만약 인연에 호응하지 않을 때라도
있고 없음을 말할 수 없으며 그렇다고
바로 호응할 때라도 또한 종적이 없느니라."

종적이 없다는 것은 바로 종적이 경계가 되는 것이니 없다고 하신 것이지만 그 경계가 바로 종적이요, 마음인 것이다.

그래서 마음을 보는 것이나 성품을 본다는 것은 다만 경계와 형상을

보는 것이 바로 마음과 성품을 보는 것이며, 이것이 그대로 감각이 되어짐으로 성품을 본다, 마음을 본다, 깨닫는다, 견성한다, 성불한다, 다 같은 말이 되는 것이다.

그러니 황벽스님은 이렇게 일러 주신다.

"이미 이런 줄 알았을진댄 '없음' 가운데 쉬어 깃든다면
곧 모든 부처님의 길을 가는 것이니라."

이미 위에서 말한 경계나 형상이나 성품이나 다 마음을 보는 것이므로, 경계와 형상이 '없음 가운데서도 쉬어 깃든다면'이라는 말씀은 삼매에 들어 모든 것을 쉬지만 그 마음의 성품과 감각됨은 그대로 여여하므로 그 여여함 그대로가 바로 부처님의 길인 도(道)인 것이고, 바로 부처의 길 성도(聖道)라는 것이다.

17-3. 응무소주 이생기심(應無所住 而生其心)

경에서 말씀하시기를

'마땅히 머무는 바 없이 그 마음을 내라'고 하셨으니, 모든 중생이 생사에 윤회하는 것은 뜻으로 반연하고 분주하게 조작하는 마음이 육도에서 멈추지 못하여, 마침내 갖가지 고통을 받게 되느니라.

유마거사가 이르기를

'교화하기 힘든 사람은 원숭이처럼 의심이 많기 때문에 여러 가지

법으로 제어한 다음에 비로소 조복시킨다'고 하셨다.

그러므로 마음이 나면 갖가지 법이 생겨나고 마음이 없어지면 갖가지 법이 없어지느니라.

경에서 말씀하시기를

'마땅히 머무는 바 없이 그 마음을 내라'고 하셨으니

응무소주 이생기심(應無所住 而生其心)은 『금강경』에서 석존께서 수보리에게 한 말씀이다. 이 한 구절을 듣고 깨달은 이가 있으니 바로 육조 혜능선사이다.

순박하고 천진무구한 나무꾼은 세상을 보이면 보이는 대로 들으면 듣는 대로 그대로 진실여상(眞實如相)하여 한 점 의혹없이 있는 그대로 받아들였다. 바로 이것이 마음이며, 이 마음이 온 우주의 주인공이요, 이것이 신(神)이구나! 그러면 나도 그러하니 내 안에 신이 존재하니 내가 바로 내 자신[自神:자성]을 깨달았던 것이다.

이렇게 간단하고 쉽게 깨달음을 이룬다. 그래서 옛 노인네 노래 소리에 '깨닫기는 세수하다 코 만지는 것 보다 쉽다'라고 하였을까.

그대들은 어떠한가.

지식과 상식과 보고 들은 것이 너무 넘쳐 마음이 도를 넘어 미친 것은 아닌지, 컴퓨터 같이 굳어져버린 현대인들은 사람이 아니라 컴퓨터와 같이 움직이고 반응하는 인간인 것이다.

자기 관념에 없는 것은 어떤 것도 믿지도 받아들이지도 않고, 오직 관념이 시키는 대로 로봇같이 변해버려 아무리 설해도 들리지 않고, 설법을 해도 알아차리지를 못한다. 왜 그런가. 생각을 굴려[제칠말나식] 내가 관념으로 만들어 넣어놓은 책꽂이인 제팔아뢰야식에 없는 것은 전부 부정해버린다. 그러니 사량식의 분별식만 작용을 하는데, 어찌 분별과 사량이 아닌 일승법을 받아들이겠는가.

오직 일승이 원하는 것은 바로 천진성(天眞性)의 회복이다.

그대들이 가지고 있다고 생각하는 그 관념은 전부 남의 것이다.

영사기처럼 영상물로 제작해 놓고 있지만 그것이 바로 도둑질해다 놓은 장물임을 모를 뿐이다. 그래서 '도둑을 자식으로 키운다'고 했다.

그래서 황벽스님도 이렇게 부연하여 설하신다.

"모든 중생이 생사에 윤회하는 것은 뜻으로 반연하고
분주히 조작하는 마음이 육도에서 멈추지 못하여
마침내 갖가지 고통을 받게 되느니라."

즉 윤회(輪廻)란 스스로 생각으로 만들어낸 세상을 계속 바꾸고 또 뒤집는다. 그래서 자기 스스로 만족하면 '이것이 나의 것이다' 하면서 거기에 안주하여 창을 내고 밖으로만 쳐다보고 누에고치집을 지어 들어 앉는다. 이것이 바로 그대 스스로 만들어낸 심법계(心法界)인 것이다.

그러나 그것은 영원하지도 고정되지도 않는 허상이다.

새로운 소식이라도 들으면 또 허물고 다시 짓는다. 이렇게 살아가므로 생각의 변화 뒤바꿈을 말해 한 생각이 일어나면 탄생이요, 한 생각이 멸하면 저승인 것이다. 그래서 심법계에서 그대는 수억 겁을 살았고 또 죽어 다시 한 생각으로 살아난다. 이것이 생사(生死)이며 인생인 것이다. 그러니 생사가 원래 없는 것이며 지금 그대로 무생(無生)인 것이다. 석존께서도 이를 일러 윤회라고 하였던 것이다.

그럼 극락정토는 무엇인가?

바로 유심정토(唯心淨土)인 것이다. 그러니 하루에도 극락과 지옥을 수없이 넘나들지 않는가! 그래서 극락도 지옥도 내 마음이 만드는 것이다. 극락에 마음이 주할 때는 행복하지만 금방 화를 내고 짜증이 나고 내 마음에 내가 걸려 화택중생이 되고, 고통을 스스로 마음으로 지어서 지옥도 가고 아수라도 되고 축생도 되는 것이므로 육도를 두루 다니며, 갖은 고통을 스스로 불러들여 고통을 받는다고 하시는 것이다.

육체는 고통을 모른다. 살을 찢어내도 아픔을 모른다. 오직 그대 마음이 고통을 느끼고 감각할 뿐이다. 만약 이 육신이 고통을 안다면 불판 위에 놓인 고기가 왜 자기 살을 태워도 그냥 꿈쩍도 않겠는가.

오직 그대 마음이 괴롭다, 슬프다, 고통스럽다고 할 뿐이다.

이 우주는 그대로 화엄(華嚴)이요, 화장(華藏)세계인 것이다. 이 말은 바로 그대 마음의 청정법신은 그 어떤 고통도 즐거움도 모른다. 한가롭고 그윽할 뿐이다. 그래서 참 성품은 바로 비로자나불의 화장세계인 것이다.

저 높은 푸른 하늘에 흰 구름만 유유자적할 뿐!

다시 유마거사의 말을 인용하여 부연하신다.

"유마거사가 이르기를

'교화하기 힘든 사람은 원숭이처럼 의심이 많기 때문에

여러 가지 법으로 제어한 다음에 비로소 조복시킨다' 고 하셨다."

교화라고 하는 말은 참 교묘하다.

인간은 교화가 되는 것이 아니다. 태어나서 배워 아는 것이라고는 모든 것에 내 아상(我相)을 밑에 깔고 붙이려고만 하고 잡아 먹으려고만 하는 것이 인간이다.

절에 가서 부처를 내 심부름꾼으로 부려 잘 먹고 잘 사는데 이용하는 수단으로 삼고, 하느님을 부자 되고 출세하는 데 이용하고, 거지로 산 예수를 불러 자기 일신 쾌락의 도구로 삼으려 절에 가고 성당에 가고 교회를 가는 것이 아니라고 할 수 있는 사람이 있으면 그가 바로 부처님이다.

신(信)앙이라고 할 때 그 믿음은 무엇일까.

바로 자신(自神)을 위한 타신(他神)을 불러들여 자기 일신 출세와 욕망을 채우려는 교묘한 술수에 불과한 것이 아닌지 스스로 생각해 보라.

그래서 납승은 감히 말한다.

천진불인 사람으로 태어나서 이내 몸둥이는 국가와 배우자와 가족과 친척 친구 등이 관리하고 이내 마음은 종교에 빼앗기고 숙명과 운명을 받아들여 모든 것을 타에 의지하고 맡겨 놓고 살아가는 그대여! 그대에게 남은 것은 무엇인가?

국가와 종교에 길들여진 가축이 아니라고 할 수 있겠는가?

국가와 종교를 벗어나 자유인으로 살아가는 자기 스스로를 믿고 의지하는 자신(自神)으로 살아가는 사람, 그 사람을 일러 '벗어났다! 해탈했다!' 하는 것이다.

그러니 유마거사도 차츰 인간에 대한 인연들을 끊고 자신을 돌아보아 스스로의 자성을 향하여 가도록 유도해야 된다고 말씀하신다.

즉 인간은 거짓과 삿됨으로 되어 있으므로 처음엔 부처도 있다하고, 너에게 무엇이든 달라면 다 준다고, 꼬드기고 속여야 알아듣고 온다는 것이다. 지금 종교인들이 이 단계에서 벗어나지 못하는 것은 바로 가짜인 그대에게는 달콤한 속삭임이다. 그러니 성직자가 아니라 사탕으로 아이를 달래는 시정잡배 꼴이 아닌가.

참 해도 해도 너무 한다. 정신차릴 인간들은 제일 먼저 성직자들이다. 성직자(聖職者)라면 성인들의 가르침의 본연 즉 진리를 설하는 쪽으로 가야 하는데...

그러기엔 또한 인간들의 욕심이 끝이 없으니 누가 누구를 나무라겠는가. 헛된 인간의 허상을 깨워 주어야 하는데 그러다간 신도 한 명 안오는 이 납승같이 될 것이니... 이럴 수도 저럴 수도 없으니 이렇게 글로나마 쓰고 있는 것이겠지.

석존의 가르침 역시 진리이다. 헛된 것에 길들여진 인간을 본연의 사람으로 돌아가게 하는 것, 이것이 바로 석존의 진정한 가르침인 것이다. 쉽게 말하여 옛 노인네 말씀처럼

"이 사람아 정신[自性]차리고 사람[本來面目] 좀 되라."

납승이 어린 시절 참 많이도 들었던 소리다.

지금은 어떠한 세상인가?

이런 말을 해줄 부처같은 사람이 너무도 그립다.

찾아도 찾아도 없어진 지 오래구나!

이 납승에게 한마디 하라면

미친놈아, 미친놈아!

죽어라, 죽어라. 제발 좀 죽어라!

그래서 황벽스님도

"그러므로 마음이 나면 갖가지 법이 생겨나고
마음이 없어지면 갖가지 법이 없어지느니라."

법이란 그대로 마음의 작용으로 드러난 형상이다. 그러니 여기 보이는 이 모든 세상의 형상도 다 법인 것이며, 그 실상이 없는 것이다.

법이 경계이고 경계가 바로 마음이니 스스로 꾸며서 만든 법계에서 왔다갔다 다시 만들고 허물고 하는 것이어서 가지가지 고통을 초래하여 힘들어 하면서 육도를 윤회하니 이 얼마나 안타까운 일인가.

부디 한 마음을 쉬시어 경계에도 집착 말고, 법계에도 집착 말고 있는 그대로 완전한 자유인 화장세계에서 구름에 달 가듯이 그렇게 안심입명(安心立命) 하소서!

17-4. 그것이 바로 보리이니라

"만약 이 뜻을 알지 못한다면, 설사 널리 배우고 부지런히 수행하며, 나무 먹이를 먹고 풀옷을 입는 고행을 한다 하더라도 자기의 마음은 알지 못한 것이니라.

그것을 모두 삿된 수행이라고 하며 모두 다 천마(天魔), 외도, 물과 뭍의 여러 귀신놀음을 하는 것이니, 이같이 수행한들 무슨 이로움이 있느냐?

지공이 말하기를 '본래 몸은 자기의 마음이 짓는 것이거늘, 어찌 문자 속에서 구하리오?' 하였다. 지금 자기 마음을 알아서 사량분별하는 망상을 쉬기만 하면 육진의 번뇌가 저절로 생겨나지 않는다.

　『유마경』에 이르기를 '오직 침상 하나만 두고 병들어 누워 있다'고 하였는데, 이는 마음을 일으키지 않은 것이니라. 지금 앓아 누워서 반연을 모두 쉬어 망상이 그쳐 없어지면 그것이 바로 보리이니라.

"만약 이 뜻을 알지 못한다면
설사 널리 배우고 부지런히 수행하며
나무 먹이를 먹고 풀옷을 입는 고행을 한다 하더라도
자기의 마음은 알지 못한 것이니라."

　여기서 '이 뜻'이란 앞 단에서 말씀한 "모든 중생이 생사에 윤회하는 것은 뜻으로 반연하고 분주히 조작하는 마음이 육도에서 멈추지 못하여, 마침내 갖가지 고통을 받게 되느니라."라고 하신 말씀이다.

　중생이 육도에 윤회함은 바로 스스로의 마음을 조작함으로써 경계에 집착하여 육도를 윤회하므로 이 경계에 집착함을 멈추지 못하여 계속 지어감으로 갖가지 고통을 받게 된다고 하신 것인데, 이 뜻을 바로 받아들이지 못하고 이렇게 하면 고통에서 벗어날까, 저렇게 하면 고통이 극락으로 바뀔까 하면서 유위적(有爲的) 수행을 통하여 극복하려는 행위를 우리는 수행(修行)이라고 받아들이고 있고 또한 사실로 알고 있다. 그러나 이것이 조작(造作)이요, 견해(見解)인 것인데, 일승법(一乘法)

이 아닌 인연법(因緣法)을 받아들이고 무위가 아닌 유위적 행위인 고행 같은 길을 수행이라고 생각하고, 그렇게 모든 불교인들이 하고 있는 것이다. 석존께서도 처음에 수행을 고행으로 시작하였다.

그러나 그 수행이 부질없음을 아시고 냇가에서 목욕을 하고 몸을 단정히 하신 후에 보리수 밑에 풀을 깔고 편안히 앉아 스스로의 마음을 관[回光返照]하여 칠일 만에 깨달음을 증득하셨던 것이다.

그래서 설법 때 마다 고행이나 몸을 괴롭혀 하는 행위의 수행은 절대 못하게 하시고 오직 마음만을 관하여 명상에 들 것을 경전마다 권하였던 것이다.

작금에도 우리 주위에서 초근목피하고 이상하고 괴상한 짓을 하고 있는 수행자가 얼마나 많은지 잘 알 수 있을 것이다.

그러나 몸을 수행시키고 아무리 단련시켜도 그것은 오직 몸의 훈련을 통한 운동이고 연마에 불과한 것이다. 행위적으로 하는 불교미술, 불교의식은 전부 세상인간들이 좋아하는 것만 모아서 하고 있다. 범패라고 하는 바라춤이 이제 불교대학까지 만들어 가르치고 그것이 불교의 의식인양 큰 스님 행세를 하고 있지 않은가?

이것은 제에 참석한 제주들을 위로하기 위하여 저잣거리에서 불러온 풍물패거리인 것이다. 그래서 범패라고 하였는데 지금은 바라다, 피리다, 꽹과리다, 승무다 하여 정말 큰 스님들이 하는 행위인 줄 착각하고 있을 뿐이다.

그 어떠한 몸으로 하는 행위는 불교와는 관계없는 것이며, 마음을 떠나 한 행동이라도 하는 것은 전부 사마외도인 것이라고 황벽스님은 힘주어 말씀하신다. 그래서 황벽스님도 마음을 모르는 이상, 수행이 아니라고 하시면서 이렇게 말씀하신다.

"그것을 모두 삿된 수행이라고 하며 모두 다 천마(天魔),
외도, 물과 뭍의 여러 귀신놀음을 하는 것이니
이 같이 수행한들 무슨 이로움이 있느냐?"

황벽스님의 이 말을 듣고 그대들은 무엇이 생각나는가?

몸으로 하고 제사를 지내고 사물을 치는 행위를 예불이라며, 축원이라며 천도재라며 절에서 하는 모든 행위들을 잘 보라. '이것들이 다 삿된 수행, 천마외도, 뭍과 물의 귀신놀음이다' 라고 하신다.

다시 한번 잘 관찰해 보시길 빈다.

우리가 하고 있는 사찰풍경에서 부처님의 본래 뜻과 행을 찾기란 낙타가 바늘구멍을 통과하기보다 더 어렵게 만들어 놓았다. 이 모든 것이 사찰의 세속화, 재물에 대한 욕심, 형식화, 도식화, 조직화, 상업화 등으로 변하여, 사찰인지 스님인지 백화점인지 장삿집인지 만물상인지 정말 알 수가 없게 되어만 간다.

그러니 세속 범부들이 누굴 따라가야 하고 무엇을 믿어야 할지 누구에게 법을 물을지, 불교TV를 보라. 참 말을 할 수 없게 되었다.

이제 불교사업, 종교사업, 복지사업, 장례사업, 납골사업, 불상판매 불경판매 등 불교방송과 불교신문의 모든 것이 사업으로 전락했다.

그런데도 불교라는 말을 어디서 할 수 있으며, 스님이란 말을 어디서 할 수 있겠는가? 귀신놀음에 날 새는 줄 모른다고 그래서 납승이 하는 말, "절에 가지 마라.", "사불에게 절하지 말라."고 하는 것이다.

'산 부처로 죽은 부처에게 절하지 말라' 라는 말은 정말 못하겠다.

혜암스님이 『선문촬요』를 지어 책머리에 올려놓은 글이다.

이로 인해 어떻게 되었는가.

백이 세까지 수덕사 조실로서 그렇게 정법안장을 위하여 노구를 이끌고 미국까지 다녀오셨지만 만인에게 나쁜 스님이란 말과 마구니란 소리까지 듣게 되었고, 그 제자들마저 은사를 다 바꿔버렸으니!

혜암스님 이후에 우리 곁에 선지식이 누구시던가.

우리 곁에 오신 선지식이요 참 스승인데...

그러니 어디서 부처님의 심인(心印)이요, 마음법[一乘法]이 발붙일 곳이 있으며, 납승(衲僧)들의 말을 듣겠는가.

무학대사가 무엇이라 말했는가.

'개 눈에는 개만 보이고 돼지같이 생긴 인간 눈엔 돼지밖엔 보이지 않는다' 고 생각은 전부 자기마음의 상태를 말하고 표현한다.

형상은 사람이지만 인면수심의 끔찍한 살인사건이 끊이지 않고 일어나는 것은 그 인간의 심성을 가득 메우고 있는 것이 그런 관념이기 때문에 그 인간에게는 그것이 당연한 것이다.

진리 면에서 보면 살인을 해도 그 인간에게는 당연하고 해야 할 일이 일어났을 뿐이라고 해야 할 것이다. 그 사람의 마음이 그렇게 일어난 것일 뿐이니까.

그러니 그 인간의 알음알이인 사고와 관념이 얼마나 중요한 것인가.

희대의 참사로 알려진 일본의 옴진리교의 교주를 보라. 그도 나름 수행하고 나름 마음을 밝힌 사람이었다. 자기 관념으로 보니 인간이란 동물은 이 지구상에 살아 있어서는 안 되는 이 우주에서 제일 지독한 독충들이었다.

그래서 신도들을 시켜 모든 인간을 다 죽여라, 인간만 이 지구상에서 없어지면 평화로운 세상인 화장세계가 열린다는 극단적 관념에 빠져버렸다. 그래서 지하철 및 공공장소에서 독가스로 집단살상을 감행한 것을 잊지 말아야 할 것이다.

사람은 다 자기 관념의 표출이 바로 화신으로 드러나는 것이니 이런 극단이 바로 편견이요, 마구니인 것이다. 중도실상(中道實相)에 주하지 못한 것이다.

그러나 진리는 끊어지지 않는다. 형식적 법맥은 끊어져도 절로 그렇게 원래부터 여여하게 생겨 있는 이 자체가 진리요, 부처이니까.

유위적 수행의 잘못을 지적하고 나서 다시 지공화상의 말씀을 인용하여 설하신다.

"지공이 말하기를
'본래 몸은 자기의 마음이 짓는 것이거늘
어찌 문자 속에서 구하리오?' 하였다.
지금 자기 마음을 알아서 사량분별하는 망상을 쉬기만 하면
육진의 번뇌가 저절로 생겨나지 않는다."

몸이란 것이 실재하는 것이 아닌 미진일진대 어찌 헛물질을 단련하여 수행이 되겠는가. 오직 마음의 화신이 몸이라면 몸의 주인인 마음의 움직임이 바로 몸이요, 형상인 것이다. 그래서 '본래 몸은 자기의 마음이 짓는 것인데 어찌 언어문자나 밖을 향해 구하겠는가' 라고 하신다. 그러니 모든 형상은 마음의 화현이므로 마음을 관하고 내 마음의 성품을 관하는 것이 바로 참다운 수행이 될 것이다.

사량분별하는 육진 번뇌 역시 본체가 있는 것이 아니라 내가 밖으로 구해 저장하여 내가 만든 것이므로 내 마음을 부질없는 허상이라고 아는 순간 모든 것이 소멸해버리는 것이다. 오직 스스로 밖에는 아무도

없애주지를 못한다. 세상의 그 어떤 신(神)도 내 마음을 없앨 수 없다. 오직 자기 스스로인 자성불(自性佛)만이 육진 번뇌를 없앨 수 있는 것이다. 그래서 자업자득(自業自得)이요, 자작자수(自作自受)인 것이다.

그래도 미진하여 황벽스님이 참 자비를 베푸시어 『유마경』까지 보이시며 다짐을 받으시는 것이다.

"『유마경』에 이르기를
'오직 침상 하나만 두고 병들어 누워 있다'고 하였는데,
이는 마음을 일으키지 않은 것이니라.
지금 앓아 누워서 반연을 모두 쉬어
망상이 그쳐 없어지면, 그것이 바로 보리이니라."

은유법으로 설해진 『유마경』의 '침상에 병들어 누워있다'라는 것은 우리의 활동이나 움직임은 전부 번뇌와 망상심으로 움직이고 행한다는 말이다.

침상이란 본래면목이요, 병이란 무심을 말씀하신 것이다.

즉 무심한 상태로 자기 자성에 주하는 것을 이렇게 표현한 것이다.

그러니 이것이 바로 무슨 수행이냐, 수행 이전의 본래모습인 것이니 이것이 만상을 반연하는 우리의 본심(本心)이며 심지(心地)인 참 성품(眞性)이며, 바로 반야지혜인 보리(菩提)인 것이다.

17-5. 무심지도(無心之道)

"지금 만약 마음 속이 분분히 시끄러워 안정되지 않았다면, 너의 배움이 비록 삼승, 사과, 십지의 모든 지위에 이르렀다 해도 아직 범·성의 경계를 벗어나지 못한 것이라 함이 옳다. 모든 행위는 끝내 덧없음으로 돌아간다. 모든 것은 힘이 다할 때가 있기 마련이니, 마치 화살을 공중에 쏘면 얼마 안 가 힘이 다해 땅에 도로 떨어지는 것처럼, 생사의 윤회에 다시 돌아가고 만다.

이와 같은 수행은 부처님의 뜻을 모르는 것이요, 헛되이 쓰라린 고초를 받을 뿐이니, 어찌 크게 잘못됨이 아니겠느냐.

지공이 말하기를 '세간에 뛰어난 밝은 스승을 만나지 못하면 대승의 법약을 잘못 먹은 것이다' 고 하였다. 단지 다니고 머물고 앉아 눕는 모든 시간 가운데서 오로지 무심함을 배우기만 하면 분별도 없고 의지할 것도 없으며, 또한 머물러 집착할 바도 없다."

"지금 만약 마음속이 분분히 시끄러워 안정되지 않았다면, 너의 배움이 비록 삼승, 사과, 십지의 모든 지위에 이르렀다 해도 아직 범·성의 경계를 벗어나지 못한 것이라 함이 옳다."

남이 없는 무생(無生)의 도리를 설하고 이제 수행에 대하여 말씀을 하고 있다. 무생을 깨치면 수행이란 말이 성립 자체가 되지 않는다.

왜 그런가. 마음에는 그 어떤 함도 자취가 없다.

'함' 이란 한 생각 일어남이니 해도 함이 없다. 그래서 무위(無爲)인데 어찌 함이 있다 하겠는가.

그러나 현상계인 화신의 경계에서 본다면 유위의 마음의 조작이 있을 수 있다. 아무리 조작하지 말라고 하지만 경계가 오면 바로 조작의 마음이 생기는 것이니, 이것을 훈습시켜 경계에 집착하여 달라붙는[着心] 마음을 없애보자고 하는 행위가 바로 수행(修行)인 것이다. 이것을 말하여 차제를 세운다고 한다. 그리고 이것은 이것과 저것이 있는 인연소생법이며 인연법인 이승의 경계라고 하는 것이다.

이 글을 쓰기가 싫다.

왜 그럴까? 잘못 받아들이면 불종인(佛種因)이 사라지기 때문이다. 현실적으로 모든 불교기관에서 행하고 있고 모든 수행자들이 하고 있는 것을 무엇이라고 말할까.

말하기 싫다.

생(生)이란 무엇인가? 만들어진 것을 말하는데 이것은 전부 생주이멸(生住異滅)이라 허망함의 근본이다. 스스로 화택으로 들어가 업해파랑(業海波浪)에 휩쓸려 들어가는 것이니까 또 다시 윤회고(輪廻苦)에 시달리게 된다. 그러니 하라고도 하지 말라고도 못하니 부처님의 가르침이 종교가 되지 않았다면 말하겠지만 종교로 존재하는 한 말하기가 어렵다. 그래서 황벽스님도 이렇게 말씀을 하신다.

아무리 십지보살이 되고 사성사과를 얻고 무엇을 증득했다고 해도 마음이 어지러이 날뛰고 있는 한 그것은 전부 제자리로 돌아가서 얻은 것이 없는 것으로 돌아간다고 하신다. 이 얼마나 무서운 말씀인가.

출가하여 그렇게 수행한다고 수십 년을 시주물만 받아먹고 아무 것도 얻은 것 없이 헛고생만 한다면 지금 저 많은 스님들은 그 얼마나 불쌍한 사람이란 말인가.

그러나 한번 회광반조하여 생각해 보라.

동해의 파도가 몇 십억 년을 출렁거려도 바람[業]에 의하여 올라갔다 내려갔다 할 뿐, 올라간 물은 내려오고 내려간 물은 올라가서 그냥 그대로 언제나 제자리에서 출렁이고 있을 뿐이다. 그래서 있는 그대로를 얻지 못한다면 아무리 파도와 물을 분리하고 올라간 물을 세어보고 내려간 물을 센다고 해도 다 헛일이 되고 만다.

그러니 선지식을 만나 일불승의 길을 알지 못한다면 그 어떠한 수행도 소분에 그치고 말 것이니 참으로 안타까운 일이 아니겠는가.

범 · 성의 경계란 것은 차별심이며 분별심인 것이다.

그래서 범성과 선악과 고저와 장단을 벗어나려면 오직 길은 선지식을 만나 일승의 길을 안내 받아 일촉지에 심지를 투득하지 못한다면 평생을 수행한다 해도 보신과 화신의 경계에서 마음의 지음에 스스로 속고 말 것이며, 다 헛일이 되고 말 것이다.

참으로 명심하고 명심하여 삼가 심지에 새겨야 할 말씀이다.

지금 우리 사문에도 납승이 나오지 못하는 것은 무엇 때문일까. 몇 안 남은 선지식은 설 곳도 설법할 곳도 없다. 색법의 세상에 심법계의 선천도 못 가본 이들이 오직 욕계 중생심에 동거동락(同居同樂)하면서 인간세상에 동사섭 운운하며, 부처님의 본뜻이 담긴 『화엄경』과 『법화경』, 『열반경』은 사라지고 임제스님의 법등을 밝힌다는 대한불교조계종 마저 『금강경』을 소의경전으로 삼고 있듯이 『법구경』, 『방등경』, 『반야경』에 묶여 있다.

마지막 『법화경』에서 이 앞에 내가 설한 것은 전부 방편이며, 거짓이라고 석존께서 분명히도 밝혔지만 아직도『금강경』과『반야경』을 중심으로 불교라는 종교만이 횡행하고 있다.

그러니 고불의 심인(心印)인 격외소식(格外消息)이며, 교외별전(敎外別傳)이요, 심지법(心地法)인 여래선(如來禪)과 조사선(祖師禪)이 어디에 발붙일 곳이 있겠는가. 그러나 이것이 바로 고불의 심인(心印)임을 알아야 하는데 말법시대에 진리이며 석존의 가르침이 명맥을 이어가기도 너무나 힘든 시절이다.

그래서 황벽스님도 이렇게 말씀하신다.

"모든 행위는 끝내 덧없음으로 돌아간다.
모든 것은 힘이 다할 때가 있기 마련이니
마치 화살을 공중에 쏘면 얼마 안 가 힘이 다해
땅에 도로 떨어지는 것처럼 생사의 윤회에 다시 돌아가고 만다."

유위적 수행은 정말 허망함만 더하여 덧없고 실상이 없으니 오직 마음공부인 진리를 믿고 실상인 자성을 투득하여 마음의 경계에서 벗어나 무생(無生)의 도리(道理)인 무심(無心)을 증득하는 길(道), 이것이 일불승(一佛乘)의 길(道)이요, 깨달음의 길[成佛道]인 것이다.

황벽스님도 부디부디 살펴가라고 다시 이렇게 말씀하신다.

"이와 같은 수행은 부처님의 뜻을 모르는 것이요,
헛되이 쓰라린 고초를 받을 뿐이니
어찌 크게 잘못됨이 아니겠느냐."

지금의 실정은 어떠한가.

그대들이 느끼는 그대로일 것이다. 그래서 다시 지공화상의 말을 인용하여 이렇게 다짐을 하신다.

"지공이 말하기를
'세간에 뛰어난 밝은 스승을 만나지 못하면 대승의 법약을
잘못 먹은 것이다' 고 하였다. 단지 다니고 머물고 앉아 눕는
모든 시간 가운데서 오로지 무심함을 배우기만 하면
분별도 없고 의지할 것도 없으며 또한 머물러 집착할 바도 없다."

지공화상은 달마스님을 양무제에게 소개한 스님이며 삼아사리의 한 분이시다.

부디 선지식의 말씀을 머리를 비우고 받아들였으면 한다.

참선하는 것을 보고 조주스님이 '인형놀이를 한다' 고 하였고, 아미타불 염불법은 색계 제이선천인 광명천을 이야기하고 있는 것이며, 이것은 우리 마음의 보신인 작용을 느끼고 광명이라고 하는 것이며, 아미타 부처님은 공덕장(功德藏) 부처님이시며 내 마음의 작용이며 보신불(報身佛)인 것이다. 그러니 마음의 심지이며, 참 성품이며 법신의 세계인 화장세계(華藏世界)를 고불(古佛)께서 깨달음을 이루시고 『화엄경(華嚴經)』에 다 남기셨다.

『화엄경』에서 일심(一心)인 심법계(心法界)를 밝힌 일승법(一乘法)을 말씀하셨고, 깨달음의 세계인 화장세계(華藏世界)를 펼쳐 보였으나, 아무도 알아듣지도 못하고 지금은 『화엄경』을 소의경전으로 삼는 국가도 종단도 어디에도 없는 것이 참으로 안타까울 뿐이다.

오직 참 나를 찾아 진리의 세계에 개시오입(開示悟入)을 할 수 있는 자는 선지식 밖에는 없다.

깨닫지 못한 스님들께 듣는 법문이나 행위는 장님이 가리키는 길을 가는 어리석은 범부일 것이니 부디 살펴 가시길 바랄 뿐이다.

그래서 지공화상의 말씀을 인용하여 이렇게 당부하신다.

'부디 함이 없는 무위를 행하여 무심을 증득하여 모든 차별과 분별이 없는 무위도에 오르는 것 밖에는 길이 없다고 무위도(無爲道)에는 분별도 없고 의지할 것도 없으며, 또한 머물러 집착할 바도 없다'고 당부하신다.

부디 바른 수행인 일승법(一乘法)의 무위도(無爲道)인 무심(無心)을 증득하시옵기를. 무심지도(無心之道)!

17-6. 사문이란 바보 같은 것이다

종일토록 둥둥 떠오르는 기운데로 내맡겨둔 것이 마치 바보와도 같은 것이다. 세상 사람들이 모두 너를 모른다 하여도 일부러 알리거나 모르게 할 필요가 없다. 마음이 마치 큰 바위덩이와 같아서 도무지 갈라진 틈이 없고, 일체법이 너의 마음을 뚫고 들어가지 못하여 올연히 어디에도 잡착함이 없어야 한다.

이와 같아야만 비로소 조금은 상응할 분(分)이 있다 하리라.

보설

"종일토록 둥둥 떠오르는 기운 데로 내맡겨둔 것이
마치 바보와도 같은 것이다."

앞 단락에서 황벽스님이 수행이 무엇인지를 말씀하셨다.

'유위적 수행이 아니라 무위적 수행이 바로 참다운 수행이요, 조사
선(祖師禪)의 길이다'라고 말씀하시고나서 고불께서 설하신 『법화경』
에서 보살·성문·연각은 모두 방편으로 설하였다.

'오직 길은 한 가지 일불승(一佛乘)이 있을 뿐이며, 이 길을 가지 않
는 사람은 그 어떤 공덕도 없고 평생동안 한 수행이 부질없이 다시 윤
회로 떨어져 육도를 유랑한다'고 하신 설법처럼 이 일불승이 바로 사
문(沙門)이며 납자(衲者)인 것이다.

바로 말해 부처를 찾아가는 길, 부처를 깨달아야 되는 당위성을 설
하셨으며, 이들이 바로 불자(佛子)이다.

불자(佛子)란 내가 부처님 아들이라고 하는 것이니, 예수께서 내가
하느님 아들이라고 한 말과 무엇이 다른가. 아들이면 성인이 되면 다
부처가 되어야 하고 하느님이 되어야 하지 않은가? 그런데 되었는가.
그렇지 않으면 그대들은 부처님의 아들인 불자도 하느님의 아들인 성
자도 아니지 않은가.

사법(邪法)을 행한 사마외도에 불과하지 않다고 말할 수 있는가? 흔
히들 절에만 나가면 불자라는 말을 스스로 한다. 과연 스스로 할 수 있
는 말인지 회광반조해 보시길 빈다.

최소한 자신(自神)만은 속이지 말자!

아무리 속이려 해도 자신만은 속일 수 없다.

세상을 다 속여도 자신만은 못 속인다.

그런데 어찌 스스로도 속이고 거짓으로 만들면서 어디에 신이 있고 하느님이 있고 부처님이 있겠는가. 오직 스스로 혼침 속에 속아 허상을 보고 섬기고 받들면서 스스로 복을 받고 공덕장으로 좋은 일만 있기를 바란다면 정말 코미디 프로의 개그맨일 것이다.

개그맨이 바보짓을 하지만 세상 사람들은 재미있어 하고 좋아한다. 왜 그럴까. 그대 자신이 가짜이기 때문에 가짜와 거짓과 속이는 것이 제일 좋고 또 따라하고 있다고 생각하지 않는가. 스스로에게 묻고 또 물어라. 그래서 바보들의 천국이요, 바보들의 세상이 되어가는 것이다.

그러나 진정 그대들이 바보를 아시는가?

정말 바보는 모든 것을 보면 보는 대로 즐거워 웃는다. 욕을 해도 선택도 없이 그게 무슨 말이냐며 재미있다며 웃는다. 하는 것도 거리낌이 없다. 생각도 하지 않는다. 그냥 하고 있을 뿐이다. 절대 울지 않는다. 그냥 즐겁다. 그냥 행복하다. 바로 극락에 사는 것이다.

왜 그럴까?

바로 분별시비하는 간택심을 모르는 사람이라 그렇다. 감각이 바로 작용하지 않는다. 장애로 인하여 심하면 미쳤다고 한다. 그러나 미친 사람과는 다르다. 이처럼 수행자가 이 바보처럼 되는 것을 무엇이라고 하는가. 세상을 다 버리고 보지 않기 위하여 산을 찾고 먹고 사는 문제를 해결하기 위하여 거리로 나와 하심(下心)의 극치인 구걸(탁발)을 한다. 그래서 스님을 보고 비구라고 하는데 이 비구라는 말이 범어로 거지인 것이다.

이것이 수행의 첫걸음인데 이제 한국에서는 탁발을 못하게 하였다. 저 부잣집의 뭐 같은 분들이 그렇게 만들었다. 수행 자체를 포기한 것이다. 스님이란 '상가라마' 라는 범어인데 '화합하는 집단' 이란 뜻이다. 여기서 승을 '승님, 승님' 하다 스님이라 하고 '가라마' 를 '가람' 이라 하여 절이라는 도량이 된 것이다.

절도 원래는 중국의 백양시(寺)라는 국빈 접대소였는데 승님들이 있고부터는 백양사가 되어 지금까지 절 사(寺)로 바뀌었다. 사원(寺院), 정사(精舍), 원(院)이라 해야 옳을 것이나 그 이름을 어떻게 부르든지 그것은 허명일 뿐 그 속에 정말 인천의 스승이신 스님[살아있는 부처]이 있느냐가 문제인 것이다.

각설하고 황벽스님께서 말씀하시는 참 수행이란 무엇인가.

밖에서 구해 저장한 남의 관념을 내 것이라 자랑하고 이것으로 먹고 살지만, 그 관념과 희망이라는 '스스로 이렇게 해야겠다, 저렇게 해야겠다' 는 망상을 쉬는 것, 이것을 지(止)라고 한다. 그리고 회광반조하여 내 스스로 한 생각 일어나고 멸하는 것은 스스로 비추어 알아서 이것이 만생의 파랑을 일으킬 망상임을 감각하는 것 이것을 관(觀)이라 하였다. 지관을 행하는 것을 회광반조라 하며, 꿈쩍도 않고 누가 뭐라고 해도 바보같이 말이 없고 무엇을 보아도 바보처럼 대꾸가 없고 누가 날 욕해도 무심해지는 정말 남이 보면 바보처럼 그 어떤 틈도 없는 바위처럼 묵묵히 수행해나가는 것을 말씀하고 있는 것이다.

그래서 다시 이렇게 말씀하신다.

"세상사람들이 모두 너를 모른다 하여도
일부러 알리거나 모르게 할 필요가 없다.
마음이 마치 큰 바위덩이와 같아서
도무지 갈라진 틈이 없고
일체법이 너의 마음을 뚫고 들어가지 못하여
올연히 어디에도 잡착함이 없어야 한다."

이것이 바로 무심으로 가는 길이며 일불승(一佛乘)의 수행이며 일승법(一乘法)을 듣는 것이며 일심도(一心道)를 행하는 것이며 성불도(成佛道)로 가는 길이다. 이 길은 험하고 어렵다.

왜냐하면 하심(下心)하여 땅속의 벌레 같아야 하고 바보 같아 바위처럼 굳건해야 하고 바깥 경계에 끌려가지 말아야 하니, 다른 사람이 보면 이상하고 괴상하고 희한하겠지만 이것이 수행이고 바로 스스로 부처가 되는 길이니 어쩌겠는가.

납자의 길을 말씀하셨지만 과연 스님들이 이 길을 가는 자가 몇 명인지 그런 분을 보았는지 묻고 싶다.

마지막으로 황벽스님은 이렇게 말씀하신다.

"이와 같아야만 비로소 조금은 상응할 분(分)이 있다 하리라."

상응할 분이라고 하는 것은 깨달음으로 가는 조금의 공덕이 있고, 마침내 성불의 길을 얻을 것이라고 힘내라고 이렇게 이끌고 계신다.

부디부디 살펴 가시길!

17-7. 부처님이 출현한 것이다

"삼계의 경계를 툭 뚫고 지나기만 하면 부처님이 세간에 출현하셨다고 하는 것이며, 번뇌 없는 마음의 모습을 바로 샘이 없는 지혜[無漏智]라고 부른다.

인간과 천상 업을 짓지 않으며, 그렇다고 지옥 업을 짓지도 않으며, 나아가 일체의 마음을 일으키지 않고 모든 반연이 전혀 생기지 않으면 곧 이 몸과 마음이 자유로운 사람인 것이다. 그렇게 되면 한결같이 나지 않음[不生]만은 아니어서, 뜻 따라 날[生] 따름이니라."

"삼계의 경계를 툭 뚫고 지나기만 하면
부처님이 세간에 출현하셨다고 하는 것이며
번뇌 없는 마음의 모습을 바로 샘이 없는 지혜[無漏智]라고 부른다."

삼계해탈(三界解脫)을 해야 불지(佛地)라고 하는 것을 말씀하고 있는 것이다. 삼계(三界)란 욕계 육천과 색계 십팔천 무색계 사천을 말한다. 이승에서 공덕을 닦아 그 공덕장으로 하늘세계에 태어난다고 경전은 설하지만, 이것이 바로 참 수행을 하여 마음이 변해가는 견처에 따라 붙여진 명칭이라고 보아야 한다.

즉 수번뇌와 객진번뇌 등이 사라지면 자연히 마음에 많은 변화가 오는데 그것을 간파하여 지금 이 수행자가 어느 단계에 와 있는지를 판단할 수 있는 것이다.

차제를 둘 수는 없지만 마음의 상태가 사람마다 다르므로 이렇게 나누어 번뇌의 소멸상태와 망상의 지음을 들어 그 사람의 마음상태를 점검하는 것을 선지식을 제접한다고 하는 것이다.

석존께서는 이 이십팔천을 공덕장(如來藏)으로 다음 생에 태어나는 선천으로 표현하셨지만 마음을 떠나 설하신 것이 아니므로 이것은 수행인의 마음상태를 나타낸 것으로 이해할 수 있다.

납승이 사회인으로 부와 명예와 권력을 두루 섭하고 있는 중에도 마음의 안정을 찾지 못하여 불교 교리공부를 십여 년, 하여도 마음의 갈등이 해소되지 않아 칠 년에 걸쳐 매일 자정부터 1시까지 집에서 참선방을 만들어 참선수행을 했다.

방법은 일숙각인 천태 지의선사의 일관법이었다. 그러면서 참선 육개월 만에 일원상인 마음의 창을 접하고 그 속에서 일어나는 모든 상과 작용과 형상들을 두루 겪으면서 모든 것이 무상하고 어떤 형상도 다 내 마음이 지어내는 환이라는 것을 체득하고 주위 사람들의 만류를 뿌리치고 모든 인연처를 뒤로 한 채 납자의 길을 걷게 되었다.

납승이 한 소리 말할 수 있는 것은 모든 그대들의 마음의 일어남은 전부 스스로 불러들인 욕심이라는 것을 알고 이 업해파랑인 인연법에서 벗어나는 길을 가려는 자는 이 아래 설하는 마음의 이십팔천을 잘 새겨 스스로를 검증하기를 바란다. 그래도 의문이 가시질 않으면 언제든 납승과 함께 하기를 바라면서, 오직 서원으로 발하고 있는 수행처인 심천(心天)을 심 이십팔천 수행처로 만들고 싶은게 서원이며, 회향처로 삼고자 이렇게 글을 쓰고 있는 것이다.

이것이 스님이나 인간이나 자기적 욕망에서 하는 행동이나 말이나 뜻이 지금 어느 곳에 있는지를 알 수 있는 아주 명쾌한 방법이며 견처인 것이다. 수행자는 항상 자기 마음을 회광반조하여 나의 심처가 지금 어디로 가고 있는지를 비추어 볼 수 있는 심경(心鏡)으로 삼기를 바란다.

*욕계6천(欲界六天): 오직 욕심으로 살아가는 마음의 단계

*사왕천(四王天): 아상·인상·수자상·중생상을 그대로 가지고 '내가 스님이다, 내가 누구다' 하면서 내 말을 들으라고 강요하고 법을 지켜라 따르라 한다면, 이는 곧 그 사람이 바로 사천왕 같은 위신과 계율만은 설하려 하는 율사 등 위(威)만 세우려는 상을 우선으로 삼는 마음의 견처.

*도리천(忉利天): 율을 세워 이를 지키게 하고 이를 따르게 하여 죄와 벌을 논하며 남의 나쁜 점만 지적하고 잘못만 보아 선과 악을 최고의 경지인 것처럼 사람을 다스리려는 마음의 견처.

*야마천(夜摩天): '나'라는 아상을 내세워 상대를 위협하고 사람에게 겁과 위신력을 보여 '내가 힘이 있다, 너희는 나를 따르라' 하는 마음의 견처.

*도솔천(兜率天): 신도나 직원이나 모든 사람들을 나보다 수행이 낮다고 생각하여 '내가 제일이니 나를 따르라' 하는 아집(我執)만 있는 마음의 견처.

*화락천(化樂天): '세상살이 별것 있냐' 하면서 스스로 오욕락만을 탐하여 관광과 쾌락과 즐거움을 찾아 헤매는 마음의 견처.

*타화자재천(他化自在天): 자기의 힘과 권능을 믿고 타인들도 끌어들여 즐기고 먹고 놀자의 최고봉이며 이렇게 하여 패가망신하고 쾌

락과 행복을 욕심으로 살아가는 것만이 전부는 아니라 이것이 시련과 아픔과 고통을 만드는 근본임을 자각하여 이 몸뚱이를 아무리 즐겁게 해봐야 행복해지는 것이 아니라 고통을 불러오는 원인임을 알아 몸이 아닌 마음이 행복해야 한다는 사실에 눈을 뜨는 단계의 마음의 견처.

*색계(色界): 색계란 우리가 사는 것이 이 몸뚱이를 위하여 그렇게 욕심을 부렸는데, 이 몸을 움직이고 쾌락을 꿈꾸던 것이 몸이 아니라 마음이라는 것을 알고 그 마음의 편안함을 찾아 스스로 마음을 돌려가는 것을 색계라고 한다. 그러므로 선천(禪天)이란 말도 명상을 통하여 마음 길을 찾아가는 것이므로 선천(禪天)이라고 한다.

*초선천(初禪天): 정신이 통일되어 안정을 얻었으나 심사(尋伺)와 정(定)을 즐기는 마음이 남아있는 상태. 즉 찾는 마음과 살피는 마음 그리고 편안함에 주하려는 마음이 남아있는 경계를 초선천이라 한다.

*범중천(梵衆天): 이 경계는 깨끗함을 좋아하고 선함을 좋아하고, 맑음을 좋아하는 것으로 승려나 종교인들이 주로 성직자적 마음을 가지는 마음의 견처.

*범보천(梵輔天): 이 경지는 위로 받들 것이 있고 아래로는 다스릴 것이 있다는 마음의 경계인 견처.

*대범천(大梵天): 아직도 내가 제일이라는 상과 아래로 다스려야 한다는 계와 율이 남아있는 상태. 그러나 여기서 내 몸에 대한 애착은 조금씩 사라지므로 참선이 좋다, 명상이 좋다, 조사선을 해라, 간화선을 해라 하면서 선원을 차리고 명상센터를 차리려는 그런 마음이 바로 이 단계의 견처.

*제이선천(第二禪天): 사려분별(思慮分別)의 작용을 여의고 희락(喜樂)의 정(情)만 있는 정신상태인데 여기서 말하는 희와 락은 인간의 희락이 아니라 마음의 충만함의 '희' 와 그윽함의 '락' 을 말하며 십지(十地)보살의 환희지와 같은 마음상태를 말한다.

*소광천(少光天): 마음의 봄에서 빛이 발산하는 단계인데 참선 중에 흔히 겪는 빛을 말한다. 이때부터 미진이 곧 기(氣)며 에너지며 힘이며 능(能)이며 환희로운 세계로 가득찼음을 느끼는 작은 심기(心氣)를 느끼는 단계의 마음의 견처.

*무량광천(無量光天): 흔히 일원상이라는 말을 하는 곳이 바로 여기이며 마음이 온통 빛으로 화현하여 세상에서 볼 수 없는 빛의 향연을 느낀다. 불꽃놀이 정도는 반딧불 정도로 느껴질 만큼 엄청난 빛이 온 우주를 채우는 무량광천임을 자기 스스로 느껴지게 만드는 마음의 심처를 말한다. 참선을 오래한 사람들은 다 느껴지는 현상이다. 그러나 그런 현상이 나타나지도 않는다면 잘못된 길을 가고 있음을 알라. 흔히들 세간에서 '내가 뭘 보았는데, 난 어디에 사는 비로자나불이다' 하면서 헛소리를 하는 사람들이 많다. 조심하고 살펴가야 할 것이다.

*광음천(光音天): 광음천은 그대로 선정 속에서 찬란한 빛 속에 부처님이나 불보살이 등장하여 말을 하고 손짓을 하고 내 머리를 쓰다듬는 것 같은 현상들이 선정 속에서 나타난다. 그럴 때 이 부처를 섬기면 바로 마구니가 된다. 이런 현상을 보고 그 길로 빠지는 사람들이 있으니 바로 무속인들이 이런 경우가 너무 많다. 그래도 이런 무속인은 그나마 조금의 기미가 있는 경우이다. 잘못 섬기면 미쳐버리거나 신병에 걸려 선지식을 찾지 않고는 치료하기 어렵다.

살피고 살펴가야 한다.

*제삼선천(第三禪天): 탐닉적(耽溺的) 희락(喜樂)을 다 내 마음이 지어낸 것임을 알고 거기에 주하지 않고 그 경지(境地)만을 기뻐하는 정신상태를 말함.

*소정천(小淨天): 마음상태가 정에 들어 맑고 그윽함의 정을 느낌으로 아는 경계의 견처.

*무량정천(無量淨天): 마음에 낙수(樂受:즐거운 감각)가 있으며, 승묘하여 헤아릴 수 없는 깨끗함과 행복이 가득한 마음의 경지를 일컫는 견처.

*변정천(邊淨天): 이 심처는 맑고 깨끗함의 극치를 이루어 원만하고 가득하여 행복만이 느껴지는 마음의 경지를 말하는 견처.

우리가 말하는 극락은 이 제삼선천의 마음상태가 바로 구품연화대 같이 나타난다. 여기서부터 우리가 말하는 극락세계라고 보아야 한다.

*제사선천(第四禪天): 심사(尋伺)인 사려분별(思慮分別)과 수(受)인 희락(喜樂)의 정(情)과 정(定)의 경지의 열락(悅樂) 등을 버리고, 마음이 평정등정(平靜等正)한 모양 즉 사수(捨受)에 주(住)하는 마음의 상태.

*무운천(無雲天): 마음바탕의 구름인 번뇌망상이 전혀 일어나지 않는 마음 상태의 견처.

*복생천(福生天): 마음이 허공처럼 모든 것을 벗어나 오직 감사함과 행복함만 가득한 상태의 견처.

*광과천(廣果天): 이런 마음에 도달한 사람은 자기가 원하는 모든 것이 저절로 이루어지는 마음의 견처.

*무상천(無想天): 마음에서 그 어떠한 생각도 짓지 않는 무심한 경지에 이른 상태의 마음의 견처.

*무번천(無煩天): 욕계의 괴로움과 색계의 즐거움을 모두 벗어나 마음을 번거롭게 하는 일이 일어나지 않는 마음의 견처.

*무열천(無熱天): 심경(心境)에 의(依)와 처(處)가 없어 청량자재(淸凉自在)하여 열뇌(熱惱)가 없는 마음의 견처.

*선현천(善現天): 이때에야 진정한 선인 진선(眞善:이타심)을 발할 수 있는 마음의 견처.

*선견천(善見天): 마음의 선악분별의 경계를 벗어나 모든 것이 진상이며 진실여상한 선을 본다는 경지의 견처.

*색구경천(色究竟天): 이 경지가 몸의 욕망과 봄의 희를 모두다 벗어나 오로지 마음만 있는 상태의 견처.

그리고 계속하여 회광반조를 통하여 오직 식(識)만이 존재하는 무색계(無色界)로 진입한다. 무색계(無色界)는 우리가 말하는 삼매(三昧)에 드는 상태를 말한다.

*공무변처천(空無邊處天): 모든 색을 여의고 가없는 허공의 자재(自在)함을 기뻐하며, 공의 이치를 알고 누리는 마음의 견처.

*식무변처천(識無邊處天): 앞의 공무변처의 무변함을 싫어하며, 식과 상응하여 마음이 공정되어 움직이지 아니하며 삼세(三世)의 식이 다 정중(定中)에 나타나 청정(淸淨)하고 적정(寂靜)한 마음의 견처.

*무소유처천(無所有處天): 식무변처에서 소연(所緣)이 아주 없는 줄을 관하여 아(我)와 소(所)가 사라진 진정한 무소유(無所有)를 아는 마음의 견처.

*비상비비상처천(非想非非想處天): 거친 생각이 없으므로 비상(非想)이라 하며, 미세한 생각이 남아 있으므로 비비상(非非想)이라고 하며, 여기가 바로 미세번뇌를 소진하면 무심(無心)이므로 이곳을 벗

어나면 불계(佛界)이며, 생각의 세계에서 벗어나서 본심인 무심으로 가는 것이므로 이제 다시 태어났다고 하여 생사(生死)의 경계(境界)인 것이다. 그대는 아직 태어나지도 않았다는 화두는 바로 생각의 식(識)에서 벗어나지 않았으므로 '생이 없다' 라고 하는 견처를 말하는 것이다.

위에서 상세히 설명한 마음의 견처를 스스로 회광반조하여 지금 내 마음 상태가 어느 위치에 머물고 있는지를 판단해 본다면 소분이나마 자신을 알아갈 수 있는 거울이 될 것이다.

선지식이란 다름이 아니라 그대들의 마음을 비추어 스스로 볼 수 있게 하는 거울이 될 수 있는 사람을 일러 하는 말임을 아신다면 신심(信心)이 생겨날 것이다.

여기서 천(天)을 붙이면 이승의 과보로 저승에 태어나는 극락 천궁이 될 것이고, 지금 바로 내 마음을 회광반조하여 마음의 견처를 스스로 비추어 본다면 바로 우리 마음의 수행상태와 마음이 지금 어떻게 일어나며 무슨 생각을 하고 있는지 살필 수 있는 견처가 될 것이다.

부디 살펴 가시옵기를...

이렇게 이 삼계를 차제를 두어 통과하는 것도 있지만 단박에 뛰어넘는 사람도 있으니 선문답(禪問答)이나 일승법문(一乘法門)인 상당법문을 통하여 바로 들어 뛰어넘게 하는 것을 통칭하여 조사선(祖師禪)이라 한다. 일승법회에서 하는 법문이 이해가 안 되어 그 말을 두고두고 화두로 삼아 수행하는 것을 간화선이라고 하듯이, 참 수행을 통하여 이 삼계를 벗어나는 것을 우리는 깨달았다, 불지에 도달했다, 해탈했다, 성불했다 등으로 말을 하는 것이다.

그래서 황벽스님은 부처님이 세간에 출현하셨다고 하시면서, 그 분에게는 그 어떤 번뇌도 망상심도 생기지 않고 오직 남김 없이 샘같이 솟아나는 지혜인 반야의 경지이며 이 반야를 일러 샘이 없는 지혜인 무루지(無漏智)라고 하신다.

번뇌가 사라지고 망상이 생기지 않는 텅빈 허공같은 그 마음은 있는 그대로 완전하여 그 어떤 지음도 없이, 짓고 싶으면 짓고 그냥 있으면 있는 그대로 항일하여 변함도 멸함도 없고 주함도 없다. 그 온전함에서 발생하므로 샘이 없어 무루지라고 하며 이것이 반야(般若)인 것이다.

그렇게 되면 마음을 어떻게 작용하고 형상으로 드러나느냐 하는 의문이 생기므로 황벽스님은 이렇게 말씀하신다.

"인간과 천상 업을 짓지 않으며, 그렇다고 지옥 업을 짓지도 않으며, 나아가 일체의 마음을 일으키지 않고 모든 반연이 전혀 생기지 않으면 곧 이 **몸과 마음이 자유로운 사람**인 것이다."

인간의 희망인 무엇을 한다, 구한다, 얻는다, 펼친다 하는 욕망이나 형상을 좋아한다, 싫어한다는 것도 없으며, 조용하고 시끄러움을 모두 다 초월한 무심의 자리인 것이다.

얻을 게 있는 욕망의 세계인 욕계와 몸의 집착을 끊고 보고 듣고 향기 맡는 형상만 즐기는 색계와 모든 것을 벗어나 수상행식(受想行識)인 정신의 세계인 무색계도 벗어났으며, 지옥의 세계도 벗어나서, 일체의 마음을 일으키지 않고 모든 반연이 전혀 생기지 않는 무심의 경지에

도달하여 몸과 마음이 자유로운 것, 이런 상태의 마음자리를 가진 자를 황벽스님도 '사람인 것이다' 라고 하시어 인간이 참 수행을 통해 사람이 된 것이라고 하신다.

> "그렇게 되면 한결 같이 나지 않음[不生]만은 아니어서,
> 뜻 따라 날[生] 따름이니라."

라고 하시어, 무심(無心)의 상태이니 그럼 마음이 없어 나지도 않고 멸하지도 않느냐, 그렇지는 않다는 것이다.

즉 뜻 따라 나지만 남에 집착하지 않고 사라지지만 사라짐에 따라가지도 않으니 세우고 흩어짐이 자유롭고 나고 멸함에 자유롭고 가고 옴에 자유롭고 그 어디에도 걸림 없이 자재하다는 것이다. 이런 이를 무위진인(無爲眞人)이라고도 한다. 무사인(無事人), 참사람, 성인, 부처, 무엇이라고 하든 모든게 자유로우며 자연스러우므로 대 자유를 누리는 해탈인이며, 살아있는 부처님이 출현한 것이다.

17-8. 부처의 장애[佛障]

경에 이르시기를
'보살은 자기 뜻대로 나는 몸을 가졌다' 고 하신 것이 바로 이것이다. 만약 마음이 없음을 모르고 모양에 집착하여 갖가지 견해를 짓는 것은 모두 마구니의 업에 속하는 것이다.

나아가 정토의 수행[淨土佛事]을 한다 하더라도 모두 업을 짓는 것으로써, 이것을 부처의 장애[佛障]라고 하느니라. 그것이 그대의 마음을 가로막기 때문에 인과에 얽매여, 가고 머무름에 조금도 자유로움이 없다. 왜냐하면 보리 등의 법이 본래 있는 것이 아니기 때문이니라.

"경에 이르시기를
'보살은 자기 뜻대로 나는 몸을 가졌다'고
하신 것이 바로 이것이다."

이 말씀은 앞 단의 '삼계를 벗어나면 부처님이 탄생하신 것이다' 라는 말처럼 무심을 증득한 이를 일러 보살이라고 하며 보살은 본원이 있어 탄생하므로 마음을 일으키고 행함에 걸림이 없어서 보살은 자기 뜻대로 마음과 몸을 나투는 것이다. 그러므로 여기서 보살은 대 자비심의 결과로 나타나는 화현 부처님이신 것이다.

무심(無心)을 증득하려고 하는 수행을 몸이나 마음으로 다시 지어선 아니 된다. 유위적 수행으로 삼천대천을 헤매이며 부처 찾고 도인 찾고 도사를 찾아 밖으로 행하는 모든 것은 수행이 아니라 다시 업(業)을 짓는 것이 되므로 황벽스님도 이렇게 말씀하신다.

"만약 마음이 없음을 모르고 모양에 집착하여
갖가지 견해를 짓는 것은
모두 마구니의 업에 속하는 것이다."

많은 사람들이 아직 부처 찾고 법을 찾아 헤매이는 것은 다 얻으려는 자기 욕심 때문일 것이다. 그래서 참 수행이란 비우는 것이요, 벗어나는 것이며, 버리는 것이 진정 참 수행인 것이다.

원래 한 물건도 없었는데 어떻게 찾는다고 찾아지며 구한다고 구해지겠는가. 비우고 버리고 벗어나서 삼계를 벗어나야만, 진정 내가 마음이라고 생각하는 이 식심(識心)이 완전히 소멸해야만 본지풍광이 드러나는 것이다.

해는 언제나 밝게 빛나고 있으나 식심이라는 구름이 온통 허공을 메우고 있으면 해를 볼 수 없는 것과 같은 이치인 것이다. 하지만 해를 찾지 않는 사람은 밤을 좋아하는 사람들 같이 마음 길에 들어서지도 못한 것이다.

마음을 떠나서 말하는 어떠한 법도 다 사마외도이지 부처님 법은 아닌 것이다. 하물며 부처님이 설한 『정토삼부경』에 의한 불경도 방편이지 실상이 아니라고 하신다.

여러분들은 어떻게 받아들일 수 있겠는가?

여기서 우리가 알아야 할 것이 있다. 석가모니 고불께서 설하신 내용이 부처님 경전이라고 모두 다 믿고 그렇게 받아들인다.

과연 그럴까!

팔만사천 대장경이 모두 석존께서 설하신 내용일까? 맞다!

그러면 경전 내용과 같이 설하셨을까? 그건 아니다. 장소마다 설하신 내용은 천차만별로 두루 섞어 설하셨다. 그런데 어찌 오시교같이 질서정연하게 편성이 되었을까.

그것은 부처님 열반 후 마하가섭이 주도한 초기 결집에서 드러났다.

'나는 이렇게 들었습니다' 라는 아난존자는 처음 결집에 참여도 못했다고 한다. 왜 그럴까. 들은 대로 적으면 경이 되지 않는다. 경이란 부처님의 사상과 인생관·철학관·종교관 등을 고려하여 틀에 짜여진 격에 맞게 편성이 된 것이다.

첫째로 설하신 경이 바로『화엄경』이다.

그러나『화엄경』을 설해도 아무도 알아듣지도 이해하지도 못한다. 그래서 설한 경이 바로『아함경』이다. 그리고『방등경』이며, 다음이『반야경』인 것이다. 그리고 마지막으로 설한 경이 바로『법화경』인 것이다. 열반 임시에 설한『열반경』이 최후의 설법이었다.

『화엄경』은 부처님의 최고의 경이고 처음으로 말씀하신 깨달음의 경지이며 불계를 노래하여 부처님이 하시고자 한 말씀을 다 하셨다.

그럼 왜 다른 경을 말씀하셨을까?

못 알아듣기 때문에 다시 법에는 차제가 없지만 사람들의 근기가 다 오승 사승의 경지에 있기 때문에 바라문에서 전해져 오는 경전으로 다시 내려가서 교훈인『아함경』을 설하시고 다시 평등성지인 삼세인과법과 인연법을 설하신다.

그렇게 근기를 끌어올려『반야경』을 십팔 년 설하시고 이제 근기가 최상근기임을 아시고 마지막으로 나의 가르침은 이것이다. 여태 설한 모든 경은 다 방편이며 나의 법이 아니며 너희들을 이끌기 위하여 그대들을 속였다고『법화경』을 설하기 전에 말씀하셨다.

그래서 그때 자리를 박차고 일어난 칠백나한들이 동남아시아로 흘러들어 지금의 상좌부불교가 자리를 잡은 것이며, 그쪽은『법화경』,『열반경』,『화엄경』은 부처님 경전이 지금도 아니라고 한다.

한국의 불교를 대승불교라고 하는데 이것은 대승이 되려면 오직 『화엄경』, 『법화경』, 『열반경』을 받들어야 하는 것처럼 『정토삼부경』 역시 방편으로 설한 삼세인과법인 것이다.

그래서 황벽스님도 이렇게 말씀하시는 것이다.

"나아가 정토의 수행[淨土佛事]을 한다 하더라도
모두 업을 짓는 것으로써
이것을 부처의 장애[佛障]라고 하느니라."

삼승·사승·오승의 불자가 들으면 청천벽력 같은 소리라 하겠지만, 이 인연법이나 삼세인과법과 『정토삼부경』 등은 부처님법인 마음법이 아니라, 부처님 이전부터 인도에 전해져 오는 브라만족의 사상임을 알아야 한다.

하물며 일승이며 최상승인 조사선에서는 정말 이런 경들 때문에 일승법을 설하면 욕만 얻어먹고, 들으려고도 하지 않는 것이 되니 황벽스님도 이런 경전때문에 부처로 가는 길에 장애물이며 걸림이 된다고 바로 일러 불장(佛障)이라고 하시는 것이다.

사람은 들으면 듣는 대로 보면 보는 대로 그것을 보관하여 하나의 관을 만드는데 이것이 관념이며 자기 견해인 것이다.

『정토삼부경』은 다 내 마음의 유심정토(唯心淨土)로 받아들여야 하는데 서방정토로 받아들이는 수많은 사람들이 있으니 참 난감하지 않을 수 없다. 그러나 마음을 떠나 그 어떤 것도 다 허상이요, 실상이 없는데 어찌할까!

납승도 아미타부처님의 불상을 모시고 있다.

현판도 무량수전 또는 미타전이 아니라 자성불전(自性佛殿)이라고 친필로 써 걸어 두었지만 모두다 미타전이라고 한다. 세계에서 처음으로 붙여진 현판인데도 아무도 그것을 보는 사람도 물어 보는 사람도 없다. 왜일까?

자기가 알고 있는 것 외에는 볼 수 있는 눈이 없다. 그래서 항상 참배하는 불자에게 아미타부처님은 나의 자성불이요, 관세음은 마음의 작용이며, 대세지 보살은 마음의 공덕장인 보살이라고 아무리 설해도 그렇게 믿지 않는 것은 신앙으로 변한 종교가 자리 잡고 있어서일 것이다. 불보살의 명호는 다 석존께서 인간세상의 이타행을 행한 공덕불을 기리기 위하여 설하신 이름이자, 명칭인 것이다.

사람이 부처이니 불보살님이야 다 부처님의 명호를 얻어도 당연하다. 그래서 그 공덕장 불보살이 팔만사천 붓다의 세계를 형성한 화엄의 세계인 화장세계를 이루고 있는 것이다.

불자들에게 일승법을 설하면 왜 눈이 있어도 보지 못하고 귀가 있어도 듣지 못하는 벙어리가 되느냐, 그게 바로 삼세인과법과 인연법에 묶여 있기 때문에 보지를 못하고 듣지를 못하는 것이다. 그래서 황벽스님도 그 불장으로 인하여 조사선의 일승법을 알아듣지 못하고 사구백비처럼 묻고 또 묻고 답해도 또 질문하는 관념 놀이가 되고 있기 때문에 이렇게 말씀을 하신다.

"그것이 그대의 마음을 가로막기 때문에 인과에 얽매여 가고 머무름에 조금도 자유로움이 없다.

왜냐하면 보리 등의 법이 본래 있는 것이 아니기 때문이니라."

인연법(因緣法)은 진리에서 보면 인연은 없다고 해야 할 것이다. 연결고리가 아니라 하나인 것이다. 둘이면서 하나이고 하나이면서 둘인 것이다. 인(因)과 연(緣)은 동시생(同時生) 동시멸(同時滅)인 것이다.

부모가 자식을 낳았다 하지만 그럼 부모는 누가 낳았는가? 바로 자식이 부모를 낳았다. 즉 아이가 있으니 부모라는 명칭이 생긴 것이요, 부모가 있어서 아이를 낳았으니 자식이란 말이 생겼으니 아이와 부모는 동시생 동시멸(同時生 同時滅)인 것이다. 자식이 없으면 부모가 될 수가 없고, 부모가 없으면 자식이 될 수 없는 원리이다. 그래서 지금 여기 존재를 드러내는 것은 다 인연지소생(因緣之所生)이라 하지만 내 마음의 화현인 것이며, 있는 그대로 하나인 것이다.

우리 모두가 불경에 의지하여 종교인이 되다 보니 진리의 세계인 마음의 세계를 인증하기란 참으로 어려운 것이다. 그 원인이 바로 불경인 것이다. 원래 없는 법을 석존께서 만들어 설하셨으니 진리 면에서 보면 다 마음의 조작이요, 마음의 지어감을 설하신 것이다.

그래서 팔만사천 방편문인 것이다.

'아는 것이 병이다' 지자우환(知者憂患)이라 하듯이, 듣거나 보거나 스스로 행한 것은 전부다 우리의 알음알이가 되어 마음의 병이 된 것이니, 이것을 벗어나보자 하는 것이 마음공부이고 참 수행인 것이다. 아뢰야식에 저장된 모든 견해가 바로 번뇌(煩惱)듯이 그 번뇌가 바로 생각의 바탕이 되어 말과 행동으로 옮겨지므로 번뇌를 벗어나는 것이 바로 삼계해탈인 것이다.

부디 번뇌 망상의 알음알이가 다 남의 돈을 세는 것이고, 부처로 가는 길에 장애물임을 인식하여 생각의 세계, 식심의 세계, 알음알이에서 벗어나 대 자유인이 되어서 본래불(本來佛)의 신통묘용을 걸림 없이 펼치고 누리는 관자재(觀自在)보살이 되시기를!.

17-9. 희론(戲論)의 똥을 쳐서 없앤다

여래께서 말씀하신 것은 모두 사람을 교화시키기 위한 것이다. 마치 누런 잎사귀를 돈이라 하여 우는 어린아이의 울음을 억지로 그치게 하는 것과 같은 이치이다. 실로 법이 있지 않음을 무상정각이라 하나니, 지금 이미 이 뜻을 알았다면 어찌 구구한 설명이 더 필요하겠느냐?

다만 인연따라 묵은 업을 녹일 뿐이요, 다시 새로운 재앙을 짓지 말라. 마음 속은 밝고 또 밝기 때문에 옛 시절의 견해를 모두 버려야 한다.

『유마경』에 이르기를 '가진 것을 없애 버린다'고 하였으며, 『법화경』에서는 '이십 년 동안 항상 똥을 치게 하셨다'고 하였느니라. 이것은 오로지 마음속에 지은 바 견해를 없애게 하는 것이다.

또 말씀하시기를,

'희론(戲論)의 똥을 쳐서 없앤다'고 하였다. 그러므로 여래장은 본래 스스로 공적(空寂)하여 결코 한 법에라도 멈춰 머무르지 않으므로, 경에 말씀하시기를 '모든 부처님의 나라도 또한 다 비었다'고 하셨느니라.

"여래께서 말씀하신 것은
모두 사람을 교화시키기 위한 것이다."

석존께서 깨달음을 증득하시고 사십구 년 동안 설하신 그 내용을 보면 먼저 『화엄경』을 설하셨다. 그러나 아무도 알아듣지도 못하고 이해도 못한다. 그래서 초심자들을 위하여 도덕을 설파하시고, 삼세인과법을 설하셔서 사람들을 괴로움에서 벗어나 편안함에 들게 하기 위하여 진리가 아닌 사람 살아가는 모습에 준하여 설하셨다. 그리고 많은 세계를 스스로 만들어 위로하고 희망을 가지게 만드시는 설법을 주로 하셨다. 그러나 심법계를 벗어난 말씀은 아니 하셨다.

근기가 최상근기로 올라와 이런 설법으론 수행자들의 마음의 갈등을 해소할 수가 없게 되자 마지막으로 설한 경전이 바로 『법화경』이다. 사람이 수행을 하여 부처를 이룰 수 있다는 진정한 깨달음으로 가는 방향과 사람이 부처라는 암시와 깨달음이 왜 필요한가. 깨달음으로 가는 길 외엔 전부 다 방편이며 그대들을 이끌기 위한 수단이었다고 『법화경』에서 말씀하셨다. 그래서 팔만사천 방편문이라는 말을 하는 것이다.

선불교(禪佛敎)라고 하는 교외별전(敎外別傳)은 엄밀히 말하면 밀교(密敎)라고 하여야 할 것이다. 부처님의 말씀과 행동으로 보이신 것을 현교(顯敎)라 하고 부처님의 마음을 전한 것을 밀교(密敎)라고 한다. 즉 조사선은 부처님의 심인(心印)인 마음을 전한 것으로 밀교이며, 중국으로 달마가 전하신 이후 수행이나 경전으로 깨달을 수 없음을 안 조사님들이 마음을 깨닫게 하기 위하여 갖은 방편으로 베푼 것이 바로 조사어록이며 행리처인 것이다.

그래서 우리는 경전과 같이 수행하여 삼아승지겁을 돌아 성불하는 것이 아니라 바로 마음을 깨달아 일촉지에 성불할 수 있는 길, 바로 깨달음을 위하여 참 자비를 베푸신 것이 이런 조사어록이요, 『완릉록』 같은 것이다.

그러니 조사선에선 무학(無學)이라 배움이 없고, 무작(無作)이니 함[修行]이 없이 마음으로 마음을 회광반조하여 마음이 부질없음을 알아 스스로 마음을 비우고 버리고 없게 하여 그 어떤 기억도 희망도 하고자 함도 없을 때 무심(無心)이 되어, 본래면목인 마음의 심지(心地)를 채달하여 성불을 이루는 길을 제시하고 가르치는 것이다.

조사선을 가르치는데 있어서 마음을 깨닫지 못한 분상의 그 어떤 스님도 조사선을 가르칠 수도 베풀 수도 없다. 그러니 경전으로 너무 힘들지 않겠는가. 그래서 황벽스님도 이렇게 말씀하신다.

"마치 누런 잎사귀를 돈이라 하여 우는 어린아이의 울음을
억지로 그치게 하는 것과 같은 이치이다.
실로 법이 있지 않음을 무상정각이라 하나니
지금 이미 이 뜻을 알았다면 어찌 구구한 설명이 더 필요하겠느냐?
다만 인연따라 묵은 업을 녹일 뿐이요, 다시 새로운 재앙을
짓지 말라. 마음 속은 밝고 또 밝기 때문에
옛 시절의 견해를 모두 버려야 한다."

그러니 구해서 얻어지는 것이 아니라 버리고 비우고 없애면 본래 바탕에 구름 속 해처럼 원만구족한 참 성품이 가득하다는 것을 말씀하신다. 그래도 중생들에게 경전의 방편들이 가슴 속에 사무쳐 있는 줄을 잘 알고 있는 스님은『유마경』과『법화경』에서 부처님께서 설하신 내용을 가져와 증명을 시키고 있는 것이다.

"그래서『유마경』에 이르기를
'가진 것을 없애 버린다' 고 하였으며
『법화경』에서는 '이십 년 동안 항상 똥을 치게 하셨다' 고 하였느니라.
이것은 오로지 마음 속에 지은 바 견해를 없애게 하는 것이다.
또 말씀하시기를
'희론(戲論)의 똥을 쳐서 없앤다' 고 하였다."

마음이라는 것이 모두다 그대 스스로 견해를 지어 만들어 모아놓은 번뇌이기 때문에 '비우라 버려라' 하는 것이지 그 관념이나 견해들이 진리라면 그대로 더 채워라 하였을 것이다.

진리는 만들어지는 것도 아니요, 구해지는 것도 아니요, 그렇게 언제나 항상 항존하는 진실이요, 실체인 것이다. 그래서 의식이 감각할 수 있는 부분이 아니라 식심이 사라질 때 그 항존하던 진리가 현전하는 것이다. 즉 우리가 허공(虛空)을 의식하지 못하지만 허공이 없다면 모든 산하대지 비금조수 초목총림 그 어느 것도 꼼짝할 수 없이 갇혀서 그 어떤 것도 행하지도 가지도 오지도 움직일 수도 클 수도 볼 수도 알아볼 수도 없지 않은가.

생(生)할 수도 없고, 멸(滅)할 수도 없는 것과 같이 마음도 또한 식심의 견해로 꽉 차있으므로 진리인 마음바탕을 볼 수도 느낄 수도 찾을 수도 감각할 수도 없는 것과 같은 이치인 것이다.

그래서 황벽스님도 이렇게 말씀하신다.

"그러므로 여래장은 본래 스스로 공적(空寂)하여

결코 한 법에라도 멈춰 머무르지 않으므로

경에 말씀하시기를

'모든 부처님의 나라도 또한 다 비었다' 고 하셨느니라."

여래장(如來藏)이란 여여한 진리의 세계에서 온 여래가 아직 드러나지 못하고 감추어져 있는 여래라고 하여 여래장이라 한다. 비었다는 것이 그 얼마나 좋은가를 한번 생각으로 굴려봐라. 비지 않으면 불을 켜도 밝지가 않다. 방에 불을 켰을 때 빈 공간이 없다면 불빛은 어디로도 못가고 어둠 그 자체로 있을 것이다. 오직 빈 공간이 있어야만 불빛이 밝은 줄 안다. 그 빈 공간이 아닌 모든 만상은 불빛으로 화현하여 우리의 눈동자를 통하여 빛을 발하고 그 빛을 마음이 그 형상으로 볼 수 있는 것과 같은 이치이다.

그러니 그대 머리 속에 지식이다, 상식이다, 학문이다, 예술이다, 인생관, 철학관, 우주관 등 수많은 물건들로 가득 차 있는데 어찌 진리의 불빛이 비칠 수 있으며 방을 밝힐 수 있겠는가. 그래서 볼 수도 없고, 들을 수도 느낄 수도 없는 식심(識心) 덩어리가 되어 있는 중생(衆生)인 것이다.

참 수행이란 이 식심들을 녹이고 버리고 지워서 마음을 빈 공간 즉 무심으로 만들자고 하는 것이다. 비우면 비우는 만큼 공간이 생겨 마음에 여유가 생기는 것이다. 그렇게 마음의 지평이 한없는 저 하늘처럼 비워지면, 삼라만상이 있는 그대로 화현하여 꽃이 피고 새가 노래하는 극락정토요, 화장세계가 펼쳐지는 것이다.

비로자나불의 세계인 화장세계(華藏世界)는 빛나는 꽃으로 장엄된 세계인데 깨닫지 못하고서는 볼 수가 없이 감추어져 있다고 하여, 감출 장(藏)인 화장세계(華藏世界)인 것이다.

부처님이 깨달음을 증득하시고 노래하신 『화엄경』이 바로 화엄세계(華嚴世界)를 노래하신 것이듯이 바로 빛나는 꽃으로 장엄된 세계이다. 깨달음을 증득하면 여기 우리가 보고 있는 그대로가 바로 사바세계가 아니라 화장세계(華藏世界)요, 아름다운 꽃으로 장엄된 화엄동산인 것이다.

17-10. 마음과 뜻으로 배운 비선(非禪)

만약 부처님의 도를 닦아 배워서 얻는다고 한다면, 이와 같은 견해는 전혀 맞지 않는 것이다. 혹은 한 기연이나 한 경계를 보이기도 하며, 눈썹을 치켜뜨기도 하고 눈을 부라리기도 하여 어쩌다 서로 통하기라도 하면 곧 말하기를, '계합하여 알았다'고 하며 혹은 '선의 이치를 깨쳐서 증득하였다'고 한다.

그러다 갑자기 어떤 사람을 마주치기라도 하면 무슨 말을 해야 할지 모르고 도무지 아는 게 없다가 그 사람을 대하여 무슨 도리라도 얻게 되면 문득 환희하여 기뻐한다. 그러나 만약 상대에게 절복당하여 상대

보다 못하게 되면 속으로 습한 생각을 품게 된다.

　이처럼 마음과 뜻으로 배운 선(禪)이 무슨 쓸모가 있겠느냐!

　"만약 부처님의 도를 닦아 배워서 얻는다고 한다면,
　이와 같은 견해는 전혀 맞지 않는 것이다."

　부처님의 도라고 하는 것은 바로 깨달음의 경지라고 말씀하신다.
　이 도는 수행을 통하거나 배워서 얻어지지 않음을 설파하시는 것이
다. 좌선, 참선, 명상 등 어느 것이든 몸으로 움직여 하는 것은 전부 몸
이라는 기관을 통하여 고통을 느끼게 하는 고행이나 육도만행 등으로
부처님도 경전에서 누누이 말씀을 하신 부분이지만, 부처님의 초기 수
행의 고행상을 모든 수행자가 높이 흠모하여 그 고행을 지금도 하고
있는 곳이 너무나 많다. 그러나 몸이란 사대가 집합한 물질이지 마음
이 아니다. 그러므로 도는 마음으로 이루어지는 것임을 다시 한 번 밝
혀 두고자 하시는 말씀이다.

　배워서 얻어지지 않는다는 것은 우리가 배워서 얻는 것은 학문이라
고 한다. 이것은 지식이나 상식, 체험, 상상 등 여러 가지가 있지만 이
것은 우리의 관념이 되고 견해가 되어 천진성을 해치고 가두어버리기
때문에 제일 두려운 존재이며, 진리인 자연을 파괴하는 인위적 조작과
견해의 극치라고 해야 할 것이다.

　그러므로 닦고 배워서 얻지 않고 오직 회광반조하여 스스로의 마음

을 관하여, 우리가 마음이라고 하는 번뇌와 망상을 비추어 원래 없던 번뇌가 바로 지식과 관념, 견해에서 발생한다는 사실을 알아 뿌리 없는 허공화 같은 생각을 버리고 소멸시켜 나가는 것이 수행이며, 참다운 길일 것이다.

그러므로 비우고 비워서 무심이 될 때까지 모든 것이 본래 무일물이 될 때까지 보이지 않는 청정한 참 성품이 이 마음이라는 번뇌망상을 완전히 사라지게 하는 방법 이외는 다른 방법이 없는 것이다.

혹여 간화선에 대한 평은 삼가하겠다.

조사선이 사라짐이 안타까워 후세에 남기려고 조사어록을 수집하여 완성한 『벽암록』의 저자이시며 조사선의 마지막 선사인 원오 극근선사의 제자인 대혜 종고 스님이 만든 것이다. 그러나 대혜스님 역시 『서장』이라는 저서를 보면 전부 조사선이지 간화선의 그림자도 볼 수 없다.

이것은 간화선의 도리 자체가 조사선 입장에서 본다면 여래선과는 너무나 많은 차이가 있다고 할 수 밖엔 없다. 금보자기에 싸여 전하여 온 조사선이지만 역대 선사스님들은 다 이 조사선으로 깨달음을 증득하였다고 해도 과언이 아닐 것이다.

왜 그런가?

깨닫는 순간은 다 기연으로 돈오돈수(頓悟頓修)하였기 때문이다.

그대들의 청정심에 맡긴다. 기회가 닿으면 다시 설하겠다.

육조 혜능선사 이후 활화산처럼 조사선이 동토에 퍼져나가기 시작했다. 그 중에서도 제일 조사선이 활발발하게 전성기를 이루었던 시기가 바로 사가어록에 담긴 동토의 팔세 법제자이자 조사선의 창시자이신 마조스님과 제자인 백장스님, 그 제자인 황벽스님 그리고 그 제자인 임제스님일 것이다.

그 당시 이 스님들 밑에서는 승속을 불문하고 수백 명 아니 수천 명이 마음을 깨닫고 그 제자들에 의하여 깨달음의 세상이 펼쳐진 것이다. 그 이후 전 중국 땅엔 조사선으로 일반 재가신도들 중 너무나 많은 이가 마음을 깨달아 배휴 이후로 방거사, 소동파 등 스님이 아닌 일반 재가신도들이 더욱 많아졌다.

그리하여 국가에서도 문제가 심각해졌으니 몸은 법으로 묶을 수 있지만, 마음은 묶을 수가 없었다. 불교의 인과법과 도교의 숙명론, 신선사상 등을 통해 잘 순치되던 민중들이 마음의 세계에 눈을 뜨자 국가에 대한 충성도 사라지고 준법정신도 사라지고 오직 자기 자신을 믿고 의지하면서 심법계에서 세상을 풍미하고 세상을 비판하였다.

심지어 조정의 권력자들을 조롱하고 비웃음을 사게 만들면서 자기 마음으로 인생사 인생무상이라며 유랑하고 만행하는 풍토가 조성되었으니 어떻게 되었겠는가?

불경으로 전법한 스님들은 스님으로 취급도 못 받고 세인의 웃음거리로 전락하였다. 그러니 스님들이 무슨 생각을 했을까?

세인들의 마음을 깨치게 하는 조사선을 없애야 한다는 목소리가 대세를 이루자 조사어록을 불태우고, 조사선을 펴는 선사들은 절에서 쫓아내고 가람을 불태우는 폐불 바람이 불기 시작하여, 양무제로부터 측천무후시대까지 이어져 왔다. 바로 중생이 깨달으면 안 된다는 절박감이 국가에서도 승가에서도 지금의 현실에서도 그대들도 현실적으로 느껴지지 않으신가.

여기에서 대혜 종고가 스승인 원오 극근선사의 저서인 『벽암록』까지 태워 없애면서 주장한 것이 바로 간화선인 것이다. 사람의 마음을 온통 의심으로 훈습시켜 아무리 수행정진해도 깨달음의 그림자조차 보지 못하게 되자, 스스로 아미타불이라도 염불하게 만들어 그래도 믿을 것은 부처님인 석가모니의 경전을 토대로 믿고 의지하면서 신앙으로 달래게 하고 국가에 충성하는 길밖에 방법이 없도록 하기 위한 고육지책(苦肉之策)으로 조작된 비선(非禪)이라고 밖엔 더 이상 말할 수 없을 것이다.

납승이 호를 원오(圓悟)라고 자칭한 것은 오직 조사선의 마지막 선사인 원오 극근선사의 후신으로 이 세상에 여래선인 조사선을 알리고 조사선으로 모든 중생들이 한 번만 들으면 바로 마음을 깨치게 해보려고 원오(圓悟)라고 칭한 것이다.

모든 것을 운명적으로, 어디에 의지하며 숙명적으로 살아가는 만백성이 너무나 불쌍하여 불교역사상 처음인 일불승의 깃발을 세우고 『화엄경(華嚴經)』과 『법화경(法華經)』에서 부처님이 말씀하신 일불승(一佛乘)의 길을 제시하는 일승법회(一乘法會)를 열고 있지만 무명업장(無明業障)에 눈이 먼 인간들은 한 번 들으면 깨닫기는 커녕 겁을 먹고 납승을 욕하고 달아난다.

어쩔 수 없이 글로서나마 인연이 닿는 사람이 이 글을 통해 깨닫기를 서원하면서 조사선의 전성기였던 이 사가어록을 온 세상에 알리려고 집필을 하여 누구나 쉽게 체득하여 마음이 열리고 개시오입(開示悟入)토록 하기 위하여 이렇게 보설하고 있는 것이다.

스스로가 주인공이요, 자신이 부처임을 밝혀서 이 사바세계가 고해의 바다가 아닌 참 성품이 춤을 추는 화장세계임을 드러내 보이고 스스로 깨달아 들어와 다 같이 환희하며 화엄의 세계를 노래하고 행복의 바다 속에 행복과 감사와 보은의 마음으로 이 끝없이 펼쳐진 아름다운 본지풍광을 한없는 환희와 축복 속에 살아가기를 서원하여 화엄의 세계를 보여주고자 화엄동산을 세워 만들기 위하여 나무와 꽃과 함께 살아온 지 수십 년이 흘렀다.

지금 불교에서 행하는 그 어떤 의식도 하지 않으니 오던 신도마저 다 등을 돌리고 이 추위에 보일러는 터져 얼었어도 마음만은 평온하고 고요하니, 손을 불어가며 오직 이 보설을 쓰고 있는 것은 납승이 세운 서원이 납승이 살아가는 유일한 이유이기 때문이다.

불자들이여! 불자들이여!

이 사바세계가 바로 부처님이 말씀하신 꽃으로 장식되고 행복으로 충만한 화엄의 세계요, 그대 마음이 부처이며 여기가 불국정토이며 오직 내 마음이 펼쳐 만든 화장세계에서 나의 참 성품인 나의 생각을 마음껏 펼치면서 내가 하는 하나하나의 모든 것이 살아있는 부처님이 행하는 불타행이며 붓다의 길이다.

내 앞에 펼쳐진 모든 것은 바로 부처님의 참 성품바다요, 업해파랑이 아니라 참 자비의 성품바다임을 바로 깨달아 아는 것이 진정 한 깨달음이요, 진리요, 실체인 것이다.

깨어나라! 깨어나라! 거짓불교에서 깨어나라!

마하반야바라밀 !

그렇게 깨달은 이가 누구냐고 묻는다면 바로 부설거사의 가족이라고 말하리라. 여기 황벽선사도 말마다 유마거사를 보여주시지만, 원불교를 창설하신 소태산 선생일 것이다. 역대조사님들의 깨달음의 기연들을 들어보면, 그 어느 스님도 조사선으로 기연을 만나 깨쳐 일을 마치신 선지식들이지 다른 비선으로 깨쳤다는 소리를 아직 못 들어봤다.

재가 불자들이 삼십 년 사십 년 다리 틀고 앉아 '이 뭣꼬' 하고 있는데 왜 못 깨닫는가. 선원에 가져다 준 돈이 얼마며 그 시간이 얼마인가. 선원(禪院)이 경로당으로 변한지 오래다. 참 안타까운 현실이다. 누구의 잘못일까. 심법계가 무엇인지 진리가 무엇인지도 모르는 이론선사들이 만들어 놓은 선원이라고 하지 않을 수 없다.

그래서 '스님들은 조사선을 하고 신도들에겐 간화선을 시킨다' 는 세간의 말을 잘 살펴보시기를...

이제 의심병에서 벗어나 있는 그대로 완전한 자유를 누리시길 빌고 빈다. 황벽스님도 기연이나 기법으로 배워서 얻은 도는 도가 아니라는 것을 이렇게 설명하고 계신 것이다.

> "혹은 한 기연이나 한 경계를 보이기도 하며
> 눈썹을 치켜뜨기도 하고 눈을 부라리기도 하여
> 어쩌다 서로 통하기라도 하면 곧 말하기를
> '계합하여 알았다' 고 하며 혹은
> '선의 이치를 깨쳐서 증득하였다' 고 한다."

우리 주위를 둘러보라.

'누가 깨달았다', '누가 무엇을 할 줄 안다', '그분이 도인이다' 하는 말을 많이 들었을 것이다. 그러나 그것은 다 헛것을 보았거나 마술사이거나 차력사이지 무심을 증득한 선지식과는 거리가 멀다.

살펴 가시길!

그래서 선사는 또다시 이런 경우를 들어 보이시며 갖가지 깨달음의 병폐들을 열거하신다.

"그러다 갑자기 어떤 사람을 마주치기라도 하면 무슨 말을 해야 할지 모르고 도무지 아는 게 없다가 그 사람을 대하여 무슨 도리라도 얻게 되면 문득 환희하여 기뻐한다. 그러나 만약 상대에게 절복당하여 상대보다 못하게 되면 속으로 습한 생각을 품게 된다."

그러니 누가 누구보다 낫다느니, 누가 더 많은 깨달음을 얻었다는 등 수많은 말을 하지만, 도는 그런 것이 아니다. 무심을 증득하여 만유인 대 자연과 하나가 된 자연 그대로의 진리를 투득한 선지자들을 말하는 것이다.

그러니 지식이나 기능이나 신비로운 기술을 가지고 무엇을 얻었느니 깨달았다는 말을 하며, 밖으로는 허명을 구하고 안으로 자기 마음은 산란스러워 날뛰는 이들은 무심의 경지인 안심입명(安心立命)과는 하늘과 땅처럼 다른 길을 가는 사람들이며, 불교의 도와는 전혀 다른 사도(邪道)일 것이다. 그래서 황벽선사도 이렇게 마감을 하신다.

"이처럼 마음과 뜻으로 배운 선(禪)이 무슨 쓸모가 있겠느냐!"

고 반문하신다. 참 수행을 통하여 조사선의 회광반조, 무심을 증득하여 참 성품을 보는 것이 우리의 길인 도(道)인 것이며, 참다운 수행이라 할 것이다.

그대의 일거수일투족이 진정한 수행이다.

행주좌와 어묵동정에 오직 간절한 마음으로 회광반조하여 스스로의 마음을 비추어보면 하나하나 순간순간 깨침의 순간은 언제나 일어나고 일어나서 연속적으로 끊임없이 일어난다.

부디 참 수행을 하시옵기를 빌 뿐!

17-11. 허공계가 한마음의 본체이니라

비록 그대가 자그마한 도리를 얻었다 하더라도 그것은 다만 한낱 마음으로 헤아리는 법일 뿐이요, 우리 종문의 선도(禪道)와는 전혀 상관이 없는 것이다.

달마스님께서 면벽하신 것은 모든 사람들로 하여금 전혀 견처(見處)가 없도록 하신 것이다. 그래서 말하기를 '마음의 작용을 잊는 것은 부처님의 도이나 분별망상은 마구니의 경계이다' 고 하였다.

이 성품은 네가 미혹했을 때라도 결코 잃지 않으며, 그렇다고 깨쳤을 때에도 역시 생겨나는 것은 아니니라. 천진스런 자성은 본래 미혹할 것도 깨칠 것도 없으며, 온 시방의 허공계가 바로 나의 한마음의 본체이니라. 그러니 네 아무리 몸부림친다 해도 어찌 허공을 벗어날 수 있겠느냐?

깨달음이라고 하니 무슨 마음에 없던 것이 생기기라도 한 것처럼 무엇을 얻고 구하고 깨달아지는 것이 있을 것이라는 것에 대해 설명하는 부분이다.

흔히들 깨닫고 보니 하늘이 천 개의 해가 뜬 것처럼 밝다느니, 옹달 샘의 물을 먹은 것처럼 온 몸이 날아갈듯 하다느니, 깨닫고 나니 세상 이 갑자기 사라져 버렸다느니 하는 소리를 많이 들어 보았을 것이다.

그러나 그 느낌마저 심지에서 하는 소리가 아니라 그 현상이 설령 그렇다고 하더라도 그것은 이미 내가 느끼고 알았다면 마음의 작용에 불과한 것이다. 그래서 한 마음이 일어나면 법이 되고 그 형상이 드러 나면 공덕장이 된다. 그러니 그 느낌이나 알아차림이나 깨달음이나 일 어나는 것을 내 스스로 느끼는 순간 이것은 전부 내 마음의 작용인 보 신이며, 형상을 보았다면 그것은 마음의 공덕장인 화신(化身)이라는 것 이다.

이것은 우리 마음의 작용으로서 누구 없이 이보다 더한 것도 현실 속에서 보고 듣고 느끼고 생각으로 지을 수 있고 마음으로 상상도 할 수 있는 것이다.

그러므로 황벽스님도 이렇게 말씀하신다.

"비록 그대가 자그마한 도리를 얻었다 하더라도
그것은 다만 한낱 마음으로 헤아리는 법일 뿐이요,
우리 종문의 선도(禪道)와는 전혀 상관이 없는 것이다."

그럼 우리 종문의 선도(禪道)는 무엇일까?

우리 종문이란 석가모니의 심법(心法)이 '이신전심(以心傳心)'으로 전 해 내려와 황벽스님에게 전해진 일심법(一心法)이며 여래선(如來禪)이며, 격외별전(格外別傳)인 조사선(祖師禪)을 말하는 것이다.

'법시불언(法是佛言) 선시불심(禪是佛心)' 이라.

불법은 부처님이 설한 말씀인 경전을 중심으로 종교적 형태를 취한 현교(顯敎)이며, 부처님의 심인(心印)을 비밀리에 전한 격외소식 즉 종교 외로 전해진 일심법(一心法)이 선(禪)이요, 밀교(密敎)인 것이다.

조사선은 바로 부처님의 마음을 전한 것이니 선도(禪道)에서는 마음을 떠나 그 어떤 것도 공부로 삼지 않는 것이요, 그 어떤 행위적이나 의식적 조작이 없이 바로 마음을 들어 수행하는 것이다.

달마스님이 전할 때만 해도 여래선(如來禪)이라고 하다가 마조스님이 주창하고 불교에서 선을 분리하여 총림을 만든 백장선사, 그리고 그 제자인 황벽선사와 임제스님 때에 이르러 선의 체계와 선이 정식 선불교로 인증되면서 조사선(祖師禪)이라 칭하게 되었다.

여기서 황벽스님은 달마스님이 전해준 여래선을 이렇게 말씀하신다.

"달마스님께서 면벽하신 것은 모든 사람들로 하여금
전혀 견처(見處)가 없도록 하신 것이다."

달마스님이 오직 법을 전하지도 않고 소림사에 들어앉아 구 년 동안 면벽한 것을 두고 사람들은 선정에 들었다느니 참선을 하였다고 하신다. 그러나 그렇지가 않다. 진리는 보여줄 수도 느끼게 할 수도 감각할 수도 없다. 오직 스스로 느낌으로 알아가는 것이다.

그 목적이 어디에 있는가? 안심입명(安心立命)에 있다.

마음이 편안에 들어 살아가는 것, 마음이 편안하면 그 이상은 없다. 괴로움과 고통과 원망, 시기와 질투 등 모든 일들은 스스로 자기 견처를 드러냄으로 하여 일어나고 부딪쳐 발생하는 것이다. 그것이 근본 원인이 되어 자기를 자랑하고 원하는 것을 얻으려는 탐심이 생겨나는 것이다. 그러니 그 견처가 일어나지 않으려면 모든 것을 버리고 비우고 세우지 말아야 하는 것이다.

구시화문(口是禍門)이라 했다.

말은 자기의 견처를 밝히는 문이 된다. 모든 문제는 아는 것이 병이 되어 입으로 발산함으로 인해 부딪치고 깨어지기 때문이다. 그래서 '침묵은 금이다' 라고 하였듯이 내가 견처를 가지지 않는 것이 걸림이 없는 것이다.

아무리 가지고 있어도 사용하지 않으면 무작(無作)이라 문제가 생기지 않듯이, 달마스님도 정중동(靜中動)으로 모든 것을 알지만 그 아는 것을 어떻게 상대방에게 전해지도록 하느냐를 정(靜) 속에서 활발발하게 움직임을 보여준 것이다.[開示]

그래서 다시 이렇게 말씀하신다.

"그래서 말하기를
'마음의 작용을 잊는 것은 부처님의 도이나,
분별망상은 마구니의 경계이다' 고 하였다."

한 마음을 일으키는 것이 바로 생(生)이요, 법이 되는 것이다. 그러니 반드시 생자필멸(生者必滅)이라. 그 일으킨 것이 화신이 되어 형상으로 드러나 고통 속으로 빠져든다는 것이다. 그리고 그 생을 죽이지 않기 위하여 갖은 방편을 또 만들고 이어가려 노력하는 그 고통이 바로 우리의 삶이요, 중생의 고통인 것이다.

그래서 법신불의 세계인 심지에 편안히 주하는 것을 열반이라고 하듯이 편안함에 들어 있는 그 상태가 바로 최고 최승의 행복이요, 극락인 것이다. 그래서 분별이 바로 견처이며 상상이 망상이므로 번뇌망상이 바로 마구니의 경계라고 하시는 것이다.

그리고 그 심지(心地)인 화장세계가 자신에게는 자성인 그 참 성품을 이렇게 설명하신다.

> "이 성품은 네가 미혹했을 때라도 결코 잃지 않으며,
> 그렇다고 깨쳤을 때에도 역시 생겨나는 것은 아니니라.
> 천진스런 자성은 본래 미혹할 것도 깨칠 것도 없다."

『반야심경』에서 '불생불멸 불구부정'이라고 하였듯이 마음의 작용이 어떻게 일어나고 사라져도 언제나 그렇게 있었으며, 설령 깨쳤을 때에도 역시 무엇이 생겨나서 변하거나 형상으로 드러나지 않고 텅 빈 허공처럼 그대로 항일하여 상주불멸(常住不滅)인 채로 변함이 없다.

그러니 미혹할 때나 깨쳤을 때나 언제나 저 허공은 변함이 없으므로 그대의 자성 또한 허공처럼 그렇다는 것을 표현하여

"온 시방의 허공계가 바로 나의 한마음의 본체이니라."

라고 하신다.

심법계가 아무리 넓다 해도 그것은 내 마음 안의 심법계이고, 아무리 무한이 있다 해도 내 마음을 떠나 있는 것이 아닌 것이니, 이 허공

계 안에 모든 삼라만상과 두두물물이 자기 성품을 펼쳐내고 있으므로 그 어떠한 마음의 지음이나 보신은 다 한마음을 벗어날 수 없다.

그래서 황벽스님도 이렇게 말씀하신다.

"그러니 네 아무리 몸부림친다 해도
어찌 허공을 벗어날 수 있겠느냐?"

흔히들 '아무리 벗어나려 해도 부처님 손바닥 안이다'라고 하듯이 유위적 견해나 마음의 작용 또한 허공계 같은 한마음을 벗어나서는 일어날 수 없음을 설파하시는 말씀이다.

마음 편히 살려면, 견처(見處)를 짓지 말라! 그래야 해도 함이 없고 안 해도 그대로인 저 허공계를 관하여 마음의 심지를 헤아려볼 수 밖엔!

오직 상주불변(常住不變)의 자성의 성품을 밝혀 가시길!

17-12. 수고했다 편히들 하여라

"허공이란 본래부터 크지도 작지도 않으며, 번뇌라 할 것도 인위적인 작위도 없으며, 미혹할 것도 깨칠 것도 없다. 그래서 '요연히 사무쳐 보아 한 물건도 없나니, 중생도 없고 부처도 없도다'고 하였으며, 털끝만큼이라도 사량분별을 용납하지 않는 것이니, 의지하여 기댈 만한 것도 없으며, 달라붙을 것도 없다.

한 줄기 맑은 흐름이 자성의 남이 없는 진리[無生法忍]이니, 어찌 머뭇거려 헤아리고 따질 수 있겠느냐! 참 부처는 입이 없기 때문에 설법할 줄 모르고, 진정으로 들음은 귀가 없으니, 뉘라서 들을 수 있겠느냐! 수고했다. 편히들 하여라."

보설

마음이 부처라는 황벽스님의 상당법문을 열두 단락으로 나누어 보설하였지만 다 연결된 하나의 법문인 것이다. 이 법문을 통하여 부처님의 사십구 년 설법을 다 들어 말씀하셨다고 해도 될 것이다. 바로 부처님의 마음을 그대로 보여주신 것이다. 역대 조사님들의 마음까지...

그러니 그 마음이 바로 부처임을 이심전심(以心傳心)으로 이어온 마음을 다 밝혀주셨다. 무심이 법신임도 밝혔고, 조작하고 작위가 있는 것은 다 마음의 작용임도 밝혔고, 우리가 번뇌라고 하는 것이 바로 참 성품인 보리임도 밝혀주셨다.

무엇을 하는 것이 스님인지 사문의 도리도 밝혀주셨고 어떻게 무엇 때문에 부처가 세간에 출현하는 지도 남김없이 설해 주셨다.

그리고 중생이 왜 부처가 되지 못하는가에 대하여, 우리의 잘못 알고 있는 종교적 차원의 소승법 때문에 그 율과 법에 얽매여 일승법을 받아들이지 못함도 밝혀주셨다. 우리의 개념과 견해와 견처가 심지를 밝히는데 얼마나 장애가 되는지도 밝혀주셨고 조사선의 정통과 비선에 빠져있는 수행자들의 수행처도 그렇게 다 밝히고 나서 이 허공계가 바로 우리가 말하는 한 마음이라는 사실까지 밝혀 주셨다.

그러면 허공이 어째서 한 마음의 본체인지를 마저 설하신다.

"허공이란 본래부터 크지도 작지도 않으며

번뇌라 할 것도 인위적인 작위도 없으며

미혹할 것도 깨칠 것도 없다."

라고 하신다. 이 무슨 말씀인가.

그렇게 많은 사람이 깨달음을 증득하기 위하여 수행을 하는데…

여태까지 설법을 들었으면 알아야 한다.

이것은 마음의 참 성품을 노래하는 것이다. 허공같은 성품은 대소도 없고 작위도 없고 번뇌망상도 없고 미혹하다 깨쳤다 할 것이 없으니 저 허공의 어디에 있느냐?

눈을 들어 허공을 보라. 거기에 무엇이 있었더냐?

그렇다고 허공이 없느냐?

허공은 있다 없다. 있는 것도 아니고 없는 것도 아니요, 있다 없다의 대상도 아니다. 바로 무심처(無心處)가 이 아닌가. 그냥 텅 빈 공간이므로 바로 마음의 본바탕이요, 본체와 같은 것이다.

허공이 있으니 만상이 반연하여 일어날 수 있는 것이며, 실체가 비어 있으니 부처님이 설법하는데 장애없이 할 수 있으며, 두두물물이 그 모습을 드러내어 싹을 틔우고 자라고 열매 맺지 아니하는가!

허공에 무슨 걸림이 있고 작위가 있는가, 모양이 있다면 삼천대천세계는 그 어디도 흔적과 모양과 형상을 드러낼 수 없는 것이다. 있음은 바로 없음에서 생겨날 수 있다. 없음은 또한 있음을 빌어 없다는말이 생길 수 있듯이 허공과 색은 하나이면서 둘인 것이요, 둘이면서 하나인 것이다.

이것이 바로 체에 즉한 용이요, 용에 즉한 체의 도리인 것이다.

이 모두가 한마음이요, 모든 것이 이 마음의 작용이요, 움직임이며 형상인 것이다. 그래서 삼신(三身)이 한마음이요, 한마음이 바로 삼신인 것이다. 그러니 이 모두가 마음이며 이것을 일러 부처라고 할 뿐인 것이다. '마음이 부처다' 하지만 이 또한 지어서 부르는 명색인 이름임을 알라. 그래서 이름도 없고 명색도 아닌 이 마음을 어떻게 감각(感覺)하느냐? 이것이 또한 이름인 깨달음이다.

그렇다면 이름도 명색도 없는 이것은 무엇일까!

황벽스님은 이렇게 말씀하신다.

"그래서 '요연히 사무쳐 보아 한 물건도 없나니
중생도 없고 부처도 없도다'고 하였으며
털끝만큼이라도 사량분별을 용납하지 않는 것이니
의지하여 기댈 만한 것도 없으며, 달라붙을 것도 없다."

이렇게 말씀하심도 또한 말일 뿐이다. 말을 해도 그대로고 안 해도 그대로인 그 마음의 실체 그것이 무엇인가!

드디어 깨달음의 본 실상을 밝히신다.

무엇이라고 하시는가.

"한 줄기 맑은 흐름이 자성의 남이 없는 진리[無生法忍]이니
어찌 머뭇거려 헤아리고 따질 수 있겠느냐!"

한 줄기 맑은 흐름!

남이 없는 진리가 문자로 말하여 무생법인(無生法忍)이라고 하신다.

무생법인은 육조 혜능선사를 참배한 일숙각인 천태 지의선사의 말이다. 남이 없는 도리이니 이 '응무소주 이생기심'의 도리를 알고 혜능선사가 깨달음을 증득하였듯이 이 무생(無生)의 도리가 바로 진리인 것이다. 현대과학에서 이를 입증한 분이 바로 아인슈타인 박사일 것이다. 이 분은 기독교 신자이며 과학자로 양자이론을 밝혀냈다.

양자란 바로 있는 것도 아니요, 없는 것도 아니다. 있지도 않고 없지도 않으며, 있다 없다의 대상도 아니다. 그럼 이것이 무엇일까.

결국 보는 사람에 따라 형상과 모양이 달라지니 이것이 바로 우리의 마음이라는 사실을 최초로 발견한 과학자인 것이다.

우리의 마음도 이와 같다.

무생은 남이 없는 도리이니 이 세상에 존재하는 모든 물질은 그 자체의 성품이 없다. 그래서 성품이 공하다는 부처님의 말씀이 삼천 년의 시공을 초월하여 밝혀진 것이다. 본래공인 이 허공에 무엇인가 감각되는 이것, 바로 이것이 마음인 것이다.

그래서 황벽스님도 이 사실을 알고 무생법인(無生法忍), 즉 남도 없고 멸고 없고 부처라는 것도 중생이라는 것도 다 한 마음이 스스로 지어내고 드러내어 스스로 생과 멸을 할 뿐 그 무엇도 붙을 자리도 없고 흔적도 없는 무생의 도리를 일러 진리라고 하신다.

무생이 진리이니 어찌 명색인 말과 글이 설 자리가 있겠는가. 그래서 이렇게 말씀하시면서 법문을 마감한다.

"참 부처는 입이 없기 때문에 설법할 줄 모르고
진정으로 들음은 귀가 없으니, 뉘라서 들을 수 있겠느냐!"

참 성품에는 입이다, 설법이다, 들음이다 하는 명색이 붙을 곳도 없고 사실 있는 것도 아니라는 것이다. 그것은 오직 명색과 허명만이 그렇다고 할 뿐 실체가 있는 것이 아니라는 것이다.

자, 이제까지 긴 설법을 들었다.

들음이 있느냐?

안 게 있느냐?

깨침이 있는가?

그럼 본래공(本來空)인가?

납승에게 묻는다면

얼시구나   절시구나   좋고좋고   좋을시구

어화둥둥   지화자야   춤판이나   벌려보세

봄이오니   꽃이피고   여름오니   물놀이에

가을단풍   좋을시고   흰눈오니   겨울이다

산에가서   나무구해   군불이나   때야겠다

여보시게   주인공아   어디다가   정신파노

우리 강아지 반디야 밥 먹어라!

"수고하였다. 편히들 하여라."

황벽산의 한 소리가 그렇게 메아리가 되어 온 산천 경계를 돌고 돌아 귀에 들리는 구나!

돌!

상당법문 終

18. 유행遊行 및 기연機緣

18-1. 내 어쩌다 저 나한 좀놈하고 짝을 했을까?

대사는 본시 민현(閩縣) 땅의 어른이시다.

어려서 본주(本州) 땅 황벽산으로 출가하셨다. 스님의 이마 사이에 솟아오른 점은 구슬과도 같았고, 음성과 말씨는 낭랑하고 부드러웠으며, 뜻은 깊고도 담박하셨다.

뒷날 천태산(天台山)에 노니시다가 한 스님을 만났는데, 처음인데도 오래 사귄 사람 같았다. 이윽고 함께 길을 가다가 개울물이 갑자기 불어난 곳에 이르렀다. 그때 대사께서는 석장을 짚고 멈추시니, 그 스님이 대사를 모시고 건너려고 하자, 대사께서 말씀하셨다.

"형씨가 먼저 건너시오."

그러자 그 스님은 곧 삿갓을 물 위에 띄우고 곧장 건너가버렸다.

대사께서 말씀하셨다.

"내 어쩌다 저 나한 좀놈하고 짝을 했을까?

한 몽둥이로 때려죽이지 못한 것이 후회스럽다."

"대사는 본시 민현(閩縣) 땅의 어른이시다.
어려서 본주(本州) 땅 황벽산으로 출가하셨다.
스님의 이마 사이에 솟아오른 점은 구슬과도 같았고,
음성과 말씨는 낭랑하고 부드러웠으며, 뜻은 깊고도 담박하셨다."

이 기록은 배휴가 기록한 것이다.

처음 출가한 곳이 황벽산으로 출가해서 경율론(經律論) 삼학을 두루 섭렵하셨다. 그러나 마음에 갈등이 사라지지 않자 백장산에서 일심법을 편다는 백장 회해스님을 찾아가 모든 백장스님의 무파비(無巴鼻)를 전수받고 천하를 주유하면서 인연 닿는 대로 중생을 제접하면서 다니다가 배휴를 만나서부터 황벽산에서 법을 펴셨다.

백장스님 아래 황벽스님은 제자 임제를 두어 임제종의 원류가 되었고 도반인 위산스님은 제자 앙산스님과 함께 위앙종을 설립하여 오가 중에 처음으로 조계원류가 두 파로 분류되었다. 이 유행 및 기연은 백장스님의 법을 이어받고 천하를 유행하면서 만난 기연들을 엮어놓은 것이다.

"뒷날 천태산(天台山)에 노니시다가 한 스님을 만났는데, 처음인데도 오래 사귄 사람 같았다. 이윽고 함께 길을 가다가 개울물이 갑자기 불어난 곳에 이르렀다. 그때 대사께서는 석장을 짚고 멈추시니, 그 스님이 대사를 모시고 건너려고 하자 대사께서 말씀하셨다.

"형씨가 먼저 건너시오."

그러자 그 스님은 곧 삿갓을 물 위에 띄우고 곧장 건너가버렸다.

대사께서 말씀하셨다.

"내 어쩌다 저 나한 좀놈하고 짝을 했을까?

한 몽둥이로 때려죽이지 못한 것이 후회스럽다."

이렇게 들은 배휴가 왜 이 기연을 밝혔을까?

흔히 도가 트면 도사가 된다고 일반적으로 그렇게 믿고 있다. 그러나 그것은 전설의 고향같이 전해지는 속설이며 이야기꾼들이 지어낸 말일 뿐이다.

몸으로 하는 기능이나 기술은 연마하면 보통사람보다 조금 나을 수는 있다. 올림픽에서 100m 달리기 선수들을 보라. 그 차이는 영점 몇 초 사이다. 인간의 능력을 초월하여 일초 만에 왜 못 달릴까.

중국 무협소설에는 경공법이 책마다 등장하며 무술영화가 그토록 수많은 사람들의 시선을 끌었지만 그게 사실인가. 그렇다면 아마도 올림픽은 열 필요도 없다. 중국이 금메달을 다 쓸어갈 것이기 때문이다.

세상의 인간들은 이상하고 괴상하고 희한한 것은 다 좋아하고 존경하고 우러러 환영한다. 그러나 다 지어낸 이야기에 불과하다.

우리가 보는 영화나 소설이나 만화나 그 어떠한 것도 인간의 욕망을 채워주는 것은 다 조작이요, 거짓인 것이다. 그래서 조사선의 입장에서 이런 기능과 기술은 불교의 안심입명과는 너무나 거리가 먼 사교인 것이다. 도사라는 말은 중국의 도교의 스님을 부르는 호칭이다. 여기서 황벽스님이 만난 이는 스님이라고 하였으니 승복을 입고 하는 짓은 몸의 기능이나 익히고 단련하여 도술같은 것을 사용하는 것이 너무나 우습고 잘못 되었다고 여긴 것으로 보인다. 일반인들의 속설이나 이야기 속에 등장하는 도교의 도와 신화·동화·소설·괴기영화 등은 마음으로 그려낸 상상 속의 망상인 것이다.

그래서 배휴는 황벽스님이 설하고 계신 마음은 조작과 혼침, 단상과 차별의 번뇌 망상심을 말하는 것이 아니라, 법신인 청정한 본래심을 밝히는 것임을 말하기 위하여, 이야기꾼의 희론이 아니라는 점을 지적하고 있는 것이다.

불교의 도가 도교에서 말하는 도와 다름을 밝히고 있다.

그래서 황벽스님이 이렇게 말씀하고 계신다.

"내 어쩌다 저 나한 좀놈하고 짝을 했을까?
한 몽둥이로 때려 죽이지 못한 것이 후회스럽다." 라고.

"알겠는가!
모른다면 그냥 죽어라!"
"원오스님 무슨 그런 거친 말씀을..."
하! 하! 하! 이놈아!
"마음을 죽이라고 한 말이다!"

18-2. 오직 한 맛의 선이라네

어떤 스님이 귀종(歸宗)을 하직하는데 귀종이 그에게 물었다.

"어디로 가려는가?"

"제방에 다섯 맛의 선[五味禪]을 배우러 갑니다."

"제방은 다섯 맛의 선이지만 나의 이곳은 오직 한 맛의 선이라네."

"어떤 것이 한 맛의 선입니까?"

그러자 귀종이 문득 후려쳤다.

그 스님이 소리쳤다.

"알았습니다. 알았습니다." 귀종이 다그쳤다.

"말해 봐라. 말해 봐라."

그 스님이 입을 열려고 하자 귀종은 또 몽둥이를 내리쳤다.

그 스님이 뒤에 대사의 회하에 이르자 대사께서 물었다.

"어느 곳에서 오는가?"

"귀종에서 옵니다."

"귀종이 무슨 말을 하던가?"

그 스님이 전날의 이야기를 그대로 말씀드리니, 대사께서는 곧바로 법좌에 올라가 그 인연을 들어서 말씀하셨다.

"마조스님께서 여든네 명의 선지식을 배출하긴 했으나, 질문을 당하면 모두가 똥이나 뻘뻘 싸는 형편들인데, 그래도 귀종이 조금 나은 편이다."

보설

　귀종(歸宗) 지상(智常)스님은 남악(南岳) 회양선사의 문하이며, 마조
도일스님에게 법을 이어받은 선승이며 출생 연대는 미상이고 당대 스
님으로 귀종은 주석한 절의 이름이다.

　어떤 스님이 귀종(歸宗)을 하직하는데 귀종이 그에게 물었다.
"어디로 가려는가?"
"제방에 다섯 맛의 선[五味禪]을 배우러 갑니다."

　여기서 말하는 오미선(五味禪)은 그 당시 조사선이 활발발 하던 시절
이라 운문선사의 운문종, 법안스님의 법안종, 조주선사, 마조스님, 동
산스님 등이 여러 곳에서 법을 펴고 있을 때라 각 제방을 두루 탐문하
여 각각의 문중의 선을 배우겠다는 뜻이다.

　"제방은 다섯 맛의 선이지만
　나의 이곳은 오직 한 맛의 선이라네."

　각 제방에서 법을 펴지만 조사선은 오직 일심법이며 법문은 일승법
문이다. 그러니 귀종선사도 이곳은 바로 마조스님의 법을 이은 곳이니
오직 하나이며 그 하나는 바로 심법(心法)인 일심(一心)이다. 그래서 귀
종스님은 오직 한 맛의 여래선, 즉 부처님의 심인은 오직 하나인 일심
법이라고 하신다.

"어떤 것이 한 맛의 선입니까?"

그러자 귀종이 문득 후려쳤다.

그 스님이 소리쳤다.

"알았습니다. 알았습니다."

어떤 것이 한 맛의 선이냐고 묻는데 왜 귀종스님은 방으로 후려쳤을까? 때리면 아픔을 느낀다. 그런데 몸은 아픔을 모르는데 무엇이 아픔을 감각하느냐? 라고 묻고 있는 것이다.

그러자 그 스님이 "알았습니다." 라고 하자, 정말 알았을까.

귀종이 다그쳤다.

"말해 봐라. 말해 봐라."

그 스님이 입을 열려고 하자 귀종은 또 몽둥이를 내리쳤다. 알았으면 무엇을 알았는지 '말해 봐라 말해 봐라' 고 다그쳤다. 그래서 그 스님이 말을 하려고 하자 또 몽둥이로 내리쳤다. 맞았을 때 느끼는 그 감각이 아니라 왜 맞았는지 알았다고 하는 변명이며 그 자리를 모면하려고 또 말을 지어내려고 하고 있음을 간파하시고 해보아야 변명일 뿐이다.

하려면 맞았을 때 '아~야~' 해야지!

바로 알아차려야지 왜 에둘러 조작된 마음을 말하려고 하느냐며 또 때린 것이다. 알겠는가? 그러니 직심(直心)을 밝혀야지.

그 스님이 뒤에 대사의 회하에 이르자 대사께서 물었다.

"어느 곳에서 오는가?"

"귀종에서 옵니다."

"귀종이 무슨 말을 하던가?"

그 스님이 전날의 이야기를 그대로 말씀드리니, 대사께서는 곧바로 법좌에 올라가 그 인연을 들어서 말씀하셨다.

그렇게 맞고 황벽스님에게 이르자 황벽스님이 물었다.
"어느 곳에서 오는가?"라고 묻고 있다.

원래 방위처소가 없는데 어찌 황벽스님이 이렇게 물었을까? 이것은 상대방의 견처를 묻는 것이다. 그런데 '귀종에서 옵니다'라고 한다.

그래서 상대를 간파하시고, 그래 귀종에서는 '어떻게 법을 펴시던 가'라고 묻고 있다. 그래서 귀종선사에게 세 번 맞은 이야기를 했을 것이다. 임제선사가 황벽선사에게 세 번 묻고 세 번 맞아 대우스님을 찾아가 왜 때렸는지에 대해 물었다.

대우스님 하신 말 '그렇게 자비롭게 가르침을 주셨는데 어찌 여기 와서 그 연유를 묻는가!'라고 말하자 임제스님이 바로 깨달았던 것이 떠오르는 장면이다. 그런데 이 스님은 깨닫지 못하고 여기까지 왔다.

그래서 그 스님의 견처를 간파하신 황벽스님이 법좌에 오르셔서 조사선이 아니라 인연법을 들어 설파를 하시고 있다.

> "마조스님께서 여든네 명의 선지식을 배출하긴 했으나
> 질문을 당하면 모두가 똥이나 뻘뻘 싸는 형편들인데
> 그래도 귀종이 조금 나은 편이다."

마조스님 밑으로 여든네 명의 선지식이 나왔으나 그래도 귀종스님 만이 제대로 조사선을 구사하시고 있음을 증명해 주고 계신 것이다.
"이런 스님아, 그러니 학승이지!"

18-3. 늘 이같이 예배하느니라

대사께서 염관(鹽官; ?~842)의 회하에 있을 때에 대중(大中) 황제는 사미승으로 있었다.

대사께서 법당에서 예불을 드리는데 그 사미승이 말하였다.

"부처에 집착하여 구하지 않고 법에 집착하여 구하지 않으며, 대중에 집착하여 구하지 않는 것이거늘, 장로께서는 예배하시어 무엇을 구하십니까?"

대사께서 말씀하셨다.

"부처에 집착하여 구하지 아니하고 법에 집착하여 구하지 아니하며 대중에 집착하여 구하지 아니하면서, 늘 이같이 예배하느니라."

"예배는 해서 무얼 하시렵니까?"

그러자 대사께서 갑자기 사미승의 뺨을 올려치니 그 사미승은 "몹시 거친 사람이군"하고 대꾸했다.

그러자 대사께서 말씀하셨다.

"여기에 무슨 도리가 있길래 네가 감히 거칠다느니 섬세하다느니 뇌까리느냐!" 하고 뒤따라 또 뺨을 붙이니, 사미는 도망 가버렸다.

보설

세상만사 모든 것이 인연지소생이듯이 이렇게 대중황제가 사미승일 때 만나는 일화를 배휴가 세상에 알린다. 황벽선사는 백장선사에게 마음을 깨친 후 많은 유랑과 만행을 다니셨던 모양이다.

"대사께서 염관(鹽官; ?~842)의 회하에 있을 때에
대중(大中)황제는 사미승으로 있었다.
대사께서 법당에서 예불을 드리는데 그 사미승이 말하였다.
"부처에 집착하여 구하지 않고, 법에 집착하여 구하지 않으며
대중에 집착하여 구하지 않는 것이거늘,
장로께서는 예배하시어 무엇을 구하십니까?"

대중황제가 되기전 어린 사미승이지만 그래도 마음공부를 하고 있었던 모양이다. 그래서 형상 있는 것은 다 무상한 것인데 불상 앞에서 예불을 드리는 것은 무엇인가. 아직 구할 것이 있고 마음에 걸림이 있어 하고 있지 않느냐고 따진다.

'예배하시어 무엇을 구하십니까?' 라고 왜 묻고 있을까. 선지식이 무엇이 다른가. 행리처가 다르다고 했다. 승이니 그렇게 청정한 행을 하고 있을 뿐이다. 모든 것에 감사하고 마음이 행복하니 보는 것마다 부처요, 일마다 부처행인 것이다.

그래서 구하려 하는 것이 아니라 어디에 걸림도 없이 해도 함이 없이 함으로 집착도 아니고 바람도 아니다. 그렇게 하고 있을 뿐인데, 사미승 입장에서는 궁금하고 의심이 가시지 않으니 내심 내가 황자임을 은근히 드러내면서 물었을 것이다.

"대사께서 말씀하셨다.
"부처에 집착하여 구하지 아니하고 법에 집착하여
구하지 아니하며 대중에 집착하여 구하지 아니하면서
늘 이같이 예배하느니라."

"예배는 해서 무얼 하시렵니까?"

그러자 대사께서 갑자기 사미승의 뺨을 올려치니

그 사미승은 "몹시 거친 사람이군"하고 대꾸했다."

그래서 황벽스님의 말씀은 사미승의 질문을 있는 그대로 표현하시면서 '늘 이같이 예배하느니라' 라고 하신다.

이 말씀은 해도 함이 없는 무위행인 것이다. 그러나 그것을 알아차리지 못한 사미승이 다시 말한다.

예배란 무엇인가 조작이며 구함이며 자기적 이익에 있어 비는 것이 아니냐는 뜻으로 "해서 무얼 하시렵니까?"라고 묻자, 바로 직관을 드러내어 이 사미승에게 자비를 베푸시어 '그런 것이 아니란다' 라는 뜻으로 뺨을 올려붙인다.

그러니 사미승도 '이런 무례한 사람을 보았나. 내가 누구인데 감히 뺨을 올려.' 라며 화가 나서 한마디 한다.

"몹시 거친 사람이군."

이 말은 거칠다 부드럽다 라는 양변의 차별상이다. 그 차별심 때문에 이런 말이 오갈 수 있다. 그러니 그 차별상의 말을 하고 있는 사미승에게 참 자비심을 발하여 이렇게 말씀하신다.

"그러자 대사께서 말씀하셨다.

"여기에 무슨 도리가 있길래

네가 감히 거칠다느니 섬세하다느니 뇌까리느냐!"

하고 뒤따라 또 뺨을 붙이니, 사미는 도망가버렸다."

이 인연으로 인하여 사미승은 대중황제가 되고 나서, 황벽선사를 기억하고 후일 스님이 대중 년간(大中; 847~859)에 황벽산에서 입적하시자 단제선사(斷際禪師)라는 시호를 내리시고 탑호는 광업(廣業)이라고 하였다. 일설에는 대중황제가 염관 회하의 일을 기억하시고 시호를 '거친 놈'이라 하라고 하시자 승상인 배휴가 '황제께서 어찌 아직도 거칠다, 부드럽다는 양변에 머물러 계십니까.' 하니 '참 그렇지' 하시면서 염관의 일을 내가 아직 기억하고 그 기억에 휘둘렸구나 하시면서 시호와 탑호를 내렸다고 한다. 단제는 무슨 뜻인가. 모든 분별심과 차별심을 뛰어넘어 그 모든 것을 끊으신 분이라는 뜻으로 단제선사(斷際禪師)라는 시호를 내리셨던 것이다.

18-4. 어느 시절에 도를 행하였소?

대사께서 제방을 행각하실 적에 남전(南泉; 734~843)에 이르렀다. 하루는 점심공양을 할 때 발우를 들고 남전의 자리에 가서 앉으셨다.

남전이 내려와 보고는 대사께 물었다.

"장로께서는 어느 시절에 도를 행하였소?"

"위음왕 부처님 이전부터 입니다."

"그렇다면 내 손자뻘이 되는구먼."

그러자 대사는 곧바로 내려와버렸다.

보설

"대사께서 제방을 행각하실 적에 남전(南泉; 734~843)에 이르렀다.
하루는 점심공양을 할 때 발우를 들고
남전의 자리에 가서 앉으셨다."

이 행각의 연유를 보면 황벽스님은 행각을 많이 하신 납승이었음을
잘 알 수 있다. 일정한 처소도 절도 없이 그렇게 유연하게 산천경계를
유람하면서 인연이 닿으면 인연에 응하고 그렇게 부평초처럼 떠도는
납승이었을 것이다.

훗날 배휴를 만나기 전의 일이니, 남전스님은 마조스님의 법제자이
며 남전은 지명 이름이니 아마도 그곳에서 법을 펴고 계셨던 모양이
다. 그래서 황벽스님은 남전스님과는 법질(法姪)이 되므로 남전에 있는
남전스님 절에 가 많은 시간을 보냈던 것 같다.

그때의 일화이다.

그럼 왜 숙질이자 조실이신 남전스님 자리에 발우를 들고 앉았을까?

여기서 한 행동은 무차선(無遮禪)인 것이다.

조실이다 객승이다, 주객을 떠나 차별상을 떠난 무차별의 행위인 무
차선인 것이다. 요즘도 아직 이 무차선의 전통은 그 맥을 이어오고 있
지 않은가. 그러니 여기서 무차선의 진면목을 보여준다.

남전이 내려와 보고는 대사께 물었다.

"장로께서는 어느 시절에 도를 행하였소?"

"위음왕 부처님 이전부터 입니다."

"그렇다면 내 손자뻘이 되는구먼."

무차별적 행위를 모를 남전스님이겠는가.

알면서도 전혀 다른 표현을 쓴다. 장로라고 호칭하였다. 왜 그럴까? 납승이니 그냥 객승이다. 납승에게는 호칭이 없다.

황벽스님도 황벽산에서 법을 펴기 전에는 그냥 객승인 납자였다.

그래서 그렇게 호칭하면서 '어느 시절에 도를 행하였소?'

이 말의 뜻을 잘 새겨들어야 한다.

원래 시간과 공간이 없는 본래공(本來空)인 무차선(無遮禪)에선 시간과 공간을 뛰어넘어 지금 여기를 말한다. 지금 장로가 드러내 보이는 이 도는 무엇인가라고 묻고 있는 것이다.

그런데 황벽스님이 이렇게 답하신다.

"위음왕 부처님 이전부터입니다."

이 말은 무슨 말인가.

위음왕은 바로 이 세계가 생기던 시기의 왕이니 무량수 과거의 세계이다. 즉 본래공을 말하고 있다. '그냥 앉고 싶으면 앉으며 되지 무슨 여기서 도를 따지는가' 라고 대꾸하신 것이다.

그런데 남전스님이 누구신가.

바로 한 말씀하신다.

'본래공이라고! 이 사람아. 그런데 그런 과거나 미래는 다 본래공이라지만... 그러나 엄연히 이 자리가 있지 않은가. 그러니 자네는 차례나 순리를 벗어나 그 무차별의 무위가 다른 사람에게 엄연히 불편을 주고 있으니 본래공이 아니라 역순경계이네, 그려' 하시면서 '그렇다면 내 손자뻘이 되는구먼' 하시면서 지금 여기 있는 그대로의 평상심을 드러내보이셨다. 그러자 황벽스님도 더는 할 말이 없다.

그러자 대사는 곧바로 내려와 버렸다.

알겠는가!

무차선(無遮禪)도 본래공(本來空)도 여기를 떠나서는 다 헛소리다!

18-5. 삿갓 속의 삼천대천세계

또 어느 날 대사께서 외출하려고 할 때에 남전이 말하였다.

"이만큼 커다란 몸집에 조금 큰 삿갓을 쓰셨군!"

"삼천대천 세계가 모두 이 속에 들어 있습니다."

"이 남전의 대답이로다."

그러자 대사는 삿갓을 쓰고 곧 가버렸다.

"또 어느 날 대사께서 외출하려고 할 때에 남전이 말하였다.

"이만큼 커다란 몸집에 조금 큰 삿갓을 쓰셨군!"

"삼천대천 세계가 모두 이 속에 들어 있습니다."

"이 남전의 대답이로다."

여기서 또 남전스님과의 행적을 보면 황벽스님은 남전스님의 절에서 많은 시간을 같이 하시면서 법거량도 하고 여래선과 마조스님의 평상심시도(平常心是道)와 백장스님의 심즉불(心卽佛) 같은 조사선인 직관적(直觀的) 직설(直說)을 많이 드러내 보이시고 있음을 알 것이다.

황벽스님이 외출하려고 할 때 삿갓을 쓰고 있는 것을 보시고 남전스님이 왜 이런 말씀을 하실까?

"이만큼 커다란 몸집에 조금 큰 삿갓을 쓰셨군!"

이 소리는 그냥 느낌 그대로를 표현했다. 몸집도 큰데 거기다 삿갓까지 크니 무슨 납승이 겉모습에 치중하시는가!" 라고 하셨을 것이다.

그런데 황벽스님의 대답이 걸작이다.

"삼천대천세계가 모두 이 속에 들어 있습니다."

몸짓이나 삿갓이 문제가 아니라 보이는 그대로 다 완벽한 것이며 이 삿갓이 곧 나의 본래모습이고 이것으로 삼천대천세계를 다 나툴 수 있다라고 하고 계신다. 이에 남전의 대답

"이 남전의 대답이로다."

이 무슨 말인가?

'무슨 대답을 할 것이 있는가, 그렇다고 하니 그래! 그렇구나!' 하실 남전스님이 '이 남전의 대답이라' 고 하신다. 이 말씀의 뜻은 '바로 지금 보이는 그대로를 말하고 있을 뿐인데 무슨 그렇게 마음을 지어 장

황설을 하시는가!' 라는 것이다. 그러니 황벽스님은 이 직설적인 말을 다시 마음을 지어 대꾸한 것이 걸리지만 그래도 자기는 자기의 마음을 그냥 드러낸 것 밖엔 없으니 선문답한 것으로 알고 자리를 털고 일어나시어 껄껄 웃으시며 삿갓을 쓰고 가버렸다.

여기서 그대들은 무엇을 보았는가?
남전스님이나 황벽스님이나 줄기는 하나이다. 마조스님의 제자이고 법손인 것이다. 그래서 다 스스로를 너무나 잘 안다. 한 문중이요, 한 스승의 가지이니 모든 것을 있는 그대로 완전한 부처행인 말과 행동을 드러낸 것이다. 그래서 배휴도 이 일화를 기억했다.
직관(直觀)과 직설(直說)을 보여주신 것이다.

18-6. 테두리를 벗어난 이들

또 하루는 대사가 차당(茶堂)에 앉아 있는데 남전이 내려와 물었다.
"정과 혜를 함께 배워서 부처님의 성품을 밝게 본다 하는데, 이 뜻이 무엇이오?"
"하루 종일 한 물건에도 의지하지 않는 것이다."
"그래, 바로 장로 견해인가요?"
"부끄럽습니다."
"장물[漿水] 값은 그만두어도 짚신 값은 어디서 받으란 말이오?"
그러자 대사는 문득 쉬어버렸다.

뒷날 위산(潙山; 771~853)이 이 대화를 가지고 앙산(仰山; 803~887)에게 물었다.

"황벽이 남전을 당해내지 못한 게 아닌가?"

"그렇지 않습니다. 황벽에게는 범을 사로잡는 기틀이 있었음을 아셔야 합니다."

"그대의 보는 바가 그만큼 장하구나!"

"또 하루는 대사가 차당(茶堂)에 앉아 있는데
남전이 내려와 물었다.
"정과 혜를 함께 배워서 부처님의 성품을 밝게 본다 하는데
이 뜻이 무엇이오?"

정(定)과 혜(慧)를 함께 배운다는 말을 대선사이신 남전스님이 왜 하실까?

그 말이 정이든 혜든 배워서 얻어지는 것이 아님을 몰라서 물었을까? 황벽스님이 앉아 있는 곳이 어딘가?

바로 차당(茶堂)이기 때문에 이런 물음이 나왔다.

오직 숙질을 걱정하는 뜻이다.

이 납승아! 납승이면 납승답게 다른 납자들에게 모범을 보이시든가. 아니면 같이 밖에 나가 일을 하시든가 아직도 미진한 부분이 있으면 나에게 묻든가.

그렇게 백장스님의 무파비(無巴鼻)를 다 투득한 선지식이 왜 이렇게

차당에 앉아 이런 저런 궁리만 하고 있는가. 비싼 시주물로 배나 채우지 말고 여기 있으면 그 밥값을 하든지, 이렇게 차당에 앉아 차나 즐기고 있을 때가 아니지 않은가!

'얼른 백장스님의 그 무파비(無巴鼻)를 설하여 중생 속으로 뛰어들게, 이 사람아!' 라고 하는 말씀이다. 그런데 황벽스님의 답이 걸작이다.

"하루 종일 한 물건에도 의지하지 않는 것이다."

이런 답은 학인들이나 사미승이 물었다면 이렇게 답을 할 수 있다.

그러나 이 절의 조실이요, 세상에 그 이름을 날리는 대선사이며 그 경지가 모든 경계를 벗어난 대 선지식께서 '경계에 의지하지 않는다' 라는 말을 왜 또 하실까?

그것은 남전스님의 뜻을 알아차리고 '그래요, 맞습니다. 내 형편이 그렇다오' 납승이니 숙질의 절에 의지하여 이렇게 있지만 그래도 숙질의 무파비인 방편과 학인 제접을 한 마음으로 두루 배우고 있습니다. 앞으로 납승이 중생들을 어떻게 제접하고 어떻게 법을 펼칠지 스님의 행리처(行履處)와 방편을 배우고 있습니다. 그러니 너무 그러지 마시라는 마음으로 '그래도 이런 경계의 납승입니다' 하는 것일 것이다.

그 말뜻을 모를리 없는 남전 스님이

"그래 바로 장로 견해인가요?" 하고 다시 묻는다.

이런 저런 자기의 처지가 아직 그 방향을 잡지 못한 자기를 회상하면서 "부끄럽습니다." 라고 하신다.

그 말이 끝나자 남전스님이

"장물[漿水] 값은 그만두어도 짚신 값은 어디서 받으란 말이오?"

이 무슨 말인가?

모든 경계에서 벗어나 그동안 많은 산천을 유랑하면서 마음을 순숙시키고 많은 선지식을 참문하면서 무파비를 두루 섭렵했으면 이제 한 도량을 형성하여 남의 것이 아닌 스스로 대장부가 되어 그대의 방편을 베풀어 저 힘들어 하는 많은 중생을 제도해야지 어찌 내 행리처와 방편을 배우려 하는가.

남의 방편은 나의 것이 아니니 오직 스승을 뛰어넘는 선방편을 베풀어 중생을 구제해야지 하는 뜻으로 이렇게 말씀하시는 것이다.

묵묵히 스님의 위로의 말씀에 감사하는 뜻으로

"그러자 대사는 문득 쉬어버렸다."

이 문답은 어디까지나 서로가 서로를 위해주고 응원해주는 도반과 숙질의 대화인 것이다.

"뒷날 위산(潙山; 771~853)이 이 대화를 가지고
앙산(仰山; 803~887)에게 물었다."

위산스님은 마조스님의 제자이며 앙산스님은 위산스님의 제자이다.

이 두 분이 이렇게 항상 제방의 선지식들의 선문답을 인용하여 서로 묻고 무파비를 가려내는 문답이 선어록에 많이 등장하는 것으로 보아 위산스님은 제자인 앙산스님을 매우 사랑하신 모양이다.

언제나 홀로 해득하기 보다는 제자와 선문답을 나누며 함께하신 것을 보면 제자를 사랑함이 지극하셨다.

그래서 위앙종을 세워 한 종가를 형성하여 중국 선가의 오대 문파의 한 문중인 위앙종을 세우신 것이리라.

위산스님이 위의 대화를 몰라서 말한 것이 아니지만 대화 내용을 그냥 보면 황벽스님이 문답에서 종문을 말하지 않았으니 남전스님에게 굴복당하지 않았느냐고 묻고 있다.

"황벽이 남전을 당해내지 못한 게 아닌가?"

그런데 앙산스님 역시 모든 테두리를 벗어나 수미산 꼭대기에 우뚝 홀로 선 대장부요, 어디에도 걸림없는 대장부다.

그래서 이렇게 답하신다.

"그렇지 않습니다.
황벽에게는 범을 사로잡는 기틀이 있었음을 아셔야 합니다."

라고 하시면서 자기의 기틀을 마음껏 드러내 보인다.

그러자 위산스님이 이제 나의 무파비를 뛰어넘어 홀로 설 수 있는 큰 대장부가 되었음을 인증하시고는 고마움을 이렇게 표하신다.

"그대의 보는 바가 그만큼 장하구나!"

하시면서 한 마음을 전한다.

여기에 등장하는 남전스님, 황벽스님, 위산스님, 앙산스님은 다 경계와 테두리에서 벗어난 무위진인(無爲眞人)들 이시다. 일심법은 그 누구에게나 깨치고 나면 동등하고 석가모니나 달마대사의 마음이나 여기 등장한 네 스님과 동등하며 더하지도 덜하지도 않는다.

후인들이 그 이름을 많이 알고 높이 아는 것은 다 중생심(衆生心)에서 하는 말일 뿐이다!

18-7. 주인 노릇은 할 줄 모르는군

하루는 대중이 운력을 하는데 남전이 대사께 물었다.
"어디로 가는가?"
"채소 다듬으러 갑니다."
"무엇으로 다듬는가?"
대사가 칼을 일으켜 세우자 남전이 말하였다.
"그저 손님 노릇만 할 줄 알지 주인 노릇은 할 줄 모르는군."
그러자 대사는 세 번을 내리 두드렸다.

보설

"하루는 대중이 운력을 하는데,"

지금 여기는 남전스님의 법도량이다.

남전스님 역시 백장선사의 도반이기도 하지만, 이 시절 조사선을 가리키는 곳은 다 자급자족이었다. 신도들에게 그 어떤 도움도 받지 않고 산속 깊은 곳을 찾아 화전을 이루고 백장선사의 백장청규에 따랐고 절은 수행자만이 사는 곳이었다.

지금의 풍속처럼 세간과 얽히어 세속인을 가르치는 곳이 아니다. 그러니 다 도반이요, 공동수행처인 것이다. 그러니 낮에는 일하고 저녁에는 공부하는 주경야독의 수행공동체인 것이다.

그래서 모든 것을 자급자족하는 백장선사의 '일일부작(一日不作) 일일불식(一日不食)'을 교훈으로 삼아 모든 것이 수행 외엔 없던 시절이다.

객승이다 수좌다 할 것 없이 모두가 밭에 나가 일을 하던 시절이므로 여기에 이렇게 그 풍경이 전해온다. 객승으로 와 있던 황벽스님도 낮에 도반들과 평상심으로 그렇게 운력을 하러 가던 중에 남전스님이 한마디 한다.

"남전이 대사께 물었다.
"어디로 가는가?"
"채소 다듬으러 갑니다."

이 대화는 평상심으로 하는 말이다.

"무엇으로 다듬는가?"
대사가 칼을 일으켜 세우자 남전이 말하였다.
"그저 손님 노릇만 할 줄 알지 주인 노릇은 할 줄 모르는군."

여기서 손님 노릇만 하지 주인 노릇은 모른다는 남전스님의 말을 잘 들어보라. 이것이 무슨 말인가. 황벽이 누구인가.

백장스님의 골수를 투득한 선객 중의 최상승이다.

백장스님의 무파비를 다 얻었으면 이제 인연처를 구해 중생을 위하여 방편을 베풀 때가 되었는데 어찌하여 이렇게 수좌들 사이에서 채소나 다듬는 운력에 나가시는가, 이제 한 곳의 도량을 만들어 중생제접을 하는 주인공으로 사시라는 뜻으로 법질을 걱정해주는 소리이다.

흔히들 선문답은 다 선어록에 나온 것처럼 모든 대화나 행동이 법에 준하여 행하는 것으로 알지만 그런 것은 아닐 것이다. 납자들은 마음을 깨치고 주인공으로 자기적 방편을 찾아 유람도 하고 만행도 하면서 정도 많고 항상 평상심으로 농담도 잘하고 가무도 잘하는 사람들이다.

그런 평상심은 일반 사람들과 다름이 없다. 이 점을 아시고 이 대화를 들었으면 한다. 승상 배휴 역시 이 대목을 행록에 넣은 이유가 바로 거기에 있을 것이다.

이렇게 걱정해주는 삼촌뻘인 남전스님에게 '예, 고맙습니다. 이렇게 걱정을 해주셔서' 라는 말 대신에

그러자 대사는 세 번을 내리 두드렸다.

고마움의 표시로 세 번을 두드렸다.

이것은 바로 "숙질스님, 걱정하지 마십시오."

"다 세상사 인연지소생인데 아직 인연이 닿지 않아 그렇지, 이 삼신 부처는 항상 변함없으니 시절 인연을 기다립니다." 하시면서 웃고 있

는 것이다.

그렇게 유람을 하고 다니다 결국 관찰사 배휴를 만나 법을 펴기 시작하였으니 세상사 모든 것이 인연이 어떻게 지어지느냐에 따라 큰 이름과 족적을 남기기도 하고 무명 납승으로 그 이름과 흔적도 남기지 않고 곁을 떠나기도 한다. 모래 속에 섞여있는 사금처럼…

왜냐하면 납승들은 그 흔적을 남기지 않는 것이 그들의 무위행(無爲行)이기 때문이다. 선어록에 나오는 스님들의 명호를 보라. 법명이 아니라 그 스님이 법을 설한 지명으로 다 전해 온다.

마조, 백장, 황벽, 임제 모두 법명이 아니라 지명으로, 그냥 그렇게 어디에서 어떤 납승이 그렇게 법을 펼쳤으며 그 법만 전해 온다는 뜻이다. 그것이 바로 명색을 벗어난 선승이기 때문일 것이다.

황벽스님도 배휴를 만나지 못했다면 그 흔적도 없었을 것이다.

이 『완릉록』도 세상에 빛을 보지 못했을 것인데 발심한 거사인 배휴를 만나 이렇게 후인의 길잡이가 되고 깨달음을 노래한 황벽스님이란 흔적이 남았고, 황벽산에서 노래한 메아리가 남았다.

18-8. 그저 뜻이나 따지는 사문이로구나.

하루는 새로 온 스님 다섯 명이 동시에 서로 보게 되었다.

그 중에서 한 스님만은 예배를 올리지 않고 그저 손으로 원상(圓相)을 그리면서 서 있었다.

이것을 본 대사가 그에게 말씀하셨다.

"한 마리의 훌륭한 사냥개라고 말하는 줄 아느냐?"

"영양(羚羊)의 기운을 찾아왔습니다."

"영양이란 기운이 없거늘 너는 어디서 찾겠느냐?"

"영양의 발자국을 찾아 왔습니다."

"영양은 발자국이 없거늘 너는 어디서 찾겠느냐?"

"그렇다면 그것은 죽은 영양입니다."

이 말을 듣자 대사는 더 이상 말씀하시지 않았다.

이튿날 법좌에 올라 설법을 끝내고 물러나면서 물었다.

"어제 영양을 찾던 스님은 앞으로 나오너라."

그 스님이 바로 나오자 대사께서는 말씀하셨다.

"내가 어제 너와 대화를 하다가 끝에 가서 미처 다하지 못한 말이 있는데, 어떤가?"

그 스님이 말이 없자 대사께서 말을 이었다.

"본분 납승(本分衲僧)인가 했더니, 그저 뜻이나 따지는 사문이로구나."

"하루는 새로 온 스님 다섯 명이 동시에 서로 보게 되었다.
그 중에서 한 스님만은 예배를 올리지 않고
그저 손으로 원상(圓相)을 그리면서 서 있었다."

이 법담이 이루어지고 있는 배경은 배휴가 완릉 관찰사로 재임 시

개원사에 계실 때 황벽스님이 중생들을 제접하는 장면이다.

여기서 원상(圓相)이란 혜충국사께서 누가 물으면 항상 손가락을 들어 일원상을 그렸다. 법성원융(法性圓融)의 뜻으로 모든 법의 성품은 서로가 서로를 쌍입쌍조(雙入雙照)하고 원융무애(圓融無碍)하다는 뜻의 사사법계(事事法界)를 나타내는 것이다.

예배란 자기의 자성에서 스스로 귀의하여 주인공이 되겠다는 뜻으로 하심(下心)하고 몸을 낮추어 서원을 밝히는 것인데, 스스로 '나는 안다' 무엇을 아는가?

'나는 이미 법의 성품을 아니, 더는 무엇을 알 것이 있겠는가? 하면서 아만을 떨고 있다.

이를 본 황벽스님이 한 말씀 던진다.

"이것을 본 대사가 그에게 말씀하셨다.

"한 마리의 훌륭한 사냥개라고 말하는 줄 아느냐?"

"영양(羚羊)의 기운을 찾아왔습니다."

"영양이란 기운이 없거늘 너는 어디서 찾겠느냐?"

"영양의 발자국을 찾아 왔습니다."

"영양은 발자국이 없거늘 너는 어디서 찾겠느냐?"

"그렇다면 그것은 죽은 영양입니다."

이 말을 듣자 대사는 더 이상 말씀하시지 않았다."

여기서 대사가 말하는 한 마리 훌륭한 사냥개는 무엇을 말하고 있는 것인가? 참 자성인 자기 본향을 찾아가는 납승에게 진정한 깨달음의 기연을 줄 수 있는 선사를 만날 수 있게 야생의 동물을 포수(선지식)가 있는 곳으로 몰아가는 사냥개에 비유한 것이니, 바로 길을 찾는 선승이냐고 묻고 있는 것이다.

그런데 아직 형상에 대한 집착을 놓지 못하고 선지식은 고고하고 그윽하고 향기롭고 보기만 해도 그냥 고개가 숙여지는 흰 수염을 휘날리는 도사로 알고 있는 이 행자는 이렇게 말한다.

'영양의 기운을 찾아왔습니다'

영양이란 산에 사는 산양인데 절벽을 타고 아주 험한 산속에 사는 보기만 해도 기공이 많은 동물이라 아마도 기이하고 괴상한 형상, 흔히 말하는 도사의 기운이 서려 있다고 해서 찾아왔다고 한다.

이를 간파한 황벽스님이 또 한 말씀 더 묻는다.

'영양은 발자국이 없거늘 ...'

이 말씀은 '진리는 형상이 없고 언설이 없는 것인데 무엇을 찾고 말고가 있느냐!' 라고 묻는 것이다.

그런데 이 학승의 말인즉,

"그렇다면 그것은 죽은 영양입니다."

있는 것은 허망하지만 없는 것은 진실이다. 진리의 세계에 발도 못들여 놓을 작자 같으니, 뭐가 죽었다느니 살았다느니 차별상을 논하느냐!

모든 것을 간파하신 황벽스님은 그냥 '쯧쯧쯧' 하면서 더는 말씀을 하지 않으셨다. 이런 학승에게 뭐라 더 말해봤자 알아듣지도 못할 것이니 수행이 성숙되기를 기다리는 수 밖엔 ......

이튿날 법좌에 올라 설법을 끝내고 물러나면서 물었다.

"어제 영양을 찾던 스님은 앞으로 나오너라."

그 스님이 바로 나오자 대사께서는 말씀하셨다.

"내가 어제 너와 대화를 하다가

끝에 가서 미처 다하지 못한 말이 있는데, 어떤가?"

여기서 황벽선사의 말씀의 핵심이 무엇인가.

다하지 못한 말이다.

진리는 언설이 아닌데 무슨 말로써 진리를 화현시킬 수 있느냐.

어제 보니 아직 자네는 형상과 언설에 이끌려 일원상으로 모든 법을 다 얻었다는 양 법당에서 아만을 부리고, 내가 묻는 말의 뜻이 무엇인지도 모르면서 마음속에 상상의 도인을 찾아 왔다는 둥 그런 말을 했는데, 그대가 진정 얻고자 하는 것이 무엇인가?

말해 봐라!

그러니 학승이야말로 무어라 할 말이 없을 것이다.

또 이 많은 납승들 앞에 자기의 견처를 드러낼 만한 그 어떤 것도 없으니, 겉모습은 납승이나 속은 학승에 불과한 자신의 모습을 드러 낼 수 없었을 것이다.

"그 스님이 말이 없자 대사께서 말을 이었다.

본분 납승(本分衲僧)인가 했더니,

그저 뜻이나 따지는 사문이로구나."

이 감변에서 우리가 알아야 할 것이 있다.

바로 차별적 마음의 작용이다. 형상과 언설을 떠나있는 것이 진정한 진리인 자성인데 우리 주위에는 교설과 학설과 의론으로 불교카페에서 자기 자랑을 일삼으며 돌아치는 사문들이 너무도 많다는 것이다.

이것은 선문답도 아니고 탁마도 아니다. 진정 안다는 것은 자신(自身)이지 남이 아니다. 진정 소분이라도 아는 납자라면 그런 말을 하라고 해도 이미 차별상을 뛰어넘어 시시비비에 걸려 들지도 않고 잘잘못을 따지지도 않는다. 그것이 얼마나 자기 심성을 어둡게 하고 어리석은지를 알기 때문이다.

스스로 자기를 세워 잘난체하는 이들은 주워들은 것이 너무 많고 본 것이 너무 많아 아뢰야식에 저장된 지식, 상식, 망상, 감성, 감정 등 수많은 번뇌망상을 자기라고 하고 있는 것이다. 그러다 자신보다 한 발 앞선 학인이 나와 한 말 해주면 또 문구나 학설을 배워서 그 사람을 따라 가겠다는 알음알이를 키우고 스스로 자성을 어두운 곳으로 점점 더 밀어넣고 있다는 사실을 모른다. 그러니 얼마나 불쌍한 중생인가.

수행이 자기중심적이지도 못하고 자기를 돌아보는 회광반조도 아니고, 목적도 모르면서 남이 가니 나도 간다는 식이다.

자전거를 타고 가는 사람을 보고 자동차를 몰고 나오는 사람과 같다. 그러나 그 사람을 앞질렀다고 추월하는 순간, 정작 나는 어디로 가는지를 몰라 또 그 자전거 탄 사람이 나타나기를 기다리다가 그 사람이 보이면 또 달리는 것과 같은 어리석은 사람일 것이다.

자동차가 아무리 좋아도 목적지가 없으면 움직일 수 없다. 가는 만큼 돌아와야 하니까.

'나' 라는 이것이 무엇인지를 알려고 하면 오직 바른 안내자를 만나는 것이 시작이요, 종점인 것이다.

가는 것도 없고 오는 것도 없고 주함도 없이 오직 자기의 자성을 찾아 회광반조(廻光返照) 자성자각(自性自覺)하시길!

18-9. 배휴의 깨달음

대사께서는 일찍이 대중을 흩으시고, 홍주(洪州) 땅의 개원사(開元寺)에 머물고 계셨다.

이 때에 상공 배휴거사가 어느 날 절로 들어오다가 벽화를 보고 그 절 주지스님에게 물었다.

"이것은 무슨 그림입니까?"

"고승들을 그린 그림입니다."

"고승들의 겉모습은 여기에 있지만, 고승들은 어디에 계십니까?"

그 절 주지스님이 아무런 대답을 못하자, 배휴가

"이 곳에 선승은 없습니까?" 하고 물으니,

"한 분이 계십니다."라고 대답했다.

상공은 마침내 대사를 청하여 뵙고, 전에 주지스님에게 물었던 일을 스님께 여쭈었다. 그러자 대사가 불렀다.

"배휴!"

"예!"

"어디에 있는고?"

상공은 이 말 끝에 깨치고 대사를 다시 청하여 개당설법을 하시게 하였다.

대사께서는 일찍이 대중을 흩으시고,
홍주(洪州) 땅의 개원사(開元寺)에 머물고 계셨다.

배휴는 회창 2년 종릉에 관찰사로 재임 시 황벽스님을 만나 용흥사에 계시도록 하여 조석으로 참례하고 법을 물었다.
　그때 기록들이 『전심법요』이다. 그러다 배휴는 다른 고을로 떠나고 황벽스님도 유랑의 납자로 용흥사를 떠나 천하를 유람하였다. 남전스님과도 여러 철을 보내면서 완릉지방을 유랑하고 있을 때, 배휴가 완릉 관찰사로 오면서 황벽스님을 개원사로 모셔와 머물게 하였다. 용흥사에 계실 때처럼 조석 문안을 드리면서 물었던 선문답에서 배휴가 마음을 깨친 시절인연을 기록한 이야기이다.

　"이 때에 상공 배휴거사가 어느 날 절로 들어오다가
벽화를 보고 그 절 주지스님에게 물었다.
　"이것은 무슨 그림입니까?"
　"고승들을 그린 그림입니다."
　"고승들의 겉모습은 여기에 있지만 고승들은 어디에 계십니까?"
　그 절 주지스님이 아무런 대답을 못하자 배휴가
　"이 곳에 선승은 없습니까?" 하고 물으니,
　"한 분이 계십니다."라고 대답했다."

이때는 모든 경전에 '이시(爾時)'에 하듯이 '한때 부처님이 기원정사에서 제자들 누구와 이렇게 말씀하심을 내가 들었다'와 같이 격을 갖추어 쓴 글이다.

절에 들어오던 배휴거사가 아마도 벽화로 그려져 있던 고승대덕들의 화상을 보고 주지에게 이 화상들은 누구를 그린 것이냐고 물으니 이 절의 주지가 고승들을 그린 것이라고 했을 것이다.

그래도 마음 공부를 좀 했던 배휴라 진리는 언설이 없고 형상이 없다는 것을 아니까 물었을 것이다.

고승의 그림은 이렇게 형상으로 모셔져 있는데...

그럼 그 고승들은 지금 어디에 있느냐고 묻는다. 이 말은 그 고승들의 주인공인 마음은 어디에 있느냐고 물은 것이다.

일반 절의 주지라 의식과 행위적 불교는 알지 모르지만 마음공부를 하지 않았으니 무어라 말을 해야 할까.

'지금 극락에 가 있을 것이다', '지금 도솔천에 계실 것이다'라고 하든지, 아무튼 아무 말도 하지 못하는 것을 보면 이 또한 법사나 율사였던 모양이다. 그래서 배휴가 '혹시 마음을 아는 '선승은 없습니까?' 하고 선승을 찾고 있는 것이다.

참고로 승에는 차별이 없지만 우리가 계정혜 삼학을 말하듯이 계를 가르치고 지키게 하는 승을 율사(律師)라고 하고, 불법을 가리키는 승을 법사(法師)라고 하고, 마음을 가리키는 승을 선사(禪師)라고 하는데, 지금의 사찰의 풍속도로 공찰은 이 법도를 지키기는 한다.

여기서 말하는 공찰은 총림을 말한다. 총림은 불교경전 공부를 하는 강원과 율법인 의식을 가리키는 율원, 그리고 참선 수행을 하는 선원, 이렇게 모두를 갖추고 있는 사찰을 가리킨다. 총림에는 그 사찰의 정신적 지주인 선원의 조실스님과 수좌들을 진정 스님이라고 불러야 할 것이다.

　이렇게 다시 만난 황벽스님에게 조석 문안을 드리면서 서로 헤어져 있을 때의 일을 거론하면서 배휴가 이렇게 말했을 것이다.

　상공은 마침내 대사를 청하여 뵙고,
　전에 주지스님에게 물었던 일을 스님께 여쭈었다.
　그러자 대사가 불렀다.
　"배휴!"
　"예!"
　"어디에 있는고?"

　여기서 한소리에 무엇을 깨쳤을까?
　배휴라고 불렀다!
　관찰사는 직함이요, 배휴는 이름이다. 원래 주인공인 배휴[本來面目]와는 아무런 관련이 없다. 이것은 인연 따라 붙여진 명색(名色)이다. 그런데 이 배휴라고 부를 때 '이 소리를 알아듣는 놈은 누구인가?' 부르는 소리에 습관적으로 그냥 '예!' 라고 했다.
　그런데 '예' 라고 대답하는 놈은 어디에 있느냐고 다시 소리친다.
　누가 물었으며, 누가 들었으며 '예' 라고 한 놈은 누구이며 무엇인가 있어 대답을 했을 것이다. 그런데 황벽스님이 그놈이 지금 어디에 있느냐고 닦달을 하신다.
　누구지 누구지 누구지!
　그럼 들은 것은 귀일 것이고, 대답은 입이 했을 것이고, 지금 어디에 있느냐 하는 것은 지금 여기에 있는데...

그러나 사대는 지수화풍으로 오온의 집합체요, 원래 방위처소가 없는데 지금 나는 여기에 있다.

그럼 명색과 몸과 장소는 허상인데 과연 누가 이렇게 묻고 답하느냐?

그때!

전기에 감전되듯 전율같은 것이 마음속에서 흐르며 감각(感覺)되어진다.

이것이 무엇일까?

이 뭣꼬!

그래!

그래! 그래!

이 허망한 몸이나, 기관이나 부질없는 이름에 내가 이끌려 하던 모든 일이 허상이구나 하는 순간, 구름같이 무엇인가 내 몸에서 빠져나가면서 여태 살아오면서 하던 모든 짓이 허깨비처럼 나에게서 흩어짐을 순간적으로 느꼈을 것이다. 그리고는 소소영영하게 지각되어지는 이 마음이란 한 물건만이 또렷하게 느껴지면서 모든 명색이 사라지고 모든 생각 마저 떠오르지 않으며 지금까지 자기를 짓누르고 있던 그 모든 일체가 연기처럼 사라졌을 것이다.

그래! 그래! 그래! 그래!

이것이야! 이것이야! 이것이야!

이거다!

바로 이놈이 이 몸둥이를 끌고 다니면서 허깨비 같이 춤을 추었음을 그 짧은 찰나에 감지하였을 것이다. 이렇게 또 심즉불(心卽佛)이 현현

(顯顯)한 것이다.

> **"이심전심**(以心傳心)
> 이렇게 마음을 깨친 배휴가 그때부터
> 상공은 이 말 끝에 깨치고 대사를
> 다시 청하여 개당설법을 하시게 하였다."

이것이 배휴와 황벽스님의 시절인연이다.

세상사 모든 것이 다 인연지소생(因緣之所生)이듯 이렇게 참스승과 제자가 동등하게 마음을 얻고부터 묻고 질문한 것도 『전심법요』와 『완릉록』이 많이 다르다는 것을 이제껏 보설을 읽으면서 알았을 것이다.

만약 황벽스님이 배휴를 만나지 못했다면 어떻게 되었을까. 그야 당연히 그렇게 황벽스님은 일개 납자로써 세상을 풍미하시다 자취는 남김없이 떠났을 것이다. 이 소중한 일심법이 이렇게 전하게 된 것도 자취와 흔적을 남기지 않는 납승인 황벽스님의 자취가 우리에게 전해진 것도 모두 배휴가 스스로 기록하여 전한 것일 뿐, 황벽스님 역시 황벽산의 이름만 전해올 뿐이다.

우리가 알아야 할 것은 이 황벽산 스님의 방편도 중요하지만 황벽스님의 마음을 투득하여 자기 스스로 깨달아야 할 것이다!

19. 술 찌꺼기 먹는 놈

대사는 이에 법상에 올라 말씀하셨다.

"너희들은 모조리 술 찌꺼기나 먹는 놈들이다. 이처럼 행각을 한답시고 남들의 비웃음이나 사면서 모두 이렇게 안일하게 세월을 보내고 있구나! 세월이 한 번 가면 언제 오늘이 또 오겠느냐? 이 큰 당나라 땅 안에 선사(禪師)가 없음을 너희는 아느냐?"

이 때에 어떤 스님이 물었다.

"제방에서 지금 선사들이 세상에 나와 여러 대중들을 바로 이끌어 지도하시거늘, 어찌하여 스님께서는 선사가 없다고 말씀하십니까?"

"내 말은 선(禪)이 없다는 소리가 아니라, 선사(禪師)가 없다는 말이니라."

뒷날 위산이 이 인연에 대해 앙산에게 물었다.

"그래 네 생각은 어떠냐?"

"거위왕이 젖을 고르는 솜씨는 본디 집오리 무리와는 다릅니다."

그러자 위산이 말하기를,

"이것은 참으로 가려내기 어렵느니라."고 했다.

보설

배휴의 깨달음으로 인하여 황벽스님을 개원사에 주하시게 하시고는 법을 청하였다. 그때에 하신 법문이다.

대사는 이에 법상에 올라 말씀하셨다.

"너희들은 모조리 술 찌꺼기나 먹는 놈들이다.
이처럼 행각을 한답시고 남들의 비웃음이나 사면서
모두 이렇게 안이하게 세월을 보내고 있구나!
세월이 한 번 가면 언제 오늘이 또 오겠느냐?"

황벽스님이 법상에 올라 첫 일성으로 바로 이렇게 소리치신다.

'술 찌꺼기 먹는 놈들이다' 라고 하신다.

참 지금이나 그때나 엄연히 시대가 다르지만 심법계에서 보면 시공이 언제나 똑같다.

한쪽에서는 율사들이 의식화 도색화 행위적 불교의식만 행하는 절이 대다수일 것이고, 법사들은 불교 교리와 경전을 해득하고 설하기에 여념이 없을 것이고. 그런데 정작 마음공부를 한답시고 다니는 납자들도 무엇인가 얻어서 지니는 식심(識心)의 공부를 하고 있는 세태를 꼬집은 것이다. 무엇이든 말하면 말하는 대로 보면 보는 대로 다 기억하고 행하여 자기를 위한 자기 것으로 만들려는 수행과 공부를 하고 있으므로 조사선 공부는 그런 것이 결코 아니라는 의미로, 대중을 향하여 술 찌꺼기를 주면 허겁지겁 먹어치우는 물오리 떼 같다고 하신 것이다.

그리고 수행을 한답시고 이 절 저 절 기웃거리며 시주물이나 축내면서 어느 스님이 어떻고 어떤 스님이 이렇게 말하더라는 등 그저 시비분별에 빠져 자기의 수행도 마치지 못한 분상에 남의 평이나 하면서 이렇게 몰려다니니 어느 시절에 일을 마칠 것이냐 찰나로 사는 인생 그렇게 하고도 영원할 줄 아는가. '제발 정신차려라' 라고 일괄하시는 것이다.

"이 큰 당나라 땅 안에 선사(禪師)가 없음을 너희는 아느냐?"
이 때에 어떤 스님이 물었다.
"제방에서 지금 선사들이 세상에 나와
여러 대중들을 바로 이끌어 지도하시거늘,
어찌하여 스님께서는 선사가 없다고 말씀하십니까?"

왜 황벽스님이 선사가 없다고 하였을까.
지금도 우리 주위를 둘러보라. 과연 마음을 깨친 선사가 선원을 하는 곳이 어디에 과연 있는지. 무슨 선원, 무슨 선원 아주 널렸다.
달마를 치는 화가도 달마선원이라고 하고 그림 그리는 화가도 선화라 한다. 천도재를 전문으로 하는 귀신장사도 간판은 선원이라고 붙인다. 무속인들이 절간판에 선원이란 말을 더 잘 붙인다. 아무 것도 모르니 선사는 아무 말도 안 하는 것으로 아니 참 좋은 호재가 아닐수 없다. 이제 정사다 선원이다 뭐다 재가신도들도 모임을 형성해 무슨 선원이라고 간판을 달고 영업을 한다. 선원장사가 잘 되는 시절인 것 같다.
그런데 진정 인천의 스승이요, 마음밝힌 선사가 선원을 하는 것을 보았는가. 마음를 밝힌 선지식은 선원을 차려놓고 참선을 가르쳐 달라고 한다면 처다도 보지 않을 것이다. 그러나 대중들은 선원이면 선지식이 하는 곳이라는 착각에 빠져 바로 그렇게 만들어버린 것이다.

이것 또한 의식화 도색화 행위적 불교인 율사와 아무 다름이 없다. 무술을 가르치나 춤을 가르치나 선을 가르치나 법을 가르치나 사물을 가르치나 바라춤을 가르치나 불교미술을 가르치나 불교음악을 가르치나 하고 있는 그 행위는 똑같은 것이다. 이것이 고착화되어 일개 직업이고 먹고사는 방편이며 개인 사리사욕인 사업으로 전락했다.

그래서 이 넓은 중국땅에 진정한 선사(禪師: 행위적 유위적 조작인 참선을 가르치는 선사가 아닌 선지식을 말함)가 있느냐고 하시는 것이다. 그런데 대중속에서 그렇게 많은 절이 있고 선원을 세워 참선을 가르치고 있는데 어찌 없다고 하시느냐고 따진다.

황벽스님같이 마음을 깨친 분상에서 본다면 그런 행위적 몸을 안정시키고 편안함에 주하려는 참선을 가르치고 설하는 것은 전부 유위적 행위이지 진정한 마음공부가 아니라고 말씀하기 위하여 하시는 말씀이다.

우리 주위를 둘러보라. 선원에 참선한다고 '이 뭣꼬?' 하면서 이십 년 틀었다, 난 삼십 년 틀었다하면서 큰 어른 행세를 하는 사람들이 얼마나 많은지.

한국불교계에서 제일 큰 어른이시고 정신적 지주이신 스님께서 단상에 오르셔 법어를 하시는데 하루에 '이 뭣꼬?' 를 십만 번하면서 의심하라' 고 하신다.

인간은 습생의 동물이다. 하루에 십만 번을 하고 미치지 않으면 그건 인간이 아니다. 그러니 다 정신병자만 만들고 광신도를 만들어 자기의 피조물로 삼으려는 저 하느님과 무엇이 다른가!

그래서 내가 항상 하고 싶은 말은 사회에서 제일 먼저 사라져야 하는 것이 바로 종교라고!

불교는 종교가 아니라 진리를 가르치고 인간의 식심에서 벗어나 참사람으로 행복하게 살아가게 하는 불타의 길을 제시하는 것이다.

달마스님으로부터 마조스님, 백장스님, 황벽스님이 입모아 무엇을 말했는가.

인간은 누구나 다 태어날때부터 다 깨달아 있다. 그러나 삼독심으로 깨달음의 참성품이 덮였으니 한 소리만 듣고도 바로 깨달아진다. 깨달음은 가르칠 것도 지도할 것도 없다. 그러니 오후수행인 깨달음을 이룬 붓다가 되어 어떻게 불타행을 하느냐. 자유인으로 대장부로 주인으로 살아가는 길을 제시해 주는 것이 진정한 스승이요 선지식인 것이다.

지금 깨달음이 어떻고 하는 인간은 전부 혹세무민하는 마구니일 것이다. 제발 속지 말고 현혹 당하지도 말고 회광반조하여 살피고 살펴 조고각하 해야 할 것이다.

아무리 좋은 금가루도 눈에 들면 티가 되듯이 이 납승의 말도 듣지 마라, 들어도 자기를 밝히는 촛불로 사용하면 된다.

그래서 황벽스님도 이렇게 말씀하신다.

"내 말은 선(禪)이 없다는 소리가 아니라

선사(禪師)가 없다는 말이니라."

그래서 황벽스님은 행위적 의식적 참선이나 선을 가르치는 사람은 선사가 아니라 지도교사라고 지적하는 것이다. 선이 없는 것이 아니라 진정한 인천의 스승이요, 대 선지식인 선사는 이미 모든 유위적 사고나 식심에서 벗어나 버렸는데 왜 그런 행위를 하겠느냐. 그래서 진정한 선지식인 선사(禪師)가 없다고 하신 뜻을 밝히신 것이다.

조사선의 선사가 가르친다면 이렇게 가르칠 것이다.

가르칠 법이 없으니 무학(無學)이라. 그러니 말길과 글길이 끊어졌으니 언어도단(言語道斷)이요, 가리킬 행위와 의식이 없으니 무작(無作)이라. 무작(無作)인 무위행(無爲行)이며 분별할 마음이 없으니, 심행처멸(心行滅處)이라. 오직 수연중생(受緣衆生)을 제접할 뿐, 그러니 경에서 말씀하셨듯이 오백생의 선업을 지어 선지식을 만날 수 있는 인연이 생긴다고 하였는데 누가 선사를 보았다고 하는가? 그대들은 아직 선사의 그림자도 못보았을 것이다.

그대가 스스로 선지식이 되기 전에는 보아도 모를 테니까.

지금 한국에는 있을까!

많이 계신다!

남진제 북송담이란 말을 들었을 것이다.

그러나 어떻게 알아보느냐? 백장선사가 말했다.

"깨달음을 이룬 사람은 무엇이 다릅니까."

행리처(行履處)가 다르다고 했다.

행함과 이치가 똑같이 하나인 사람, 그렇다면 그 다음은 그대 스스로 진 누구, 송 누구 하시는 분들이 선사인지 회광반조해 보시길 바랄 뿐이다.

"뒷날 위산이 이 인연에 대해 앙산에게 물었다.
"그래 네 생각은 어떠냐?"

이 설법을 두고 황벽스님의 숙질인 위산스님이 제자인 앙산스님에게 물었다. 황벽선사가 진정한 선사인가 하고 물었다. 그런데 앙산이 누구인가. 한점 생각도 없이 바로 이렇게 말한다.

"거위왕이 젖을 고르는 솜씨는 본디 집오리 무리와는 다릅니다."

즉 선사면 다 선사이며 황벽은 이미 물 위에 뜬 젖을 물과 분리하여 먹을 수 있는 거위 중에 거위왕이라고 말하고 있다. 그리고 앞서 질문을 던진 학승들이야말로 술 찌꺼기나 던져주면 허겁지겁 먹어치우는 집오리 무리와 같다고 말한다.

"그러자 위산이 말하기를
"이것은 참으로 가려내기 어렵느니라"고 했다.

그렇다. 승이라면 다 승이며 평등하다.
그런데 부정하고 비난하면 하늘을 향하여 흙을 뿌림과 같으니 결국 떨어져 자기 눈을 멀게 할 것이고, 말하지 않으면 원래 그런가 보다 하며 혹세무민 할 것이니, 어렵고 어려운 난제인 것이다. 그러나 유마거사가 '중생이 아프니 내가 아프다' 하였듯이 중생이 무지하니 가려낼 방법이 없고 승단이 흐려 무지한 중생을 이용하여 상업화하고 있으니 진리는 사라지고 오탁악세의 혼탁함만 극에 달하고 있다.

부디 제가불자들이 깨어나는 수밖에는 다른 길이 없는 것이다.

황벽스님이 설하는 조사선을 널리 알리고 서로가 서로를 비추고 밝혀 저 오탁악세을 맑게 할 수밖엔 길이 없으니 오직 자기 길을 먼저 밝히시기를 바랄 뿐이다.

꽃씨를 뿌리지 않으면
꽃은 피어나지 않는다.
이 꽃씨들이
각자의 심처에 뿌리가 내리기를.

원오선원

20. 배휴의 헌시

어느 날 배상공이 불상 한 구를 대사 앞에 내밀면서 호궤합장하며 말씀드렸다.

"청하옵건대 스님께서 이름을 지어 주십시오."

"배휴!"

"예!"

"내 너에게 이름을 다 지어 주었노라."

그러자 배상공은 곧 바로 절을 올렸다.

하루는 상공이 시(詩) 한 수를 대사께 지어올리자 대사께서 받으시더니 그대로 깔고 앉으면서 물었다.

"알겠느냐?"

"모르겠습니다."

"이처럼 몰라야만 조금은 낫다 하겠지만, 만약 종이와 먹으로써 형용하려 한다면 우리 선문(禪門)과 무슨 관계가 있겠느냐?"

상공의 시가 이러하였다.

대사께서 심인을 전하신 이후로 이마에는 둥근 구슬 몸은 칠척 장신이로다. 석장을 걸어두신 지 십 년 촉나라 물가에서 쉬시고 부배(浮杯)

에서 오늘날 장(漳)의 물가를 건너왔네. 일천 무리의 용상대덕들은 높은 걸음걸이 뒤따르고 만리에 뻗친 향기로운 꽃은 수승한 인연을 맺었도다. 스승으로 섬겨 제자 되고자 하오니 장차 법을 누구에게 부촉하시렵니까?

대사께서 대답하여 읊으셨다.

마음은 큰 바다와 같아 가없고
입으론 붉은 연꽃을 토하여 병든 몸 기르네.
비록 한 쌍의 일 없는 손이 있으나
한가한 사람에게 일찍이 공경히 읍(揖)한 적이 없었노라.

보설

"어느 날 배상공이 불상 한 구를 대사 앞에
내밀면서 호궤합장하며 말씀드렸다.
"청하옵건대 스님께서 이름을 지어 주십시오."

여기서 불상이란 말을 한다.

사찰에 가면 제일 중심이 바로 금당이라 하여 대웅전이 있듯이 대웅전 안에는 본존불인 석가모니불 항마촉지인을 결한 불상이 모셔져 있고, 양옆으로 공덕장과 작용을 뜻하는 문수사리보살과 보현보살을 모시고, 그 옆으로 신중단이 모셔져 있을 것이다. 그 외에도 아미타불을 본존으로 모신 무량수전이나 비로자나불을 모신 비로전, 약사여래를 모신 약사전, 관세음보살을 모신 관음전, 나한님들만 모셔놓은 나한전, 지장보살을 모신 지장전, 지장과 시왕을 모신 명부전, 독성을 모신 독성각, 산신을 모신 산신각, 용왕을 모신 용왕각 등 수많은 전각들이 있다.

이것이 다 무엇일까.

설명을 하려면 책 한권을 써야 하겠지만 이것은 전부 다 마음의 본체[法身佛]와 공덕장[報身佛]과 작용[化身佛]인 삼신불(三身佛)을 형상으로 나타낸 것이다. 중생들의 근기가 천차만별이고 바라고 원하는 바가 천차만별이요, 소원하고 서원함이 끝이 없다. 그러니 부처님세계도 끝이 없다. 그래서 불상을 가져온 배휴가 불명을 지어달라고 하는 것은 무엇을 말하고 있는가.

내가 아직 내 마음의 주인이 되지 못하고 무엇인가 나를 보호해주고 힘을 주는 타신을 모시고 의지하고 싶다는 배휴 자신의 마음을 빌어 가져온 것이다. 그래서 황벽스님이 무어라 하겠는가.

이렇게 납승처럼 설명을 해 주는 것이 아니라 이렇게 직설적으로 나타내신다.

"배휴!"

"예!"

"내 너에게 이름을 다 지어 주었노라."

마음이 경계이고 경계가 마음이다.

배휴가 가져왔으니 이것이 바로 배휴 그대의 마음이라는 말이다.

굳이 불명을 붙이자면 배휴불이라 해야겠지.

그래서 배휴라고 불러놓고 그렇게 배휴불이라고 하시면서 이름을 지어주었노라고 하신다.

배휴가 알아듣고,

"맞다. 내가 아직 습기가 남아있었구나."

진리란 형상과 명색을 떠났는데 누억겁의 습기가 아직 남아 있었음을 알고 배상공은 곧 바로 절을 올렸다.

알겠는가.

하루는 상공이 시(詩) 한 수를 대사께 지어올리자

대사께서 받으시더니 그대로 깔고 앉아버리면서 물었다.

"시를 한 수 지어 올렸다는 것은 무엇을 뜻하는가."

"배휴의 정(情)이다."

존경하고 사랑하는 마음을 적어 올렸다.

사람들은 다 이 정으로 산다. 서로 위해주고 사랑하며 고맙다고 감사함을 표하면서 서로와 서로의 관계를 유지하는 이것이 아는 사람이고 사랑하는 사람이고 함께하는 사람이다. 그래서 인간인 것이다.

그런데 여기는 일승(一乘)법회장이다.

일승은 이미 인연법(因緣法)을 떠났고 무정(無情)이요, 무심(無心)의 경지를 논하고 드러내어야 하거늘, 특히 언어도단(言語道斷)이거늘 정과 뜻이 듬뿍 담은 시를 올렸던 것이다. 그래서 황벽스님은 과연 그렇게 해서야 언제 주인공이 되며 무심한 경지로 갈것이냐 이런 세간에서나 하는 인간적인 행위를 벗어나라는 뜻으로 시를 깔고 앉아 다시 이렇게 묻는다.

"알겠느냐?"

"모르겠습니다."

"이처럼 몰라야만 조금은 낫다 하겠지만

만약 종이와 먹으로써 형용하려 한다면

우리 선문(禪門)과 무슨 관계가 있겠느냐?"

알겠느냐? 하니 아직 습기가 남아있고 사회에서 상공이라는 직책에 있는데 스스로 인간관계를 벗어남이 어렵다는 뜻으로 "모르겠습니다."라고 한다.

여기서 알아차려야 할 것은 모른다는 말이다.

아는 것은 무엇이며 모른다는 것은 무엇이냐!

안다는 것은, 내가 살아오면서 남의 것을 도둑질한 학문과 철학과 생각들로 무장한 관념이라는 것을 내세워 무엇이든와라 내가 이 관념으로 너를 굴복시켜 나의 식심의 먹잇감으로너를 잡아먹겠다는 것이다. 그래서 '도둑을 자식으로 키운다' 라고 하는 것이다.

그래서 일승에서 본다면 새로운 업을 지어 생사고해의 바다로 흘러 들어가는 인연이 되는 것이다. 안다고 하고 아는 척 하는 것은 일승에서 보면 죽은 사람인 것이다. 지금 자기의 영원성은 사리지고 내가 가지고 있는 식심(識心)의 경계인 관념이 고정화되어 자기를 대신하고 있다. 그러니 이렇게 배워서 아는 것을 좋아하니 그 사람이 죽으면 위패에 '현고(顯考) 학생(學生) 아무개 신위(神位)' 또는 '현고 법무부장관 어디 아무개 신위' 라고 기록하여 그 관념의 자리가 자기 이름 앞에 와 그

자리가 고정화되면 저승이 되는 것이다.

관념이란 고정화된 사고이며 이것이 그 이상의 어떤 것도 수용하지 못하는 방패가 되고 방어막이 되어 성인의 말씀이나 자기보다 더한 학문이나 지식마저도 받아 들일 수 있는 공간이 없는 죽은 사람이 되어 버린다. 그래서 식자우환(識者憂患)이라 하고 아는 게 병이라고 하는 것이다.

그러면 모른다는 것은 무엇일까?

마음의 공간이 남아 있다는 것이다. 안다는 것은 전부 남에게 들은 소리이지 내가 스스로 안 것은 익혀진 기능 밖엔 없다. 즉 식심에 구애받지 않고 나의 마음은 텅 비어 있다는 뜻이다. 비어 있으니 볼 수 있고 비어 있으니 들을 수 있는 것이다.

이 '모른다'가 바로 다 알 수 있는 길이다. 그래서 황벽스님도 모른다고 하니 조금은 나은 편이라고 말씀하신다. 형상이나 글로써 마음을 조작하는 행위가 잘못되었다는 것을 알아차려 직심으로 듣고 바로 말하라.

글로 쓰고 형상을 만들고 조작하는 것이 마음의 병이니 그 어떤 것도 조작하지 말고 형상화하지 않는다면 바로 보신불과 화신불이 사라진 법신불인 너의 본래모습이자 본심인 자성불이 밝게 드러날 것이다라고 하고 계신 것이다.

알겠는가?

상공의 시가 이러하였다.

"대사께서 심인을 전하신 이후로

이마에는 둥근 구슬 몸은 칠척 장신이로다.

석장을 걸어 두신 지 십년 촉나라 물가에서 쉬시고

부배(浮杯)에서 오늘날 장(漳)의 물가를 건너왔네.

일천 무리의 용상대덕들은 높은 걸음걸이 뒤따르고

만리에 뻗친 향기로운 꽃은 수승한 인연을 맺었도다.

스승으로 섬겨 제자 되고자 하오니

장차 법을 누구에게 부촉하시렵니까?"

시의 내용은 황벽스님을 공경하고 칭송하는 내용 그대로다.

마지막 한 구절에 그 뜻이 다 들어 있다.

황벽스님의 법을 누구에게 부촉하시렵니까?

이 대목에서 부촉이란 스님이 입적하시고 나면 스님의 뒤를 이어 스님이 설하는 일승법이 세상에 유포되게 그 법맥을 이어나갈 제자가 누구냐고 묻는 것이다. 그러니 무어라 하시겠는가?

황벽스님의 법은 마조·백장으로 이어져온 일심법(一心法)인데 이것은 바로 마음이다. 그런데 이 형상도 없고 글로도 쓸 수 없지만 어쩔 수 없이 일심법이라고 말할 뿐, 법을 떠난 무법(無法)인데 어떻게 전한다는 말인가. 스스로 알고 펼치고 누릴 뿐 전하고 받는 물건이 아닌데 누가 누구에게 전하고 부촉한다고 하느냐.

그래서 이렇게 게송으로 답을 하신다.

"마음은 큰 바다와 같아 가없고
입으론 붉은 연꽃을 토하여 병든 몸 기르네.
비록 한 쌍의 일 없는 손이 있으나
한가한 사람에게 일찍이 공경히 읍(揖)한 적이 없었노라."

마음마음　마음이다　말을지어　하지만은
마음이라　하는것은　그마음이　아니로다
이름없고　형상없어　무엇이라　할것인가
식심경계　그마음을　굴려봐도　알수없네

동해바다　푸른물이　출렁이고　출렁인다
그언제나　출렁인다　바람인가　파도인가
파도라고　하지만은　그파도가　이아니고
바람따라　일렁여도　같이한적　한번없네

입으로는　설법한다　그렇게도　알지만은
입으로는　일승법을　설한적이　전혀없다
일승법은　설을해도　설한것이　하나없고
하루종일　앉았지만　일승법을　설하였네

행주좌와　어묵동정　일체시와　일체처가
무정설법　항일하여　온천지가　설법이라
귀있는자　들어보고　눈있는자　볼지니라
어느것이　법인거며　어느것이　법아닌가

그이름이　무엇이든　부르면은　사라진다
명색만을　안다지만　명색이란　헛것이다
허공꽃이　만발하니　허명만이　가득하네
도둑불러　자식이라　사랑한다　하는구나

마음깊이　모습없는　일없는이　있었으니
이세상에　그누구도　본사람이　하나없네
안보이고　흔적없어　무명이라　하였지만
시계바늘　세개합쳐　하나되니　영시로다

영시라고　부르지만　열두시도　삼합이요
열두시라　부르지만　이십사시　어떠한가
자정이라　부르리까　정오라고　부르리까
다시삼합　이룬자리　영시일까　본자릴까

돌고돌아　제자리로　아니옴이　없건만은
그아무리　좋은산도　올라가면　내려오고
하루종일　돌아쳐도　내침대로　돌아오네
무엇한다　바빴지만　기억만이　쌓였구나

태어날때　그자리가　죽는자리　그대로고
죽는자리　그자리가　태어나는　그자리네
태어남은　무엇이고　죽음이란　무엇인가
한생각이　일어났다　사라지는　그자리네

저허공에 　구름없음 　하늘인줄 　모르더니
흰구름이 　떠있으면 　하늘좋다 　하는구나
허공있다 　아는것은 　구름보고 　알아지듯
형상없는 　그주인은 　생각있어 　아는구나

부질없는 　생각속에 　삼합하여 　있었으니
안보임이 　있음이요 　보이는것 　허상일세
경계따라 　나타났다 　경계따라 　사라지는
안보이는 　주인공이 　그대참나 　주인이다

주인공은 　바보같아 　아무것도 　모르는데
그대어찌 　세상천지 　다아는척 　날고뛰나
참아는게 　무엇인지 　깊이깊이 　궁구하여
생각경계 　벗어나면 　그대로가 　마음이다

무엇있어 　전할거며 　무엇있어 　부촉할까
허허로운 　심법계는 　저허공과 　똑같아서
세우면은 　병이되고 　안세우면 　그대로다
원래자리 　그대로가 　진실여상 　진여이네

황벽선사 　심법계는 　그대마음 　똑같아서
더하지도 　덜도않다 　평상심이 　도이듯이
그대마음 　그대로가 　삼신부처 　이아닌가
이육신이 　법신이요 　이마음이 　부처로다

일거수에 일투족이 불타행과 다름없다
그대마음 그대로가 그대행적 나타내니
생각이란 보신이요 행동함이 화신이다
그대주인 항일하니 그언제나 함께한다

저허공에 구름가듯 걸림없이 살아가소
근심걱정 내만들어 힘들다고 하지말고
좋은생각 일으키어 극락에도 살아보고
나쁜생각 일으키어 지옥에도 갔다오소

모든것은 내가지어 내스스로 받는거니
지어냄도 그대로고 지어감도 그대로다
내생각이 내삶이요 한생각이 인생이다
내가그린 내그림에 내인생이 드러나네

있는 그대로 완전한 자유 누려
붓다처럼 살아가자!

21. 여래의 청정선

21-1. 오로지 한마음(一心)만을 전하셨다

"도를 배우는 사람은 무엇보다도 잡된 학문과 모든 반연을 물리쳐야 한다. 그리하여 결코 구하지도 말고 집착하지도 않아서, 아주 깊고 깊은 법을 들더라도 맑은 바람이 귓가에 잠깐 스쳐지나가 듯 여기어, 그것을 쫓아가서는 안 된다."

이것이 바로 여래선(如來禪)에 매우 깊숙히 들어가 참선을 한다는 생각마저도 내지 않는 것이다. 위로부터 역대의 조사들께서 오로지 한마음[一心]만을 전하셨다. 결코 두 법이 있을 수 없으니 마음이 그대로 부처임을 바르게 가르치신 것이다.

이 단락의 여래의 청정선은 상당법문이라 열세 단락으로 나누어 보설한다. 제목인 여래의 청정선은 여래는 진리의 당체이고 본래부터 청정한 법신 비로자나불이라는 뜻으로 이것이 바로 조사선인 것이다.

"도를 배우는 사람은 무엇보다도
잡된 학문과 모든 반연을 물리쳐야 한다."

상당법문의 첫 화두는 언제나 마음이다.

여기서 황벽스님이 도를 배우는 사람이라고 표현했지만 이는 조사
선인 마음공부를 말씀하신 것이다. 잡된 학문과 모든 반연을 물리쳐야
한다고 하시는 것은 마음공부는 배워서 채워가는 것이 아니라 비우고
버리고 벗어나는 공부라는 것이다.

황벽스님도 백장스님의 공부법인 열 가지로 벗어나는 법을 잘 알고
계신다. 벗어나는 공부를 해야지 듣고 채워가는 공부나 경전이나 다른
책에 의지하여 관념을 만들면 오히려 마음공부 길에 불장(佛障)이 된다
고 일괄하시는 것이다.

여래선은 처음 달마스님이 혜가에게 법을 전하고 혜가스님은 승찬
스님에게 전하였다. 그러나 그 당시는 무제의 법난으로 인하여 불법을
펼 수 있는 시대상황이 아니었다. 그래서 이 두 분도 납자가 되어 행각
만 하였고 오랫동안 은둔생활을 하셨다.

승찬스님의 제자인 도신시대에 와서 잠깐 여래선을 설할 기회가 있
었지만 법난은 계속되었고 측천무후 때까지 이어졌다. 그후 홍인선사
와 혜능시대를 거쳐 남악 회양선사에게 마음을 전해 받은 마조스님때
에야 일승법인 조사선을 본격적으로 설할 수 있게 되었다. 백장스님이
선원을 처음 만들었고 율원에 속해 있던 선을 독립하여 설법당을 만들
어 조사선이 독립적 위치로 서게 된 것이니, 그때까지는 여래선이라고

하였던 것이다.

조사선이란 마조와 백장 황벽 임제 이 사가어록을 가져와 붙인 이름이다. 그래서 황벽스님도 백장스님의 가르침을 그대로 이어받아 마조스님의 평상심시도(平常心是道)와 백장스님의 열 가지로 벗어나는 법을 토대로 하여, 밖으로 찾고 구하고 얻어지는 공부는 마음의 장애가 되고 도(道)의 장애인 불장(佛障)이 되므로 하지 말라고 하시는 것이다.

"그리하여 결코 구하지도 말고 집착하지도 않아서
아주 깊고 깊은 법을 들더라도 맑은 바람이 귓가에
잠깐 스쳐지나간 듯 여기어 그것을 쫓아가서는 안 된다."

무엇이든 듣고 보고 오음으로 느껴지는 것은 전부 다 알음알이가 되어 기억되고 이것이 굳어져 관념이 되는 것이므로, 그 어떤 것을 들어도 거기에 집착해서 관념과 알음알이가 되지 말라는 뜻으로 그것을 쫓아가서는 안 된다고 하신다.
이때부터 조사선의 공부는
첫째, 무학(無學)이라 배움이 없어야 한다.
둘째, 무작(無作)이라 함이 없어야 하고
셋째, 무심(無心)이니 마음을 세우면 안 된다는
세 가지를 근본으로 삼았다.
그래서 이렇게 말씀하신다.

"이것이 바로 여래선(如來禪)에 매우 깊숙히 들어가
참선을 한다는 생각마저도 내지 않는 것이다."

여기서도 여래선이라 하신다.

후대인이 그때를 조사선이라고 하였지만 여기 황벽스님 때는 조사선이 바로 여래선이기 때문에 이렇게 말씀하시면서 참선을 하면서도 참선을 한다는 행위에 집착하지 않고 마음이 움직여도 움직임에 따라 가지 않으며 그냥 회광반조 할지언정 어디든 집착하여 끌려가거나 다른 길로 빠지지 말라고 하시는 말씀이다.

다른 어떤 학문이나 관념이나 행동이나 마음을 일으켜 신비로 가거나 참선을 하여 부처가 된다는 그 어떤 쪽으로도 치우치지 않는 평상심 그대로가 바로 부처이다. 그러므로 누억겁의 습기가 스스로 빠지기를 관조하고 지어감의 허망함을 알아, 한 법도 취할 바가 없고 한 행동도 한 마음 일으킴도 바로 망상임을 관(觀)하여야 한다.

있는 그대로의 마음이 그대로 부처이며 내가 하는 행동이 다 부처의 행동이며 한 마음 일어남이 그대로 완전한 자유이다. 그 모든 것이 다 부처의 성품바다이고 두두물물이 다 붓다의 불타행임을 스스로 투득할 때까지 오직 무심을 증득하라고 하시면서 이렇게 말씀하신다.

"위로부터 역대의 조사들께서
오로지 한마음[一心]만을 전하셨다.
결코 두 법이 있을 수 없으니
마음이 그대로 부처임을 바르게 가르치신 것이다."

위로는 제불들과 대대로 이심전심(以心傳心)으로 전해진 조사님들의 한결같은 것은 오직 일심(一心)만을 가르치신 것이다.

한마음인 일심은 삼신불을 포함 일체의 오위백법의 마음을 총칭하여 하는 말이다. 그러니 그 일심 그대로 이것을 바로 부처라고 하는 것이며, 모든 만유는 오직 마음의 일이며 형상이며, 마음을 떠나 그 어떤 것도 없다.

경계가 그대로 마음이요, 행위가 그대로 마음이며
생각이 그대로 마음이며 법이 그대로 마음이요
선이 그대로 마음이요, 불이 그대로 마음이요
심이 그대로 마음이요, 도가 그대로 마음이요
참됨도 그대로 마음이요, 거짓도 그대로 마음이요
번뇌도 그대로 마음이요, 망상도 그대로 마음이요
밝음도 그대로 마음이요, 어둠도 그대로 마음이요
선함도 그대로 마음이요, 악함도 그대로 마음이요
그래서 일체(一切)가 유심조(唯心造)인 것이다.

21-2. 상견외도(常見外道)와 단견외도(斷見外道)

등각이니 묘각이니 하는 지위와 차례를 단박에 뛰어넘어서 절대로 또 다른 생각으로 흘러 들어가서는 안 된다. 그렇게 해야 비로소 우리 선종의 가문에 비슷하게나마 들어오는 것이다.

너희 경망한[取次] 사람들이야 이 법을 어떻게 배울 수 있겠는가?

그러므로 말하기를 '마음으로 헤아릴 때에는 그 헤아리는 마음의 마구니에 묶여 버리고, 한편 마음으로 헤아리지 않을 때에는 또 헤아리지 않는 마음의 마구니에 묶인다. 그렇다고 마음으로 헤아리지 않는 것도 아닐 때에는 또 역시 헤아리지 않는 것도 아닌 마음의 마구니에 묶인다. 그러므로 마구니는 밖에서 오는 것이 아니라, 너희들 마음에서 저절로 나온다'고 한 것이니라. 이것은 오직 신통없는 보살은 그 발자취를 찾아볼 수 없는 것이니라.

만약 언제든지 마음이 항상하다는 견해[常見]가 있으면 그것이 바로 상견외도(常見外道)이며, 만약 일체의 법은 공(空)하다고 관(觀)하고 모든 것이 공하다는 견해에 빠지면 그것이 바로 단견외도(斷見外道)이다.

보설

"등각이니 묘각이니 하는 지위와 차례를 단박에
뛰어넘어서 절대로 또 다른 생각으로 흘러들어가서는 안된다."

앞단에서 치우침에 대하여 설하는 대목 그대로 이어서 설하신다.

삼계인 욕계와 색계, 무색계를 뛰어넘어 부처님과 평등한 마음의 견처를 등각(等覺)이라 하고, 부처님의 부사의한 십력과 마음이 중생의 원과 바람과 보살행의 필요에 응해 반야지혜인 신통묘용이 절로 나오는 경지를 일러 묘각(妙覺)이라 하며, 이때부터가 바로 부처님의 탄생이라 하는 것이다.

그러나 황벽스님은 등각이 되었다고 이제 부처님의 반열이라는 생각을 하거나, 묘각이니 내가 바로 부처님이라며 그것에 치우치면 바로 마구니의 경계가 되므로 그 어떤 치우침도 없어야 된다고 말씀하신다. 일체의 미세번뇌까지 소멸된 무심의 경지를 있는 그대로 관하여 이 모든 차별적 지위가 원래 있는 것이 아니지만 마음의 견처에 따라 세운 이름임을 알아 그 어떠한 길로 들어가서는 안 된다는 것이다. 평상심을 유지하라는 것이다.

그래야 선종의 가문의 조사로써의 기본이 된다는 뜻으로 이렇게 말씀하신다.

"그렇게 해야 비로소 우리 선종의 가문에
비슷하게나마 들어오는 것이다."

그래서 선문이란 모든 것을 비우고 일어나는 마음을 관하여 언제나 평상심에 안심입명해야 되는 것이니 일반불자들이야 넘볼 수도 없는 경계임을 이렇게 말씀하신다.

"너희 경망한[取次] 사람들이야
이 법을 어떻게 배울 수 있겠는가?"

여기서 취차인(取次人)이 무엇일까.
불교인들이 지금 절에 가는 이유를 좀 살펴보면 잘 알 수 있다.
내가 원하고 구하는 바를 위대한 부처님의 위신력으로 얻어내려는 기복적 차원을 넘어서는 신자는 찾아보기 힘들다. 이것이 불교를 사라지게 한 근본원인이라고 하지 않을 수 없을 것이다.
선불교가 사라진 원인은 말할 것도 없고 이제 현교마저 사라졌다. 재물과 명예와 권력이 삶의 최고 목적인 욕계중생에게 가장 필요한 것은 욕망의 성취를 위한 도구, 즉 기복이 필요할 것이다. 그런데 어찌 이를 위해 기도하고 발원하는 것이 잘못이라고 할 수 있느냐?

그렇다, 맞다. 그렇게 살면 된다.

그래서 인간이니까!

서구 일류의 부를 축적한 나라에 사는 사람들이 그럼 제일 행복해야 한다. 그런데 행복지수는 정반대이다. 잘사는 나라일수록 잘 사는 사람과 못 사는 빈곤층의 차별상은 극과 극으로 대치하여 서로가 서로를 믿지도 못하고 서로 죽이고 살생하는 지옥고를 치르고 있다.

우리나라도 이제 선진국으로 진입한다고 하지만 벌써 밤거리를 거니는 낭만은 사라지고 밤길 조심하고 사람 조심해야 하는 서로가 서로를 잡아먹기 위한 차별적 전쟁이 시작되었다.

우리의 삶이 무엇일까?

내 스스로 주인공이 되어 내가 하고 싶은 것을 하면서 마음 편히 행복을 누리고 사는 것이 바로 우리가 원하는 삶일 것이다. 그런데 그 목표가 바뀌어버린 것이다. 그래서 기복신앙은 중국에서 건너온 도교가 지금의 불교가 되어 버렸다. 절에서 행하는 모든 행위와 의식은 전부 도교의 산물이다. 불공 · 예불 · 천도 · 부적 · 비방 · 사물 역시 전부 도교적 의식이고 도교의 사물이다. 어디에서 불교를 찾을 수 있을까.

그대들은 보았는가.

몇 년 전 한국의 십대 선지식이 이 년 동안에 다 말법시대를 예고라도 하듯이 열반에 드셨다.

그런데 그 열명의 선지식의 제자들이 모두가 사십구재를 행하고 백일재를 행하고 년년기일재를 행하고 있다. 그 의식으로 얼마나 많은 돈이 들어왔는지 그리고 그 돈으로 무엇을 했는지는 알고 싶지도 않고 말하고 싶지도 않다. 무명 누더기 한 벌로 평생을 사신 선지식의 영전에 똥물을 퍼붓는 꼴이 않은가.

그 제자들의 지금의 면면을 한 번 보라.

아직도 전국에서 그 영혼을 팔아 마구니 중에 마구니 짓만 하고 있으니 통탄할 일이다. 이 모든 것은 우리 불자들의 잘못이다.

상좌부 불교를 행하는 나라들은 못 산다고 한다.

왜 그럴까? 그대들도 생각해보면 알 수 있다.

지금의 종교는 다 기복이고 욕망의 부산물이다. 어느 종교도 진리는 말하지 않는다. 성인들의 참뜻을 말하지 않는다. 그러면 다 안 믿을 것이니까. 오직 삿된 것만 가르쳐야 믿는다.

왜? 전도몽상에 사로잡힌 중생이니까 뒤집힌 마음에 바른 것을 보여주면 거꾸로 된 것이라며 욕하고 다시는 안 보려고 한다.

그것은 자기 마음에 비친 상은 자기 관념으로 비추어 보니까 보일 수가 없는 것이다. 웃어야 할지 울어야 할지 할 말이 없다. 부디 자성 자각하시어 정견이 되시기만 바라고 바랄 뿐.

그래서 황벽스님도 마구니를 이렇게 설하신다.

"그러므로 말하기를
'마음으로 헤아릴 때에는 그 헤아리는 마음의
마구니에 묶여버리고, 한편 마음으로 헤아리지 않을 때에는
또 헤아리지 않는 마음의 마구니에 묶인다.
그렇다고 마음으로 헤아리지 않는 것도 아닐 때에는
그 역시 헤아리지 않는 것도 아닌 마음의 마구니에 묶인다."

이것이 바로 제자인 임제가 말하는 삼현이요, 삼구인 것이다.

헤아릴 때는 헤아림의 마구니에 묶이고 헤아리지 않는 때는 헤아리지 않는 마구니에 묶이고 헤아리지 않는 것도 아닐 때는 헤아리지 않는 것도 아닌 마음의 마구니에 묶인다. 이는 무엇이든 마음의 길이 생기면 바로 그 길로 빠지게 되며 이 빠져드는 것을 마음의 마구니라고 하신다. 바로 안심입명(安心立命) 평상심(平常心)에 주하라는 말씀이다.

"그러므로 마구니는 밖에서 오는 것이 아니라
너희들 마음에서 저절로 나온다고 한 것이니라.
이것은 오직 신통없는 보살은
그 발자취를 찾아볼 수 없는 것이니라."

그렇게 평상심에 주하려고 하나 그렇게 되지 않는 것이 바로 식심이다. 식심은 저절로 경계따라 나타나고 경계따라 사라짐이 근본이니 노력한다고 되어지는 것이 아니다.

그래서 황벽스님도 신통없는 보살은 그 발자취를 찾아 볼 수 없는 것이라고 하시면서 관념화된 식심따라 나타나는 보신과 화신은 보살의 경지에 가지 않고는 알 수 없는 경지임을 말씀하고 계신 것이다.

그러니 우리가 말하는 마음은 전부 보신과 화신만 느끼고 알고 있다. 언제나 항상 나타났다 사라지는 것이 마음이니 마음은 언제나 항상한다는 견해와, 이 화신과 응신은 마음의 실체가 아니니 나타났다 사라지는 것은 거짓이며 실로 마음이라고 할 만한 마음이 없는 것이어서 적멸이라고 하는 견해, 이 두가지를 경계하고자 이렇게 말씀을 하신다.

> "만약 언제든지 마음이 항상하다는 견해[常見]가 있으면
> 그것이 바로 상견외도(常見外道)이며
> 만약 일체의 법은 공(空)하다고 관(觀)하고
> 모든 것이 공하다는 견해에 빠지면
> 그것이 바로 단견외도(斷見外道)이다."

왜 그럴까?

여기에서 잘못 알고 있는 것이 있다.

바로 청정법인 마음의 본체이며 심지인 마음이 빠져있음을 모른다는 것이다. 비록 보신과 화신이 일어났다 사라진다 해도 그 모든 것을 생하게 하고 멸하게 한 거울의 본체는 변함이 없다는 것이다.

거울 속에 비친 상은 생겼다가 사라지고 또 비치지만 그 심상(心相)만 놓고 본다면 상견(常見)도 단견(斷見)도 맞다고 해야 하지만 그것은 심지(心地)를 모르는 외도들의 형상만으로 판단하는 마구니이므로 이 모든 상은 본지풍광(本地風光)임을 알아야 할 것이다.

21-3. 삼계유심 만법유식(三界唯心 萬法唯識)

그러므로 '삼계는 오직 마음이고 만법은 오직 식(識)이다[삼계유심 만법유식(三界唯心 萬法唯識)]'고 하는 것은 외도와 삿된 견해를 가진 사

람들을 제도하기 위한 말일 뿐이다.

만약 최고의 법신자리에서 본다면 그것은 삼현(三賢), 십성(十聖)에 해당하는 사람들을 위해서 하는 말일 뿐이다. 그러므로 부처님께서는 두 가지의 어리석음을 끊으셨는데, 하나는 미세하게 아는 어리석음이며 또 하나는 극히 미세하게 아는 어리석음이다.

그러니 부처님께서는 이미 이와 같으셨거늘, 다시 무슨 등각이니 묘각이니 하는 차례를 말하겠는가?

상견외도와 단견외도와 보신 화신의 마음을 놓고 차제를 두어 말을 하나 그렇게 아는 일체 마음이라는 것은 전부다 외도를 제압하고, 취하는 마음을 조복하기 위하여 설하는 것이지만, 이 모든 것이 셋이 아니고 하나이며, 하나이면서 셋인 것이므로 이것이 모두 한마음임을 밝히기 위하여 이렇게 말씀하신다.

"그러므로 '삼계는 오직 마음이고 만법은 오직 식(識)이다
[삼계유심 만법유식(三界唯心 萬法唯識)]'고 하는 것은
외도와 삿된 견해를 가진 사람들을 제도하기 위한 말일 뿐이다."

삼계는 오직 마음이라고 설하지만 이것 역시 경계인 삼계와 마음이 둘인 것이 아니라 둘이면서 하나이고 하나이면서 둘인 것이니 차제를 두어 설하는 것밖에는 방법이 없어 부득이하게 말하는 것이지만 경계인 삼계가 바로 마음 그대로 라는 말이다.

그리고 만법유식(萬法唯識)이라는 것도 또한 같다.

법이 마음이니 법 따로 마음 따로가 아닌 법 그대로 마음이고 마음 그대로 법이라는 것이다. 그러니 경계니 삼계니 법이니 말을 하지만 그것은 그대로 마음인데도 어쩔 수 없이 말을 지어 할려니 그렇게 차제를 두었지만, 이 모두가 마음 외에는 그 어느 하나 있는 것이 없으므로 외도들이나 범부들을 위하여 방편으로 세워 만든 것이라는 것을 알아야 한다.

"만약 최고의 법신자리에서 본다면
그것은 삼현(三賢), 십성(十聖)에 해당하는
사람들을 위해서 하는 말일 뿐이다."

법신자리에서 본다는 것은 법신·보신·화신인 삼신불도 셋으로 나누어 설하지만 이 역시 셋이면서 하나이고 하나이면서 셋인 것이고 그냥 마음일 뿐이라는 것이다.

그래서 황벽스님도 왜 나누어 설하느냐하면, 성문·연각·보살의 삼현이나 십지보살 중 팔지보살인 부동지의 보살부터는 이런 차제에 흔들리지 않지만 마음의 견처에 따라 알아 듣게 하기 위하여 차제를 두고 견처를 두어 마음의 근기에 따라 대기설법을 위하여 삼신불로 나누었을 뿐이다.

여기서 말씀하는 법신(法身)은 무구청정(無垢淸淨)이니 그 어떤 보신 화신의 그림자도 붙은 곳이 없다. 다른 이름으로는 나에게는 자성(自性)이요, 법에서는 법성(法性)이요, 불에서는 불성(佛性) 만유에서는 성품(性品)이며 진제 삼장법사의 견해로는 아마라식이라고 부르기도 하였고 무구청정식 또는 백정식이라고도 하며 통상적으로 청정법신비로자나불이라 한다. 그러나 그런 명색을 떠나면 만유의 근본(根本)이라 한다.

그러므로 법신의 경지에서 본다면 모든 법이다 경계다 삼계다 만유다 하는 말들은 거울에 비친 그림자가 일어났다 사라지고 사라졌다 다시 일어나는 일체의 영상들은 마치 수많은 기록과 동영상이 컴퓨터의 창에 비치지만 컴퓨터 화면에는 그 어떤 흔적도 없는 것과 같은 것이다. 이것은 우주 에너지의 빛이 비추었다 사라지고 또 비치는 것과 같은 것이며 그 비친 스크린이나 법신의 창에는 일체의 영상의 자취도 흔적도 없이 사라진다.

그러므로 보신과 화신은 마음이 마음을 섭취하여 출렁이는 빛의 파장이라는 것이다. 그래서 그것을 마음바탕에 일어나는 바람과 같다 하여 본지풍광(本地風光)이라고 한다.

수행해서 얻고자 함은 오직 법신의 경지요, 영원한 생명체의 본체인 바로 법신(法身)인 것이다. 이것이 진여(眞如)요, 여래(如來)이며 본공(本空)이고 참나[眞我]이며 우주만유의 근본바탕[心地]이며 실체(實體)이고 실존(實存)이요 생명(生命)인 것이다.

황벽스님도 이 법신의 경지를 투득하기 위해 마음의 그림자인 보신과 화신이 일어나지 않게 하기 위하여, 오랜 명상을 통한 십신 십주 십행 십회향 십지의 오십위의 마음의 견처를 모두 뛰어넘어, 즉 삼계를 뛰어넘어 깨달음의 경지인 법신이 현전하는 마음의 무구청정을 위하여 마지막 단계인 등각과 묘각의 단계를 이렇게 표현하신다.

"그러므로 부처님께서는 두 가지의 어리석음을 끊으셨는데,
하나는 미세하게 아는 어리석음이며
또 하나는 극히 미세하게 아는 어리석음이다.
그러니 부처님께서는 이미 이와 같으셨거늘
다시 무슨 등각이니 묘각이니 하는 차례를 말하겠는가?"

미세하게 아는 어리석음이란 미세번뇌를 말하는 것이고 미세번뇌를 끊으면 바로 깨달음의 경지와 같다고 하여 등각(等覺)이라하며 이것이 마음의 견처이며 삼계로 말하면 이십팔천위를 말한다.

그리고 극히 미세하게 아는 어리석음이란 극미세번뇌이며 이것을 마지막으로 억만겁의 알음알이와 견문각지와 습화되어 쌓인 번뇌장(煩惱障)을 모두 끊어 없애는 것이니 번뇌와 망상이 사라진 곳에는 그 어떤 마음의 파장이 일지 않으며 툭 트여진 허공과 같고 바람없는 호수의 물처럼 고요하고 깨끗하여 만상이 그대로 투영되며 허공에 해가 비추듯이 반야지혜가 충만하여 걸림없고 막힘이 없으며 항존함이 항일한다.

그래서 황벽스님은 이런 법신의 경지를 위하여 부처님은 등각과 묘각의 견처를 다 뛰어넘어 삼계해탈을 하였으니 그 해탈의 경지에서 본다면, 보신과 화신 등각이니 묘각이니 하는 명색과 차제와 견처는 다 본지풍광이며 스쳐가는 바람이며 출렁이는 파도이며 호수에 비친 그림자이며, 꿈과 같고 환영 같은 것이라고 하신다.

이것을 부처님께서는 여환삼매(如幻三昧)라고 하셨다.

21-4. 자성을 비방한 것이기 때문이다

그러므로 모든 사람들은 그저 밝음만을 추종하고 어둠을 싫어하며, 그저 깨우침만을 얻으려 하고 번뇌와 무명은 받으려 하지 않으면서 말하기를, '부처님은 깨달은 분이고 중생들은 망념이 남아 있는 존재이다'고 한다.

그러나 만약 이렇게 생각하면 백천 겁이 지나도록 다만 육도에 계속 윤회하여 쉴 날이 없으리라. 왜냐하면 모든 부처님의 본래 근원의 자성을 비방한 것이기 때문이다.

부처님께서는 너희에게 분명히 말씀해 주셨다.

'부처 또한 밝음도 아니요, 중생 또한 어둠도 아니다. 왜냐하면 법에는 밝음도 어둠도 없기 때문이다. 부처라고 해서 또한 강하지도 않고 중생이라고 해서 약하지도 않다.

왜냐하면 법에는 강함도 약함도 없기 때문이다.

또 부처라고 해서 지혜로운 것도 아니고, 중생이라 해서 어리석은 것도 아니다. 법에는 지혜로움도 어리석음도 없기 때문이다.

'너희들이 나타나서는 모두들 선을 안다고 말들 하지만 입을 벌리기만 하면 그대로 병통이 생기고 만다. 그리하여 근본은 말하지 않고 자기 말만을 하며, 미혹함은 말하지 않고 그저 깨달음만 말하며, 본체는 말하지 않고 작용만을 말하는데 제대로 말한 것이라고는 도무지 없다.

저 일체법은 본래 있지도 않고, 그렇다고 지금 또한 없는 것도 아니어서 반연이 생겼다고 해서 있는 것도 아니며 반연이 사라졌다고 해서 없는 것도 아니다.

보설

　앞단에서 상견(常見)과 단견(斷見)이 다 자기 스스로 자심을 취하여 만들어낸 것이며 법이라고 할 때의 법은 사실 보신과 화신의 분별로 이루어진 것이나 자성이나 법성이나 불성이나 무구청정의 참성품에는 그 어떤 차별이나 분별이 존재치 않는 것이다.

　왜 그런가. 거울에 수많은 그림자가 비치지만 거울에는 그 어떤 자취도 없다. TV 화면에 수많은 사건과 영상과 풍경과 그림과 영상들이 비추어 우리가 그것을 보고 이렇다 저렇다는 판단을 하고 악이다 선이다 좋다 나쁘다 악역이다 착한사람이다 하지만 그 모든 사건들은 전부다 전기에너지의 흐름만 있었을 뿐 아무것도 없듯이 스위치를 누르는 순간 모든 것은 아무 흔적 없이 사라진다.

　사라졌을까, 그럼 처음부터 없었던 것일까. 아니다. 그대의 아뢰야식에 동영상으로 편집되어 기록되어 종자식으로 저장되어 있다. 기억으로 저장되어 있으니 내일 연속극을 기다리는 것이다.

　내가 보고 듣고, 향기 맡고 맛을 알고 몸으로 느끼고 마음으로 그린 그림들은 전부다 경계가 되어 내 함몰식인 아뢰야식에 저장이 되어있다. 여기에 저장된 기록이 바로 나라고 하는 것이다.

　그래서 이 팔식인 아뢰야식을 본식이라고 하며 모든 식의 근본이 되는 것이다. 우주가 생기기 전부터 이 순간까지 전 기억이 다 여기에 있다.

　여기에 없는 것은 없다. 여기를 떠나서 삼계도 삼라만상도 없는 것이다. 그래서 만유를 다 알고 이미 모든 것을 다 안다. '깨달아 있다'라고 하는 것이다.

석가도 여기에 있고 하느님도 여기에 있다. 예수도 아브라함도 그 어떤 성인도 범부도 중생도 인간도 산하대지 초목총림 비금조수 하물며 보이지 않는 미생물도 귀신도 미혹도 깨달음도 다 여기에 있다. 내가 아는 것 외에도 누겁생을 살아 움직이는 이 함몰식이 바로 우주이고 삼계이며 부처님의 세계이고 극락정토이고 화엄의 세계이며 화장 세계인 것이다.

몸은 바로 이 기록을 연결하여 살아 움직이고, 말을 하고 느끼고 생각하게 하며, 감성도 감정도 다 여기에 저장되어 있는 종자식의 발현인 것이다.

그러니 오직 이 식밖에는 그 어떠한 것이 있지도 않고 이 식은 유전상속하여 항주불멸이요, 불생불멸이요, 천진무구한 참 생명인 것이다. 보이지 않는다고 하지만 느껴지고 있는 곳을 찾을 수는 없지만 지금 바로 활발발하게 살아 삼라만상을 나투이고 있지 않은가.

그대 눈앞에 보이는 것이 모두 이것이고, 들리는 것이 이것이고, 향기로 맡아지는 것이 이것이고, 맛으로 아는 것이 이것이고, 몸으로 느껴지는 것이 이것이고, 마음으로 상상의 날개를 펴는 것이 모두다 이것이다.

여기에 무슨 깨달음이 어떻고, 미혹이 어떻고, 무명이 어떻고 하는 소리가 어디에서 하는 소리냐. 그래서 운문선사가 부처가 무엇이냐고 물으니 무슨 똥막대기 같은 소리를 하느냐 하였고 납승에게 묻는다면 **"무슨 귀신 씨나락 까먹는 소리냐!"** 할 것이다.

이렇게 말해 주어도 모르겠다면 '그냥 죽어라' 라고 할 수밖엔 없다.

무엇을 죽이느냐, 그대가 찾아 얻으려고 하는 탐심, 진심, 치심, 삼독심을 찾는 그 취심을 죽이라는 것이다.

그대가 하는 모든 행은 전부다 자기 안에 있는 종자식에서 헛된 것만 찾아서 화현함으로 사람마다 하는 짓이 다르고 말하는 것이 다르고 생각하는 것이 천차만별인 것이다. 그래서 황벽스님도 그 취하는 마음에 따라 모든 화현하는 행과 말과 생각이 다르게 나타나므로 이렇게 말씀을 하신다.

"모든 사람들은 그저 밝음만을 추종하고
어둠을 싫어하며, 그저 깨우침만을 얻으려 하고
번뇌와 무명은 받으려 하지 않으면서 말하기를
'부처님은 깨달은 분이고
중생들은 망념이 남아 있는 존재이다' 고 한다."

밝음을 추종하는 것이 아니라 밝음이라는 종자식을 찾아 발현하고 어둠을 싫어함이 아니라 어둠이라는 종자식은 발현을 안 하려고 하고, 깨우침만을 발현하려 하고 번뇌와 무명은 받으려 하지 않으려고 숨기고 외면하지만, 그것은 전부 자기 성품인 종자식을 속이고 없는 듯이 다 알면서 아닌 척하고 있는 것이다.

그러면서 자기 스스로 자기를 속이면서 나는 중생이니까 이렇게 생각한다고 하고 있다. 남을 위해 살고, 남과 내가 차별없는 나인 것을 몰라서 안 하는 것이 아니라 억지로 거짓으로 둘러대며 핑계를 만들고 안 하려고 할 뿐이다.

그러나 그 무명도 어둠도 중생이란 것이 내 자성 속의 일이라고 안다면 어떨까! 그것이 내 스스로 취함을 피하는 것이지 그대 자성 속에다 실상으로 존재하는 것인데 피한다고 없어지겠는가.

어둠과 밝음은 하나이며 내가 스스로 나눈 것인데 어찌 나를 속이는가. 밝음만 있으면 만상을 비추어 볼 수도 없고 어둠만 있어도 만상을 볼 수가 없다. 그러므로 밝음과 어둠이 동시에 있어야 형상을 드러낼 수 있는 것이다. 그러니 밝음과 어둠은 하나이면서 둘인 것이고 둘이면서 하나인 것이다. 그래서 어둠과 밝음은 인과 연처럼 동시생이고 동시멸인 것이다. 그러니 명색으로 드러난 모든 상은 전부 이를 동시에 가지고 있으며 좋고 나쁨이 따로 존재할 수 없는 것이다.

황벽스님도 그렇게 자심을 취하고 버림으로써 스스로 자성을 속이고 좋은 것만을 골라서 취하고 그 종자식을 드러내려고 한다면 아무리 세월이 흘러도 자성의 진면목을 알 수도 없고 깨달을 수도 없다고 하시면서 이렇게 말씀을 이어가신다.

"그러나 만약 이렇게 생각하면 백천 겁이
지나도록 다만 육도에 계속 윤회하여 쉴 날이 없으리라.
왜냐하면 모든 부처님의 본래 근원의
자성을 비방한 것이기 때문이다."

여기서 자성을 비방한다는 말이 무엇을 말하느냐!

이렇게 좋다 싫다 밝다 어둠이다 하면서 취하고 섭취하는 이것이 바로 다 내 자성 안의 일인데, 이것을 모르고 내가 있고 또 네가 있다는 이분법으로 분별하고 차별하여 내가 좋아하는 것만을 내 것이라 하고 나쁜 것은 네 것이라고 하면서 나는 좋은 사람이고 너는 나쁜 사람이다 라고 한다. 그러나 알고 보면 이 모든 것이 다 내 자성 안의 일인 것이다.

왜인가? 자성밖엔 아무것도 없기 때문이다.

오직 유식(唯識)이라고 할때 이 유식은 바로 나의 자성이기 때문이다. 내 자성에 천차만별의 일체가 다 들어있기 때문에 이 밖의 일이 없는 것이다. 그러니 한 순간 삼라만상 두두물물이 다 내 자성안의 성품이며 이것이 바로 내 스스로 화현시킨 화현으로 다시 내 마음을 취하는 것이라는 것을 안다면 한 순간 바로 깨달아 견성성불(見性成佛)이 되는 것이다.

돌!

여기서도 깨닫지 못하니

황벽스님도 또 부처님을 증인으로 세우신다.

부처님께서는 너희에게 분명히 말씀해 주셨다.

'부처 또한 밝음도 아니요 중생 또한 어둠도 아니다.

왜냐하면 법에는 밝음도 어둠도 없기 때문이다.

부처라고 해서 또한 강하지도 않고

중생이라고 해서 약하지도 않다'

스스로 차별해서 취하므로 부처도 있고 중생도 있는 것이지 중생없는 부처는 없고 부처없는 중생도 없다. 이것 역시 둘이면서 하나이고 하나이면서 둘인 인연으로 동시생동시멸인 것이다.

그래서 다시 법 쪽으로 가서 이렇게 말씀을 하신다.

"왜냐하면 법에는 강함도 약함도 없기 때문이다.

또 부처라고 해서 지혜로운 것도 아니고,

중생이라 해서 어리석은 것도 아니다.

왜냐하면 법에는 지혜로움도 어리석음도 없기 때문이다."

법으로 말을 하나 무엇으로 말을 하나 차별은 원래부터 없었다. 그런데 그대 스스로 자성을 속여 취하려는 욕심인 이 취심(取心)을 만들어낸 것이다. 그러므로 스스로 속인다고 하시는 것이다.

선이란 바로 여기 있는 그대로를 인증(認證)하는 것이다.

그래서 깨달음을 증득(證得)한다고 하는 것이다. 내가 스스로 인증하면 차별법에서 벗어날 수 있는 것이다. 황벽스님도 애가 타신다.

"너희들이 나타나서는 모두들 선을 안다고 말들 하지만

입을 벌리기만 하면 그대로 병통이 생기고 만다.

그리하여 근본은 말하지 않고 제 말만을 말하며

미혹함은 말하지 않고 그저 깨달음만 말하며

본체는 말하지 않고 작용만을 말하는데

제대로 말한 것이라고는 도무지 없다."

선을 몰라도 너무 모른다.

선이란 부처님의 마음을 말한다. 부처님의 마음이라고 하니 또 석가모니불을 생각할 것이다. 이것이 병이다.

그대 밖엔 없는데 어디서 석가모니가 있는가. 그분은 삼천년 전에 열반하셨다. 바로 내가 되었건 그대가 되었건 다 마음이다. 그 마음에 투영된 것은 다 그대 자심(自心)이다. 그대의 아뢰야식에 저장된 씨앗의 발현이란 말이다. 지금 이대로를 인증하면 그대로 실상이요, 실체인 것이다.

법이면 법, 선이면 선, 진리면 진리 모든 게 허상이 없다.

내게는 다 진상(眞相)인 것이다.

왜? 그대 자성(自性)의 일이니까!

그래서 황벽스님도 이렇게 말씀을 하신다.

"저 일체법은 본래 있지도 않고
그렇다고 지금 또한 없는 것도 아니어서
반연이 생겼다고 해서 있는 것도 아니며
반연이 사라졌다고 해서 없는 것도 아니다."

모든 것이 자성 스스로의 일이므로 모든 법이 본래 있지도 않고 없는 것도 아니라고 하신 것은 그대 자성안의 종자식을 발현하면 있고 하지 않으면 그대로 종자식으로 있기 때문에 반연을 하여 드러내면 화신부처를 나툼이 되고 그냥 반연을 하지 않으면 보신부처로 존재하고 있기 때문에 일체는 다 그대 스스로 마음을 쓰기에 달려있는 것이다.

그러므로 일체유심조(一切唯心造)가 되는 것이다.

21-5. 법도 없고 법 아님도 없다

근본이라 할 만한 것이 있지 않으니, 근본은 근본이 아니기 때문이다. 마음 또한 마음이 아니니, 마음은 마음이 아니기 때문이다.

나아가 모양 또한 모양이 아니니, 모양은 모양이 아니기 때문이다.

그러므로 말하기를 '법도 없고 본래 마음도 없어야만 비로소 마음이라 하는 마음법을 알게 된다' 고 했다.

법은 곧 법이 아니요, 법 아님이 곧 법이며, 법도 없고 법 아님도 없다. 그러므로 이것이 바로 마음이라 하는 마음법이니라.

홀연히 한 생각이 일어났을 때 그것이 허깨비인 줄 분명히 알면 곧 과거의 부처님에게로 흘러들어간다. 과거의 부처님은 또한 있지도 않고 미래의 부처님 또한 없지도 않다. 그렇다고 또한 미래의 부처님이라고 부르지도 못한다. 반면에 현재의 생각 생각이 일정하게 머물지 않으니 현재의 부처님이라고도 부르지 못한다.

부처님이라는 생각이 만약 일어날 때, 그것을 두고 깨달은 것이라거나 혹은 미혹한 것이라거나, 또 이것은 좋은 것이라거나 혹은 나쁜 것이라고 사량분별 하지도 말고, 그렇다고 문득 그것에 집착하여 끊어버리려 하지도 말아야 한다.

보설

앞 단에서 취심의 허망함을 말하였고 취심은 바로 자성이 자성 속의 종자식을 발현하는 것이라고 했다.

그래도 무엇인가 있을 것이다. 그렇지 않으면 어떻게 이 삼라만상을 설명할 수 있느냐는 의심이 가시지 않을 것이다. 그러니 분별망상심의 소작인 중생인 것이다. 그래서 황벽스님은 이렇게 말씀을 이어가신다.

"근본이라 할 만한 것이 있지 않으니 근본은 근본이 아니기 때문이다.
마음 또한 마음이 아니니 마음은 마음이 아니기 때문이다.
나아가 모양 또한 모양이 아니니 모양은 모양이 아니기 때문이다."

근본이란 무엇이 여러 개 있을 때, 그것들의 근본이 무엇이냐 할 때, 근본이라는 말이 설 수 있다. 그런데 오직 자기성품인 자성밖엔 없다.
그러나 그 자성마저 허공성이라 이것이다 라고 말할 수 없다. 그러니 무엇을 들어 근본이라고 할까. 근본이나 마음이나 형상이나 모양이나 모두 다 변계소집성인 허공성이다.
그러므로 이 소집된 종자식도 취함에 따라 발현하지만 취하지 않으면 보신불로 그냥 그 자취가 없다. 그러니 이것을 있다 없다, 있는 것도 아니고 없는 것도 아니다. 있지도 않고 없는 것마저 없는 것이기에 근본이라고 할 수가 없는 것이다. 그래서 허공성인 이 마음이나 근본이나 법을 이렇게 말씀을 하신다.

"그러므로 말하기를
'법도 없고 본래 마음도 없어야만
비로소 마음이라 하는 마음법을 알게 된다' 고 했다."

마음에 법도 없고 본래 마음이라는 명색도 없어지고 마음이라는 생각과 취함과 그 어떠한 취심이 없을 때 저 허공같이 지어지고 취해지고 구해지고 얻어지는 모든 명색을 떠나 구름 한 점 없이 훤히 드러난 창공 같을 때 비로소 무심의 경지가 온 천하에 그 빛을 발하면서 드러나 지니 이것이 진심(眞心)이며 청정무구(淸淨無垢)한 자성청정심(自性淸淨心)인 마음인 것이다.

이것을 일심(一心)이라 하고, 심법(心法)이며 선(禪)이며 진여(眞如)이다. 그래서 다시 이렇게 말씀하신다.

"법은 곧 법이 아니요, 법 아님이 곧 법이며,

법도 없고 법 아님도 없다.

그러므로 이것이 바로 마음이라 하는 마음법이니라."

법이라고 할 때 법은 내가 마음을 취하여 이름을 붙여 명색으로 법이라고 하기 때문에 법은 법이 아니요, 법이라는 명색을 취하지 않을 때 무심의 마음을 다르게 불러 그대로의 마음이 진정한 법이 되기 때문에 법 아님이 곧 법이며, 그렇다고 법이라 할 것도 없고, 법 아님이 아님도 없다고 하신다.

법을 법이라고 취하면 법이 아니지만 일어나는 일체의 마음이 그대로 법이기 때문에 취심과 견해를 내는 법이 아니다. 마음 그대로를 일러 법이기 때문에 이렇게 말씀하시는 것이다. 알겠는가?

"홀연히 한 생각이 일어났을 때

그것이 허깨비인 줄 분명히 알면

곧 과거의 부처님에게로 흘러들어간다.

과거의 부처님은 또한 있지도 않고

미래의 부처님 또한 없지도 않다.
그렇다고 또한 미래의 부처님이라고 부르지도 못한다.
반면에 현재의 생각 생각이 일정하게 머물지 않으니
현재의 부처님이라고도 부르지 못한다.”

무심한 경지에서 즉 심지에서 본다면 홀연히 한 생각이 일어났다는 것은 종자식의 발현인 것이다. 그러므로 이것은 내가 취심으로 사량해서 저장한 식이므로 이것이 진상이 아닌 허상임을 알아차려야 한다. 과거의 부처님으로 흘러들어간다는 것은 기억속의 종자식(種子識)이라는 것이다. 그래서 황벽스님도 『금강경』에서 부처님이 말씀하셨듯이
과거심 불가득(過去心不可得)이요.
현재심 불가득(現在心不可得)이며
미래심 불가득(未來心不可得)이라는 말씀을 하신다.

“부처님이라는 생각이 만약 일어날 때에
그것을 두고 깨달은 것이라거나 혹은 미혹한 것이라거나
또 이것은 좋은 것이라거나 혹은 나쁜 것이라고
사량분별 하지도 말고 그렇다고 문득 그것에 집착하여
끊어버리려 하지도 말아야 한다.”

홀연히 한 마음이 일어났을 때 그 상이 부처님 형상을 지어 말을 하거나 형상이 보일 때 이것에 집착하여 취심을 내거나 내가 부처를 보았으니 깨달았다거나 하는 생각을 일으키면 안 되며, 좋다 싫다 사량분별을 한다면 바로 어떻게 할까. 그것이 바로 내 종자식의 화현임을

알아차려 살불살조(殺佛殺祖)해야 한다.

왜 그래야 하는가. 이것이 바로 취심이기 때문이다.

어떤 생각도 다 내 기억 속에 저장된 종자식이며 이것을 취하거나 분별하면 이것이 바로 또한 분별망상이 되니 이것이 참선 중에 흔히 겪게 되는 기억의 화현이며 내 스스로 취한 취심인 것이다.

그래서 일어나면 일어나는 대로, 사라지면 사라지는 대로 물 흐르듯 흘러가게 두어야 하는 것이다. 납승의 경험으로 보면 참선 중에 선천이 열리는 색계에서 수많은 불보살과 영가들의 형상을 접하게 되는데 이때 이 형상이 계속될 때 우리의 보검인 화두, 즉 무(無)자를 들면 그 즉시에 사라져 다시는 떠오르지 않는다.

이렇게 살불살조가 계속 이어져 그 다음으로 정천(靜天)으로 접어들면 그런 형상은 다시 찾아오지 않는다. 색계에서 흔히 볼 수있는 심처는 범천에서는 천인들이 나투고 광천에서는 찬란한 빛의 투영과 불보살의 화현을 자주 접하게 되고 정천에 접어들면 그때부터 고요한 정만이 흐른다.

이것은 다 수행 중에 일어나는 마음의 심처인 것이다. 그래서 황벽 스님은 그것을 애써 끊어내야 할 필요도 없고 애써 물리치려고도 하지 말라고 하신다. 다 심처의 과정에 불과한 것이며 심법계 이십팔천을 두루 겪어 심향을 꽃피운 사람은 다 알 수 있는 것이지만 범부에서 본다면 생각으로도 지을 수 없는 것이다. 그러니 실참을 통하지 않은 사람들은 마음의 견처가 무엇인지도 모른다.

그러니 무심의 경지를 안다는 것은 있을 수도 없는 일일 것이다.

21-6. 취할 수도 버릴 수도 없다

그렇지 않고 만약 한 생각 갑자기 일어나면 수천 겹으로 자물쇠를 채우더라도 가둘 수가 없고, 수만 발의 오랏줄로도 그것을 묶어두지 못한다.

이미 이와 같은데 어찌 그것을 없애려고 하고 그치게 하겠는가?

분명히 너희에게 말하노니, 너희의 이 아지랑이 같은 의식이 어떻게 저 생각을 끊어버려서, 아지랑이 같은 데다 비유하겠느냐.

너희가 가깝다고 말하면 시방세계를 두루 찾아도 구하지 못한다. 그렇다고 멀다고 말하거나 볼 때에 단지 눈앞에 있어서 쫓아가면 더더욱 멀리 가버리며, 피하려 하면 또 쫓아와서 취할 수도 버릴 수도 없다.

보설

"그렇지 않고 만약 한 생각 갑자기 일어나면
수천 겹으로 자물쇠를 채우더라도 가둘 수가 없고
수만 발의 오랏줄로도 그것을 묶어두지 못한다."

앞 단에서 한 생각이 홀연히 일어나면 그 생각을 취하거나 없애려고 하지 말라고 하셨다. 그런데 그렇지 않고 이것은 내 마음에 쌓인 무명업장이라든지, 환영이 일어난 것이라든지 하여 그 생각을 없애려 한다면 어떻게 될까.

한 예로 풀이 올라오는 자리에 돌을 놓아두면 그 풀은 돌을 피하여 이쪽 저쪽으로 어떠한 형태로든 그 돌을 피해 싹을 틔워 옆으로 삐져 나오는 것과 같이 마음에서 마음이 일어나지 않는다면 그것은 죽은 마음일 것이다.

불생불멸인 마음은 그 언제나 활발발하게 살아있다. 그러니 경계가 오면 경계따라 경계가 오지 않을 때에도 앉아 있으면 앉아있다는 생각 누워 있으면 누워있다는 생각, 생각을 안 하려고 하면 생각을 안 하려고 한다는 생각, 잠이 들면 생각이 안 나겠지 하지만 꿈이라는 형태로 온 삼라만상을 다 누비고 종자식을 발현하고 싹을 틔운다.

그래서 황벽스님도 이것을 없애려고 수천 개의 자물쇠를 채워도 채워지지 않고 만 겹의 오랏줄로 묶어도 묶어지지 않는다고 하신다. 생각은 형상이 없는데 어찌 채우고 묶을 수 있겠는가.

그래서 황벽스님도 이렇게 말씀하신다.

"이미 이와 같은데 어찌 그것을 없애려고 하고 그치게 하겠는가?
분명히 너희에게 말하노니, 너희의 이 아지랑이 같은 의식이
어떻게 저 생각을 끊어버려서, 아지랑이 같은 데다 비유하겠느냐."

그러니 이미 이렇게 채우지도 묶을 수도 없다면 그냥 두라는 것이다. 그러나 이것이 진정 실상처럼 보이지만 그 생각 자체는 물 위에 피어오르는 아지랑이 같아서 물같이 보이지만 물도 아니요, 그렇다고 물이 또한 아닌 것도 아니니 긍정할 수도 부정할 수도 없다.

그러면 마음은 형상이 없으니 어디에 있을까. 궁리하고 궁리하여도 찾을 수가 없다. 경계가 오면 경계와 함께하고 생각이 떠오르면 또 생각과 함께하고, 가만히 있으면 가만히 있음에 함께하고, 행주좌와 어묵동정에 이와 함께하지 않음이 없으니 있지만 찾을 수 없고 없다 하

면 눈앞에 생생히 경계로 나투이니 이것이 무엇인가~!

'이~뭣꼬!'

궁구하고 궁구하다.

또 '이 뭣꼬' 하는 놈과도 같이한다.

일체처 일체시에 함께하지 않음이 없으니 참 안타깝다.

그러니 이렇게 하고 있는 그놈이 따로 있지 않음을 안다면 바로 무엇이냐.

그놈이 그놈이 아닌가!

그래서 가르쳐줘도 모르니 황벽선사도 이렇게 또 말을 이어간다.

"너희가 가깝다고 말하면 시방세계를 두루 찾아도 구하지 못한다.
그렇다고 멀다고 말하면, 볼 때에 단지 눈앞에 있어서
쫓아가면 더더욱 멀리 가버리며, 피하려 하면 또 쫓아와서…"

찾으면 없지만 찾지 않으면 함께 있고 눈앞을 보면 모든 경계가 그대로 보이고 소리가 나면 소리따라 그대로 들리고 향기가 나면 나는 그대로 맡아지고, 음식을 씹으면 씹는 그대로 맛이 알아지고, 몸에 닿으면 닿는 대로 그대로 촉감으로 알아지고, 가만히 있어도 언제나 한 생각으로 일어나서 뿌리칠 수도 가질 수도 없으니 너는 도대체 누구인가. 귀신인가, 영가인가, 하느님인가, 부처님인가, 산신령인가, 지장보살인가, 관세음보살인가, 관우장군인가, 신장님인가, 대신인가, 어른인가, 할배 할매인가.

무엇이라 하든 다 이놈이다.

"그래서 마음이란 취할 수도 없고 버릴 수도 없다."

이렇게 손에 쥐어줘도 모른다면 더 무슨 할 말이 있겠는가!
딱! 딱!

21-7. 중생시불 불시중생(衆生是佛 佛是衆生)이니라

그렇다면 시방세계가 나의 '한마음'을 벗어나지 않으며, 티끌처럼 많은 모든 국토들이 나의 '한 생각'을 벗어난 것이 아니다.

그렇다면 무슨 안과 밖을 구별하여 말하겠는가? 마치 벌꿀의 성질이 달콤해서 모든 꿀이 다 그러하므로 이 꿀은 달고 저 꿀은 쓰다고 말할 수 없는 것과 같다.

이런 일이 어디 있을 수 있겠는가?

그러므로 말하기를 '허공에 안팎이 없으니 법의 성품도 또한 그러하며, 허공에 중간이 없으니 법의 성품도 그와 같다'고 하였다.

그렇기 때문에 중생이 곧 부처요, 부처가 그대로 중생이니라.

"그렇다면 시방세계가 나의 '한마음'을 벗어나지 않으며,
티끌처럼 많은 모든 국토들이 나의 '한 생각'을 벗어난 것이 아니다."

진공묘유(眞空妙有)라고 했다.

문자를 쓰지 않아도 오직 마음인 것이다. 그냥 마음이다.

글자가 아니고 언설이 아닌 이 느낌, 이 감각, 이 감성, 이 성품, 이 분별, 이 망상, 이 경계, 이 향기, 이 맛, 이 촉감, 이 생각, 이 말, 이 소리, 이 움직임, 두두물물이 어묵동정 행주좌와 어느 것이 어느 것이냐, 무엇이냐, 어디 있는가, 누구인가, 이것인가, 저것인가, 어디서 왔는가, 넌 누구냐 부처가 무엇이냐.

자작자수(自作自受) 자업자득(自業自得)

수처작주(隨處作主) 무위진인(無爲眞人)

세상천지 만물중에 나아님이 또있는가

둘러보고 살펴봐도 이내홀로 밖에없네

너라하는 너도또한 나의마음 한편이고

사랑하는 나의아내 너가바로 내원이요

아들딸과 누이동생 일가친척 조상조부

친구벗과 동료들과 이웃들과 사회인과

국민들과 국제인과 사람사람 이모두가

내마음이 취심하여 지어내은 나인거니

법만들면 법이되고 선만들면 선이되고

도만들면 도가되고 심이라면 마음이다

삼라만상 삼계또한 내가만든 마음이네

내마음속　내가취해　내스스로　만들었네

누가있어　벗할거며　누가있어　사랑할까
허허로운　심법계에　이내홀로　노니누나
뭉게구름　불러모아　벗을할까　님을할까
허공속에　그림그려　벗이라고　불러볼까

온하늘이　이내마음　한가하고　그윽하다
배고프면　밥을먹고　잠이오면　잠을잔다
하고프면　하면되고　놀고프면　놀면되고
이리하고　저리하고　그리하고　그렇다네

있는것도　하나없고　없는것도　하나없다
펼치면은　펼쳐지고　누릴려면　누려지고
앉으려면　앉아지고　누우려면　누워지네
그렇게도　이렇게도　이모두가　내가하니

삼계라고　지어놓고　이렇게도　살고있네
세계라고　지어놓고　이렇게도　살고있네
정토라고　지어놓고　이렇게도　살고있네
지옥이라　지어놓고　이렇게도　구경하네

있는것도　없는것도　많은것도　적은것도
높은것도　낮은것도　가까웁다　멀리있다

성인이다 범부이다 미혹하다 깨달았다
부처이다 중생이다 누가있어 한소린가

이내마음 심처대로 이내홀로 한소리니
내마음에 내가걸려 이내홀로 웃고우네
삼계화택 다부수고 극락정토 만들어서
꽃피우고 열매맺어 벗님네와 놀고지고

유심정토 극락세계 화장장엄 화장세계
이내홀로 노니나니 이아니도 좋을손가
어화둥둥 벗님네야 춤판이나 벌여보세
어화좋다 지화자자 이것이다 마음이다

돌!

황벽스님도 참 알뜰하게 챙기신다.
구구절절이 친절히도 챙기신다.
이렇게 이야기해도 그놈의 의심병이 생길까봐

"그렇다면 무슨 안과 밖을 구별하여 말하겠는가?
마치 벌꿀의 성질이 달콤해서 모든 꿀이 다 그러하므로
이 꿀은 달고 저 꿀은 쓰다고 말할 수 없는 것과 같다.
이런 일이 어디 있을 수 있겠는가?
그러므로 말하기를 '허공에 안팎이 없으니

법의 성품도 또한 그러하며, 허공에 중간이 없으니
법의 성품도 그와 같다' 고 하였다."

진공묘유라고 했다.

그러니 이 모두가 내가 내 스스로 내 마음을 취심하여 인연이란 것
으로 분별심을 내어 나 홀로 사사분별을 하는 것이니 허공이 어디 안
밖이 있으며 법이라고 다른 것이 아니지 않는가.

마음이 인연따라 취심하면 이것이 바로 법이니 법의 성품도 역시 허
공성이라 세우면 법이 되고 흩으면 없어지는 것이다. 어디서 법이라고
할 실체가 없으니 내가 스스로 걸리지 않으면 법이란 원래 있지도 않
았고 또 세워서 쓰면 써지는 것이니 이 인연(因緣)이란 게 좋은 것이면
서 '더러운 게 인연이다' 하는 말이 바로 그 말이다.

그러니 내 스스로 인연에 휘둘려 끌려가지 않고 취심하지 않고 분별
하지 않는 주인공이 되면은 부처가 곧 마음이고 중생이 마음이니 이렇
게 말씀을 하는 것이다.

**"그렇기 때문에 중생이 곧 부처요,
부처가 그대로 중생이니라."**

중생시불 불시중생(衆生是佛 佛是衆生)!
중생이 곧 부처요, 부처가 그대로 중생이니라.

21-8. 진공묘유(眞空妙有)이니라

그러므로 알라.

모든 법의 성품이 스스로 그러하여 그것을 근심하거나 염려할 필요가 없다. 앞생각이 범부이며 뒷생각이 성인이라는 말처럼 손을 뒤집는 것과 같으니, 이것은 삼승교(三乘敎)의 종극(終極)이다.

그러나 우리 선종의 가르침에 의거하면 앞생각 또한 범부가 아니고 뒷생각 또한 성인이 아니며, 앞생각이 부처가 아니고 뒷생각이 중생이 아니니라. 그러므로 모든 빛깔이 부처님의 빛깔이며 모든 소리가 그대로 부처님의 소리이다.

한 이치[理]를 들면 모든 이치가 다 그러하므로 한 현상[事]을 보아 모든 현상을 보며, 한 마음을 보아 모든 마음을 보며, 한 도를 보아 모든 도를 보아서 모든 것이 도 아님이 없다.

또 한 티끌을 보아 시방세계의 산하대지를 보며, 한 방울의 물을 보아 시방세계에 있는 모든 성품의 물을 보며, 또한 일체의 법을 보아 일체의 마음을 본다.

모든 법이 본래 공(空)해서 마음은 없지도 않다. 없지 않음이 바로 묘하게 있는 것[妙有]이고, 있음[有] 또한 있는 것이 아니어서 있지 않음이 바로 있는 것이니, 이것이 바로 참으로 공하면서 오묘하게 있음[眞空妙有]이니라.

"그러므로 알라.

모든 법의 성품이 스스로 그러하여 그것을

근심하거나 염려할 필요가 없다. 앞 생각이 범부이며,

뒷생각이 성인이라는 말처럼 손을 뒤집는 것과 같으니,

이것은 삼승교(三乘敎)의 종극(終極)이다."

 이제 다 말씀해 드렸다.

 경계도 소리도 향기도 맛도 촉감도 생각도 이 모든 것이 다 그대로 마음인 것이다. 그러니 이 삼라만상 두두물물이 마음 아님이 없는 것이다. **그래서 오직 유심(唯心)인 것이다.**

 그래서 마음이 부처이다. 그럼 이 우주에 있는 피어오르는 아지랑이의 실체는 무엇인가. 바로 마음인 것이다. 보이고 들리고 향기 맡고 맛을 알고 몸으로 느끼고, 머리로 생각하는 것이 다 그대로 마음인 것이다. 그래서 마음이 부처이니 두두물물이 형상 그대로 부처의 형상이요, 하는 일마다 일일이 다 부처의 행인 것이다. 그러니 무엇을 걱정할 것이 있는가. 이미 다 이루어진 심법계이며 내가 아님이 세상에 없으니 모든 것이 내 것이고 모든 일이 내 일이며 내 일거수일투족이 바로 부처의 나툼인 것이 이 아닌가!

 그래서 분별하는 분별심과 자심을 취하여 자기가 스스로 이것이다 저것이다 할 것이 없으며 나의 심법계를 내가 만들어 놓고 거기에다 인연이라는 이름으로 이 마음과 저 마음을 갈라놓았던 것이다.

 그러니 너다 나다 하는 것도 역시 내 손바닥을 앞은 손바닥이고 위는 손등이라고 하듯이 그냥 손하면 된다.

그래서 스스로 분별해 놓은 이 분별심을 이렇게 해도 내 마음이요, 저렇게 해도 내 마음이다. 그러니 선이다 악이다, 좋다 나쁘다, 즐겁다 기분 나쁘다, 높다 낮다 하는 분별망상만 스스로 취하지 않는다면 그대로 완전한 자유인 것이다.

그래서 황벽스님도 이것이 바로 오승·사승·삼승에게 들려 줄 마지막 말씀이라고 하신다.

알겠는가!

알아도 그대로고 몰라도 그대로다!

그러나 한 마음의 실체를 진정 깨달아 아는 것은 이런 이론이나 방편이 아니라고 이렇게 말씀을 하신다.

"그러나 우리 선종의 가르침에 의거하면
앞생각 또한 범부가 아니고 뒷생각 또한 성인이 아니며
앞생각이 부처가 아니고 뒷생각이 중생이 아니니라.
그러므로 모든 빛깔이 부처님의 빛깔이며
모든 소리가 그대로 부처님의 소리이다."

선종의 입장에서 본다면 있는 그대로 완전한 자유여서 부처다 중생이다 범부다 성인이다 라는 생각조차 않고 지금 여기 있는 그대로가 다 하나인 것이다.

부처로 보면 전부가 그대로 부처이고 중생으로 보면 그대로 중생이고 성인으로 보면 그대로 성인이다. 그러니 모든 것을 있는 그대로 인증하여 받아들이지도 물리치지도 않아 그 어디에도 걸림없이 차별이 없으면 그대로이고, 분별이 없으면 그대로 완전한 것이다. 그래서 황벽스님은 이 두두물물이 일체처 일체시가 부처님의 빛이라고 하신다.

그렇게 되면 어떠하겠는가.

세상에 고통도 싫어함도 미워함도 나쁜것도 고통도 다 내가 지어 내가 느끼는 내안의 내 일인 것이니 그 얼마나 안타까운 일인가.

그래서 차별상이 사라진 오직 나만이 실체라는 입장에 서면 온 우주의 주인공이 되는 것이며 주인공이 되면 황벽스님은 또 이렇게 말씀하신다.

"한 이치[理]를 들면 모든 이치가 다 그러하므로
한 현상[事]을 보아 모든 현상을 보며
한 마음을 보아 모든 마음을 보며
한 도를 보아 모든 도를 보아서 모든 것이 도 아님이 없다.
또 한 티끌을 보아 시방세계의 산하대지를 보며
한 방울의 물을 보아 시방세계에 있는 모든 성품의 물을 보며
또한 일체의 법을 보아 일체의 마음을 본다."

이것이 성인이 아닌 주인공이 보는 세상이다.

하나를 보아 전체를 보고 전체를 보아 하나로 귀결시킨다. 모든 것이 내 일인데 차별하여 분별할 필요가 없지 않은가. 그래서 도로 보면 다 도가 되고 법으로 보면 다 법이 되고, 이치로 보면 다 이치가 되고, 사물로 보면 다 사물이 되고, 도로 보나 성인으로 보나 내가 보고 싶은 대로 다 나투고 그렇게 되는 것이니 이 아니 좋을손가!

내 마음에 내가 걸리지 말고 활발발하게 춤추며 노래하고 누리며 펼치고 날아올라 저 허공에 나의 세상을 펼쳐 나가는 무위진인이 되시라고 하시는 말씀이다.

이렇게 다 설하신 다음 그래도 법에 걸리고 경전에 걸리고 조사어록에 걸리고 성인의 말씀에 걸려서 부처행에 걸림이 없게 하기 위하여 이렇게 말씀해 주신다.

"모든 법이 본래 공(空)해서 마음은 없지도 않다.
없지 않음이 바로 묘하게 있는 것[妙有]이고,
있음[有] 또한 있는 것이 아니어서 있지 않음이 바로 있는 것이니
이것이 바로 참으로 공하면서 오묘하게 있음[眞空妙有]이니라."

법이 공해 마음이 공하고, 마음이 공하니 일체가 공하다.
그러나 있다 없다에 안 걸리면 공에도 걸리지 않는다. 있는 그대로 완전한 자유여서 걸려서 넘어지니 공으로 치유했고 공에 빠질까봐 마음을 펼쳤고 원래 없지만 세우면 세워지고 없애면 없애지는 것이 또한 법이니 있지도 않지만 세워 있으니 묘하게도 법이 서는 것이요, 원래 모든 것이 본래 공하지만 눈앞에 역력히 나타나 나투니 이것이 바로 있지도 않지만 있고 참으로 공하면서도 오묘하게 내 눈 앞에 있으니 그래서 이것을 일러 진공묘유(眞空妙有)라고 하는 것이다!

21-9. 온 세계가 원래 똑같이 공하기 때문이다

중생과 부처가 원래로 한 본체이며, 생사열반과 유위(有爲), 무위(無爲)가 원래 동일한 본체이며, 세간, 출세간과 나아가 육도, 사생과 산하대지와 유정, 무정이 또한 같은 한 본체이다.

이렇게 같다고 말하는 것은 이름과 모양이 역시 공(空)하여 있음도 공하고 없음도 공하여, 갠지스강의 모래알 수만큼 많은 온 세계가 원래 똑같이 공하기 때문이다. 만약 그렇다면 중생을 제도할 부처가 어디 있으며, 부처의 제도를 받을 중생이 어디에 있겠느냐?

무엇때문에 이러한가? 만법의 자성이 본래 그렇기 때문이다. 그러나 만약 저절로 그렇다는 견해를 내면 곧 자연외도(自然外道)에 떨어지고, 만약 나도 없고 나의 것[我所]도 없다는 견해를 내면 삼현, 십성의 지위에 떨어진다.

"중생과 부처가 원래로 한 본체이며

생사열반과 유위(有爲), 무위(無爲)가 원래 동일한 본체이며

세간, 출세간과 나아가 육도, 사생과 산하대지와

유정, 무정이 또한 같은 한 본체이다."

앞 단에서 누누이 설명하고 설명했다.

그러나 인간이란 참 묘하고도 묘한 동물이다. 하라면 하지 않고 하지 말라면 수단과 방법을 가리지 않고 목숨을 바쳐 하려고 하는 관념

에 살고 관념에 죽는 것이 인간이다.

저 학자라는 인간들을 보면 알 수 있다. 자기 관념을 관철시키려 목숨을 건다. 자기 학설을 부정하는 사람을 보면 그 허망한 자기 관념으로 남의 것을 도둑질해 만들어 놓은 알음알이임에도 불구하고 무조건 자기 관념이 맞다고 주장한다. 맞는 이론이 어디에 있으며 틀린 이론이 어디 있는가?

인연따라 시대와 흐름에 따라 달라지는 것이 이론이고 관념이므로 결국 시류에 편승해서 자기 욕심을 채우려는 자기욕망의 산물이지 그렇게들 한 평생을 허망하게 살다간다. 자기의 관념을 내려놓으려는 사람은 없었다.

왜 그런가.

그것이 바로 자기가 가짜라는 것을 알기 때문이다. 내가 가짜이고 다른 사람의 마음을 얻기 위해 시류에 편승하여 거짓으로 남을 속이기 위한 방법이며, 그것이 삶의 목적이 되기 때문에 이 인간집단은 오직 자기를 감추고 자기 관념을 자기로 내세우는 허깨비 탈이 되어가고 있는 것이다. 그래서 납승이 무슨 말을 하느냐.

얻어 보고 들은 내 거짓 탈바구니를 내려놓고 본래 자기로 돌아가라는 것이다.

몸은 옷으로 감추고 얼굴만 보이는데 이것마저 화장이나 성형으로 다 바꾸어 가짜로 만들지 않는가. 말도 내가 하고 싶은 말을 하는 것이 아니라 고상하고 그윽한 탤런트 흉내를 내어 말하고, 행동도 연속극에서 본 배우의 흉내를 내고, 생각은 오직 망상의 나래만 펴는 허구 중에 허구인 나를 만들어가는 것이 삶의 방법이 되어가는 세상, 생긴 본래 내 모습으로 살아가라.

이것이 바로 본래면목(本來面目)인 것이다.

그래서 황벽스님도 했던 말을 계속하여 다시 하고 또 하시는 것이다. 유식(唯識)이다.

모든 것이 내 마음의 화현이라고 몇 번을 말했던가. 아무리 해도 또 분별심으로 내 관념에 비춰 받아들이니, 성인이다 부처다 중생이다 하는 말들이 다 내 마음속의 일이라고 그냥 받아들인다면 여기에 무슨 이것과 저것이 있느냐, 다 내 마음 속의 공덕이고 화현이니 명색에 물든 차별심을 내려놓으라고 하시는 말일 뿐인 것이다.

"이렇게 같다고 말하는 것은 이름과 모양이 역시 공(空)하여
있음도 공하고 없음도 공하여, 갠지스강의 모래알 수만큼 많은
온 세계가 원래 똑같이 공하기 때문이다."

같다고 하는 것은 말하는 것이나 이름이나 모양 등이 본체를 분별하여 서로 약속한 이름인 것이고 그 본체마저 실성이 있는 것이 아닌데 무슨 말이나 이름이 필요한가. 그래서 이름과 형상인 명색(名色)의 허망함과 그 본체마저 공(空)한 것임을 설파하신다.

그러니 있는 그대로를 인증하지 않고 분별하고 차별하니 다 공하다고 하시는 것이다. 그러니 부처가 따로 있고 중생이 따로 있겠느냐는 것이다.

"만약 그렇다면 중생을 제도할 부처가 어디 있으며
부처의 제도를 받을 중생이 어디에 있겠느냐?"

그래서 황벽스님도 중생을 제도할 부처가 어디에 있으며 부처의 제도를 받아야 할 중생이 어디에 있겠느냐고 하신다.

『금강경』에서 부처님이 설한 내용도 또한 같다.

"무엇 때문에 이러한가?
만법의 자성이 본래 그렇기 때문이다."

여기서 만법의 자성이 본래 그렇기 때문이라고 하시는 본래가 무엇일까? 본래무일물(本來無一物)이란 뜻이다.

이 말씀은 육조 혜능대사께서 홍인선사로 부터 육조로 인증 받은 게송의 한 구절이다. 다시 말하면 본래공(本來空)이요, 필경공(必竟空)인 것이다.

이것이 받아들여지지 않는다면 우주의 바탕은 무엇으로 되어 있는지 과학적으로 조명해보자. 바로 진공(眞空)이다.

거기에는 걸림도 없고 막힘도 없고, 시작도 없고 끝도 없다. 삶도 없고 죽음도 없고 변함도 없고 멸함도 없다. 움직임도 변화도 그 어떤 것도 없다. 그대로 적멸인 것이다.

그 적멸에 지구가 있음을 알 리가 있는가.

사람이 있음을 알겠는가.

그대가 있음을 알겠는가.

그대의 생각을 알겠는가.

그대의 형상을 알겠는가.

그대는 어디에도 없었고 아직 없다. 그러나 이것마저 알고 있는 그대는 누구인가? 이것이 바로 신통묘용한 사람이다.

그래서 이 아는 것, 이것이 우주의 본체요, 진공이면서 현현히 나투이는 감성(感性) 이것이 참 나이며 본 나이며 본성(本性)인 그대 마음인 것이다.

돌!

"그러나 만약 저절로 그렇다는 견해를 내면
곧 자연외도(自然外道)에 떨어지고
만약 나도 없고 나의 것[我所]도 없다는 견해를 내면
삼현, 십성의 지위에 떨어진다."

그래서 황벽스님도 그윽한 향기만 풍기시고 그렇다고 원래부터 그렇게 되어 있다느니 알아차렸다고 알았다는 견해를 낸다면 또한 이것이 분별심으로 떨어져버리므로 이를 일러 자연외도(自然外道)라고 하시는 것이다.

그렇게 하지 말라니 또 필경공이요, 본래공이니 나도 없고 내 것도 없다고 말한다면 이것 역시 분별심으로 떨어지는 것이니 보살, 성문, 연각인 삼현과 십지보살의 경지를 벗어나지 못한다고 하시는 것이다.

그렇다면 무엇이란 말인가.

납승이 한 방편으로 말한다면

"있는 그대로 완전한 자유로다!"

21-10. 필경공(畢竟空)이다

너희들이 지금 어찌 한 자, 한 치를 가지고 끝없는 허공을 재려 하겠는가?

분명히 너희에게 말하기를 '법과 법이 서로 다 닿지 못하나니, 법은 스스로 공적하므로써 그 자리에 본래부터 머물러 있으며, 그 자리에서 스스로 참되다'고 하였느니라.

몸이 공하므로 법이 공하다고 하며, 마음이 공하므로 성품이 공하다고 하며, 몸과 마음이 모두 공하므로 법의 성품이 공하다고 하며, 나아가 천 갈래로 다른 갖가지의 말들이 모두 다 너희의 본래 마음을 여의지 않은 것이다.

지금 보리와 열반, 진여와 불성, 이승과 보살 등을 말하는 것은 모두 누런 나뭇잎을 가리켜 돈이라 하는 주먹과 손바닥의 비유에 불과하다. 주먹을 펴면 천상세계와 인간세계의 모든 대중들이 모두 그 속에 아무것도 없음을 보게 된다. 그러므로 말하기를 '본래 한 물건도 없거니, 어느 곳에 티끌이 있으리오'라고 하였다. 본래 한 물건도 없어서 삼세(三世) 역시 있는 바 없다. 그러므로 도를 배우는 사람은 단도직입으로 이러한 뜻을 알아야만 된다.

보설

"너희들이 지금 어찌 한 자, 한 치를 가지고
끝없는 허공을 재려 하겠는가?"

전단에서 설하기를 허공의 저 우주는 텅 비었으며, 한량이 없는데 사람의 능력인 한 자 한 치로 잴 수가 있겠는가? 라고 묻고 있다. 우주는 끝간 데가 없으며 진공 속에 우주도 있고 태양계도 있고 우리가 살고 있는 지구도 있고 나도 있고 너도 있다.

그리고 양자이론에서 우주 속에는 한 물질도 없으며 또한 없는 것도 아니라고 했다. 있다 없다의 견해로서는 도저히 이것을 해결할 수도 헤아려 알지도 못한다. 실체적 존재가 없는데 무엇을 이것이다 저것이다 분별하고 사량할 수 있겠는가. 그래서 황벽스님은 친절하게 이렇게 말씀하신다.

"분명히 너희에게 말하기를
'법과 법이 서로 다 닿지 못하나니
법은 스스로 공적함으로써
그 자리에 본래부터 머물러 있으며
그 자리에서 스스로 참되다'고 하였느니라."

법이란 한 마음이 일어난 것이 바로 법이니 법의 진실함이 있는 것이 아니라 인연에 의하여 서로의 관계와 관계를 정립하기 위하여 만든 것이다. 이 모든 법은 법과 법이 상호연계는 있지만 그 실성이 없으므로 상호 독립된 가설이라는 것이다.

그러나 여기서 말하는 법은 진리에서 하는 법을 말한다. 그러므로 진리는 언제나 항일하여 그렇게 되어 있었고 변하지도 멸하지도 않으며 언제나 그대로 여기 존재해 있다는 뜻이다.

그러므로 마음의 인연화합으로 발생한 견해나 지혜의 법이 아니라 우주창조 전부터 존재해온 자연의 이치와 우주의 흐름은 지금도 언제나 그렇게 있다는 것이다.

> "몸이 공하므로 법이 공하다고 하며
> 마음이 공하므로 성품이 공하다고 하며
> 몸과 마음이 모두 공하므로 법의 성품이 공하다고 하며
> 나아가 천 갈래로 다른 갖가지의 말들이
> 모두 다 너희의 본래 마음을 여의지 않은 것이다."

그러므로 몸이 공하므로 법이 공한 것이며 몸과 인연법이 모두 공하므로 성품 또한 따라 공해지는 것이요, 나아가 모든 견해로 인하여 생겨난 법은 실로 생주이멸(生住異滅)의 단계를 거쳐 소멸되는 것임을 설파하시는 말씀인 것이다.

그러나 그 생주이멸(生住異滅)이 모두 내 마음 속의 일이므로 이 모두는 내 마음의 다른 이름에 불과한 것이며 모두가 내 마음속의 변화인 것이다. 그 어떤 천차만별의 법도 성품도 도도 선도 다 내 마음속의 인연지소생(因緣之所生)으로 발생하여 태어나고 주하고 변하여 멸해진 것인데, 마음이 형상이 없으니 이 모두는 온 것도 없고 사라진 것도 없으며 모두가 공이요, 실이요, 진여요, 열반이요, 불성이요, 무엇이라고 하든 다 내 마음의 이름인 것이다.

그래서 황벽스님은 또 이렇게 설법을 이어가신다.

> "보리와 열반, 진여와 불성,
> 이승과 보살 등을 말하는 것은

모두 누런 나뭇잎을 가리켜 돈이라 하는
주먹과 손바닥의 비유에 불과하다.
주먹을 펴면 천상세계와 인간세계의 모든 대중들이
모두 그 속에 아무 것도 없음을 보게 된다."

그러니 보리와 열반, 진여와 불성, 이승이다 보살이다 연각이다 성문이다 하는 말들은 내 마음의 차별상으로 집착하고 그 차별에 걸려 고통 받는 사람들을 위하여 붙여진 이름이고 실재하는 것이 아니라는 것이다. 그래서 황벽스님도 누런 잎사귀를 돈이라고 방편을 베푸는 것이고 체와 용, 주와 객, 부처와 중생, 이승과 저승 같이 상대법을 설하는 것이지만 실로 그 실상이 존재하는 것이 아니라 방편인 것이다.

심지어 부처님이 설한 경전의 내용을 다 팔만사천 방편문이라고 하는 것이다. 그러니 선의 입장에서 본다면 다 허공에 그린 그림이요, 물에 이는 거품이며, 물에 비친 그림자며, 산속에 들리는 메아리며, 꽃에서 나는 향기이며 번개불이 번쩍임과 같은 것이라는 말이다.

그러니 어디에라도 걸리면 병이 되고 병이 되면 고통스럽다. 그래서 백장스님이 열 가지로 벗어나는 방편을 베푸셨고, 마조스님은 지금 있는 그대로 마음이 부처이니 그렇게 믿고 활발발하게 누리고 펼치고 활기차게 자기 세계를 건설하여 행복을 노래하라고 하셨다.

알겠는가!

"그러므로 말하기를 '본래 한 물건도 없거니,
어느 곳에 티끌이 있으리오' 라고 하였다.
본래 한 물건도 없어서 삼세(三世) 역시 있는 바 없다."

'그러므로' 라고 하시어, 또 혜능선사의 본래무일물을 거론하시면서 본래공을 설파하신다. 본래공이란 본래부터 실성을 가지고 그대를 가로막는 그 어떤 것도 없다는 것이다. 그러니 조사선을 공부하는 학인들은 먼저 이 본래공을 알고나서 본래 한 물건도 없었는데

"이렇게 보고 듣고 아는 이것이 무엇일까?"

이것을 회광반조하여 조고각하하라. 내 발밑을 잘 살펴나가면 한 발자국 뛰는 이것이 신통한 일이며, 손가락 하나 움직이는 이것이 신통한 일이며 눈썹을 위아래로 움직이는 이 자체가 바로 현묘한 도리이며 신통묘용이요, 진공묘유인 것이다.

그러므로 황벽스님도 이렇게 당부를 하신다.

"그러므로 도를 배우는 사람은 단도직입으로
이러한 뜻을 알아야만 된다."

부디 부디 살펴 가시길!

21-11. 법의 성품과 평등하다

그러므로 달마스님께서 인도로부터 이 땅에 오시어 여러 나라를 거치셨지만, 오직 찾아 얻으신 것은 혜가스님 한 분 뿐이었다.

혜가스님에게 마음의 도장[心印]을 은밀히 전하였으니, 이는 너희의 본래 마음에 새기신 것이다. 마음으로써 법에 새기며 법으로써 마음에

새겨서, 마음이 이미 이 같으며 법 또한 이 같아서 진제(眞際)와 같고 법의 성품과 평등하다. 법의 성품이 공한 가운데 누가 수기(授記)하는 사람이며, 누가 부처가 되는 사람이며, 누가 법을 얻는 사람이겠는가?

부처님께서 분명히 말씀하시기를 '보리란 몸으로 얻을 수 없으니, 몸은 모양이 없기 때문이다. 또 마음으로도 얻을 수 없는데, 마음은 모양이 없기 때문이다.'

 보설

앞 단에서 본래무일물(本來無一物)을 말씀하셨다.

불교의 사법인(四法印)은 본래 한 물건도 없는 일체개공(一切皆空)을 통달하고 다시 회광반조하여 모든 행함이 언제나 항상 함이 없어 일어나면 사라져 본래로 돌아간다는 제행무상(諸行無常)을 깨치고 다시 회광반조하여 나라는 것도 찾으니 없고 법이란 것도 그 실상이 없음을 깨닫는 제법무아(諸法無我)를 깨치면, 모든 것이 본래 청정무구한 공의 세계인 적정열반(寂靜涅槃)을 깨달아 완전무결한 무심의 경지를 깨닫는 것이 바로 깨달음의 증거인 것이다.

그래서 본래지를 깨달은 이가 누구인가 하시면서 이와 같이 말씀을 이어가신다.

"그러므로 달마스님께서 인도로부터
이 땅에 오시어 여러 나라를 거치셨지만,
오직 찾아 얻으신 것은 혜가스님 한 분 뿐이었다.
혜가스님에게 마음의 도장[心印]을 은밀히 전하였으니,

이는 너희의 본래 마음에 새기신 것이다.

마음으로써 법에 새기며 법으로써 마음에 새겨서

마음이 이미 이 같으며 법 또한 이 같아서

진제(眞際)와 같고 법의 성품과 평등하다.”

일승법을 전하고자 석존의 이십팔대 조사인 보리달마께서 중국으로 건너 오셔서 처음으로 양나라 무제를 만나게 된다.

양나라를 세운 무제는 원래 나무꾼으로써 길가에 놓인 미륵불에게 항상 꽃을 바쳐오다 전쟁에 나가 장수가 되고 결국 양나라의 황제가 되어 미륵부처님께 꽃을 올린 공덕으로 내가 황제에 올랐다면서 전국에 천 개의 절을 짓고 만 불의 불상을 모셨으며 수만 명의 스님을 공양하고, 자칭 불심천자(佛心天子)라 칭하면서 미륵불의 화신으로 행세하면서 그 공덕을 양나라 전체로 알리고 홍보하며 불교를 숭상하고 발전시켜 나갔다.

그러나 자기를 보필하는 지공화상에게 명하여 달마대사를 청하여 법을 묻는다. 이것이 바로 『벽암록』의 ‘제 1칙’ 이다.

양무제가 달마대사에게 한 처음 질문은 ‘바로 내가 불사를 이렇게 하고 공덕을 지었는데 그 공덕이 얼마냐’ 고 묻는다.

여기서 달마대사의 답은 ‘무(無, 없다)’ 였다.

그러면 여하 시성제제일의(如何 是聖諦第一義), 불교의 대의는 무엇이며 성인은 어떠한 사람을 보고 성인이라고 하는지 묻는다.

여기서 달마대사의 답은 또 확연무성(廓然無聖)이었다.

즉 확실히 말해서 성인이라고 할 사람이 없다고 했다. 화가 난 양무제가 마지막으로 묻는 말이 바로 대짐자수(對朕者誰), 짐을 대하고 있는 사람은 누구냐?

달마대사 왈 '불식(不識)' 모른다고 했다.

이렇게 기복적 공덕과 인연을 완전히 벗어난 답을 들은 무제는 달마대사와 계합치 못하고 달마대사는 위나라로 가 소림사에서 면벽하였다. 이 사건이 있고 나서 양무제는 불교를 탄압하게 되었고 전국의 사찰을 불사르고 불상들을 훼불하고 스님을 전부 환속시켜 버렸다. 이 사건으로 민심을 잃어 아들이 난을 일으켜 부황을 폐하여 동굴 속에 가두어 굶겨 죽게 하였다.

그로부터 선불교에 대한 탄압이 측천무후까지 이어졌으며, 삼대 승찬대사 역시 군졸들에 의하여 목이 잘리는 결과를 가져왔으니 이 일승법이 참으로 어렵게 전해져 왔다. 기복과 행위적인 불교의 위력에 선불교가 받은 탄압은 이루 말할 수 없었음을 알 수 있다.

이 귀한 법문들이 바로 소리 없이 산중의 선승들에 의하여 계승되고 마음에서 마음으로 전해졌음을 알아야 할 것이다.

달마대사의 일승법은 바로 마음과 마음, 이심전심(以心傳心)으로 혜가에게 이어지고 승찬대사, 도신대사, 홍인대사, 혜능선사, 남악 회양선사, 마조선사, 백장선사 이렇게 이어져 지금 여기 황벽스님에게까지 이어져 왔던 것이다.

그러니 이 일승법은 마음을 떠나서는 그 어떤 법도 없고 행도 없고 나도 없고 법도 없는 것이며 오직 일심인 마음 밖에 없는 것이다.

그래서 다음과 같이 법문을 이어가신다.

"법의 성품이 공한 가운데 누가 수기(授記)하는 사람이며,
누가 부처가 되는 사람이며, 누가 법을 얻는 사람이겠는가?"

제법무아라 법의 성품이 공한 가운데 뭐가 있어 누가 수기를 하는 사람이며 법이 공한데, 누가 부처가 되는 사람이며 누가 있어 법을 얻는 사람이 있더란 말인가.

즉 이 모두가 일심인 마음의 일이며 마음 속의 차별인 것이니 실재하는 성품이 없으며 텅 빈 허공같이 다 내 마음의 지음이라는 것임을 다시 밝혀 앞의 일체개공을 밝히시고 다시 제법무아의 실체를 들어 말씀하시는 것이다.

부처님께서 분명히 말씀하시기를,
"보리란 몸으로 얻을 수 없으니, 몸은 모양이 없기 때문이다.
또 마음으로도 얻을 수 없는데, 마음은 모양이 없기 때문이다."

그리고는 다시 부처님의 말씀을 들어 설명하신다.
'보리란 몸으로 얻을 수 없으니' 라고 하시는 것은 보리란 지혜인데 사대결집인 몸으로 형상 없고 본성이 없는 반야를 어찌 얻을 수 있겠느냐는 것이며, '마음으로도 얻을 수 없다' 는 것은 마음 역시 형상이 없는데 어찌 마음으로 형상 없는 반야를 얻겠느냐는 것이다.

그러나 몸도 마음도 다 형상도 없고 실상이 없는 데서 묘하게 알고 묘하게 감각되어지니 이것이 바로 없는 가운데 묘하게 일어나 있는 것이니 바로 이것을 들어 진공묘유(眞空妙有)라고 한다!

21-12. 찾으면 곧 잃어버린다

'그렇다고 성품으로도 얻을 수 없으니, 성품은 곧 바로 근본원류의 자성이 청정한 부처[本源自性淸淨佛]이기 때문이다' 고 하셨다.

부처로써 다시 부처를 얻을 수 없으며, 모양이 없는 것으로 다시 모양이 없는 것을 얻을 수 없다. 또한 공함으로써 공함을 얻을 수 없고, 도로써 도를 얻을 수 없다. 본래 얻은 것이 없어서 얻은 것이 없음도 얻을 수 없느니라.

그러므로 말씀하시기를 '얻을 만한 한 법도 없다' 고 하신 것이다.

이는 다만 너희로 하여금 본 마음을 분명히 찾게 하고자 한 것이다. 당장 요달했을 때라도 요달한 모양을 얻을 수 없어서, 요달함이 없는 모양도 요달하지 않음이 없는 모양도 또한 얻을 수 없다. 이와 같은 법을 얻은 사람은 곧 얻으나 얻은 사람이라도 스스로 깨달아 알지 못하고 얻지 못한 사람이라도 또한 스스로 깨달아 알지 못한다.

이와 같이 법을 예로부터 몇 사람이나 알 수 있었겠느냐?

그러므로 말하기를 '천하에 자기를 잊은 사람이 몇이더냐?' 고 하였다.

지금 한 기틀, 한 경계, 한 경전, 한 가르침, 한 세대, 한 시기, 한 이름, 한 글자를 육근의 문 앞에서 알 수 있다면, 꼭두각시와 무엇이 다르겠느냐.

한 이름, 한 모양 위에서 알음알이를 내지 않는 사람이 갑자기 나타난다면 온 시방세계를 다 찾는다 해도 이런 사람은 찾을 수 없을 것이라고 나는 감히 말하노라. 그와 버금갈 만한 사람이 둘도 없으므로 조사의 자리를 이으며, 또한 부처님의 종자라고 일컫나니, 순수하여 전혀 잡됨이 없느니라.

그러므로 '왕이 부처를 이룰 때에 왕자도 역시 따라서 출가한다'고 했는데, 이 뜻을 알기가 매우 어렵느니라. 다만 너희에게 아무 것도 찾지 말도록 할 뿐이니, 찾으면 곧 잃어버린다.

앞단에서 일체개공과 제법무아를 설하시고 제법실상을 설하시어 법에는 그 어떤 실성의 성품도 없으니 어찌 부처가 되는 사람이 있고 수기를 받는 사람이 있을 수 있고 수기를 주는 사람이 있을 수 있느냐고 하셨다. 그러니 성품을 얻을 수 없는 것이냐 그렇다면 뭐가 있더란 말인가.

그래서 황벽스님은 이렇게 말씀하신다.

"그렇다고 성품으로도 얻을 수 없으니
성품은 곧 바로 근본원류의 자성이
청정한 부처[本源自性淸淨佛]이기 때문이다'고 하셨다."

왜 그렇게 부정만 하셨을까.

부정하고 부정하는 사구백비인 것이다. 또한 상대법인 대법인 것이다. 성품을 얻을 수 없으니 왜 그런가 그 성품이 바로 여태 묻고 답하는 그대와 나, 이 모든 것이 다 근본원류의 자성인 청정한 부처라고 하신다.

본원자성청정불(本源自性淸淨佛)

여태 사구백비의 법을 파하는 설법을 이어왔다.

근본을 밝히기 위하여 파사현정이라 부수고 부수어 그 근본을 밝힌다. 근본을 밝히셨다.

근본은 무엇인가? 그대 자성이라고 하신다.

자성이란 마음의 성품 즉 자신에게는 자성(自性) 법에서는 법성(法性) 부처에게는 불성(佛性) 진리의 당체에서는 체성(諦性) 공에서 말한다면 공성(空性) 만유에서 말한다면 성품(性品)이니 이것은 형상과 모양은 없지만 그 형상과 모양의 안에는 그 공덕장인 보신(報身)이 있는 것이다.

여기서 감을 잡을 것이 아니라 다 깨달았다!

이제 다 가르쳐 주셨다. 견성성불(見性成佛)이다.

성품을 알아 부처를 이룬다고 했으니 이 글을 읽는 사람은 전부 다 깨달은 부처님이시다. 이 말이 바로 이심전심(以心傳心)의 비밀이다.

석존께서 전해주신 밀인(密印)이요, 격외(格外)소식이요, 밀교(密教)인 것이다. 아미타가 공덕장 부처인 우리들의 자성인 것이다. 그래서 부처님의 공덕장인 그 아미타가 바로 극락이요, 연화장세계이며 화엄의 세계요, 화장세계인 것이다.

아미타는 자성이요, 관세음은 작용인 화신불이고 그대의 공덕장이 바로 대세지보살인 것이다.

팔만사천 부처님 명호는 다 그 부처님의 공덕장을 표현한 말이고, 우리가 석가모니를 존경하고 공경하는 것은 싯다르타를 존경하는 것이 아니라 깨달음의 행인 관세음을 통한 아미타라는 공덕장을 우러러 공경하고 예배하는 것임을 알아야 한다.

약사여래도 공덕장 부처님이다. 지장보살도 공덕장 부처님 명호이고, 허공장보살도 공덕장 부처님의 명호이고, 여러분들도 여러분들의 공덕장을 쌓고 베풀라고 불명을 지어주는 것이다. 그러니 부처가 되는 것은 태어날 때부터 부처이고 지금도 부처이다. 비금조수 산하대지 두두물물이 부처 아님이 없다.

그러니 부처가 못될까 걱정하지 말고 되어있는 이 부처를 공덕장을 쌓아 불타행을 하여 공덕장 부처님이 되려고 힘써 노력하는 것이 바로 수행인 것이다.

공덕장 부처님은 내가 무엇을 했다가 아니고 다른 사람들의 가슴 속에서 그렇게 불리도록 하는 것이니 바로 이타행을 하고 보시를 해야 한다.

이런 부처님의 가르침을 놓아두고 석가모니를 신으로 만들어 거기에 빌붙어 얻어먹고 살려는 수많은 거지인 저 스님들과 신앙인들이 이렇게 불교를 사라지게 만든 것이다. 다 자기 잘먹고 살려는 욕망의 산물이요, 어리석음의 극치인 것이다.

부디 불타행인 육바라밀을 행하여 붓다처럼 살아가시길 빌 뿐이다. 이 글을 읽고 알아차리면 깨달은 부처님이시고 그래도 고개를 흔드는 사람은 이 우주에서 제일 지독한 인간바이러스이며 세상을 살아갈 이유조차 없는 독충일 것이다.

사람이 팔십평생을 산다고 가정하면 입으로 살생한 음식물이 팔톤이 된다고 한다. 이렇게 먹고도 단 한번 남을 위해 이타행을 못하고 산다면은 그 입으로 죽인 수많은 영가들이 그대를 그냥 두겠는가. 그래서 늙고 병들어 죽어가는 것임을 어찌 모르는가.

천도재의 근본 뜻은 그대를 위하여 죽어간 그 생명체들의 영가를 위하여 그대 행동으로 보시공덕과 육바라밀을 행하는 것인데, 나의 조상만 섬기고 천도하겠다는 그 어리석음이 더욱 죄를 짓는 것이요, 스스로 지옥으로 갈 업을 짓는 것이다.

부디 자성자각하시어서 본래불을 믿고 의지하여 저 무량수 무량광인 아미타의 공덕장이 되시기를 두손모아 합장합니다.

나무아미타불!

이렇게 다 가르쳐 주시고 그래도 못 믿어 자아적 욕망으로 듣는 미혹한 자들을 위하여 이렇게 친절히도 다짐을 주신다.

"부처로써 다시 부처를 얻을 수 없으며
모양이 없는 것으로 다시 모양이 없는 것을 얻을 수 없다.
또한 공함으로써 공함을 얻을 수 없고, 도로써 도를 얻을 수 없다.
본래 얻은 것이 없어서 얻은 것이 없음도 얻을 수 없느니라."

자신이 부처임을 모르고 부처를 찾았으니 부처를 이룰 수도 얻을 수도 없지 않았겠는가.

그 찾는 놈이 바로 부처였으니 그래서 부처가 부처를 찾을 수 없는 것이다. 그러니 내가 하고 있음이 도요, 내가 한 마음 일으키는 것이 법이니 어찌 그 당체가 당체를 찾을 수 있겠는가!

그러므로 내가 부처임을 확실히 투득하여 한 법도 찾을 수 없고 부처는 더더욱 찾을 수 없음을 알아야만 이제 부처로 어떻게 살아가야 할지 방향을 잡을 수 있을 것이다.

그래서 또 이렇게 설하신다.

"그러므로 말씀하시기를
'**얻을 만한 한 법도 없다**'고 하신 것이다."

이무소득고(以無所得故)로 아뇩다라삼먁삼보리라는 구절은 『반야심경』의 가장 핵심부분인데 알면서도 안 되는 것이 왜일까? 욕망이 앞을 가리고 있기 때문에 없다고 하면 절대 믿지 않는다. 숨겨놓고 안 주는 것으로 알아 돈 보따리를 짊어지고 큰 스님을 찾아간다. 그러니 한 법도 구할 수도 없고 얻을 수도 없음을 안다면 이것이 바로 깨달음인 것이다.

"이는 다만 너희로 하여금 본 마음을 분명히 찾게 하고자 한 것이다.
당장 요달했을 때라도 요달한 모양을 얻을 수 없어서
요달함이 없는 모양도 요달하지 않음이 없는 모양도
또한 얻을 수 없다."

그래서 황벽스님은 이제 그 원인을 설하신다.
의심병환자인 중생심은 무엇이든 부정하고 자기가 원하는 것을 얻어야겠다는 집착이 '도 찾아 삼만리 법 찾아 삼만리'인 것이다.
선지식을 만나면 왜 자꾸 한 법도 없다, 얻을 게 없다 라고 말할까?
자기의 본마음을 분명히 찾게 하고자하는 것이라고 말하지 않는가.
그래서 모양을 얻을 수도 요달함이 없는 모양도 요달하지 않음이 없는 모양도 또한 얻을 수가 없으니 이것이 곧 본래공이요, 본래무일물인 것이다.
그래서 이 찾을 수 없음을 아는 것이 찾은 것이요, 알 수 없음이 바로 아는 것이다. 그래서 또 다짐을 하신다.

"이와 같은 법을 얻은 사람은 곧 얻으나
얻은 사람이라도 스스로 깨달아 알지 못하고
얻지 못한 사람이라도 또한 스스로 깨달아 알지 못한다."

이렇게 본래지를 얻은 사람은 이미 얻었지만 그것이 형상도 물건도 아니고 또 증명 자체가 스스로 안되는 것이니 또 찾아나선다. 그래서 결국은 삿된 길로 빠져버리는 사람이 한둘이 아니니 참 어찌하면 알겠는가.

"이와 같이 법을 예로부터 몇 사람이나 알 수 있었겠느냐?
그러므로 말하기를
'천하에 자기를 잊은 사람이 몇이더냐?' 고 하였다."

이 사실을 체득하고 투득해야 하는데 이 납승이 아무리 말해도 듣지 않는 것은 그대들의 관념이 너무나 두꺼워서 그러하다.
여태까지 신통묘용이 어떻고 육신통이 어떻고 부처님의 십부사의가 어떻고 하면서 엉뚱한 말을 워낙 많이 들어왔기 때문에 손에 쥐어줘도 모른다. 그러다 보니 이제 이 납승도 지치고 지친다. 일승법회에서 일승을 설하면 아무도 오지 않는다. 어쩌다 삼승이나 사승법을 설하면 오늘 법문이 너무 좋다고 칭찬과 극찬을 한다.
그러니 전국에서 제일 사람이 많이 오는 절이나 기도처는 다 사승 오승의 불자들이다. 갓바위니 사리암이니 하면서 기복의 최정점에서 빌고 빌어 얻어지는 것으로 알고 있는 기도도량이 신도가 제일 많고, 그 다음으로 인과법과 정토교인 삼승의 스님들이 그 다음으로 신도가 많다. 서울의 어느 사찰은 신도가 제일 많고 기독교 형식의 광신도를 만드는 법을 배워 하니 잘도 된다. 그러나 이를 어쩌겠는가. 그렇게 하여 이승으로 일승으로 자기의 견처를 넓혀가는 것이니 이 또한 방편으로 보면 참 좋은 방편이다.

그러나 황벽스님이 설하는 것은 일승 중에도 일승법인 것이다. 그러니 그냥 믿으면 얻을 것이요, 믿음이 안 생기면 더 찾다 찾다 죽을 지경이 되면 그때에야 찾을 수 있을 것이니.

"지금 한 기틀, 한 경계, 한 경전, 한 가르침,
한 세대, 한 시기, 한 이름, 한 글자를
육근의 문 앞에서 알 수 있다면 꼭두각시와 무엇이 다르겠느냐."

한 기틀, 한 경계, 경전, 교법 등을 가리키는 것이 안이비설신의 앞에서 정말 알 수 있다면 그 알았다는 것이 바로 꼭두각시와 무엇이 다르냐고 하신다. 그러니 배워서 알고 찾아서 찾아지는 법이라면 그것은 전부 조작된 법이지 진정한 법이 아니라는 것이다.

"한 이름, 한 모양 위에서 알음알이를 내지 않는 사람이
갑자기 나타난다면 온 시방세계를 다 찾는다 해도
이런 사람은 찾을 수 없을 것이라고 나는 감히 말하노라.
그와 버금갈 만한 사람이 둘도 없으므로
조사의 자리를 이으며, 또한 부처님의 종자라고 일컫나니,

순수하여 전혀 잡됨이 없느니라."

그래서 이런 한 모양 한 이름 앞에서 알음알이를 내지 않는 사람이란 바로 조사를 말하는 것이다. 그러니 누가 이 조사를 알아보겠는가.

그대들이 좋아하는 법을 말한다면 그 스님은 그대들의 수준의 견처를 가진 스님임에 틀림이 없다. 왜 그런가. 견처가 다르면 알아 볼 수가 없기 때문이다. 그러니 일반 불교신도가 어찌 납승을 알아보고 진정한 납승을 찾을 수가 있겠느냐고 반문하신다.

조사란 흔적을 남기지 않고 행해도 행함이 없으며, 설해도 설함이 없는 사람인 것이다. 즉 무위법이요, 무위행인 것이다.

납승의 일승법회에 오신 분은 알 것이다. 무슨 설법을 하는지, 하고자 함도 없고 그냥 하고 있을 뿐이다. 이름도 묻지 않는다. 무엇을 하라고도 하지 않는다. 그러니 다시 와도 잘 모른다.

제일 많은 질문이 '스님! 그때 한 법문이 어떻고' 하고 물음이다. 그러나 법문이 끝나고 나면 난 내가 무슨 법문을 했는지 모른다. 그리고 기억에도 없다. 이것이 무심경계에서 무위법을 설한 것이다.

생각해서 계획해서 하는 조작이 아니라 그 때 그 순간 참석한 사람들의 심경과 견처를 보고 그렇게 그렇게 법을 설하고 있을 뿐이기 때문이다. 그러니 법을 설함이 아니라 마음을 마음에 심고 있는 것이다.

그러니 나를 어찌 알겠는가.

"그러므로 '왕이 부처를 이룰 때에
왕자도 역시 따라서 출가한다'고 했는데,
이 뜻을 알기가 매우 어렵느니라."

그러므로 왕이 부처를 이룰 때에 왕자도 역시 따라서 출가한다는 말은 무슨 말인가. 모두가 왕이요, 그대 자신이 바로 왕자처럼, 신도라고 하지만 신도가 아니라 왕이라는 것이다.

이것도 스스로 부처라고 인증하기 전에는 스스로 중생짓을 하게 되는 것이다. 그래서 중생이 편하다. 훈습된 습성에 따라 행하면 되니까.

그러나 갑자기 부처행을 하라고 하니 싫은 것이다. 지킬 것도 많고 행할 줄도 모르고 말할 줄도 모르니 너무 어렵다고 생각하며 그냥 중생으로 살려고 하는 것과 같다. 그러므로 황벽스님도 참 어렵고도 어렵다고 토로하시는 것이다.

그러니 그 찾고 구하고 얻겠다는 욕심만 내려놓으면 있는 그대로 완전한 부처님의 세계이고 화장세계인 것이니 찾지 말도록 당부에 당부를 하시면서 이렇게 다짐을 하신다.

**"다만 너희에게 아무 것도 찾지 말도록 할 뿐이니,
찾으면 곧 잃어버린다."**

부처님들 알겠는가?

21-13. 조사의 방 근처에 인접한 것이라 하겠다

마치 어리석은 사람이 산 위에서 한 번 소리를 질러 메아리가 울리면 곧장 산 아래로 달려가지만 끝내는 아무 것도 찾지 못하고, 거기서

또 한 번 소리를 지르자 산 위에서 메아리가 울리면, 그는 다시 산 위로 달려가는 것과 같다.

이렇게 천생만겁을 소리를 찾고 메아리를 쫓는 사람일 뿐이어서 허망하게 생사에 유랑하는 자이니라. 만약 소리가 없으면 메아리도 생기지 않는다.

열반이란 들음도 앎도 없고 소리도 없어서 자취도 발자국도 모두 끊긴 것이다. 만약 이와 같다면 겨우 조사의 방 근처에 인접한 것이라 하겠다.

보설

이 여래의 청정선이란 제목의 이 한 법문으로써 황벽스님의 모든 무파비를 다 말씀하셨고 다 깨우쳐 주셨다.

더 이상의 법문은 있을 필요가 없다.

조사로써 할 수 있는 말은 다 하셨다.

부처가 바로 우리 자신이란 것도 선도 도도 부처도 성품도 다 알려주셨다.

21-1부터 21-13 단락까지가 황벽스님의 법문 중 마지막 법문이며 총괄적인 법문인 것이다.

이 법문을 보설하면서 무심으로 설하시는 설법이 이렇게 온 우주를 들었다 놓았다 하시면서 그 핵심 요지만 추려 다 설해 주신 것을 보면 역시 황벽스님은 조사 중에 조사임에 틀림없다는 걸 느꼈다. 또한 배휴가 깨닫지 못했다면 아마도 들어도 이렇게 이 그릇의 물을 저 그릇에 옮겨 담듯이 옮겨 담을 수 없었을 것이다.

그럼 진정 부처님의 법은 부처님의 마음은 무엇이라고 해야 할까?

납승에게 묻는다면, 이 삼라만상은 다 '빛의 흐름'이라고 말하리라.

빛은 모양도 색깔도 형태도 없다. 그러나 만상을 다 드러나게 하고 키우고 죽인다.

우리가 본다는 것도 빛이며 우리가 안다고 하는 것도 빛이다. 소리도 맛도 향기도 촉감도 생각도 다 빛이며 에너지며 전기인 것이다.

빛의 흐름이 모이고 흩어져 물질과 형상과 맛과 향기와 소리와 감촉으로 전달되고 전하여 자각되는 것이다. 컴퓨터 속에는 아무 것도 없지만 이렇게 내 마음을 화현시킬 수 있는 것도 전기 에너지에 의해서이다. 그러나 컴퓨터를 끄면 아무 것도 없다.

우리의 머리 속의 기억도 역시 뇌파의 응집이며 우주에 충만한 빛의 에너지의 파동에 의하여 결집되고 흩어지는 것이다.

그러므로 모든 것은 에너지의 향연인 것이다.

그런데 황벽스님은 이것을 메아리에 비교하여 설법을 마무리 하신다. 메아리는 모양도 형상도 없지만 지각되고 자각되어지는 것이지만 그 역시 소리의 파장에 불과한 것이다.

그래서 이렇게 말씀을 하신다.

"마치 어리석은 사람이 산 위에서 한 번 소리를 질러

메아리가 울리면 곧장 산 아래로 달려가지만

끝내는 아무 것도 찾지 못하고 거기서

또 한 번 소리를 지르자 산 위에서 메아리가 울리면

그는 다시 산 위로 달려가는 것과 같다.

우리가 도를 찾는 것은 눈을 감고 향기를 찾고 소리를 찾고 감촉을 찾는 것처럼 있긴 한데 그 실체는 볼 수도 없고 만질 수도 없지만 없는 것 또한 아니다. 그러나 어리석게도 메아리의 본체는 바로 나인데 메아리 소리를 찾아 자꾸 밖으로 나가 헤매듯이, 바깥에서 소리 찾고 향기 찾고 맛을 찾고 형상을 찾는다.

"이렇게 천생만겁을 소리를 찾고 메아리를 쫓는 사람일 뿐이어서 허망하게 생사에 유랑하는 자이니라."

그래서 밖으로 찾고 헤매는 일은 이것이 인이 되어 다시 연을 찾아 헤매면서 생사의 길에서 육도와 선천과 색계와 무색계를 전전하며 생사의 흐름에 윤회하게 되는 것이므로 이를 못하게 하였으며 제발 찾지를 말라고 앞단에서 누누이 당부하셨던 것이다.

오직 마음뿐인데 어디에 무엇이 있겠는가. 밖이란 안의 울림이요, 메아리인 것이다. 즉 내 마음의 소현(所顯)이라는 것이다. 그러니 오직 회광반조 그 빛의 흐름은 바로 나에게서 비롯되었음을 알아야 한다. 내가 우주의 근본이요, 내가 바로 우주의 당체인 것이며 주인공인 것이다.

그래서 황벽스님도 이렇게 말씀하신다.

"만약 소리가 없으면 메아리도 생기지 않는다."

즉 내가 소리를 내지 않았다면 메아리라는 허망한 소리는 없었다.

바로 소리를 지른 사람은 자신인 것이다. 그런데 소리를 찾아 무엇 하겠는가. 그래서 무심을 말하고 무위를 말하는 것이다. 함이 없으면

밖도 안도 없는 것이다.

무심한 경계에서는 무엇이든 적적하고 고요하고 맑고 깨끗해서 그 어떤 때도 더러움도 없다. 그래서 사법인의 마지막인 적정열반(寂靜涅槃)을 말씀하시면서 법문은 마감하시는 것이다.

열반이란 들음도 앎도 없고 소리도 없어서
자취도 발자국도 모두 끊긴 것이다.

일체개고, 제행무상, 제법무아, 적정열반
'이것이 불교이다' 라고 깃발을 세운 사법인(四法印)을 다 설하시며 열반이란 들음도 앎도 없고 소리도 없어서 자취도 발자국도 모두 끊긴 것이라고 하신다.

그럼 최후는 무엇인가. 바로 열반락(涅槃樂)인 것이다.

궁극의 목표는 바로 열반락인 것이다.

이상의 사법인의 도리를 바로 알아 내가 부처임을 확실히 증득하여 무심한 경지에서 해도 함이 없는 무위행을 행하면서 일체중생과 더불어 함께 이고득락하여서 적정한 열반락을 누릴 줄 안다면 이런 사람을 가리켜 우리 조계산의 법손이요, 조사가 될 것이라는 뜻으로 이렇게 말씀하신다.

"만약 이와 같다면 겨우 조사의 방 근처에 인접한 것이라 하겠다."

알겠는가?

(여래의 청정선 끝)

22. 양의 뿔

배상공이 대사께 물었다.

"'임금님의 창고 안에 이런 칼이 전혀 없다'고 하셨는데, 바라옵건대 그 뜻을 가르쳐 주십시오."

"임금님의 창고란 바로 허공의 성품[虛空性]이니라. 그것은 시방의 허공세계를 받아들여 모두가 다 너의 마음을 벗어나지 않는다. 또 다른 말로는 임금님의 창고를 허공장보살이라고도 일컫는다.

네 만약 그것에 대해 있고 없음과 있지도 않고 없지도 않음을 말한다면, 모두가 양의 뿔이 되느니라. 양의 뿔이란 바로 네가 구하여 찾는 것이니라."

배상공이 물었다.

"임금님의 창고 속에는 진짜 칼이 있습니까?"

"그것도 역시 양의 뿔이니라."

"임금님의 창고 속에 애초부터 진짜 칼이 없다면, 왕자가 그 창고에서 진짜 칼을 가지고 다른 나라로 나간 것이거늘, 어찌하여 스님께서는 그저 없다고만 말씀하십니까?"

"칼을 가지고 나갔다는 것은 여래의 심부름꾼에 비유한 것이다. 네 만약 임금님의 창고 속에서 왕자가 진짜 칼을 가지고 나갔다고 말한다면, 창고 안에 있는 허공도 함께 따라 갔을 것이니라. 그러나 본원의 허공성(虛空性)은 다른 사람이 가지고 갈 수 없는 것인데, 그것이 무슨 말이겠느냐? 설령 네가 가졌다 하더라도 그것은 모두 양의 뿔이니라."

보설

앞 단의 여래의 청정선이란 법문을 통하여 조사선의 대의와 불법의 전체적인 대의, 깨달음에 대해서도 어떻게 행하며 어떻게 살아가는 지를 다 설하였다. 원래 달마대사로부터 혜능까지를 여래선이라고 하였지만 여래선이 바로 있는 그대로인 조사선인 것이다.

이 사가어록이 바로 조사선의 시작이며 끝이라고 해야 할 것이다.

배울 것도 할 것도 구할 것도 얻을 것도 하나없는 원래 무일물이며 이무소득고(以無所得故)로 아뇩다라삼먁삼보리라는 『금강경』의 설법처럼 내가 취심한 마음을 마음이라 착각하여 행하고 있는 이 모든 것이 원래 그 함이 없는 무위(無爲)이며 무작(無作)며 무심(無心)이어서 오직 본마음은 텅 빈 허공같아 그 어디에도 매이지 않고 지어지지 않는다. 그래서 원래부터 열반(涅槃)이고 적정(寂靜)인 것이다.

그래서 한 생각 일으키면 벌써 틀렸다고 한 것이다. 그러나 배상공은 이런 법을 몰라서 묻는 것이 아니다. 오직 후인들을 위하여 그 방편으로 묻고 답하고 있는 것이다. 그래서 이렇게 그 형상이 전해지고 있지 않은가.

배상공이 대사께 물었다.

"'임금님의 창고 안에 이런 칼이 전혀 없다'고 하셨는데,
바라옵건대 그 뜻을 가르쳐 주십시오."

함의 법 즉 유위에서 본다면 임금님은 제일 높은 분이고 그 창고에
온갖 보물들이 가득한 것으로 아는데 보검인 칼이 없다고 하니 이것이
알 수 없는 것이다. 그래서 배상공이 물었다.
황벽스님은 답을 이렇게 하신다.

"임금님의 창고란 바로 허공의 성품[虛空性]이니라.
그것은 시방의 허공세계를 받아들여
모두가 다 너의 마음을 벗어나지 않는다.
또 다른 말로는 임금님의 창고를
허공장보살이라고도 일컫는다."

임금님의 창고가 무엇을 말하는 것일까.
이것은 최고의 높고 거룩하고 고귀한 진여의 경계를 말하고 있는 것
이다. 그런데 황벽스님은 무상정등각(無上正等覺)은 바로 진공(眞空)인
허공의 성품[虛空性]이라고 하신다.
저 우주를 보라. 모든 형상은 다 허공 즉 진공 속에 떠 있다. 그래서
모든 바탕의 근본은 바로 허공성인 것이다. 경전에 나오는 허공장보살
이란 명호가 바로 그 진실을 전해주기 위하여 고불께서 칭명한 것이다.

"네 만약 그것에 대해 있고 없음과 있지도
않고 없지도 않음을 말한다면

모두가 양의 뿔이 되느니라.
양의 뿔이란 바로 네가 구하여 찾는 것이니라."

그래서 허공의 성품이 바로 근본이며 이것이 바로 그대의 마음이니 다시 취심하여 이러니 저러니 한다면 그것은 허공을 향하여 소리치는 저 늑대들의 울음소리와 무엇이 다르겠는가.

배상공이 물었다.
"임금님의 창고 속에는 진짜 칼이 있습니까?"

그래도 배상공은 후인을 위하여 의심되는 바를 계속하여 질문한다. 칼이 없다고 하지도 있다고 하지도 있거나 없지도 않다고도 하지 않고 모든 것이 허공성이라고 하니 다시 되묻는 것이다.

그러니 황벽스님이 또 이렇게 말씀하신다.

"그것도 역시 양의 뿔이니라."

지금 문답을 보면 배상공은 전부 유위법으로 묻고 있고 황벽선사는 무위로 답하고 있다. 유위에서 본다면 물을 게 끝이 없다. 그래서 사구 백비라고 하였다. 이렇게 묻고 답하여 그 선문답 중에 깨달으라는 것이다.
모르겠다면 다시 더 들어보자.
배상공이 원래 있지도 않고 없지도 않았다면 그럼 그 칼을 누군가 가져갔을 것이라는 생각으로 이렇게 묻는다.

"임금님의 창고 속에 애초부터 진짜 칼이 없다면
왕자가 그 창고에서 진짜 칼을 가지고
다른 나라로 나간 것이거늘
어찌하여 스님께서는 그저 없다고만 말씀하십니까?"

칼이라는 금강검이 바로 깨달음 무상정등각인데 분명히 있는데 없다고 하니 황벽스님은 얻었으니 되었지만 우리는 아직 보지 못해서 그러니 그 보검을 보여달라고 조르는 것이다.

그래서 있다 없다 라는 유위적 질문으로 사구백비(四句百非)를 이어가니 황벽선사도 원래 무일물을 내어 놓으라고 하니 어쩌겠는가, 그래서 황벽선사도 방편을 들어 답하신다.

"칼을 가지고 나갔다는 것은
여래의 심부름꾼에 비유한 것이다.
네 만약 임금님의 창고 속에서 왕자가
진짜 칼을 가지고 나갔다고 말한다면
창고 안에 있는 허공도 함께 따라 갔을 것이니라."

본바탕의 허공성에서 본다면 칼이 있다느니 없다느니 있지도 않고 없지도 않다느니 하는 것은 다 자기 스스로 취심하여 형상을 그리고 만들고 내고 있는 망상인 것이다.

그래서 황벽스님도 방편을 들어 그 근본을 밝히고 계신다.

"그러나 본원의 허공성(虛空性)은 다른 사람이
가지고 갈 수 없는 것인데, 그것이 무슨 말이겠느냐?
설령 네가 가졌다 하더라도 그것은 모두 양의 뿔이니라."

본래무일물이요, 허공성이라는 말을 또 말이라고 받아들인다면 말이 말을 만들고 또 의심을 만들어 그 끝간 곳이 없을 것이다.

허공성은 보여줄 수도 느끼게 할 수도 그 어떠한 방법으로도 전해줄 수가 없다. 그래서 질문이 있으면 답이 있다 하였듯이 스스로 취심한 것을 또 의심하여 묻고 답한다면 그게 무슨 소용이 있겠느냐.

절대긍정, 있는 그대로 완전한 자유일 뿐 모든 유위의 법은 전부 허망한 양의 뿔에 불과한 것이다. 그러니 그 의심덩어리를 내려놓고 눈을 크게 뜨고 실상을 보고 그대로 받아들이라는 것이다.

있느냐 없느냐 있지도 않고 없지도 않은가?

양의 뿔!

23. 여래의 심부름꾼

배상공이 대사께 물었다.

"가섭존자는 부처님의 심인(心印)을 받았으니, 말을 전하는 사람이 아닙니까?"

"그렇다."

"만약 말 전한 사람이라면 양의 뿔을 여의지 못한 사람이겠군요."

"가섭존자는 스스로 본래 마음을 깨달았기 때문에, 양의 뿔이 아니니라. 만약 여래의 마음을 깨달으면 곧 여래의 뜻을 알게 되며, 여래의 겉모습을 보는 사람은 곧 여래의 심부름꾼에 속하는 자로서 말 전하는 사람이 되느니라.

아난존자가 이십여 년 동안 부처님의 시자로 있었으면서도 다만 여래의 겉모양만 보았기 때문에 부처님으로부터 '세간을 구제하는 것을 보는 자는 양의 뿔을 벗어나지 못하느니라'는 꾸지람을 들었다."

배상공이 대사께 물었다.
"가섭존자는 부처님의 심인(心印)을 받았으니,
말을 전하는 사람이 아닙니까?"

형상과 말과 행동을 보고 여래를 본다고 한다는 것은 진정 여래를 보는 것이 아니다. 그래서 고불께서 약이색견아(若以色見我)거나 이음성구아(以音聲求我)하면 시인(是人)은 행사도(行邪道)라 불능견여래(不能見如來)라고 『금강경』에서 설파하셨듯이 아난존자는 고불의 설법을 처음부터 끝까지 남김없이 들었고 모셨지만 부처님의 심인을 얻지 못하였다.

그래서 부처님께서 열반할 시 아난이 물었다.
"저희들은 이제 누구를 의지하여야 합니까?"
"나의 마음을 얻은 가섭을 따르라." 하셨듯이 아무리 설법을 많이 듣고 행과 모습을 보아도 그 마음을 알지 못한다면 이는 부처님의 뜻을 안 것이 아니다.

그래서 가섭존자께서 초전결집 때 아난존자는 참석조차 못하고 쫓겨났다. 그 억울함으로 밤낮없이 칠일 동안 잠도 못자고 울며 불며 고민하다 깨달음을 얻고서야 결집에 참여하였듯이, 아무리 수행을 많이 하고 불경을 해석할 줄 안다고 하지만 자기의 마음을 투득하지 못한다면 학자나 법사나 박사는 나한의 경지는 될지언정 불교가 무엇인지 모른다고 해야 할 것이다.

오직 마음을 깨달아야만 하는 이유가 바로 여기에 있다.

"그렇다."

"만약 말 전한 사람이라면 양의 뿔을 여의지 못한 사람이겠군요."

"가섭존자는 스스로 본래 마음을 깨달았기 때문에, 양의 뿔이 아니니라. 만약 여래의 마음을 깨달으면 곧 여래의 뜻을 알게 되며, 여래의 겉모습을 보는 사람은 곧 여래의 심부름꾼에 속하는 자로서 말 전하는 사람이 되느니라."

아난존자가 이십여년 동안 부처님의 시자로 있었으면서도 다만 여래의 겉모양만 보았기 때문에 부처님으로부터 '세간을 구제하는 것을 보는 자는 양의 뿔을 벗어나지 못하니라' 는 꾸지람을 들었다.

여기서의 황벽선사 답은 바로 깨달음이란 마음을 깨치지 못하고 설법하고 행동으로 불교의식을 행하는 모든 스님들은 다 양의 뿔이며 행위불교의 한 부분을 행하고 있는 나한이라고 보아야 한다.

우리 주위에 나한은 참으로 많다. 부처님 당시에도 십대제자 십육성 오백승 천이백승 천육백승이라고 칭하는 사람들은 수도 없이 많았다. 그러나 부처님의 심인을 얻은 사람은 오직 가섭존자 한 분이었으니 그리고 아난이 깨달았다.

그렇게 외동으로 외동으로 마명보살이나 무착스님, 세친 등으로 이어져 이십팔대 보리달마 때 그 한 분이 오직 동토로 건너와 불법의 대의를 전했으며, 그 아래로 혜가 · 승찬 · 도신 · 홍인 · 혜능으로 외동으로 끊어질듯 불심인을 전해와서 혜능 아래로 다섯 꽃잎이 피었고 남악 · 중정 · 지장 · 앙산 · 천태 등 오가칠종의 조사선이 혈류를 이루었고 수많은 사람이 깨달음을 이루었다.

그 중에서도 남악 회양선사의 뒤를 이은 조사선의 창시자라고 할 수 있는 마조선사의 평상심시도(平常心是道)와 그 제자인 백장선사의 심즉불(心卽佛), 여기 황벽선사의 중생시불(衆生是佛), 제자인 임제스님의 인즉불(人卽佛)로 이어져 왔던 것이니 이 사가어록이야 말로 부처님의 심인(心印)이며 조사선(祖師禪)이며 불교(佛敎)인 것이다.

그렇다고 본다면 지금 한국에서 행해지고 있는 모든 불교는 부처님의 말씀과 행동과 공덕을 말하는 현교(顯敎)에 속하는 것이며 이 조사선(祖師禪)이야말로 부처님의 마음이 전해진 것이니 마음은 형상과 모양과 흔적이 없다.

이심전심(以心傳心)으로 전해진 진정한 불교인 것이며 밀교(密敎)라고 해야 할 것이다.

원오선원

24. 무분별지는 얻을 수 없다

배상공이 대사께 물었다.

"문수보살이 부처님 앞에서 칼을 든 것은 어찌 된 까닭입니까?"

"오백 명의 보살들이 전생을 아는 지혜를 얻어서 지난 과거생의 업장을 볼 수 있었다. 오백이란 너의 오음으로 된 몸이니라. 이 숙명을 보는 장애때문에 부처가 되기를 구하고 보살, 열반을 구하게 되었느니라. 그러므로 문수보살이 지혜로써 헤아리는 칼을 가지고 부처를 봄이 있다고 생각하는 마음을 베어버렸다.

그래서 '아주 잘 베어버렸다'고 하는 것이다."

"어떤 것이 칼입니까?"

"헤아리는 마음이 칼이다."

"헤아리는 마음이 이미 칼이라고 한다면 부처를 봄이 있다고 생각하는 마음을 베어버린 것인데, 그렇다면 능히 베는 그 마음은 어떻게 없앨 수 있습니까?"

"너의 분별이 없는 지혜로써 보는 것이 있다고 분별하는 마음을 베느니라."

"부처를 봄이 있다느니 혹은 부처를 구함이 있다느니 하는 마음을 내는 경우에는 분별이 없는 지혜의 칼로써 베는 것이지만, 그 지혜의 칼이 있는 것은 어찌해야 합니까?"

"분별 없는 지혜로써 있다는 견해[有見]와 없다는 견해[無見]를 베어 버리면, 분별 없는 지혜도 또한 얻을 수 없느니라."

"지혜로써 지혜를 자르지 말며, 칼로써 칼을 자르지 마소서."

"칼이 스스로 칼을 베어서 칼과 칼이 서로 베어지면, 칼 또한 얻을 수 없다. 그와 마찬가지로 지혜가 스스로 지혜를 베어서, 지혜와 지혜가 서로 베어지면 지혜 또한 얻을 수 없는 것이니, 어미와 자식이 함께 죽는 것도 역시 이와 같으니라."

보설

배상공이 대사께 물었다.
"문수보살이 부처님 앞에서 칼을 든 것은 어찌 된 까닭입니까?"
"오백명의 보살들이 전생을 아는 지혜를 얻어서
지난 과거생의 업장을 볼 수 있었다.
오백이란 너의 오음으로 된 몸이니라.
이 숙명을 보는 장애 때문에 부처가 되기를 구하고
보살, 열반을 구하게 되었느니라.
그러므로 문수보살이 지혜로써 헤아리는 칼을 가지고
부처를 봄이 있다고 생각하는 마음을 베어 버렸다.
그래서 '아주 잘 베어버렸다'고 하는 것이다."

필경공을 말했고 원래 무일물을 알아도 그래도 인간이란 분별로써 구분하고 판단하여 이론과 궤설로 그 성품을 가진다. 그런데 그 어느 것도 실상이 아닌 것이다. 즉 형상으로 지으면 다 망상인 것이다. 그러니 여기서도 차별심으로 분별하여 말하는 배휴와 무분별지로 답하는 형상이다.

문수보살이라고 하니 부처님의 제자인 문수보살이라고 또 분별한다. 그러니 어찌 제자가 부처님 앞에서 칼을 뽑아들 수 있느냐는 분별지의 말로써 묻고 있다. 문수사리란 바로 지혜라는 말이다.

그러니 지혜란 무엇이냐. 분별하고 차별하는 중생심을 쳐서 없애는 역할론적인 말에 불과하다. 그래서 말이나 뜻이나 차별적으로 묻고 답하는 그 형상마저 없애라는 뜻으로 칼을 뽑아들었다고 보아야 한다.

그러니 부처님마저 잘했다고 칭찬을 하신 것이다. 알겠는가?

"어떤 것이 칼입니까?"
"헤아리는 마음이 칼이다."

또 칼이라고 하니 배휴는 우리가 아는 칼로 분별하여 묻는다. '어떤 것이 칼입니까'라고 그런데 황벽선사는 헤아리는 마음이 칼이라고 하신다.

헤아리는 마음이란 무엇을 말하는가.

기억된 제팔식의 종자식을 통하여 제칠식인 말라식이 사량분별하여 육식을 통하여 말로써 헤아리는 일체의 의식을 말한다.

그렇다면 무분별지는 무엇인가.

무심(無心)인 것이다.

"헤아리는 마음이 이미 칼이라고 한다면
부처를 봄이 있다고 생각하는 마음을 베어버린 것인데
그렇다면 능히 베는 그 마음은 어떻게 없앨 수 있습니까?"
"너의 분별이 없는 지혜로써 보는 것이 있다고
분별하는 마음을 베느니라."

무심이라고 하니 또 무심이란 마음이 별도로 있어 유심(有心)을 벤다고 생각하고 묻는 말이다. 그러니 배휴가 '그럼 유심의 분별지를 베는 무심인 칼이 있어야만 벨 수 있지 않습니까' 그러니 '그 무심이란 것도 있는 것이 아니냐'고 물고 늘어진다.

"부처를 봄이 있다느니 혹은 부처를 구함이 있다느니 하는
마음을 내는 경우에는 분별이 없는 지혜의 칼로써 베는 것이지만
그 지혜의 칼이 있는 것은 어찌해야 합니까?"

이렇게 물으니 황벽스님이 이렇게 방편을 베푸신다.

"분별 없는 지혜로써 있다는 견해[有見]와 없다는 견해[無見]를
베어 버리면 분별 없는 지혜도 또한 얻을 수 없느니라."

유무장단의 분별지는 무분별지인 무심으로 다스릴 수 있지만 그 무분별지는 실로 있다 없다의 대상이 아닌 것이요, 얻을 수도 구할 수도 볼 수도 없다고 하신다.
그 얻고 구하고 볼 수 있다는 그 자체가 유심인데 그것을 제하고 나

면 오직 유식(唯識)에서 식을 빼면 뭐가 있을까.

공(空)!

"지혜로써 지혜를 자르지 말며 칼로써 칼을 자르지 마소서."

그러니 살아 움직이는 이 식을 벤다면 그럼 뭐가 있느냐고 따진다.

그래서 공이라고 했다. 아님 영이라고 했다. 아님 없다고 했다.

그래도 있느냐, 그럼 그대로다.

"칼이 스스로 칼을 베어서 칼과 칼이

서로 베어지면 칼 또한 얻을 수 없다."

칼이라고 한다면 이것도 유심이다, 유심이 유심을 빼면 공이 되는

것이다. 그럼 공이 무엇이냐, 빈 허공이다.

"그와 마찬가지로 지혜가 스스로 지혜를 베어서,

지혜와 지혜가 서로 베어지면 지혜 또한 얻을 수 없는 것이니,

어미와 자식이 함께 죽는 것도 역시 이와 같으니라."

어미다, 자식이다 하는 것이 바로 차별이다.

그럼 어미와 자식이 함께 죽으면 뭐가 남겠는가.

이 원오에게 묻는다면

'있는 그대로 완전한 자유' 라고 하리라!

25. 견성이란?

배상공이 대사께 물었다.

"자성을 보는 것[見性]이란 무엇입니까?"

"성품을 곧 보는 것이요, 보는 것이 곧 성품이니, 성품으로써 다시 성품을 보지 말라. 또 들음이 그대로 성품이니 성품으로써 다시 성품을 들으려 해서는 안 된다. 그렇지 않으면 네가 성품이라는 견해를 내며, 능히 성품을 듣고 능히 성품을 보아서 문득 같다거나 다르다는 견해를 일으킨다. 저 경에서 분명히 말하기를,

'볼 수 있는 바는 다시 보지 못한다'고 하였으니, '너는 어찌 머리 위에 다시 머리를 얹겠느냐?' 경에서 분명히 말하기를,

'마치 소반 위에 구슬을 흩어놓는 것과 같아서 큰 구슬은 크게 둥글며, 작은 구슬은 작게 둥글어서 각각의 구슬끼리 알지 못하며, 각각 서로를 방해하지 않아서 일어날 때에 〈내가 일어난다〉 말하지 않으며, 없어질 때에 〈내가 없어진다〉 말하지 않는다'고 하였다. 그러므로 사생과 육도가 이렇지 않은 경우가 없느니라.

또 중생이 부처를 보지 못하고 부처가 중생을 보지 못하며, 사과(四果)가 사향(四向)을 보지 못하고 사향이 사과를 보지 못하며, 삼현(三賢)

십성(十聖)이 등각과 묘각을 보지 못하고 등각과 묘각이 삼현 십성을 보지 못하며, 나아가 물이 불을 보지 못하고 불이 물을 보지 못하며, 땅이 바람을 보지 못하고 바람이 땅을 보지 못하며, 중생이 법계에 들지 못하고 부처가 법계를 벗어나지 못한다. 그러므로 법의 성품은 가고 옴이 없으며 능히 보는 것도 보여지는 대상도 없다.

능히 이와 같다면, 무엇 때문에 나는 본다느니 혹은 나는 듣는다느니 말하겠느냐?

무엇보다도 선지식의 회하에서 깨닫도록 하여라.

선지식이 나에게 법을 설하시며, 모든 부처님께서 세간에 나오셔서 중생들에게 법을 설해 주신다. 그러나 가전연은 다만 생멸하는 마음을 가지고 실상(實相)의 법을 전하였기 때문에 유마거사에게 꾸중을 들었느니라.

분명히 말하건대, 어떤 법이라도 본래로 속박하지 않는데 어찌 풀어 헤칠 필요가 있겠으며, 또 본래 물들지도 않는데 굳이 맑게 할 필요가 있겠느냐?

그러므로 말하기를,

'모든 법의 참다운 모양이 이와 같거늘 어찌 말로써 설명할 수 있겠느냐' 고 하였다. 네가 지금 다만 시비하는 마음, 염정(染淨)을 따지는 마음을 내고 하나 하나마다 알음알이를 배워 얻어서, 온 천하를 두루 돌아다니면서 사람들이 결단코 취하려고 하는 것을 곧 보게 되는데, 도대체 누가 마음의 눈을 갖추었으며, 누가 강하고 누가 약한지 말해 보아라. 만약 이렇게 한다면 하늘과 땅의 차이처럼 현격하게 다른 것이니, 다시 무슨 견성(見性)을 논하겠느냐?"

배상공이 대사께 물었다.

"이미 성품이 그대로 보는 것이며 보는 것이 그대로 성품이라고 스님께서 말씀하셨는데, 그렇다면 성품이 본래 장애가 없어야 하며 제한이 없어야 할 것입니다. 그러나 어찌하여 물건이 가로막히면 곧 보지 못하고, 또 허공이 가운데서 가까우면 보고 멀어지면 보지 못하는 것은 무슨 까닭입니까?"

"이것은 네가 망령되게 다르다는 견해를 낸 것이니라.

만약 물건이 앞에 가로막히면 보지 못하고 그것이 없어지면 본다고 생각하여, 성품을 가로막는 장애가 있다고 말하는 것은 잘못이니라. 성품이란 보는 것도 보지 않는 것도 아니며, 법 또한 보는 것도 보지 않는 것도 아니다. 만약 견성한 사람이라면 어느 곳인들 나의 본래 성품이 아님이 있겠느냐?

그러므로 육도사생과 산하대지가 모두 내 성품의 맑은 본체 그대로이니라. 그러므로 말하기를,

'물질[色]을 보는 것이 곧 마음[心]을 보는 것이다'고 하였으니, 물질과 마음이 다르지 않기 때문이다. 다만 모양에 집착하여 보고 듣고 느끼고 알아서 눈 앞의 물건을 없애고 나서야 비로소 보려고 하는 자들은 이승(二乘)의 무리 가운데 떨어진, 의지하여 통하려는 견해이니라. 허공 가운데서 가까우면 보고 멀면 볼 수 없다고 한다면, 이것은 외도에 떨어지고 만다.

분명히 말하노니, 안도 아니고 바깥도 아니며 가깝지도 않고 멀지도 않은 것이니, 가까우면서도 볼 수 없는 것이 중생들의 성품이니라. 가까이 있어도 오히려 그렇거늘, 멀어서 볼 수 없다는 것은 도대체 무슨 뜻이겠느냐?"

보설

배상공이 대사께 물었다.

"자성을 보는 것[見性]이란 무엇입니까?"

앞단에서 무분별지는 얻을 수 없다는 말을 듣고 그렇다면 무분별지가 바로 견성으로 아는데 무분별지를 얻을 수 없다면 그럼 견성이란 있을 수 없지 않나 하여 이렇게 묻는다.

이 물음에 황벽스님은 이렇게 말한다.

"성품이 곧 보는 것이요, 보는 것이 곧 성품이니,

성품으로써 다시 성품을 보지 말라."

성품즉견 견즉성품이란?

보이는 것이 색[性品]이며 보는 것이 바로 성품[心]이다. 이것이 바로 보는 것과 보이는 것이 둘이 아닌 것이다. 이것이 바로 불이이며 무분별지인 것이다. 그러므로 성품으로써 성품을 보지 말라고 하신다.

무분별지인 차별상이 사라진 불이의 경지에서는 봄과 보임이 둘이 아닌 것이다. 바로 색즉시공 공즉시색과 같은 말이 된다.

있는 그대로일 뿐 관념을 붙이면 바로 차별상에 떨어지게 된다.

"또 들음이 그대로 성품이니 성품으로써

다시 성품을 들으려 해서는 안 된다.

그렇지 않으면 네가 성품이라는 견해를 내며

능히 성품을 듣고 능히 성품을
보아서 문득 같다거나 다르다는 견해를 일으킨다."

들음과 맡음도 느낌도 다 똑같이 그대로일 뿐, 들은 것을 관념으로 듣는다고 하니까 들음이 차별에 떨어지는 것이다.

"저 경에서 분명히 말하기를,
'볼 수 있는 바는 다시 보지 못한다' 고 하였으니,
너는 어찌 머리 위에 다시 머리를 얹겠느냐?
경에서 분명히 말하기를
'마치 소반 위에 구슬을 흩어놓는 것과 같아서
큰 구슬은 크게 둥글며 작은 구슬은 작게 둥글어서
각각의 구슬끼리 알지 못하며, 각각 서로를 방해하지 않아서
일어날 때에 〈내가 일어난다〉 말하지 않으며
없어질 때에 〈내가 없어진다〉 말하지 않는다' 고 하였다.
그러므로 사생과 육도가 이렇지 않은 경우가 없느니라."

이렇게 보고 듣고 맡고 느끼는 모든 오감이 모두 다 보면 보는 대로 들으면 들리는 그대로이지 거기에 차별이 없는데, 내 관념인 아뢰야식으로 관념을 드러내 사량식인 제칠 말나식이 차별하여 좋다 나쁘다 하는 분별식을 만들어내는 것이니 이 차별상이 바로 인간의 희비애락을 생산하는 것이다. 그러니 차별을 떠나 있는 그대로를 바로 직감으로 느끼면 되는 것이다.

"또 중생이 부처를 보지 못하고 부처가 중생을 보지 못하며

사과(四果)가 사향(四向)을 보지 못하고 사향이 사과를 보지 못하며

삼현(三賢) 십성(十聖)이 등각과 묘각을 보지 못하고

등각과 묘각이 삼현 십성을 보지 못하며

나아가 물이 불을 보지 못하고 불이 물을 보지 못하며

땅이 바람을 보지 못하고 바람이 땅을 보지 못하며

중생이 법계에 들지 못하고 부처가 법계를 벗어나지 못한다.

그러므로 법의 성품은 가고 옴이 없으며

능히 보는 것도 보여지는 대상도 없다.

능히 이와 같다면, 무엇 때문에 나는 본다느니

혹은 나는 듣는다느니 말하겠느냐?"

물음도 차별이요 생각의 굴림도 분별이다.

보이는 시각이나 들리는 청각이나 향기를 맡는 후각이나 맛을 아는 미각이나 몸으로 느끼는 촉감이나 생각하는 의식 모두 주객으로 분별하면 다 있는 것 같이 느껴지지만 모든 것은 의식의 작용인 것이다.

그러므로 보임과 보이는 것이 둘이 아닌 것이다. 그러니 보이면 보이는 대로 들리면 들리는 대로 모든 것은 있는 그대로일 뿐인 것이다.

여기에다 관념의 작용으로 다시 분별하고 차별하여 이분법인 차별상에 떨어진다. 그러니 서로는 서로가 아니라 하나이며 관념의 작용이 없다면 무심인 것이다.

그러므로 모든 수행은 무관념의 습화이며 이렇게 하기 위해서는 바로 무아적 생각을 익히고 익혀 바로 내가 없으면 자연 관념이 작용할 틈이 없어진다.

"무엇보다도 선지식의 회하에서 깨닫도록 하여라.
선지식이 나에게 법을 설하시며
모든 부처님께서 세간에 나오셔서 중생들에게 법을 설해 주신다."

그래서 황벽스님도 선지식의 방편을 따라 오후수행을 통해 묵은 업[觀念]을 녹일 뿐이다. 깨닫기는 세수하다 코만지기 보다 쉽다고 했다. 이론으로 깨닫는 해오(解悟)는 너무나 쉽지만 자기 관념인 업을 녹이는 일은 바로 오후수행으로써 시간과 세월이 묵어야만 되는 것이다.

역대 조사님들도 다 깨닫고 다시 행각을 통해서 수십 년의 세월이 흘러 말과 방편을 세워 중생을 제접했던 것이다. 그러므로 많은 선지식을 찾아 참문하고 방편을 습득해야만 선지식으로서의 자질과 행리처가 생겨나는 것이다.

"그러나 가전연은 다만 생멸하는 마음을 가지고 실상(實相)의 법을
전하였기 때문에 유마거사에게 꾸중을 들었느니라.
분명히 말하건대, 어떤 법이라도 본래로 속박하지 않는데
어찌 풀어헤칠 필요가 있겠으며, 또 본래 물들지도 않는데
굳이 맑게 할 필요가 있겠느냐? 그러므로 말하기를
'모든 법의 참다운 모양이 이와 같거늘 어찌 말로써
설명할 수 있겠느냐'고 하였다.
네가 지금 다만 시비하는 마음, 염정(染淨)을 따지는 마음을
내고 하나 하나마다 알음알이를 배워 얻어서 온 천하를 두루
돌아다니면서 사람들이 결코 취하려고 하는 것을
곧 보게 되는데 도대체 누가 마음의 눈을 갖추었으며

누가 강하고 누가 약한지 말해 보아라.

만약 이렇게 한다면 하늘과 땅의 차이처럼

현격하게 다른 것이니, 다시 무슨 견성(見性)을 논하겠느냐?"

이 말씀도 견성이라는 차별적 명색에 젖어 견성을 찾고 얻으려 하면 이것이 바로 명색에 빠지는 것이다.

한 마음을 일으키면 백만 차별상이 펼쳐지고 거두어 정에 들면 모든 것이 그대로일 뿐이다. 견성이란 말을 하면 바로 견성이란 명색에 빠지고 견성이란 생각이 없으면 그대로 견성일 뿐이다.

배상공이 대사께 물었다.

"이미 성품이 그대로 보는 것이며 보는 것이 그대로 성품이라고 스님께서 말씀하셨는데, 그렇다면 성품이 본래 장애가 없어야 하며 제한이 없어야 할 것입니다. 그러나 어찌하여 물건이 가로막히면 곧 보지 못하고, 또 허공이 가운데서 가까우면 보고 멀어지면 보지 못하는 것은 무슨 까닭입니까?"

여기서 견성이란 말의 성품을 논하고 있다. 성품의 실성이 있을 수 없다. 그런데 배상공이 스스로 만든 차별상으로 보이느니 안 보이느니 하고 있을 뿐이다. 그대로 보이는 것이 견성이요, 들리는 것이 견성이다. 즉 있는 그대로가 다 견성인 것이다.

"이것은 네가 망령되게 다르다는 견해를 낸 것이니라.

만약 물건이 앞에 가로막히면 보지 못하고

그것이 없어지면 본다고 생각하여, 성품을 가로막는
장애가 있다고 말하는 것은 잘못이니라.
성품이란 보는 것도 보지 않는 것도 아니며
법 또한 보는 것도 보지 않는 것도 아니다.
만약 견성한 사람이라면
어느 곳인들 나의 본래 성품이 아님이 있겠느냐?
그러므로 육도 사생과 산하대지가 모두 내 성품의
맑은 본체 그대로이니라. 그러므로 말하기를
'물질[色]을 보는 것이 곧 마음[心]을 보는 것이다'고 하였으니
물질과 마음이 다르지 않기 때문이다.
다만 모양에 집착하여 보고 듣고 느끼고 알아서 눈 앞의 물건을
없애고나서야 비로소 보려고 하는 자들은
이승(二乘)의 무리 가운데 떨어진, 의지하여 통하려는 견해이니라.
허공 가운데서 가까우면 보고 멀면 볼 수 없다고 한다면
이것은 외도에 떨어지고 만다."

그래서 황벽스님이 조목조목 들려주시지만 차별상은 마음을 일으키
므로 생겨나는 것이다.
차별상이란 스스로의 의식의 굴림에 불과하다. 그러므로 보는 것이
그대로 마음이며 마음이 그대로 보이는 것이라고 하신다. 색즉시공 공
즉시색을 말씀하는 것이다. 그러니 이것이다 하면 저것이 생겨나고 저
것이다 하면 이것이 생겨난다. 이 모든 것이 한 생각을 일으키면 색이
되고 한 생각을 접으면 그대로일 뿐이다.

"분명히 말하노니, 안도 아니고 바깥도 아니며
가깝지도 않고 멀지도 않은 것이니
가까우면서도 볼 수 없는 것이 중생들의 성품이니라.
가까이 있어도 오히려 그렇거늘
멀어서 볼 수 없다는 것은 도대체 무슨 뜻이겠느냐?"

견성이란 말을 만들어 견성의 성품을 논하려고 하나 논하는 것이 바로 차별상이요, 차별상으로 묻고 답한다.

그러니 차별상 자체가 그대로 이고 그대로가 그대로 차별상인 것이다. 모든 것은 있는 그대로일 뿐인데 차별하면 이승으로 떨어지는 것이요, 무분별지면 그대로 견성인 것이다!

원오선원

26. 한 생각 일지 않으면 곧 보리

배상공이 대사께 물었다.

"소생(小生)이 알지 못하겠사오니, 큰스님께서는 가르쳐주십시오."

"내게는 한 물건도 없어서, 이제까지 남들에게 한 물건도 전혀 가르쳐 준 바가 없다. 너는 한량없는 세월 전부터 그저 남에게 가르침을 받아서 이해하려고만 하니, 이야말로 스승과 제자가 함께 왕의 난[王難]에 빠지는 것이 아니겠느냐. 너는 다만 이 사실을 알아야 한다.

한 생각 받아들이지 않으면 그것이 바로 받음이 없는 몸이며, 한 생각 생각하지 않으면 그것이 바로 생각 없는 몸이니라.

절대로 인위적인 조작에 휩쓸리지 않으면 그것이 바로 행함이 없는 몸이며, 요리조리 따지고 분별하지 않으면 그것이 바로 식(識)이 없는 몸이니라. 그러므로 네가 달리 한 생각 일으키기만 하면 그대로 십이인연에 빠져들어서, 무명이 행을 연하여 서로 인(因)이 되기도 하고 과(果)가 되기도 하며, 나아가서는 늙음과 죽음이 서로 서로 인이 되기도 하고 과가 되기도 한다.

그러므로 선재동자가 백열 곳에서 선지식을 구했지만, 다만 십이인연 속에서만 구하다가 최후에 미륵보살을 만났었다.

그러자 미륵보살이 문수보살을 찾아뵈라고 다시 가르쳐 주었다. 문수보살이란 다름아닌 바로 너의 근본 무명이니라.

만약 마음과 마음이 각기 달라서 그저 밖으로만 선지식을 구하는 자는 한 생각이 갓 일어났다가는 꺼지고 꺼졌다가 또 생긴다. 그러므로 너희 비구들도 생노병사 하기도 하여 인과의 값을 치뤄오면서 마침내는 다섯 갈래[五聚]의 생멸을 당한다.

다섯 갈래란 오음(五陰)이니 한 생각 일어나지 않으면 곧 십팔계(界)가 공하여 이 몸 그대로가 보리의 꽃·열매이며, 또한 이 마음이 그대로 신령스런 지혜이며 신령스런 보리좌이니라. 그러나 만약 집착하는 바가 있으면 이 몸은 곧 송장이 되고, 마음은 송장을 지키는 귀신이 되고 만다."

보설

배상공이 대사께 물었다.

"소생(小生)이 알지 못하겠사오니 큰스님께서는 가르쳐주십시오."

"내게는 한 물건도 없어서

이제까지 남들에게 한 물건도 전혀 가르쳐 준 바가 없다.

너는 한량없는 세월 전부터 그저 남에게 가르침을 받아서

이해하려고만 하니, 이야말로 스승과 제자가 함께

왕의 난[王難]에 빠지는 것이 아니겠느냐.

너는 다만 이 사실을 알아야 한다.

한 생각 받아들이지 않으면 그것이 바로 받음이 없는 몸이며,

한 생각 생각하지 않으면 그것이 바로 생각 없는 몸이니라.
절대로 인위적인 조작에 휩쓸리지 않으면
그것이 바로 행함이 없는 몸이며, 요리조리 따지고
분별하지 않으면 그것이 바로 식(識)이 없는 몸이니라."

앞 단에서 견성을 물었다. 그러나 배휴의 의심은 사라지지 않는다.
'견성을 하면 하늘에 해가 천 개가 뜬 것 같고, 내가 보고 있는 모든
물체가 허공으로 보이고, 보이지 않은 모든 것을 확실하게 볼 수 있다'
는 망상심이 사라지지 않는 것이다. 즉 견성이면 성불이라 했으니 성
불이면 부처인데 어찌 부처님 같이 되지 않느냐는 것이다.

부처님은 보리좌이고 중생은 무명이라는 이분법적 관점에서 사량하
여 구별하려는 분별심이 사라지지 않은 상태에서는 그 어떤 말을 들어
도 들리지 않는다.

그러니 나는 무엇인가?

내가 오온으로 받아들여 저장식에 넣어둔 기억을 나라고 하고 있으
니 들리면 듣는 대로 보면 보는 대로 다 저장식에서 기억을 불러내어
칠식의 사량으로 이분법적으로 분별 판단하여 보고 들으려 하니 듣지
도 보지도 못하는 것이다.

여기서 내 분별식을 내려놓고 보고 들어보라.

보아도 들어도 그대로일 것이다. 그러니 어찌 남의 말이 들릴 리가
있으며 보일 수가 있겠는가.

황벽스님은 그래서 한 법도 줘보지 못했다고 하신다. 말로써 남에게
깊은 뜻을 전해줄 수 없다는 것이다. 그래서 언어도단인 것이다.

납승도 십여 년을 일승법회라는 이름으로 법회를 했으나 법문을 들

으려 온 것이 아니라. 자기 스스로 알고 있는 관념이 맞는지 아닌지를 내 법문 중에서 찾고 있는 것이다. 그러니 아무리 법문을 해도 한 법도 설한 바가 없는 것이다.

한 명이라도 알아들었으면 그런 사람은 영원히 내 앞에 다시 오지 않을 것이다. 그래서 황벽스님도 법문을 듣고 알음알이로 저장하여 각지를 다니면서 내가 법을 안다고 하고 자기 관념이 되었음을 모른다는 것이다. 그래서 '너희는 한량없는 세월 전부터 그저 남에게 가르침을 받아서 이해하려고만 하니, 이야말로 스승과 제자가 함께 왕의 난[王難]에 빠지는 것이 아니겠느냐' 라고 꾸짖고 계신다.

"절대로 인위적인 조작에 휩쓸리지 않으면
그것이 바로 행함이 없는 몸이며
요리조리 따지고 분별하지 않으면
그것이 바로 식(識)이 없는 몸이니라."

법문을 듣고 조작하지 않는다는 것은 관념에 비추어 사량하지 않는다는 뜻이고 분별식을 가동하지 않으면 식이 없는 몸이라고 하시니 이는 무심(無心)을 설하시는 것이다.

"그러므로 네가 달리 한 생각 일으키기만 하면
그대로 십이인연에 빠져 들어서
무명이 행을 연하여 서로 인(因)이 되기도 하고
또 과(果)가 되기도 하며 나아가서는 늙음과 죽음이
서로 서로 인이 되기도 하고 과가 되기도 한다."

한 생각 일으킨다는 것은 사량한다는 뜻이니 사량은 이것과 저것, 이것이라 하면 저것이 서고 저것이라 하면 이것이 서는 것이다. 그러니 분별하여 한 생각 일으키면 이 한 생각이 둘이 되고 넷이 되고 팔만사천 갈래로 갈라진다. 그래서 석존께서 팔만사천 방편문을 설하셨던 것이며 『열반경』에서 한 법도 설한 바가 없다고 하시어 제법무아의 실상을 밝혀주셨던 것이다.

"그러므로 선재동자가 백열 곳에서 선지식을 구했지만,
다만 십이인연 속에서만 구하다가 최후에 미륵보살을 만났었다.
그러자 미륵보살이 문수보살을 찾아뵈라고 다시 가르쳐 주었다.
문수보살이란 다름아닌 바로 너의 근본 무명이니라.

지금 하신 말씀은 바로 분별식인 의식으로 묻고 답하면 그 답을 찾을 수가 없다는 것이다. 분별식이 바로 십이인연법이 되어 돌고 돌아 제자리로 돌아가기 때문이다. 무심이 바탕이며 깨달음의 자리인데, 분별식인 의식으로 십이인연으로 돌고 돌아 제자리로 돌아오니 영시가 이십사시이며 무명이 깨달음이고 깨달음 자리가 바로 무명이며 이 무명이 바로 근본식이며 백정식이라는 것이다.
　돌!
　다시 풀어서 말씀하신다.

"마음과 마음이 각기 달라서 그저 밖으로만 선지식을 구하는 자는
한 생각이 갓 일어났다가 꺼지고 꺼졌다가는 또 생긴다.
그러므로 너희 비구들도 생노병사 하기도 하여

인과의 값을 치뤄오면서 마침내 다섯 갈래[五聚]의 생멸을 당한다.”

모든 것은 인연법이지 보리는 아니며 무엇이든 생멸법이며 유위법인 것이다. 식이 없는 무심에서 보면 보는 대로 들으면 듣는 대로 그대로일 뿐인 것이다. 유위 속에서는 하늘, 인간, 축생, 아수라, 지옥 등 수없는 갈래지만 의식 없는 본식에는 오직 지금 여기 있는 그대로일 뿐이다.

“다섯 갈래란 오음(五陰)이니 한 생각 일어나지 않으면
곧 십팔계(界)가 공하여 이 몸 그대로가 보리의 꽃·열매이며,
또한 이 마음이 그대로 신령스런 지혜이며 신령스런 보리좌이니라.”

평상심시도(平常心是道)이며 심즉불(心卽佛) 인즉불(人卽佛)을 설하신다.
원오가 한 마디 하라면 중생시불(衆生是佛)이니라!

**“만약 집착하는 바가 있으면 이 몸은 곧 송장이 되고
마음은 송장을 지키는 귀신이 되고 만다.”**

무심이 아닌 의식으로 인연법인 분별식과 사량식으로 간다면 이 몸은 송장이 되고 마음은 송장을 지키는 귀신이 되고 만다고 하신다. 그러니 한 생각 일지 않는 무심이 되면 이것이 바로 보리라고 하신다.
살펴 갈지로다!
무심지도(無心之道)!

27. 둘 아닌 법문

배상공이 대사께 물었다.

"유마거사가 잠자코 있으니 문수보살이 찬탄하기를 '이것이야말로 둘 아닌 법문[不二法門]에 드는 것이로다' 했는데, 이것은 무슨 뜻입니까?"

"둘 아닌 법문이란 바로 너의 본마음이니라. 그러니 법을 설했느니 혹은 설하지 않았느니 하는 것은 기멸(起滅)이 있는 것이다. 말 없을 때에는 나타내 보인 것이 없으므로 문수보살이 찬탄한 것이니라."

"유마거사가 아무 말도 하지 않았으니, 소리가 단멸된 것이 아닙니까?"

"말이 곧 침묵이고 침묵이 그대로 말이다. 말과 침묵이 둘이 아니기 때문에 소리의 실제 성품도 역시 단멸이 없다고 하는 것이니라. 문수보살이 본래 들음[本聞]도 역시 단멸이 없는 것이다. 그러므로 여래께서 항상 말씀하시기를, '일찍이 말하지 않은 때가 없다' 고 하신 것은 여래의 말씀이 곧 법이요, 법이 곧 말씀이니, 법과 말씀이 둘이 아니기 때문이니라. 나아가 보신, 화신, 보살, 성문과 산하대지와 물, 새, 수풀이 일시에 법을 설하는 것이다. 그러므로 말도 설법이고 침묵도 설법이어서, 종일 설법하나 일찍이 설한 바가 없다. 이미 이와 같다면 말 없음으로써 근본을 삼느니라."

배상공이 대사께 물었다.

"유마거사가 잠자코 있으니 문수보살이 찬탄하기를 '이것이야말로 둘 아닌 법문[不二法門]에 드는 것이로다' 했는데 이것은 무슨 뜻입니까?"

여기서 불이(不二)를 묻고 있다.

불이는 지금 여기 이대로인 것이다. 관념과 사상과 이념과 생각으로 보는 것은 다 차별과 분별 속에 그 존재성이 드러난다. 그 기준이 바로 그 사람의 관점인 것이다. 그 사람의 관점에 따라 드러난 현상은 천차만별인 것이다. 그러니 분별심, 차별심, 이분법으로 벌어져 스스로 차별 속에서 헤매이고 좋고 싫음이 생겨 자기 스스로 묶이고 마는 것이다.

그러니 유마거사가 말 없음이 바로 말이요, 침묵이라고 하지만 말이란 내 뜻을 전달하는 수단이니 말을 하든 하지 않든 자신의 뜻을 전달하고 있는 것이다.

배휴가 불이(不二)를 몰라서 이렇게 말하는 것이 아니다.

후인을 위하여 스스로 분별심을 드러내는 것이다.

"둘 아닌 법문이란 바로 너의 본마음이니라.

그러니 법을 설했느니 혹은 설하지 않았느니 하는 것은
기멸(起滅)이 있는 것이다.
말 없을 때에는 나타내 보인 것이 없으므로
문수보살이 찬탄한 것이니라."

여기서 황벽스님은 '너의 본마음이니라' 라고 하신다.
본마음은 형상이 없다. 소리도 말도 아니다. 바로 지금 오감을 아무
런 흔적 없이 다 받아들이면서도 아무런 분별이 없으니 말을 할 필요
가 없다. 그래서 문수보살이 찬탄한 것이라고 분별심을 드러내는 허물
을 감수하면서도 대중을 위하여 이렇게 말씀하고 계신 것이다.

"유마거사가 아무 말도 하지 않았으니
소리가 단멸된 것이 아닙니까?"

여기서 배휴가 또 분별심으로 묻는다.
단멸이란 말이 그것이다. 멸이다 단멸이다 하는 차별상이 없이 지금
여기 바로 이대로인 것은 차별이 없다.
그래서 스님은 또 이렇게 설하신다.

"말이 곧 침묵이고 침묵이 그대로 말이다.
말과 침묵이 둘이 아니기 때문에
소리의 실제 성품도 역시 단멸이 없다고 하는 것이니라.
문수보살이 본래 들음[本聞]도 역시 단멸이 없는 것이다.

‘말이 곧 침묵이고 침묵이 그대로 말이다’ 하신 것은 말이란 자기의 관념을 드러내는 것이니 말이 아닌 것이요, 침묵은 그대로를 다 인지하면서도 분별과 차별을 하지 않기 때문에 침묵으로 관하는 것이다. 그러니 관하고 있으니 단멸이 아닌 것이며 그대로일 뿐이다.

> "그러므로 여래께서 항상 말씀하시기를
> ‘일찍이 말하지 않은 때가 없다’ 고 하신 것은
> 여래의 말씀이 곧 법이요, 법이 곧 말씀이니
> 법과 말씀이 둘이 아니기 때문이니라.
> 나아가 보신, 화신, 보살, 성문과 산하대지와
> 물, 새, 수풀이 일시에 법을 설하는 것이다.
> 그러므로 말도 설법이고 침묵도 설법이어서
> 종일 설법하나 일찍이 설한 바가 없다."

부연하여 다시 차별적 분별상으로 만들어 설하신다.

말씀이 곧 법이요, 법이 곧 말씀이니 법과 말씀이 둘이 아닌 것이라고 하시면서 나아가 천태만상의 모든 것이 다 있는 그대로일 뿐 둘이 아니니 차별심과 분별심이 없으면 모든 것이 그대로 실상이라는 것을 말씀하고 계신다.

> "이미 이와 같다면 말없음으로써 근본을 삼느니라."

그러하니 말을 하지 않으나 마음자체는 본래 공하니 무심의 경지 즉 차별이 사라진 말없음으로써 근본을 삼는다고 하신다.

*선시 지공(誌公) 화상(和尙) 대승찬(大乘讚) 불이송(不二頌)을 원오스님이 풀어 게송으로 재구성해본다.

1. 菩提煩惱不二(보리번뇌불이) 보리와 번뇌는 둘이 아니다

중생들은　도닦을줄　너무나도　모르나니
번뇌끊어　무심지에　들어가려　하고있다
번뇌라고　하는것이　본래부터　공적하니
도가지고　도찾으니　어찌하여　찾아질까

한생각이　일어나면　그마음이　이것인데
무엇하러　없는마음　찾으려고　하고있나
큰도바로　내눈앞에　현현하고　있건만은
전도몽상　중생들은　이를알지　못하도다

불성이란　천진하여　자연스레　비추이나
조작하고　만든인연　그어디에　있을소냐
탐진치로　만든마음　가짜임을　알지못해
망녕되이　집착하여　생노병사　따라간다

옛적에는　어리석어　늦지않다　여겼는데
오늘에야　깨달으니　일찍지가　않는구나
번뇌보리　둘아니며　그모두가　하나이다
분별하는　그마음이　시시비비　하는구나

2. 持犯不二(지범불이) 지키고 어김이 둘이 아니다

대장부는 움직이고 펼쳐짐에 막힘없어
계율에도 제법에도 제약받지 않는구나
모든계율 지킴어김 본래부터 없었는데
어리석은 사람들이 그규칙에 묶이도다

지혜로운 성인에겐 조작함이 공이지만
성문들은 부딪히는 족족마다 막히도다
선지식은 눈으로도 안통함이 없건만은
소승이승 천안갖고 다막혀서 못보도다

공속에서 망녕되이 있다없다 집착하여
색과심에 원래막힘 없음또한 모르도다
보살들과 속인들이 모두함께 있음이여
깨끗할뿐 더럽다는 세속이란 원래없다

어리석은 범부들은 열반성불 집착치만
지혜로운 사람에겐 생과사가 실상이다
법성이란 본래부터 공하여서 언설없고
인연소생 경계속엔 사람아들 모다없다

백세노인 지혜없음 어린아이 그대로고
어린아이 지혜있음 백세노인 다름없다

계율율법　지키거나　어기거나　그모두가
본래부터　공한성품　둘아님을　알지어다

3. 佛與衆生不二(불여중생불이) 부처와 중생이 둘이 아니다

중생이나　부처님도　그성품은　다름없고
큰지혜와　어리석음　그성품도　다름없다
어찌하여　밖을향해　찾으려고　하시는가
자신속에　본래부터　밝은구슬　있는줄을

바른길과　삿된길은　그대로지　둘아니다
범부성인　같이감을　분명히도　알아야지
미혹또한　깨달음과　본래차별　없는거니
적정열반　생노병사　그대로가　똑같구나

마침내는　인연따름　텅비어서　고요한데
오직의식　생각하여　깨끗하고　빈것찾네
얻을수도　가질수도　그하나의　법도없어
자재하게　제스스로　무여열반　들어가네

4. 事理不二(사리불이) 사실과 이치가 둘이 아니다

한마음은 자재하고 재빠르며 활달하여
법성에도 본래부터 아무묶임 하나없다
이세상에 모든것이 불사아님 없건만은
어찌마음 거두어서 좌선만을 집착하나

망상심도 본래부터 텅비어서 고요하니
인연따름 끊어내고 물리칠일 필요없다
지혜로운 자에게는 얻을마음 하나없어
싸우지도 아니하고 떠들지도 않는구나

할일없는 크나큰도 알아내지 못한다면
어느때에 진리당체 깨달을수 있을거나
부처제불 범부중생 이모두가 같은씨앗
중생이라 부르지만 이것이곧 세존이다

범부들은 망녕되이 분별심만 모두내어
없음속에 있음찾아 어지러이 헤매인다
삼독심이 텅텅비고 고요함을 안다면은
어느곳이 진리의문 아닌것이 있겠는가

5. 靜亂不二(정란불이) 고요함과 시끄러움이 둘이 아니다

성문들은　떠듦싫고　고요함만　구하나니
쌀가루를　버리고서　떡구함과　같은거다
모든떡은　본래부터　쌀가루로　만들지만
조작함이　사람따라　백가지로　달라진다

번뇌망상　이것이곧　보리지혜　이아닌가
한마음이　없으면은　경계또한　없어진다
생과사는　적정열반　다르지가　아니하니
탐냄성냄　불꽃같고　그림자와　같은거다

선지식은　부처구할　마음마저　없지만은
범부들은　삿됨에도　바름에도　집착한다
헛수고로　일평생을　헛되이도　지내면서
제불들의　오묘하온　정수리를　못보도다

음욕본성　본공함을　요연히도　안다면은
가마솥의　끓는물과　화로속의　숯불들이
스스로이　타고타서　불꽃되어　타지만은
제스스로　흔적없이　식는줄을　알것이다

6. 善惡不二(선악불이) 선과 악이 둘이 아니다

나의몸과 내마음은 상쾌하고 즐거워서
자재하게 선도없고 악함또한 하나없다
진리의몸 자재하여 정해진곳 하나없어
보는것에 깨달음이 아닌것이 하나없다

육근육처 육입대상 본공하고 고요한데
범부들은 망녕되이 집착하고 빠져든다
열반락과 생사심은 이모두가 평등하니
그누구가 상근기고 그누구가 하근긴가

할일없는 무위대도 스스로가 그러하니
한마음을 나누거나 헤아림이 필요없다
보살들은 자재하게 신령하게 다통하니
하는일이 묘하게도 깨달음을 머금었네

성문들은 구법하고 집착하여 좌선하니
누에고치 실토하여 스스로를 묶음같다
법의본성 본래부터 원융하게 밝았는데
병나은데 약에집착 무슨필요 있겠는가

모든것이　평등하여　평등성지　이아닌가
이것이다　저것이다　분별하는　마음따라
팔만사천　벌어지니　하나임을　밝게알면
자재하고　맑고밝아　유쾌하고　즐겁도다

7. 色空不二(색공불이)　색과 공이 둘이 아니다

법의본성　본래부터　푸른누런　없는것을
중생들이　거짓으로　문장문맥　만들도다
아집으로　남들에게　지와관을　말하지만
스스로의　생각들은　어지럽게　날뛰누나

두루통한　묘한이치　알아보지　못하노니
어느때나　참된도리　알아낼수　있으리오
스스로의　망상병은　치료치도　못하면서
도리어도　남의병에　약처방을　하고있네

겉을보면　이사람이　좋다고도　오해치만
그사람의　마음속은　승냥이와　이리같다
어리석은　사람들은　저지옥이　두렵지만
선인들은　극락같아　두려워도　아니한다

경계마다   한마음이   움직이지   않는다면
걸음걸음   자국마다   불도량이   이아닌가
부처마음   중생마음   이모두가   둘아닌데
중생들이   제스스로   나누어서   어기진다

탐진치의   삼독심을   없애고자   한다면은
재앙에서   벗어나서   도망가지   못하리라
지혜로운   사람들은   즉심즉불   알지만은
어리석은   사람들은   극락가기   좋아한다

8. 生死不二(생사불이) 삶과 죽음이 둘이 아니다

세간살이   모든것은   환상환몽   꼭같아서
삶과죽음   이역시도   천둥번개   같은거다
진리몸은   자재하여   원융하게   다통하니
산과들을   출입함에   빈틈하나   다없구나

뒤집어진   망녕생각   본래부터   공이거니
반야의문   밝은지혜   어리석음   혼란없다
탐진치의   삼독심이   본래대로   해탈인데
무엇땜에   생각거둬   선과관을   행할소냐

어리석은　사람들은　알아내지　못하므로
그대들의　계율따라　따라가고　행하구나
적정열반　여래진여　알아내지　못한다면
그언제나　도피안에　오를수가　있으리요

지혜로운　사람에겐　끊어야할　악이없고
여탈자재　마음따라　합치고도　흩어진다
법의본성　본래부터　텅비고도　고요하여
삶과죽음　양단간에　매이지를　않는구나

만약번뇌　끊어내고　흔적없이　하려하면
이사람이　밝음없는　어리석은　자이로다
번뇌란게　바로알면　보리지혜　이것만은
무엇땜에　마음달리　선과관을　할것인가

진실여상　살펴보면　부처라고　할것없고
삶도없고　죽음없고　마구니도　하나없다
한마음의　본체에는　허공같이　텅비어서
모양없고　구분없고　흔적조차　하나없다

9. 斷除不二(단제불이) 끊어 없앰이 둘이 아니다

대장부의	움직임엔	쓰고펼침	당당하여
오고감에	자재하여	막힐것이	하나없다
어떤것도	방해커나	걸릴것이	하나없어
굳건하기	그모습이	금강석과	꼭같구나

가장자리	집착않고	중도의길	걸어가며
자재하여	끊어짐도	이어짐도	아니로다
오욕부림	탐을내고	화를냄이	부처이며
지옥세계	극락세계	다르지가	않는구나

어리석은	인간들은	망녕되이	분별내어
삶과죽음	흘러다녀	어지럽게	미쳐뛴다
지혜로운	사람들은	색에통달	장애없고
성문들은	혼란하여	헤매이고	헤맨다

법의자성	본래부터	허물장애	없는데도
망녕되게	집착하여	흑백청황	하고있네
제불들은	어리석은	중생들을	궁휼코자
지옥이나	극락세계	말하기도	하지만은

미륵불이　자신속에　본래부터　있었는데
어찌딴곳　두루돌아　헤아림이　필요할까
본래있는　그대로의　부처모습　버렸으니
이사람이　뒤집어져　미쳐버린　것이로다

성문들은　마음속에　깨닫지를　못했으니
언어문자　뒤적이며　뒤쫓아서　갈뿐이다
언어문자　본래부터　진실한법　이아니니
싸움다툼　더욱더욱　거세게만　만들도다

마음속에　살모사와　독사들이　가득하니
쏘아대면　그즉시에　마음상처　입는구나
글자속에　있는뜻을　취할줄을　모른다면
어느때에　진리세계　알아낼수　있을소냐

이내목숨　사후세계　무간지옥　들어가서
정신의식　헛되이도　모든재앙　받는구나
끊어냄도　들어냄도　이것둘이　둘아니니
식심분별　아니하면　이모두가　편안하리

10. 眞俗不二(진속불이) 진리와 세속이 둘이 아니다

법사들은　설법들을　지극히도　잘하지만
그마음속　번뇌망상　여의지를　못하도다
입으로는　문자엮어　대중들을　교화치만
그법사의　생로병사　더욱더욱　증가한다

진실함과　망상심은　본래부터　둘아닌데
범부들은　망상버려　다시도를　찾는구나
사부대중　구름처럼　모여들어　강설듣고
높은강단　금방석에　뜻을논의　드넓지만

남쪽강단　북쪽강단　서로서로　싸움하고
사부대중　말하기도　좋아하며　흠을잡네
입으로는　달콤한말　그렇게도　하지만은
그법사의　마음속은　그언제나　메말랐네

자기에겐　원래부터　일원한푼　없으면서
밤낮으로　남의돈만　헤아리고　있는구나
바른지혜　하나없는　어리석은　사람같아
진짜금을　다버리고　지푸라기　붙잡는다

마음속에　탐진치를　버리지를　못하면서
중생현혹　거짓으로　허언허풍　잘도친다
진실하온　한마음을　다잡지를　못한다면
그어느때　도를얻어　생사해탈　하여볼까

11. 解縛不二(해박불이) 풀고 묶음이 둘이 아니다

율사들은　계율지켜　스스로를　묶이는데
스스로를　묶는자는　또한남도　잘묶는다
밖으로는　행동거지　조용하고　고요치만
마음속은　큰파도가　태산같이　몰아친다

생로병사　저펫목을　타보지도　아니하고
무슨수로　애욕강을　건너갈수　있겠는가
참된근본　바른이치　알아보지　못한다면
삿된견해　말만들어　어지럽게　돌뿐이다

두비구가　제계율을　어기는일　있으면은
바로즉시　율사에게　고해바쳐　묻는구나
우파리는　계율따라　죄의제목　설하지만
두비구의　번뇌망상　더욱더욱　증가한다

좁은방안   살고있는   이름없는   무명납승
유마거사   달려와서   율사보고   꾸짖으니
우파리는   입다물고   대답조차   못하거니
유마거사   그설법에   무슨허물   있을소냐

저계율의   본래자성   저허공과   꼭같아서
안과밖의   사바세계   어디에도   있지않다
권하노니   생멸제거   긍정치를   말것이니
문득깨쳐   깨달으면   석가모니   똑같구나

12. 境照不二(경조불이) 경계와 비춤이 둘이 아니다

선사납승   몸소무명   홀연히도   벗었으니
번뇌망상   그어디서   생겨날수   있겠는가
지옥들과   천당들이   하나같은   모습이고
적정열반   생사경계   헛된이름   뿐이로다

끊어야할   탐진치나   오욕락도   하나없고
이루어서   얻어야할   불도또한   하나없다
중생들과   부처님이   하나같이   평등하니
자연히도   성스러운   반야지혜   뚜렷쿠나

육진경계　그어디도　오염되지　아니하니
마디마디　홀로앉아　무생법에　계합한다
깨달으면　한생각에　현묘한뜻　이해하니
과거현재　미래세가　모두골라　평등하다

법과율에　안매이고　스스로가　주관하니
자재진실　원만하여　진실세계　들어간다
사구에도　백비에도　안매이고　단절하면
허공같아　조작않고　의지또한　않는구나

13. 運用無碍(운용무애) 부리고 씀에 막힘이 없다

나는지금　두루두루　원융하고　자재하여
왕후장상　그무엇도　부럽지가　않는구나
사시사철　금강석과　변함없이　똑같아서
희노애락　한마음은　한결같아　변함없다
진리당체　보물들은　수미처럼　높고커서
진리지혜　강물같고　바다같이　드넓도다
그어떠한　인연에도　끌려가지　아니하고
모든행이　수행정진　게으름이　하나없다

본성따라　행동함이　뒤집힌것　같지만은
이리저리　종횡으로　막힘없이　자재하다
설령칼날　이내목에　가져다가　급박해도
본래대로　편안하여　분별함이　일지않네

14. 迷悟不二(미오불이)　　헤맴과 깨달음이 둘이 아니다

헤맬때는　공을또한　색이라고　여기지만
깨친후엔　색을보고　공이라고　느껴진다
헤매임과　깨달음이　본래부터　다름없어
색과공이　결국에는　하나같이　같은거다

범부들은　남쪽보고　북쪽이라　말하지만
성인들은　동쪽서쪽　달리없음　모두안다
진실여래　묘한이치　찾으려고　하시는가
그언제나　한생각중　변함없이　함께있다
아지랑이　본래부터　물아닌줄　모르고서
목탄사슴　미친듯이　쫓아가기　바쁘구나
스스로가　헛되이도　허망함에　의지하니
공가지고　또다시도　공찾으려　하는구나

사바세계　범부들은　헤매이고　뒤집힘이
전도몽상　한생각이　지극히도　심하여서
허상찾고　망상찾아　삼천세계　돌고도니
개가짖는　소리듣고　사자후라　하는구나

나무석가모니불
나무석가모니불
나무 시아본사 석가모니불

나무일체청정
대해중보살마하살

원오선원에서 납승 원오 합장

28. 한 마음의 법 가운데서 방편으로 장엄하다

배상공이 대사께 물었다.

"성문이 삼계에서는 모습을 감추지만, 보리에 있어 감추지 못하는 까닭은 어찌된 것입니까?"

"여기서 말한 모습이란 바탕이니라.

성문들이 다만 삼계의 견도혹(見道惑)과 수도혹(修道惑)을 끊을 수 있어 이미 번뇌를 여의긴 하였으나, 보리에 있어서는 모습을 감추지 못한 까닭이니라. 그래서 보리 가운데서 마왕에게 붙잡혀 숲속에 앉아 있으면서, 도리어 보리를 미세하게 본다는 마음을 내는 것이니라. 그런데 보살들은 삼계와 보리에 있어서 결코 버리지도 않고 취하지도 않느니라.

취하지 않으므로 칠대(七大)가운데서 그를 찾아도 찾지 못하고, 버리지 않으므로 외도, 마구니가 그를 찾아도 찾지 못한다. 네 다만 한 법에라도 집착하려 하면 흔적[印子]이 벌써 생기게 된다.

있음[有]에다 도장을 찍으면 곧 육도, 사생의 무늬가 나오고, 공(空)에다 도장을 찍으면 곧 모양 없는 무늬가 나타나느니라. 만약 모든 사물에 도장을 찍지 않으면, 이 도장은 허공과 하나도 아니고 둘도 아니어서, 공(空)이 본래 공이 아니고 도장이 본래 있는 것이 아닌 줄을 다만 알지니라.

시방 허공 세계의 모든 부처님께서 세간에 출현하심은 번갯불을 보는 것과 같으며, 꿈틀거리는 모든 벌레를 보는 것은 메아리와 마찬가지이며, 시방의 셀 수 없는 많은 국토를 보는 것은 흡사 바다 가운데 한 방울 물과 같은 것이다. 매우 기폭 깊은 법문을 듣더라도 허깨비와 같아서 마음과 마음이 다르지 않으며 법과 법이 서로 다르지 않고, 나아가 천만 가지의 경론(經論)이 오로지 너의 한 마음 때문이니라.

모든 모양을 결코 취하지 않으므로, 말하기를 '이와 같은 한 마음 속에서 방편으로 부지런히 장엄한다'고 하였느니라."

배상공이 대사께 물었다.
"성문이 삼계에서는 모습을 감추지만,
보리에 있어 감추지 못하는 까닭은 어찌된 것입니까?"
"여기서 말한 모습이란 바탕이니라.
성문들이 다만 삼계의 견도혹(見道惑)과
수도혹(修道惑)을 끊을 수 있어 이미 번뇌를 여의긴 하였으나
보리에 있어서는 모습을 감추지 못한 까닭이니라.
그래서 보리 가운데서 마왕에게 붙잡혀
숲속에 앉아 있으면서, 도리어 보리를 미세하게
본다는 마음을 내는 것이니라.

여기서 배상공이 묻고 있는 것은 바로 성문의 견처를 묻고 있다.

즉 삼계(三界)는 욕계(欲界:6天)와 색계(色界:18天) 무색계(無色界:4天)를 말하는데 마음(心)이란 식심(識心) 전체를 통칭하여 말하지만 이 모두는 다 유심(有心:識心)의 경지인 것이다.

그래서 수혹과 번뇌를 다 벗어났지만 아직 유심(有心) 즉 식(識)의 경계를 벗어나지 못하였다는 것이다. 견도혹(見道惑)과 수도혹(修道惑)이란 십지의 경지를 말하고 있다. 십지의 제일지인 환희지의 경지를 말한다.

여기서 보리란 무심(無心)의 경지를 말하고 있는 것이다. 이것을 황벽스님은 보살이라고 칭하였다.

즉 보살(菩薩)이란 유심의 경계를 타파하고 무심(無心)인 묘각(妙覺)과 등각(等覺)의 견처를 말하는 것으로 여기부터는 무심의 경지인 것이다. 성문은 번뇌망상에서 완전히 벗어나지 못하여 깨달음이나 각성(覺性)이 일어나기를 바라고 있기 때문에 '보리 가운데서 마왕에게 붙들려 숲 속에 앉아 있으면서, 도리어 보리를 미세하게 본다는 마음을 내는 것이니라' 라고 하신다. 미세번뇌를 완전히 벗어나는 십지(十地) 중 제팔지 부동지에서 유심의 경지를 벗어날 수 있다.

"그런데 보살들은 삼계와 보리에 있어서
결단코 버리지도 않고 취하지도 않느니라.
취하지 않으므로 칠대(七大)가운데서
그를 찾아도 찾지 못하고 버리지 않으므로
외도, 마구니가 그를 찾아도 찾지 못한다."

그러므로 보살의 경지인 부동지부터는 취하고 버리는 취사(取捨)의 유심이 일어나지 않으므로 칠대(七大; 地,水,火,風,空,見,識大) 속에서 그를 찾지 못하며, 외도나 마구니가 그를 찾아도 찾지 못한다고 하시는 것은, 그 어떠한 경계에도 취사를 하지 않으므로 그 흔적을 찾을 수가 없다는 것이다. 흔히 말하는 귀신이란 바로 우리 마음의 취사심이다. 그러므로 부동지 이상의 보살은 귀신도 그를 찾지 못한다고 하신다.

"네 다만 한 법에라도 집착하려 하면
흔적[印子]이 벌써 생기게 된다."

무심의 경지는 취사의 유심이 없으므로 무심경지(無心境地)인데 한 법이란 한 마음이다. 그러니 한 마음을 일으키면 바로 거기에 집착하는 마음이 생기므로 허공에 점을 찍지 말라는 것이다.

"있음[有]에다 도장을 찍으면 곧 육도, 사생의 무늬가 나오고
공(空)에다 도장을 찍으면 곧 모양 없는 무늬가 나타나느니라."

허공에다 한 점을 찍으면 바로 상하 사유 팔방이 드러나서 육도(六度; 천상, 인간, 축생,아귀, 아수라, 지옥)가 생겨나고 사생(四生; 태란습화생)으로 유위(有爲)의 형상이 드러난다고 하시면서, 공에다가 도장을 찍는다는 것 또한 허공에 점을 찍는 것과 같아진다는 것이다. 그러므로 한 마음을 일으키면 바로 삼계와 육도가 나타난다는 것이다.

"만약 모든 사물에 도장을 찍지 않으면,

이 도장은 허공과 하나도 아니고 둘도 아니어서

공(空)이 본래 공이 아니고

도장이 본래 있는 것이 아닌 줄을 다만 알지니라."

도장을 찍지 않는다는 것은 한 마음을 일으키지 아니함을 말하는데, 그 말은 바로 무심으로 보고 듣고 향기 맡고 맛을 알고 몸으로 느끼는 모든 것이 있는 그대로 완전한 그 자체라는 것이다.

그때는 도장이니 허공이니 하는 명색에 빠지지 않고 집착하거나 차별하지 않는 일심의 경지가 되는 것이므로 차별하고 분별하여 스스로 얽매임이 없는 것이며 얽매임이 없으므로 완전한 대 해탈의 경지인 자유로이 원만구족한 것이다.

"시방 허공 세계의 모든 부처님께서 세간에 출현하심은

번갯불을 보는 것과 같으며,

꿈틀거리는 모든 벌레를 보는 것은 메아리와 마찬가지이며

시방의 셀 수 없는 많은 국토를 보는 것은

흡사 바다 가운데 한 방울 물과 같은 것이다.

매우 기폭 깊은 법문을 듣더라도 허깨비와 같아서

마음과 마음이 다르지 않으며, 법과 법이 서로 다르지 않고

나아가 천만 가지의 경론(經論)이 오로지 너의 한 마음 때문이니라."

이런 무심의 경지에서 보면 모든 형상은 다 이 마음의 소현이 된다. 그러므로 부처라는 말도 벌레라는 말도 국토니 하물며 최상의 법문도

다 이 마음 안의 일로써 모든 명색이 전부 다 내 마음에서 마음에 느껴지는 감각(感覺)인 것이다.

돌!

"모든 모양을 결코 취하지 않으므로
말하기를 '이와 같은 한 마음 속에서 방편으로
부지런히 장엄한다' 고 하였느니라."

지금 여기 내 앞에 펼쳐져 있는 그대로 완전하게 느껴지는 이 감각(感覺)이 무엇인가?!

원오선원

29. 인욕선인

배상공이 대사께 물었다.

"내가 옛날 가리왕에게 몸뚱이가 토막토막 잘리었다는 경우는 어떤 것입니까?"

"선인(仙人)이란 곧 너의 마음이며, 가리왕이란 구하기를 좋아하는 마음이니라. 그리고 왕위를 지키지 않는다고 함은 이로움을 탐하는 마음이니라. 그런데 요사이 공부하는 이들이 덕과 공을 쌓지는 않고, 보는 것마다 배워서 알려고 하니 가리왕과 무엇이 다르겠느냐.

물질을 볼 때는 선인의 눈을 멀게 하고, 소리를 들을 때는 선인의 귀를 먹게 한다. 나아가 무엇을 느껴 알 때에도 또한 이와 같아서 마디마디 갈기갈기 찢겨진다고 한 것이니라."

"선인이 참을 때는 마디마디 갈기갈기 찢김이 없어서, 한 마음으로 참았느니 혹은 참지 않았느니 하는 말은 가당치 않겠습니다."

"네가 남이 없는 견해[無生見]을 내어서, 인욕을 닦는 견해거나 구할 것이 없다는 견해를 내는 것은 모두 손상을 주는 것이니라."

"선인도 몸을 잘릴 때 아픔을 느낍니까? 만약 이런 가운데 고통을 받는 사람이 없다면 누가 고통을 받습니까?"

"네가 이미 고통 받을 것이 없다면 나타나서 도대체 무엇을 찾는 것이냐?"

배상공이 대사께 물었다.
"내가 옛날 가리왕에게 몸뚱이가 토막토막 잘리었다는
경우는 어떤 것입니까?"

배상공은 배휴이며,『금강경』『이상적멸분(離相寂滅分)』에 나오는 부처님의 전생 인욕선인일 때의 일을 설한 부분에 대하여 의심이 가시지 않아 이렇게 물었다.
황벽선사의 답은 바로 직설법으로 말했다.

"선인(仙人)이란 곧 너의 마음이며
가리왕이란 구하기를 좋아하는 마음이니라.
그리고 왕위를 지키지 않는다고 함은 이로움을 탐하는 마음이니라.
그런데 요사이 공부하는 이들이 덕과 공을 쌓지는 않고
보는 것마다 배워서 알려고 하니 가리왕과 무엇이 다르겠느냐.
물질을 볼 때는 선인의 눈을 멀게 하고,
소리를 들을 때는 선인의 귀를 먹게 한다.
나아가 무엇을 느껴 알 때에도 또한 이와 같아서
마디마디 갈기갈기 찢겨진다고 한 것이니라."

선인이란 바로 지금 말하고 있는 배휴 그대의 마음이라고 직설적으로 가리키고는, 지금 묻고 있는 그 마음이 바로 가리왕이라고 하신다. 진리(선인)은 무위인데, 유위적 질문을 하고 있으며 들어서 알려고 하고 성인의 말씀을 들어 자기 것으로 하고자 하는 유위적 마음을 꾸짖었다.

그리고 지금 그대가 물어서 얻고자 하는 것은 스스로 노력하여 알아지는 공덕장 즉 보신을 중시하지 않고 가리왕처럼 얻고 구해서 알려고 하는 해오(解悟)를 꾸짖고 있다.

여기서 잠깐 삼승으로 돌아가 삼신불을 설하고자 한다.

마음은 하나이나 그 작용과 앎과 본체를 구분하는 법신(法身), 보신(報身), 화신(化身)을 논하여 차별로 설하지 않을 수가 없다.

팔만사천 부처님 명호를 잘 살펴보라. 다 그 부처님의 명호는 바로 공덕장을 칭하여 붙여진 명색이라는 것이다. 아미타불, 약사여래, 지장보살, 관세음보살 등 모든 불보살님의 명호는 바로 그 공덕을 말하고 있는 것이다. 그래서 진정한 불보살은 그 공덕으로 그 명호를 얻은 것이고 그 공덕이 바로 이타행이고 불타행이 되어 붓다가 된 것이다. 그러니 스스로 이타행(利他行)이나 불타행(佛陀行)은 하지 않고 그 명색에만 끌려간다면 그것이 바로 가리왕과 다를 바 없다고 하신다.

그러니 들어서 아는 것이나 구해서 얻는 것이나 전부다 유위적 명색에 불과하므로 그 명색에 천만 가지 행과 명색이 붙으므로 '마음이 마디마디 갈기갈기 찢겨진다' 고 하시어, 명색에 따른 유위적 마음의 허망함을 일깨워 주시고 계신다.

배휴가 몰라서 물었겠는가?

아니다. 후학을 위해서 이 글을 읽고 있는 사람을 위해서 조작된 유위적 행을 일깨워 주기 위하여 물은 것이다.

위의 황벽스님의 설법을 듣고는 바로 이렇게 말하고 있다.

"선인이 참을 때는 마디마디 갈기갈기 찢김이 없어서
한 마음으로 참았느니 혹은 참지 않았느니 하는 말은
가당치 않겠습니다."

법신인 본마음은 무심인데 황벽스님의 말씀으로 확인하였으니 무심의 경계를 이렇게 말하여 후학을 위했다.

그래서 황벽스님은 이제야 그 무심의 경계를 아는 배휴에게 무생견(無生見)을 이렇게 말씀하신다.

"나지 않는 견해[無生見]을 내어서
인욕을 닦는 견해거나 구할 것이 없다는 견해를 내는 것은
모두 손상을 주는 것이니라."

본래공인 무생견에 또한 집착하고 인욕을 닦아 무심을 구하는 행위나 본래공이니 구할 것도 구하지 않을 것도 없다는 단멸공(斷滅空)에 빠질까봐 이렇게 말씀해 주고 계신 것이다.

무위와 유위가 또한 양변이 된다는 것이다. 그러므로 지금 여기 일어나는 마음은 그대로 진실이며 또한 허실이란 것이다.

무심의 경계에서 일어나면 일어나는 대로 일어나지 않으면 일어나지 않는 그대로 깨어있는 밝은 혜안과 혜심을 말해서 중도의 도리를

설하고 계신 것이다. 그래서 평상심시도(平常心是道)를 말씀하고 계신 것이다.

"선인도 몸이 잘릴 때 아픔을 느낍니까?
이런 가운데 고통을 받는 사람이 없다면 누가 고통을 받습니까?"

아픔을 아는 것도 마음인데 그 아픔을 아는 것은 무엇이냐고 묻고 있다.

그렇다. 여기서 무엇이라고 할까. 즉 황벽스님의 중도정견이라고 이미 말을 했으니 바로 화신이라고 따지고 있다.

"네가 이미 고통 받을 것이 없다면
나타나서 도대체 무엇을 찾는 것이냐?"

황벽스님의 결론은 바로 이것이다.
네가 이것이라면 이것이고, 저것이라면 저것이 되는 것이니 세상만물은 바로 그대 마음의 화현임을 설파해 주시는 것이다.

30. 한 법도 얻을 수 없음이 곧 수기

배상공이 대사께 물었다.

"연등부처님이 수기하신 때는 오백 세(五百歲) 이내입니까? 오백 세 밖입니까?"

"오백 세 이내에 수기를 받을 수 없느니라. 이른바 수기라 하는 것은 너의 근본을 결코 잊어버리지 않아서, 하염 있는 법도 잃지 않고 보리도 취하지 않는 것이다. 오직 세간과 세간 아님을 모두 요달했기 때문에 오백 세 밖을 벗어나서 따로 수기를 얻을 수 없고, 또한 오백 세 이내에도 수기를 얻지 못한다."

"세간 삼제(三際)의 모양을 요달할 수 없습니까?"

"한 법도 얻을 수 없느니라."

"그런데 무엇 때문에 경(經)에서 오백 세(五百歲)를 지난다고 자주 말씀하시어, 앞뒤로 시간을 길게 말씀하셨습니까?"

"오백 세(五百歲)가 길고 멀어서 오히려 아직은 선인(仙人)임을 알아야 한다. 그러므로 연등부처님께서 수기하실 때는 실로 얻었다 할 작은 법도 없느니라."

보설

배상공이 대사께 물었다.

"연등부처님이 수기하신 때는 오백 세(五百歲) 이내입니까?

오백 세 밖입니까?"

여기서 배상공의 물음은 무엇일까?

삼세인과법과 인연법을 설하신 석존의 연기법을 물은 것이다. 연기법은 시간을 두어 인과 연으로 이루어지는 현상계의 원인과 결과론으로 돌아가 일어나는 마음의 변화를 말한 것인데, 이것을 수기라는 경문을 인용해 물으신다.

여기서 황벽스님이 행적인 시차를 두어 진리를 설파하기 위하여 말씀하신 연기법을 마치 현상계의 생주이멸(生住異滅)적 인연론으로 받아들이는 배상공의 마음을 공간론적 공간, 즉 진리를 설파해 주기 위하여 이렇게 말씀하신다.

"오백 세 이내에 수기를 받을 수 없느니라.

이른바 수기라 하는 것은

너의 근본을 결코 잊어버리지 않아서

하염있는 법도 잃지 않고 보리도 취하지 않는 것이다.

오직 세간과 세간 아님을 모두 요달했기 때문에

오백 세 밖을 벗어나서 따로 수기를 얻을 수 없고

또한 오백 세 이내에도 수기를 얻지 못한다."

오백 세가 아니라 영원적 시간이라도 시차를 두고 인연법으로 얻어
지는 것은 진리가 아님을 바로 설파하셨다.

지금 여기를 떠나 감각을 떠나서 무엇이 있다는 말이냐!

깨달음도 말할 수 없는데 하물며 수기라는 말이 있을 수 있느냐는
뜻으로, 오백 세 밖을 벗어나서 수기를 얻을 수 없고 또한 오백 세 이
내에도 수기를 얻지 못한다고 하신 것이다. 그래도 배상공이 인연법을
놓지 못하고 이렇게 경론을 인용하여 되묻는다.

"세간 삼제(三際)의 모양을 요달할 수 없습니까?"

삼제는 전제(前際), 중제(中際), 후제(後際) 즉 삼세인과법을 들어 형상
도 있고 물질도 존재하지 않습니까? 그런데 어찌하여 모양인 형상에
서 무상(無相)으로 가라고 하고 수기마저 없다 하십니까? 라고 하신다.

이에 대하여 단호하게

"한 법도 얻을 수 없느니라."

한 법도 얻을 수 없다고 잘라 말씀하신다.

즉 진리는 경전 이전의 문제이며 모든 경을 떠나있는 것이다. 오직
그대의 마음 밖엔 그 어떤 것도 없다고 잘라 설파하신다. 그래도 다시
묻는 것은 후세인을 위한 것이다. 연기법과 인연법의 삼세인과법에 사
로잡혀 있는 자들을 대변해서 이렇게 다시 묻고 있다.

"그런데 무엇 때문에 경(經)에서 오백 세(五百歲)를 지난다고
자주 말씀하시어, 앞뒤로 시간을 길게 말씀하셨습니까?"

즉 경문에서는 왜 오백 세 전생, 이승, 저승을 말씀하시어 삼세인과 법을 자주 거론하셨느냐는 것이다. 그래서 황벽스님은 지금 바로 여기서 일체법은 인연으로 인하여 현상계가 나타나는 것처럼 느껴지지만 본래공(本來空)이요, 무일물(無一物)인 것을 깨달아 알아차리라고 이렇게 말씀하신다.

"오백 세(五百歲)가 길고 멀어서 오히려
아직은 선인(仙人)임을 알아야 한다.
그러므로 연등부처님께서 수기하실 때는
실로 얻었다 할 작은 법도 없느니라."

황벽스님은 모든 수행자들이 인연법에 매달려 있으므로 일체법을 떠나 있는 진리의 진제를 깨달으라고, 너는 선인(仙人)임을 알아야 한다고 하신다. 너는 진리를 찾기 위한 선사로써 모든 인연을 떠나 진리에 계합하여야 하는데 어찌 인연법에 매여 있느냐는 뜻으로, 수기 때 작은 법도 얻었을 수 없었다고 하셨다.

고불이 『금강경』에서 이무소득고(以無所得故)로 '아뇩다라삼먁삼보리'라고 하였듯이

본래공(本來空)**이요, 무일물**(無一物)**이다!**

31. 법신은 얻을 수 없다

배상공이 대사께 물었다.

"교(敎) 가운데서 말씀하시기를, '나의 억겁 동안 전도된 생각을 녹여서, 삼대아승지겁을 거치지 않고 법신을 얻는다'고 하는데, 그것은 무슨 뜻입니까?"

"만약 삼대아승지의 헤아릴 수 없는 겁을 통하여 수행을 하여 증득한 바가 있는 자는, 갠지스강의 모래 수 만큼 많은 겁이 지난다 하더라도 깨닫지 못한다. 만약 한 찰나 사이에 법신을 획득하여 곧바로 분명하게 깨달아 성품을 보는 것은 오히려 삼승교(三乘敎)의 극치를 이룬 말씀이다. 왜냐하면 가히 얻을 수 있는 법신을 보기 때문에 모두가 불요의교(不了義敎)에 속하는 것이니라."

배상공이 대사께 물었다.

"교(敎) 가운데서 말씀하시기를

'나의 억겁 동안 전도된 생각을 녹여서

삼대아승지겁을 거치지 않고 법신을 얻는다' 고 하는데

그것은 무슨 뜻입니까?"

배휴는 이미 격외소식을 접한 성인인데 황벽스님께 왜 이런 헛소리를 하고 있는 것인가!

다 후학을 위하여 묻고 답하는 선문답을 정리하기 위하여 물었다고 스스로 쓰여 있으나 배휴가 묻지도 황벽스님이 답한 것도 아니다. 배휴 스스로 한 생각을 굴려 이런 불요의교를 인용하고 있을 뿐이다.

여기서 인용한 교(敎)란 방편설인 소승과 인연법의 경전을 말한 것이니 소승의 방편설이나 인연법의 허망함을 들어 말하고 있다.

나의 억겁이란 말도 전도몽상을 녹인다거나 삼대아승지겁이란 표현은, 시간적 인연법과 연기법의 생각의 지어 감을 벗어나 한 생각을 바로 보아[觀] 일촉지에 법신을 얻는 것이 깨달음이라고 하며 그것이 요의경의 가르침임을 밝힌 것이다.

그러자 황벽스님이 이렇게 말씀하셨다고 적었다.

"만약 삼대아승지의 헤아릴 수 없는 겁을 통하여

수행을 하여 증득한 바가 있는 자는

갠지스강의 모래 수 만큼

많은 겁이 지난다 하더라도 깨닫지 못한다."

왜 이렇게 말씀하셨을까?

수행하여 즉 한 생각이 일어나지 못하게 하는 지(止)를 수행이라 하

는데 삼아승지겁을 그치려 해도 할 수 없다는 것이다. 그래서 경전에
나와 있는 수많은 방편의 수행은 그 뜻마저 알지 못하니 그것이 바로
마음을 억눌려 막으려는 것이니 얼마나 허망한 일인가.

요즘에도 사마타다 위빠사나다 하는 수행법이 부처님의 법을 기만
하고 있고 명상이다 참선이다 하는 것 또한 고행(苦行)에 불과하다.

조사선(祖師禪)의 선법은 그렇지가 않음을 황벽스님은 설하고 계신
다. 그렇게 수행해서 증득한 자는 갠지스 강의 모래 수 만큼 많은 겁을
지난다 하더라도 깨닫지 못한다고 하신다.

그럼 어떻게 해야 할까?

이것이 어떻게 어떻게 하면서 선사의 가르침을 화두삼아 계속해 지
어가면서 간화선에 빠져든다. 그래서 얻을 수 있는 것은 오직 위는 얻
을 수 있어 해오(解悟)에 이르게 되지만, 이것은 부처님의 양족존(兩足
尊)을 모르는 헛것에 불과하다.

그래서 황벽스님은 이렇게 그 사유를 밝히신다.

"만약 한 찰나 사이에 법신을 획득하여
곧바로 분명하게 깨달아 성품을 보는 것은
오히려 삼승교(三乘敎)의 극치를 이룬 말씀이다."

한 찰나는 무엇인가.

시간적인 연기법에서 벗어나라고 하신 말씀이다.

지금 여기 찰나에 일어나는 한 생각을 보라는 것이다. 바로 관(觀)이
다. 이것이 바로 직심(直心)인 것이며 모든 진리(眞理)의 실체(實體)라는
것이다. 그 실체가 바로 법신(法身)이니 사량심이나 저장식인 아뢰야의

작용이 일어나지 않는다면 **있는 그대로가 완전한 자유**인 것이다.

여기에 무엇이 끼어들고 무엇이 어려운가.

힘 안 들이고 그대로 법신을 획득하여 곧바로 분명하게 깨달아 성품을 보는 것은 오히려 삼승교[了義經]의 극치를 이룬다고 황벽스님이 말씀하시면서, 황벽스님의 진수를 다 드러내셨다. 그러시면서 이렇게 당부하셨다.

"왜냐하면 가히 얻을 수 있는 법신을 보기 때문에
모두가 불요의교(不了義敎)에 속하는 것이니라."

모든 불자들이 오직 불요의경에 빠져 생활이다 기복이다 종교다 하면서 소승법에 빠져 생각이 생각을 낳고 또 그 생각을 사랑하고 번뇌하여 스스로 인연법이란 사슬에 얽매여 삼아승지겁을 헤매인다고 일관하시면서 불요의교인 소승적 내가 있어 부처님을 행하여 나아가는 이승법에 빠지지 말고 부디 대승경전인 『화엄경』과 『법화경』, 『열반경』의 요의경(了義經)에 의지하되 이마저 벗어나서 지금 여기서 바로 있는 그대로 완전한 자유를 누리시길 다짐해주신 것이다.

32. 마셔보아야 물 맛을 안다

배상공이 대사께 물었다.

"법을 보고 단박에 깨달은 사람은 조사의 뜻을 알 수 있습니까?"

"조사의 뜻은 허공 밖을 벗어났느니라."

"그러면 한계가 있습니까?"

"한계가 없느니라.

이는 모두 일정한 숫자로 헤아리는 대대(對待)하는 법이니라.

조사께서 말씀하시기를 '한량이 있지도 않고 한량이 없음도 아니며 한량이 있고 없음이 아님도 아니어서, 대대가 끊어졌기 때문이다' 하였다.

"너희 요즘 배우는 사람들이 삼승교 밖을 아직 벗어나지 못했는데, 어찌 선사라 부를 수 있겠느냐? 너희에게 분명히 말하겠다.

으뜸으로 선을 수행하는 사람일진대 함부로 망령되이 다른 견해를 내지 말라. 마치 어떤 사람이 물을 마셔보고 차고 더움을 스스로 아는 것과 같다. 움직이거나 머물러 있거나 한 찰나 사이에 생각 생각이 달라지지 않아야 한다. 만약 이와 같지 못하다면 윤회를 면치 못하느니라."

배상공이 대사께 물었다.

"법을 보고 단박에 깨달은 사람은 조사의 뜻을 알 수 있습니까?"

배휴가 법이란 말을 들어 왜 이렇게 물었을까?

법이란 인연법이요, 차별이 법이다.

그러니 법을 보고 단박에 깨달은 사람이라고 한 것이 이미 무심의 경지가 아닌 것이다.

법이란 말에 이미 차별과 분별이 있기 때문이다. 차별과 분별의 경계를 뛰어넘은 무심의 경지가 조사인데 이렇게 말하는 것은 어쩔 수 없이 참문에선 다른 방법이 없으니 묻고 답하는 것이다. 그러니 어찌 조사의 뜻을 알 수 있습니까? 라고 한 것 자체가 주인공은 사라지고 차별과 분별의 자기 관념을 말한 것이니 인연법을 벗어나지 못한 것이다.

그래서 황벽선사는 이렇게 말씀 하신다.

"조사의 뜻은 허공 밖을 벗어났느니라."

조사의 뜻이라 하는 것은 뜻이 있으면 차별과 분별과 관념이 있는 사람인데 어찌 뜻이 있겠는가.

그래서 '허공 밖을 벗어났느니라' 고 무심의 경지를 비유하여 대법으로 일깨워 주고 계신 것이다. 그래도 배휴는 또 인연법으로 대법을 받아 다시 이렇게 묻는다.

"그러면 한계가 있습니까?"

원래 무심의 경계엔 어찌 한계나 규범이나 정해진 고정적 범위를 한정 지을 수 없으니 이렇게 말씀하신다.

"한계가 없느니라.
이는 모두 일정한 숫자로 헤아리는 대대(對待)하는 법이니라."

여기서 대대라는 말씀을 하신다.
그럼 대대란 무엇인가.
대대법이란 원래 없는 경계를 제자나 참문자가 물어오면 모든 말을 상대가 있는 것으로 해서 그 상대법을 깨기 위하여, 크다고 물으면 작다라고 하고 많다 하면 적다 하고 길다 하면 짧다고 하는 것으로 혜능조사가 말한 삼십육 대대법을 들어 말씀하시고 계신 것이다.

"조사께서 말씀하시기를
'한량이 있지도 않고 한량이 없음도 아니며
한량이 있고 없음이 아님도 아니어서
대대가 끊어졌기 때문이다' 하였다."

원래 무진장으로 펼쳐진 법계를 구분하고 한정을 지어 스스로 규범에 가두는 것을 꾸짖어 말씀을 하고 있다.

"너희 요즘 배우는 사람들이
삼승교 밖을 아직 벗어나지 못하였다."

배우는 것이 아니라 사고와 관념과 규범과 전통 등 모든 것을 자기 스스로 한정지어 그 속에 들어앉아 상대법으로 삼세와 인과와 인연법 인 삼승교를 벗어나지 못하여 무궁무진의 저 틀 없는 무진장의 무심의 경지를 스스로 체득치 못하고 얽매여 있는가 라고 꾸짖고 일깨우시면 서 너희들이

"어찌 선사라 부를 수 있겠느냐?"

라고 호통을 치신다. 그러면서 다시 준엄하게 한 말씀하신다.

"너희에게 분명히 말하겠다.
으뜸으로 선을 수행하는 사람일진대
함부로 망령되이 다른 견해를 내지 말라."

선을 행하는 사람들은 망령되이 다른 견해를 내지 말라고 하신다. 왜? 견해를 낸다는 것은 마음을 흔들어 다른 이론이나 원래 없는 경계 를 스스로 꾸며내고 있는 것이다. 그래서 혼침이 오고 형상과 망상에 사로잡히니 그 번잡한 마음은 다 거짓으로 지어낸 망령이므로 본래자 리인 무심으로 안심입명해야 한다고 하신다. 이렇게 원래의 본래면목 에서는 다 갖추어진 한 마음은 마음을 내지 않으면 자연 그대로 알아 차린다는 뜻으로 이렇게 말씀하신다.

"마치 어떤 사람이 물을 마셔보고
차고 더움을 스스로 아는 것과 같다."

이때 그 물맛은 어떤 의미나 뜻이나 생각으로 아는 것이 아니라 그
냥 알아지는 것이니, 이것이야말로 표현할 수 없는 있는 그대로 완전
한 자유인 것이다.
이 대목이야말로 이 단원의 최고의 맛이요, 선의 본체인 것이다.
그래서 다시 당부하신다.

**"움직이거나 머물러 있거나 한 찰나 사이에
생각 생각이 달라지지 않아야 한다."**

경계에 따라 인연에 따라 생각에 따라 끌려가는 생각의 흐름은 전부
번뇌 망상일 것이니 타고난 본래면목의 본마음은 그 어떤 흐름도 없이
항상 안심입명하여 완전한 자연 그대로인 것이다. 그래서

"만약 이와 같지 못하다면 윤회를 면치 못하느니라."

라고 하시어 생각 생각이 전생에서 이승으로 다시 미래세로 시시각
각 뒤바뀌어 윤회를 면치 못하는 어리석은 중생으로 돌고 돌아간다는
것으로 언제나 나의 본래면목을 유지하여 안심입명(安心立命)해야 있
는 그대로의 물맛을 알 듯 완전한 자유를 누리라고 말씀하신다.
돌!

33. 참된 사리舍利는 볼 수 없다

배상공이 대사께 물었다.

"부처님의 몸은 하염없기 때문에 모든 숫자적인 개념으로 한정할 수가 없거늘, 어찌하여 부처님 몸의 사리가 여덟 서 너 말이 됩니까?"

"네가 이런 견해를 낸다면, 그저 껍데기 사리만 볼 뿐 참된 사리는 보질 못하느니라."

"사리가 본래 있는 것입니까, 아니면 노력하여 얻은 결과입니까?"

"본래 있는 것도 아니며 노력하여 수행의 결과로 얻으신 것도 아니니라."

"그렇다면 어찌하여 부처님 사리는 그토록 잘 다듬어졌고 그토록 정교로와서, 금빛 사리가 항상 있는 것입니까?"

이에 대사께서 꾸짖어 말씀하셨다.

"네가 이런 견해를 가지고서 어찌 참선을 하는 사람이라 할 수 있겠느냐? 너는 허공에 사리가 있는 것을 일찍이 보았느냐? 모든 부처님의 마음은 큰 허공과 같은데 무슨 사리를 찾는 것이냐?"

"지금에도 분명히 눈으로 사리를 볼 수 있는데, 이것은 도대체 무슨 법입니까?"

"그것은 너의 망상심이 일어나서 사리라고 보는 것이니라."

"그렇다면 화상께서는 사리가 있습니까? 청컨대 내보여 주십시오."

"참 사리는 보기 어렵느니라. 네가 다만 열 손가락으로 수미산의 높은 봉우리를 한꺼번에 움켜쥐어 그것을 부숴 가루로 만든다면 비로소 참 사리를 보게 되리라."

보설

배상공이 대사께 물었다.

"부처님의 몸은 하염이 없기 때문에
모든 숫자적인 개념으로 한정할 수가 없거늘
어찌하여 부처님 몸의 사리가 여덟 섬 너 말이 됩니까?"

여기서 배휴가 황벽스님께 '부처님의 몸은 하염없기 때문에 한정할 수가 없거늘' 이라고 말할 때 부처님의 몸인 색신(色身)은 부처가 아니다.

즉 석존의 몸이 부처가 아니라 마음이 부처이므로 몸이니 사리라는 말을 할 수가 없는데 이렇게 말하는 것은 색신을 벗어났으면 그 사리가 나왔다는 것 자체가 망상심에서 하는 것이며 눈으로 보았다고 하는 것 또한 망상심(忘想心)에서 지어서 하는 말인 것인데 어찌 그 말이 진여의 경지의 마음이겠는가.

그래서 황벽스님이 이렇게 단박에 꾸짖어 말씀하신다.

"네가 이런 견해를 낸다면,

그저 껍데기 사리만 볼 뿐 참된 사리는 보질 못하느니라."

라고 하신다.

사리라는 것은 부처님의 진여인 마음을 일컬어 형상으로 비유해서 하는 말일 뿐 사리는 진여법신(眞如法身)인데 어찌 형상으로 지어서 말을 할 수가 있으며, 자기 견해로 말하는 사리는 '껍데기 사리만 볼 뿐 참된 사리는 보질 못하느니라' 라고 하시는 것이다.

여기서 견해를 지어 자기 망상심을 표현하는 것은 전부 거짓이므로 진여법신을 대변하는 사리를 색으로 보았으니 여기 있다느니 하는 말은 전부 자기 견해로 지어낸 가짜라는 것이므로 황벽스님은 이렇게 진여법신을 바로 보라고 하신다.

그래도 알아차리지 못한 배휴가 또 따져 묻는다.

"사리가 본래 있는 것입니까?

아니면 노력하여 얻은 결과입니까?"

라고 또 색법을 묻는다.

그래서 황벽스님은 참 딱하다는 뜻으로 이렇게 말씀하신다.

"본래 있는 것도 아니며 노력하여

수행의 결과로 얻으신 것도 아니니라."

왜 이렇게 알아차리지 못할까.

그것은 색법으로 묻고 있고 진여 당체에서 답하시니 바로 알아차리지 못하는 것이다. 그래서 또 묻는다.

"그렇다면 어찌하여 부처님 사리는
그토록 잘 다듬어졌고 그토록 정교로와서
금빛 사리가 항상 있는 것입니까?"

라고 색법으로 따지고 묻는다.
이에 대사께서 꾸짖어 말씀하셨다.

**"네가 이런 견해를 가지고서
어찌 참선을 하는 사람이라 할 수 있겠느냐?"**

참선을 하는 사람도 아니라고 하신다.
참선이란 모든 견해와 망상심을 쉬는 것인데, 어찌 일어나는 번뇌와 망상심을 생각이라고 생각하여 말로 지어 말하는 것이냐. 그러니 그런 자세는 참선하는 자의 기본 마음가짐이 아니며, 여태 색성향미촉법의 저장식을 바탕으로 일어나는 견해와 이분법적 사고방식으로 묻고 생각을 지어내는 것이니 참선의 기본은 물론 조계의 법통도 모르는 소리라고 일괄하시면서 다시 이렇게 꾸짖고 계신다.

"너는 허공에 사리가 있는 것을 일찍이 보았느냐?
모든 부처님의 마음은 큰 허공과 같은데 무슨 사리를 찾는 것이냐?"

라고 견해를 내지 않는 무심의 경지 즉 부처님의 마음은 바로 큰 허공과 같은데 무슨 사리를 찾는 것이냐며 크게 꾸짖어 말씀하셨다.

그래도 이분법적 상대법으로 보는 배휴는 또 이렇게 묻는다.

"지금에도 분명히 눈으로 사리를 볼 수 있는데
이것은 도대체 무슨 법입니까?"

라며 여기 사리가 있지 않습니까. 대사님은 어찌 안 보이십니까. 그럼 이것은 도대체 무슨 법입니까 라며 끝까지 의문을 표한다.

그래서 황벽스님은

"그것은 너의 망상심이 일어나서 사리라고 보는 것이니라."

여기서 바로 앞에 보이는 것도 진여가 아니다 라고 하시는 스님을 향하여 이것이 사리라고 말하는 그것은 무엇인가. 그것을 황벽스님은 망상심(忘想心)이라고 하신다.

여기서 눈으로 보고 귀로 듣고 코로 향기 맡고 혀로 맛을 알고 몸으로 느끼고 머리로 생각하는 모든 것은 무엇인가. 이것이 육식(六識)인데, 이 육식이 바로 감각(感覺)이며 직심(直心)이니, 진여당체(眞如當體)가 맞다.

그런데 황벽스님은 왜 망상심(忘想心)이라고 하실까?

여기서 우리의 자각(自覺)이 선사(禪師)의 마음에서 보는 것과는 완연히 다르다. 즉 선사는 일분법(一分法)이고 중생은 이분법(二分法)이다. 일분법은 둘이 아닌 법이니 있는 그대로 완전한 것이고 중생법은 이분법인 상대법(相對法)이다.

그럼 상대법은 무엇인가?

보는 법 하나를 들어 말하면, 견(見)을 말하면 여기 사과가 하나 있다고 하고, 이 사과를 보면 눈이 사과를 보느냐 하면 아니다.

사과라는 형상이 눈에 비칠 뿐, 안식(眼識)은 사과인줄 알지 못한다. 그럼 제육식이 비치는 영상을 보고 결정을 내리면 되는데, 그냥 사과다 하고 알아차리면 되는데, 육식은 직관이면서 긍정과 부정의 구분 속에서 직심으로 알아차리지 못하고, 제칠식인 말라식에게 전달하게 되고, 사량식인 말라식은 저장식인 아뢰야식(제팔식)에게 전달하면, 이 저장된 기억이라는 종자식(種子識)에게 전달되어 이것이 전 기억 속에 이와 비슷한 모든 종자를 화현시켜 그와 비슷한 형상을 가진 것을 유출시켜 사과 형상을 전부 말라식에게 보여주면, 그때 말라식이 사량분별하여, 사과다 그런데 사과 중에서도 좋다 나쁘다, 크다 작다, 잘생겼다 못생겼다 하면서 육식에게 알려주어 직관인 육식이 사량분별하여 보므로 정확하게 있는 그대로를 볼 수 없이 상대적 측면에서 본다는 것이다.

그래서 중생심은 항상 사량분별하는 이분법으로 보기 때문에 이것을 들어 상대법이라고 하는 것이다.

우리가 참선과 수행을 하여 번뇌와 망상을 잊게 하는 것은 바로 사량분별하는 이분법을 없애자는 것이므로 무심을 강조하고 직심을 그대로 알아차리게 하는 것이 바로 수행이며, 근본 목적인 것이다. 그래서 황벽스님은 망상심을 보는 것이라고 말씀하시고 계신 것이다. 이것을 들어 불이법문이라고 한다.

그래서 배휴는 다시 묻고 또 묻는 것이다.

"그렇다면 화상께서는 사리가 있습니까?
청컨대 내보여 주십시오."

하면서 보여 달라고까지 한다.
그러니 황벽스님은 아직 직심을 갖추지 못한 배휴를 향하여

"참 사리는 보기 어렵느니라."

참 사리는 보기 어렵다는 것은 색법으로 이분법으로 보고 있는 배상 공은 아직 보기 어렵다는 것이다. 그러나 더욱 용맹정진하여, 칠식인 말라식과 팔식인 아뢰야식까지 다 벗어나 육식인 직심만이 있을 때는 볼 수 있다고 하시면서 이렇게 말씀하신다.

"네가 다만 열 손가락으로 수미산의 높은 봉우리를
한꺼번에 움켜쥐어 그것을 부숴 가루로 만든다면
비로소 참 사리를 보게 되리라."

그대 마음이 허공처럼 텅 비어서 모든 번뇌망상에서 벗어날 때 모든 것은 자유자재로 수미산도 무너뜨리고, 하늘도 땅도 스스로 움직인다는 것이다. 모든 것은 그대 스스로 마음이란 한 물건이 자유자재롭게 하여 걸림이 없는 것이라며 일체유심조(一切唯心造)임을 밝히신다.

34. 일체처에 마음이 나지 않음

"대저 참선해서 도를 닦는 이는 모름지기 어디에서나 마음을 내지 않아야 한다.

다만 '마음의 작용을 잊으면 곧 부처님의 도가 융성하고, 사량분별하면 곧 마구니의 도가 치성해진다' 하는 것만 논할 뿐이니, 끝내는 털 끝 만큼 작은 법도 얻지 못하느니라."

배상공이 대사께 물었다.

"조사께서 어떤 사람에게 법을 전하여 부촉하셨습니까?"

"사람에게 줄 법이 없느니라."

"그렇다면 어찌하여 이조(二祖) 혜가스님이 달마스님께 마음을 편안하게 해달라고 청했습니까?"

"네가 만약 마음이 있다고 한다면 이조께서는 분명히 마음을 찾아서 얻었을 것이다. 그러나 찾으려 해도 찾지 못했기 때문에 달마스님께서 '너의 마음을 이미 편하게 해주었노라' 고 하신 것이니라. 만일 얻은 바가 있다면 그것은 모두 생멸법으로 돌아가고 만다."

보설

황벽스님이 법좌에 오르시어 사부대중을 향하여 한 말씀을 하신다.

"대저 참선해서 도를 닦는 이는
모름지기 어디에서나 마음을 내지 않아야 한다."

라고 일괄하시고, 주장자를 들어 탁자를 한 번 크게 치신다. 그러나 아무도 말이 없었다.

'참선해서 도를 닦는 이는 마음을 내지 않아야 한다' 라고 하신 뜻이 무엇일까. 이것은 무생(無生)의 도리(道理)를 설하신다.

무생이란 무엇일까?

끝이 없고 한량이 없는 무진법계엔 함도 없고, 지음도 없고 남도 없고 죽음도 없어서, 오직 있는 그대로일 뿐인데 우리의 마음이란 한 물건이 빚어내는 무량수 무량광의 지음은 끝임이 없으나 그 본바탕은 언제나 그대로여서 변함이 없다는 도리이다. 상대법으로 죽음을 들어 생이 있다하고 생이 있으니 죽음이 있듯이 이 중생이 없으면 죽음이 없고 죽음이 없으면 생이 없다.

오직 그대의 한 마음이 모았다 흩었다 할 뿐, 다 감각으로 느끼고 있을 뿐 다 허상(虛相)이며, 실상이 없는 도리를 무생의 도리라고 설하고 계신 것이다.

여기에 무슨 말을 붙일 수가 있겠는가.

그래서 황벽스님은 한 번 더 도를 구하느니, 진리를 구한다는 사부대중을 향하여 마음의 지음도 허망하고 헛된 것임을 예를 들어 말씀하신다.

　"다만 '마음의 작용을 잊으면 곧 부처님의 도가 융성하고
사량분별하면 곧 마구니의 도가 치성해진다' 하는
것만 논할 뿐이니, 끝내는 털끝만큼 한 작은 법도 얻지 못하니라."

　마음의 작용을 잊으면 도가 융성하다는 것은 마음의 작용은 마음이
자기 스스로 한 생각을 지어내면 시방법계가 따라 나오니, 생각을 쉬
라는 것이다.
　그런데 분별하고 사량하면 상대법이요, 차별법이 치성해진다는 것
만 새겨 분별법으로는 단 한 법도 얻지 못한다고 일괄하시면서 무생의
도리를 다시 한 번 일깨우신다.
　그때 배상공이 대사께 물었다.

　"조사께서 어떤 사람에게 법을 전하여 부촉하셨습니까?"

　'법을 전하여 부촉하셨습니까' 라는 말은 황벽스님의 법을 누구에게
전하여 끊어지지 않게 하시겠냐는 것이다.
　그렇게 먼저 무생의 도리를 설해도 의문이 가시지 않아 생멸법으로
묻고 있다.

　"사람에게 줄 법이 없느니라."

　라고 황벽스님을 잘라 말씀하셨다.

이 말을 잘 새겨 들어야 한다.

여태 무생의 도리를 설하셨는데, 어찌 줄 법이 있겠는가.

즉 무법(無法)이 곧 법이기 때문이다.

"그렇다면 어찌하여 이조(二祖) 혜가스님이

달마스님께 마음을 편안하게 해달라고 청했습니까?"

하면서 배휴가 끝까지 매달린다.

그래서 황벽스님은 안타까운 마음에 이렇게 일러 주신다.

"네가 만약 마음이 있다고 한다면 이조께서는

분명히 마음을 찾아서 얻었을 것이다."

달마대사에게 혜가스님이 심법(心法)을 구한 대목을 들어 말씀하신다. 달마대사께서 혜가스님에게 '그 마음을 가져와라. 그러면 내가 편안하게 해주리라' 고 했지만, 혜가스님이 그 마음을 찾지 못하겠다고 하시자, 없는 마음이 왜 편치 못하느냐고 물으셨고, 이에 혜가스님이 무심의 경지를 단박에 터득하시어 무생의 도리를 알아차렸다는 뜻을 전하시며

"그러나 찾으려 해도 찾지 못했기 때문에 달마스님께서

'너의 마음을 이미 편하게 해주었노라' 고 하신 것이니라."

라고 혜가스님의 득도의 도리를 설하신다.

그래서 무생의 도리를 터득치 못하고 계속 생멸법으로 있었다면 어찌 혜가스님이 도를 알았겠느냐며 이렇게 말씀하신다.

"만일 얻은 바가 있다면 그것은 모두 생멸법으로 돌아가고 만다."

고 하시면서 여기서는 생멸법과 상대법으로 생각을 쉬지 못한다면 무생의 도리를 어찌 알아차려 생사 경계에서 벗어나겠느냐며, 배휴에게 부디 무생을 깨닫기를 바라면서, 이렇게 무생(無生)의 도리를 설하셨다.

원오선원

35. 조계 문하생

배상공이 대사께 물었다.

"부처님께서는 구경에 무명을 얻으십니까?"

"무명이란 바로 모든 부처님들께서 도를 얻으신 자리이니라.

그러므로 연기법이 바로 도량이다. 따라서 눈에 보이는 한 티끌 한 빛깔 그대로가 가없는 진리의 성품이니라. 발을 들었다 놓는 것이 모두 도량을 여의지 않나니, 도량이란 얻은 바가 없는 것이니라. 내 너에게 말하노니, 다만 이 얻은 바 없는 자리를 도량에 앉아 있음이라고 하느니라."

"무명이란 밝음입니까? 어두움입니까?"

"밝음도 아니고 그렇다고 어두움도 아니다. 밝음과 어두움이란 서로 바뀌어서 갈아드는 법이니라. 그렇다고 무명은 밝지도 어둡지도 않은 것이다. 밝지 않음이 곧 본래의 밝음이어서 밝지도 않고 어둡지도 않느니라. 이 한마디 말이 온 천하 사람의 눈을 어지럽게 하는 것이니, 그러므로 말씀하시기를

'비록 온 세상 사람들이 모두가 사리불과 같아서 모두 함께 헤아려 사량할지라도 부처님의 지혜는 측량할 수 없도다' 라고 했다.

부처님의 걸림 없는 지혜는 허공을 벗어나 너희들이 언어 문자로는 따져볼 수가 없다. 석가모니 부처님의 한량과 같은 삼천대천세계에 갑자기 어떤 보살이 출현하여, 한 번 걸터앉으매 모든 삼천대천세계를 걸터앉아 버린다 해도, 보현보살의 한 털구멍을 벗어나지 못한다. 그런데 네가 지금 무슨 본래의 이치를 가지고서 그것을 배우려고 하겠느냐?"

"말씀대로 배워서 얻을 수 없는 것이라면, 무엇 때문에 '둘이 없는 본원의 성품으로 돌아가지만, 방편에는 여러 문들이 있다'고 말씀하십니까?"

"둘이 없는 본원의 성품으로 돌아간다는 것은 바로 무명의 참 성품이니, 이것은 바로 모든 부처님의 성품이니라. 또 방편에 여러 문이 있다는 뜻은, 성문들은 무명이 생겼다 없어진다고 보며, 연각들은 다만 무명이 없어지는 것만을 보고 무명이 생기는 것은 보지 못하여 생각마다 적멸을 증득한다.

그러나 부처님께서는 모든 중생들이 종일 생겨나나 그 남이 없음을 보시고, 또 그것이 종일 없어지지만 그 없어짐이 없는 것임을 보아서, 남도 없고 없어짐도 없음이 곧 대승의 최고 과(果)이니라.

그러므로 말하기를 '과(果)가 가득 차면 깨달음이 원만하고 꽃이 피면 세계가 일어나서 한 발짝 드니 그대로가 부처요, 한 발짝 내리니 그대로가 중생이도다'고 하는 것이니라.

모든 부처님을 양족존(兩足尊)이라 부르는 것은 이(理)의 측면에도 구족하시고 사(事)의 측면에도 구족하시며 나아가 중생에도 구족하시고 나고 죽음에도 구족하시며 모든 것에 다 구족하시니, 구족하시므로 구할 것이 없느니라.

그대들이 지금 생각생각에 부처는 배우려 하면서 중생을 싫어하니, 만약 중생을 싫어하면 이것이야말로 저 시방세계의 모든 부처님을 비방하는 것이니라. 그러므로 부처님께서 세간에 출현하시어, 똥 치는 그릇을 들고 희론의 똥을 제거하신 것이다.

이렇게 하시는 것은 다만 너희들에게 옛부터 알음알이로 배워서 알려는 마음과 도를 보려는 마음을 없애려고 그러신 것이다. 그리하여 이런 마음들을 모두 없애버리고 나면 희론에 떨어지지 않은 것이며, 또한 똥을 내다버린다고 하느니라. 이는 다만 너희로 하여금 마음을 내지 않게 하시는 것이다.

또 마음이 일어나지 않으면 저절로 큰 지혜가 완성된다는 것은 부처니 중생이니 하는 분별을 결코 내지 않아서 일체를 모두 분별치 않아야만 비로소 우리 조계의 문하에 들어오게 되느니라.

그러므로 옛부터 성인들께서 말씀하시기를

‘나의 법을 조금은 행하였다’고 하신 것이다.

때문에 행함 없음[無行]이 나의 법문(法門)이니라.

오로지 한 마음의 문일 따름이니, 모든 사람이 이 문에 이르러서는 모두 감히 들어오지는 못하나 전혀 없었다고 말하지는 말라. 다만 얻은 사람이 적을 뿐이니 얻은 자는 곧 부처이니라. 편히 하여라.”

보설

배상공이 대사께 물었다.

"부처님께서는 구경에 무명을 얻으십니까?"

배휴는 상공이라는 황실의 최고 지위에 오른 벼슬을 얻은 사람으로 불교에 관심이 많아 황벽스님을 참문하여 오늘도 이렇게 묻고 있다.

여기서 묻고 있는 무명(無明)이란 무엇일까?

우리가 쓰고 있는 말이란 모든 것이 상대법(相對法)이다. 부처님이 얻은 깨달음을 밝음에 비유하고 그 대법인 무명은 어둠을 비유해서 하는 말이다. 대법의 측에서는 깨달음이 밝음이고 어리석음이 무명이라고 하지만 이것은 정반대가 되는 말이지만, 마음의 작용은 내 스스로 밝음을 들면 어둠은 사라지고 어둠을 들면 밝음은 사라진다.

이것이 대법이다. 바로 마음은 형상이 없기 때문에 내 작용이란 생각이 일어나면 앞의 생각은 사라지기 때문에 깨달음과 무명은 그 자체로는 완연한 한 생각이니 같은 것이 된다.

즉 대법으로 보면 둘이나 일분법으로 보면 모든 것이 다 완연한 것이므로 그 자체는 완벽한 깨달음밖에 없다. 바로 다 진여라는 것이다. 그래서 황벽스님은 이렇게 답하신다.

"무명이란 바로 모든 부처님들께서 도를 얻으신 자리이니라."

무명이란 언제나 항일한 텅빈 허공과 같이 무엇이든 일어날 수가 있으며, 사라질 수 있는 마음 바탕 자체인 것이다. 그래서 부처님들께서 도를 얻으신 자리라고 하신 것이다.

그러한 바탕에서 한 생각이 일어나고 사라지니 이렇게 말씀하신다.

"그러므로 연기법이 바로 도량이다."

돌!
아! 해야한다!
모르겠는가?
그럼 죽어라! 이런 미련한 축생아.
여기서 깨달음이 오지 못한다면 삼승이라고 밖엔 할 수 없다.
배휴도 못 알아차리니 황벽스님은 이제 손바닥에 쥐어주신다.

**"따라서 눈에 보이는 한 티끌 한 빛깔이
그대로가 가없는 진리의 성품이니라."**

보이면 보이는 대로 들리면 들리는 대로 한 티끌 한 빛깔이나 소리나 향기나 맛이나 촉감이나 일체처 일체시에 모든 그 자체가 그대로 가없는 진리의 성품이니 견성성불(見性成佛)이 아니고 무엇이냐고 소리치신다. 그래도 모자라는가 하시며 또 소리치신다.

**"발을 들었다 놓는 것이 모두 도량을 여의지 않나니
도량이란 얻은 바가 없는 것이니라."**

원오도 한소리 하마, 이 우주 만상이 부처 아님이 어디에 있는가!
"두두물물(頭頭物物)이 불상(佛象)이요
사사불사(事事佛事)가 다 부처님의 일이다."
"즉심즉불(卽心卽佛)이요 중생시불(衆生是佛)이니라."
그래서 황벽스님도 이렇게 밝혀 당부까지 하신다.

"내 너에게 말하노니
다만 이 얻은 바 없는 자리를 도량에 앉아 있음이라고 하느니라."

얻은 바 없는 자리는 마음바탕인 한 마음이니 이 한량없는 바탕을
도량이라고 하시면서 그 도량에 마음이란 한 성품이 앉아 있음이라고
일러주신다. 여기서 황벽스님의 법문은 끝났다. 그런데 이 삼승인 배
휴는 이렇게 말한다.
이것은 배휴가 훗날 후학을 위하여 스스로 작위하여 적은 것이라 사
료된다. 못 알아차린 사람을 위함일까.

"무명이란 밝음입니까? 어두움입니까?"

라고 다시 묻는다.
황벽스님은 다시

"밝음도 아니고 그렇다고 어두움도 아니다.
밝음과 어두움이란 서로 바뀌어서 갈아드는 법이니라.
그렇다고 무명은 밝지도 어둡지도 않은 것이다."

여기까지가 앞서 말씀의 보설인 것이다.

선사가 보설은 하지 않지만 배휴가 다시 삼승을 위하여 보설한 것처럼 해설한 부분이다.

"밝지 않음이 곧 본래의 밝음이어서
밝지도 않고 어둡지도 않느니라."

조금 더 삼승의 측면에서 보설한다면 연기법으로 과거와 현재와 미래를 엮어서 차례로 변하는 마음을 하나로 표현하려고 하니 생각이 된다. 그러나 찰나 찰나로 일어나는 그 자체가 다 진여라는 것이다.

그래서 이렇게 풀어서 당부하신다.

"이 한마디 말이 온 천하 사람의 눈을 어지럽게 하는 것이니."

라고 하신 것은 연기적 현상을 사량하고 해석하여 표현하려니 스스로가 얽히고 설키어 헛소리로 변해버린다며 직관(直觀)으로 보고 생각을 섞지 말라고 하신 말씀이다. 다시 예를 들어 보설하신다.

"그러므로 말씀하시기를
'비록 온 세상 사람들이 모두가 사리불과 같아서
모두 함께 헤아려 사량할지라도
부처님의 지혜는 측량할 수 없도다' 라고 했다."

라고 모든 현상은 그 자체적으로 사리불 같은 깨달아 있으나 모두 함께 헤아리거나 사량하므로 직관적으로 알아차리지 못하기 때문에 부처님의 지혜 즉 직관은 측량할 수도 없다고 예를 들어 설하신다.

그러니 어떻게 알아차려야 하느냐 하면

"부처님의 걸림 없는 지혜는 허공을 벗어나
너희들이 언어 문자로는 따져볼 수가 없다."

라고 하신다.

걸림 없는 지혜라는 것은 허공에 그림을 그리듯 그려보지만 그 찰나에 보고 듣고 하는 직관은 그 순간 또 사라져버리기 때문에 허공을 들어 벗어나 이것을 사량하고 분별하려는 것은 참으로 어리석은 생각이라는 것이다. 보설은 계속 이어진다.

"석가모니 부처님의 한량과 같은 삼천대천세계에
갑자기 어떤 보살이 출현하여, 한 번 걸터앉으매
모든 삼천대천세계를 걸터앉아 버린다 해도
보현보살의 한 털구멍을 벗어나지 못한다."

이게 무슨 말씀일까?

현실 앞에 현상적으로 일어났다고 생각으로 헤아린다면 큰 착각이다. 이것은 마음으로 망상으로 누구나 지을 수 있는 것이다.

지금 그대들이 눈을 감고 마음으로 그려 보아라. 해를 손으로 가져다 입으로 넣을 수도 있고, 수미산을 손으로 쳐 뭉갤 수도 있고, 달을 따올 수도 있듯이 망상으로 지을 수 있는 것은 보현보살의 현실적 한 털구멍을 벗어나지 못하는 허망한 생각이란 뜻이다.

말씀을 이어가신다.

"그런데 네가 지금 무슨 본래의 이치를 가지고서
그것을 배우려고 하겠느냐?"

라고 하시면서

본래 허공 같은 형상 없는 마음바탕에 그려 놓은 허망한 망상으로
어찌 본래 심지(心地)의 이치를 배우려 하겠느냐며 꾸짖고 계신다.

여기서도 계속하여 삼승과 인연법으로 배휴가 또 묻고 있다.

"말씀대로 배워서 얻을 수 없는 것이라면
무엇 때문에 '둘이 없는 본원의 성품으로 돌아가지만
방편에는 여러 문들이 있다' 고 말씀하십니까?"

배휴는 배워서 얻을 수 없는 것이라면 방편은 왜 말씀하시냐고 묻고
있다.

그렇다! 연기법으로 본다면 당연한 말이다.

인연법과 연기법으로 보면 어떠한 실상이 있어 연기에 의하여 변하
여 결과가 있어야 하지 않느냐. 그래서 방편을 들어 말씀하신 것이라
고 하는 것이다.

그렇다.

그러나 위에서 말씀한 심지(心地)는 허공 같아서 있다 없다를 떠나
한 성품으로 있다고 하지 않았느냐. 그러니 형상이 없는 텅 빈 허공에

그린 그림에 무슨 실상이 있으며 그 바탕이 있느냐, 다 내 마음이 그렸다 지운 것이니 지금 그대로일 뿐임을 터득하라고 하신 것이다. 즉

"둘이 없는 본원의 성품으로 돌아간다는 것은
바로 무명의 참 성품이니, 이것은 바로 모든 부처님의 성품이니라."

둘이 없는 본원의 성품이란 허공 같은 심지를 들어 말씀하셨고 심지로 돌아간다는 것은 바로 무명의 참 성품이니 이것이 모든 부처님의 성품이라고 명쾌하게 밝혀 주신다.

"또 방편에 여러 문이 있다는 뜻은,
성문들은 무명이 생겼다 없어진다고 보며,
연각들은 다만 무명이 없어지는 것만을 보고
무명이 생기는 것은 보지 못하여 생각마다 적멸을 증득한다."

라고 하신다.

방편에 여러 문이 있다는 것은 관하는 범부나 성문이나 연각 등 각기 다른 관념(觀念)으로 보니, 보는 것이 각기 달라 그에 맞는 방편을 설하는 것이니, 그래서 부처님의 말씀을 팔만사천 방편문이라고 하셨고, 그 근기(根機)에 맞게 달리 말씀하셨으니 그것은 바로 대기설법인 것이다.

즉 성문의 근기자는 무명이 생겼다 없어진다고 보는 것은 아직 생멸법(生滅法)에서 벗어나지 못하였으니, 무생(無生)의 도리를 깨치지 못한 것이요, 연각들은 다만 무명이 없어지는 것만을 보고 무명이 생기는 것은 보지 못하여 생각마다 적멸을 증득한다고 하는 것 또한 무생의

도리를 몰라 오직 생각이 일어나지 못하게 틀어막는 적멸만 증득하고
있으니, 이 또한 분별법을 벗어나지 못한 것이니, 그 근기에 따라 설하
는 부처님의 방편법은 여러 갈래일 수밖에 없음을 밝히고 계신다.

"그러나 부처님께서는 모든 중생들이 종일 생겨나지만
그 남이 없음을 보시고, 또 그것이 종일 없어지지만
그 없어짐이 없는 것임을 보아서, 남도 없고
없어짐도 없음이 곧 대승의 최고 과(果)이니라."

라고 하시어 모든 법은 생멸이 없음인 무생의 도리를 알아야 하는
것이니, 남도 없고 없어짐도 없음이 심지(心地)의 본모습이며, 무명이
곧 깨달음이고 깨달음의 성품이 곧 무명인 일승(一乘)의 경지로 와서
모든 생멸법과 이분법에서 벗어나야만이 오직 일심의 경지이며, '대
승의 최고의 과(果)이니라' 라고 하시면서 과란 바로 깨달음의 성품이
라고 밝혀주신다.

그러므로 말하기를 '과(果)가 가득 차면 깨달음이 원만하고
꽃이 피면 세계가 일어나서 한 발짝 드니 그대로가 부처요,
한 발짝 내리니 그대로가 중생이도다' 고 하는 것이니라.

라고 하시니 이 우주법계의 삼라만상은 과가 차면 깨달음의 성품이
원만하고 꽃이 피면(한 생각이 일어나면) 삼천대천세계가 펼쳐지니,
'한 발짝 드니 그대로가 부처(佛)요, 한 발짝을 내리니 그대로가 중생
(衆生)이로다' 라고 하시니 이것이 화엄법계요, 중생시불(衆生是佛)이 되

는 것이니 그 모두가 부처로다.

돌!

그래서 이분법인 분별법과 인연법과 연기법을 벗어난 오직 유식(唯識)의 세계를 펼쳐 보이신 것이다.

"모든 부처님을 양족존(兩足尊)이라 부르는 것은
이(理)의 측면에도 구족하시고 사(事)의 측면에도 구족하시며
나아가 중생에도 구족하시고 나고 죽음에도 구족하시며
모든 것에 다 구족하시니 구족하시므로 구할 것이 없느니라."

이 뜻은 바로 차별적 관념에서 벗어나 일승인 일승(一乘)에서 보는 세계가 부처님의 세계이고 부처님의 세계는 모든 차별법에서 벗어나는 것이라고, 부디 상대법(相對法)에서 벗어나 오직 마음의 본향에서 있는 그대로를 누리고 펼쳐 걸림 없고 차별 없는 완전한 자유를 누리라고 말씀하신다.

설법을 이어가신다.

"그대들이 지금 생각 생각에 부처는 배우려 하면서
중생을 싫어하니, 만약 중생을 싫어하면 이것이야말로
저 시방세계의 모든 부처님을 비방하는 것이니라."

중생시불(衆生是佛)인데 부처는 좋아하면서 중생을 싫어하는 것은 그대들의 차별적 분별식의 발로인 것이다. 그러니 그 분별식을 버리고 펼치는 대로 직관적 직심으로 본다면 모든 것에 걸림이 없는 것이다.

그래서 또 상대법의 모순을 들어 이렇게 말씀하신다.

"그러므로 부처님께서 세간에 출현하시어
  똥 치는 그릇을 들고 희론의 똥을 제거하신 것이다."

라고 하시어 모든 것이 다 여여한 진여인데, 그대들의 차별의식으로 좋다 나쁘다 하니 이런 차별적 희론의 똥을 제거하러 부처님들이 출현하셨다고 하신다. 그러나 중생들은 차별적 상대법으로 희노애락을 스스로 만들어 분별하고 차별하니 그 모든 것이 내 마음의 지음이니 이것을 수행을 통하여 원래부터 원만한 심법계를 텅 비게 한다면 수행 역시 허망한 짓일 것이다.

"이렇게 하시는 것은 다만 너희들에게
  옛부터 알음알이로 배워서 알려는 마음과
  도를 보려는 마음을 없애려고 그러신 것이다."

라고 하시어 무생의 도리는 배워서 얻어지는 것이 아니며, 번뇌 망상이 사라짐은 맑은 하늘에 낀 구름을 걷어내면 찬란한 하늘이 원래부터 그렇게 맑고 밝은 것임을 아는 것처럼, 본원을 회복하라고 하신 말씀이다.

"그리하여 이런 마음들을 모두 없애 버리고 나면
  희론에 떨어지지 않은 것이며, 또한 똥을 내다버린다고 하느니라.
  이는 다만 너희로 하여금 마음을 내지 않게 하시는 것이다."

여기서 '마음을 내지 않게 하시는 것'은 마음의 심지는 원래부터 텅 비어 무생의 경지임을 알아차리라는 것이다.

"또 마음이 일어나지 않으면 저절로 큰 지혜가 완성된다는 것은
부처니 중생이니 하는 분별을 결코 내지 않아서
일체를 모두 분별치 않아야만
비로소 우리 조계의 문하에 들어오게 되느니라."

라고 하시면서 조계 문하에 들어오는 납자는 위와 같이 마음의 티끌을 제거하는 일에 온 마음을 쓸 뿐, 본래부터 여여(如如)한 심지를 의심치 않아 본래면목에 확연한 도리를 터득하는 것이 본분이라고 말씀하신다.

"그러므로 옛부터 성인들께서 말씀하시기를
'나의 법을 조금은 행하였다'고 하신 것이다.
때문에 행함 없음[無行]이 나의 법문(法門)이니라."

수행한다는 모든 납자들에게 지남이 되는 법문을 마치시면서 이렇게 이삼승의 근기 중에서도 최상승인 일승법문을 하신 것이다.
그런데 왜 나의 법을 조금은 행하였다고 하셨을까?
무유정법(無有定法)이라 원래부터 마음의 심지에는 그 어떤 법이 존재하지 않았기 때문에 방편으로 조금 행하였지만, 이 또한 헛소리라고 하시면서, 그렇기 때문에 행함이 없음[無行]이라고 하시면서, 허공을 향하여 무슨 손을 들어 가리키며, 자연 속 푸른 산에 왜 쓸데없이 호미

질을 하겠는가. 다 부질없음을 들어 무행(無行)이라고 하시고, 내가 이 것을 법이라면 법이라고 가르치고 있을 뿐임을 들어 한 소식을 전하고 있는 것이다.

이것이 무엇일까. 이 뭣꼬? 하! 하! 하! 1234567...

그러시고는 마지막 당부를 하시며 허공을 향하여 소리치신다.

"오로지 한 마음의 문일 따름이니 모든 사람이 이 문에 이르러서는 모두 감히 들어오지는 못하나 전혀 없었다고 말하지는 말라."

오직 마음의 본바탕을 드러내 보이기가 참으로 어렵고 어려워 손짓 발짓 허공에 손을 젓고 있지만, 그렇다고 심지가 원래 없다고 말하지 말라. 오직 홀로 빛을 발하고 있을 뿐이다.

"다만 얻은 사람이 적을 뿐이니 얻은 자는 곧 부처이니라. 편히 하여라."

이 법문으로 심지법문을 터득한다면 '그 자는 바로 부처이니라' 라고 하시면서 부디부디 눈 밝혀 찾고 또 찾아 궁구하고 궁구하여 확철 대오하기를 심법계를 향하여 크게 소리치시면서, 일 마친 무사인(無事人)의 위용과 자비를 베푸시고 사부대중에게 '편히 하여라' 하시면서 법좌에서 내려오셨다. 그러나 그 법향만은 온 천지에 진동하고 삼천대 계가 크게 요동하였다.

36. 계급에 떨어지지 않으려면

배상공이 대사께 물었다.

"어떻게 해야 수행의 등급에 떨어지지 않겠습니까?"

"종일토록 밥을 먹되 일찍이 한 톨의 쌀알도 씹은 바가 없으며, 종일토록 걸어 다니지만 일찍이 한 조각의 땅도 밟은 바가 없다. 이러할 때에 나와 남 등의 구별이 사라져, 종일토록 갖가지 일을 하면서도 그 경계에 현혹되지 않아야만 비로소 자유자재한 사람이라 할 수 있다.

생각 생각 모든 모양을 보지 않아서 앞뒤의 삼제(三際)를 헤아리지 말라. 과거는 감이 없으며 현재는 머무름이 없고 미래는 옴이 없으니, 편안하고 단엄하게 앉아 움직이는 대로 내맡겨 얽매이지 않아야만 비로소 해탈했다고 할 수 있다.

노력하고 또 노력하라.

이 문중의 천 사람 만 사람 가운데서도 오로지 서너 명 만이 얻었을 뿐이니라. 만약 도 닦기를 일삼지 않는다면 재앙을 받을 날이 있느니라. 그러므로 이르기를, '힘을 다하여 모름지기 금생에 도업을 마칠 것이요, 뉘라서 누겁토록 나머지 재앙을 받겠는가?' 라고 하였느니라."

스님께서는 당(唐) 대중(大中; 847~859)년간에 본주(本州) 황벽산에서 세연을 마치셨다. 선종(宣宗) 황제가 단제선사(斷際禪師)라고 시호를 내리고 탑호는 광업(廣業)이라 하였다.

배상공이 대사께 물었다.

"어떻게 해야 수행의 등급에 떨어지지 않겠습니까?"

왜? 배휴가 『완릉록』을 마감하면서, 이렇게 마지막으로 물었다고 적혀 있을까? 배휴가 처음 황벽스님을 만나 처음으로 물었던 것을 기억해 보면 알 것이다.

조사전을 둘러보던 배휴가 주지에게 물으니, 주지가 모르겠으니 저 행랑에서 묵고 있는 납자에게 물어보라고 했고, 그때 불려나온 납승이 바로 황벽스님이었고, 주지가 연유를 말하니 황벽스님이 배휴를 향하여, "그 물음을 다시 나에게 물어봐."라고 하였고,

배휴가 "조사전에 모셔진 조사님들은 지금 어디에 있습니까?"라고 물으니 황벽스님이 큰 소리로

"배휴야"하니 배휴가 "예"라고 물음에 답하니,

"배휴는 지금 어디 있느냐!"라고 하였다.

그 찰나에 배휴가 마음이 멎을 듯하면서, 속에서 울려오는 자기 마음의 메아리가 들려왔고, 그 울림이 끊임없이 메아리가 되어 울려 모든 생각을 잊고, 온 우주를 삼켜버리는 한 감응에 아~하며 한없는 심

법계와 계합을 하게 된다.

이 모든 행주좌와(行住坐臥) 어묵동정(語默動靜) 일체시(一切時) 일체처(一切處)가 내 마음의 지음[一切唯心造]임을 확연히 깨닫게 되었다.

그러나 누겁생에 쌓이고 쌓인 습연(習然)이 남아 있음을 알아 법당으로 황벽스님을 모셔놓고, 조석으로 참문하여 확철대오(廓徹大悟)할 때까지 그 법문을 물었던 것이다. 그래서 모든 법이 이 차별과 분별법에 의하여 습연에 떨어짐을 벗어나야만 확철대오할 수 있는 것이며, 이 마지막 걸림인 마음마저 뛰어넘어 무차별과 무심(無心)의 경지를 수행자들에게 알려 주기 위하여 이렇게 묻고 답하는 형식으로 마감했던 것을 보면, 배휴 역시 무심을 증득하였음을 짐작할 수 있다.

황벽스님의 평소의 법문 중에 이 대목을 인용한다.

이것은 황벽스님의 심향과 법맥을 후대에 전하고자 하는 간절함이며 자비(慈悲)인 것이다.

**"종일토록 밥을 먹되 일찍이 한 톨의 쌀알도 씹은 바가 없으며
종일토록 걸어 다니지만 일찍이 한 조각의 땅도 밟은 바가 없다."**

이 말씀은 하면서도 함이 없는 무위행(無爲行)이며 제행무상(諸行無常)을 설한 대표적인 비유이며 심법계에서 보면 그렇다는 비유이다. 이렇게만 된다면 하시면서 황벽스님의 말씀을 다시 인용한다.

"이러할 때에 나와 남 등의 구별이 사라져,
종일토록 갖가지 일을 하면서도 그 경계에 현혹되지 않아야만
비로소 자유자재한 사람이라 할 수 있다."

이 대목은 구별이라고 하는 것이 차별이며 차별이라는 것이 이분법이며 이분법이 모두 심(心)과 신(身)을 구별하는 차별인 것이다.

한 마음에서 보면 다 부질없는 소리에 불과하다. 나와 경계를 구별하여 경계인 색(色)에 현혹되지 않아야만 모든 것에서 벗어날 수 있다는 것이다.

"생각 생각 모든 모양을 보지 않아서
앞뒤의 삼제(三際)를 헤아리지 말라."

라고 하시어 무심이라야 있는 그대로를 볼 수 있는 완전한 자유를 누릴 수 있다는 것이다. 이 대목을 법에 대입해 보면 제법무아(諸法無我)인 것이다.

"과거는 감이 없으며 현재는 머무름이 없고
미래는 옴이 없으니, 편안하고 단엄하게 앉아
움직이는 대로 내맡겨 얽매이지 않아야만
비로소 해탈했다고 할 수 있다."

여기 이 대목에서 바로 대 해탈을 말씀하셨다.

해탈(解脫)이란 다 벗어나서 오직 한 마음 그대로의 존재(存在)이며, 실상(實相)이므로 마조스님의 '차별하고 조작하지 않으면, 모든 것이 있는 그대로 부처다' 라고 하였듯이 모든 마음이 지어낸 번뇌망상(煩惱妄想)이니, 이 허상을 벗어나 대 자유를 누리고 펼쳐나가라는 뜻이다. 이것이 진정한 열반(涅槃)인 것이다.

법으로 말하면 이것이 바로 적정열반(寂靜涅槃)인 것이니 이 글은 읽는 사람은 불법에 얽매여 여여(如如)를 모르니 선과 법을 회통해 주신 백장스님의 백장광록으로 본다면 삼법인(三法印)인 제행무상(諸行無常) 제법무아(諸法無我) 적정열반(寂靜涅槃)을 황벽스님의 설법을 인용하여 그 대의(大義)를 설하고 있는 것이다.

이제 『완릉록』이라는 제목으로 황벽스님의 법맥을 잇는 납자가 되고 황벽스님의 법문을 답으로 삼아 엮어 후세의 납자들에게 지침으로 삼으려는 배휴의 깊은 심요가 전해지고 있다. 배휴는 자설은 하지 않고, 황벽스님을 세워 인사와 당부까지 인용하여 보설하고 있다.

"노력하고 또 노력하라.
이 문중의 천 사람 만 사람 가운데서도
오로지 서너 명만이 얻었을 뿐이니라.
만약 도 닦기를 일삼지 않는다면 재앙을 받을 날이 있느니라.
그러므로 이르기를
'힘을 다하여 모름지기 금생에 도업을 마칠 것이요,
뉘라서 누겁토록 나머지 재앙을 받겠는가?'라고 하였느니라."

대 선지식인 선사(禪師)들은 언어도단(言語道斷) 불립문자(不立文字) 심행처멸(心行處滅)을 근본대의로 삼고 심법계(心法界)에서 유유자적하고 온 우주를 볼 뿐, 세상사에 뜻이 없고 오직 마음의 도리와 마음으로 모든 행을 자유자재로 하시기 때문에 황벽스님 또한 세상을 두루 섭렵하면서도 물위에 뜬 부평초 같이 한 납자로써 절의 뒷간에서 행각승으로 그 존재를 숨기고 있었으나 그 스승이 백장선사였으며, 마조스님의 적

손으로 한국불교의 원류를 이루는 임제스님을 깨닫게 한 큰 스승이었으나 배휴가 아니었다면 세상을 풍류하다 자연 속에서 그 모습을 드러내지 못했을 것이다.

또한 배상공은 직책상 그 뜻을 숨기고 나라 일을 마치고, 자기가 아닌 자기를 맑고 밝게 해준 황벽스님의 심지를 세상에 유포함으로 인하여 후손들에게 그 법맥과 밝은 광명을 비추게 하였다.

『황벽산의 메아리』가 온 누리에 들리게 함은 우러러 조사님께 흠향하고 일심으로 그 후광이 온 우주법계에 항일하시옵기를 합장하고 예경하옵니다.

그 뜻이 깊고 심오하여 황벽스님의 법연에 이 원오가 쓸데없는 호미질을 함을 꾸짖어 주시길 엎드려 비옵니다.

오직 심연에 누가 될까 몇 번을 쓰다 말다를 거듭하다 그래도 후학을 위하여 『황벽산의 메아리』를 다듬어 그 향연에 헌향하는 바입니다.

나무아미타불!

스님께서는 당(唐) 대중(大中; 847~859)년간
본주(本州) 황벽산에서 세연을 마치셨다.
선종(宣宗) 황제가 단제선사(斷際禪師)라고
시호를 내리고 탑호는 광업(廣業)이라 하였다.

완릉록 보설 종(終)

원오스님 법선불심도(法禪佛心道)

항불피워　삼보님께　지심귀의　하옵니다
제대조사　황벽선사　심공양을　올리오니
중생부처　번뇌망상　한순간에　벗어나서
본래부처　밝히어서　붓다되게　하옵소서

法이있어　제스스로　法이라고　하지않고
禪이있어　제스스로　禪이라고　하지않고
佛이있어　제스스로　佛이라고　하지않고
心이있어　제스스로　心이라고　하지않고
道가있어　제스스로　道이라고　안하였다

法이라고　할것없이　그대로가　法다웁고
禪이라고　할것없이　그대로가　禪다웁고
佛이라고　할것없이　그대로가　佛다웁고
心이라고　할것없이　그대로가　心다웁고
道이라고　할것없이　그대로가　道다웁다

法을보고　法이라고　생각하니　法아니고
禪을보고　禪이라고　생각하니　禪아니고
佛을보고　佛이라고　생각하니　佛아니고
心을보고　心이라고　생각하니　心아니고
道를보고　道이라고　생각하니　道아니다

法이라고 아니하면 그대로가 法이되고
禪이라고 아니하면 그대로가 禪이되고
佛이라고 아니하면 그대로가 佛이되고
心이라고 아니하면 그대로가 心이되고
道라고 아니하면 그대로가 道가된다

法이라면 실지하는 法있다고 집착하고
禪이라면 실지하는 禪있다고 국집하고
佛이라면 실지하는 佛있다고 고집하고
心이라면 실지하는 心있다고 현혹되고
道이라면 실지하는 道있다고 망상한다

내스스로 지어내서 내스스로 헤매이니
허공같은 저성품을 어이하여 알것인가
형상따라 지어가고 모양따라 지어가니
지어가는 그한마음 그언제나 그칠려나

소리나면 소리따라 개짖듯이 짖어대고
보이면은 보인다고 날고뛰고 쫓아간다
향기따라 맛을따라 촉감따라 달려가니
원숭이가 날고뛰듯 그대또한 같을지라

찾는마음　내려놓고　있는대로　관조하고
들음없이　들으면은　모든소리　그대로다
있다없다　찾지말고　그대로를　볼지언정
한마음에　회광반조　있는대로　진실이다

부처님이　이르시되　한법또한　원래없다
방편으로　세웠으니　방편따라　베풀었고
근기따라　가져지녀　그대들을　이끎이라
방편따라　행하여서　스스로가　가져갔네

조사님들　한결같이　알음알이　짓지마라
본래부터　무일물이　굴린다고　생겨날까
생각으로　지은도는　이름만이　도가되니
견문각지　안굴리면　있는대로　도가된다

한물건도　없다는말　진실되게　믿어봐라
생각으로　지어내면　이모두가　마구니니
생각생각　이어져서　망념세계　만들어서
이것이다　국집하여　스스로가　안주하네

여보시게　시주님아　그세계가　무엇인가
그대홀로　만들어서　스스로가　갇히었네
누이고치　집을지어　내집이라　들어앉듯
스스로가　미혹하여　지옥인줄　모르도다

도란생각　내려놓고　눈밝혀서　바라보라
허공같은　심법계에　그무엇이　있었던가
모든망념　문득쉬어　있는대로　누릴지니
그대식심　그모두가　도와등져　있음이라

도란생각　내려놓고　식심또한　내려노면
허공같이　텅빈불성　그대로가　현전하니
눈감아도　그대로고　눈을떠도　그대로다
진여법신　그대로가　완전하여　자유리라

동서사방　상하내외　그누구가　만들었나
지음으로　만들어서　편리하게　사용할뿐
원래부터　방위처소　그어디도　이름없다
서로서로　만들어서　인연따라　쓰고있네

마음에는　방위처소　그어디도　흔적없고
안과밖을　구별하는　마음또한　원래없다
이것이다　저것이다　형상따라　이름하고
명색따라　흔들리니　이모두가　지음이다

알음알이　견문각지　그생각만　짓지않고
한생각도　짓지않고　차별하고　분별하는
망념하나　일지않는　그자리는　텅비었다
텅빈자리　그자리를　이름하여　도라하네

도이라고　이름하니　이름따라　분별하면
천리만리　멀어져서　흔적조차　없으리라
도란말도　이름이다　한생각도　안붙이면
도라하는　마음바탕　텅비어서　현전한다

도라는게　마음이니　도와마음　같은거다
천진불을　이름하여　본래부처　이름하듯
도란것도　자연대로　천진성품　그대로다
도와마음　따로보아　이름따라　찾는구나

안타깝고　안타까워　모든부처　화현하여
이를밝혀　주려함이　어쩔수가　가이없어
이름하여　도라하고　마음이라　하였구나
이름없는　천진자연　그대로가　도이로다

도라하나　부처라나　마음이나　이모두가
세워만든　방편으로　이름뿐인　허명이다
진법계의　저허공은　무엇이라　이름할까
원래부터　한물건도　이름또한　없는거니

방편따라　세워만든　모든이름　허상인줄
깊이알아　깨치면은　모든마음　절로없어
한순간에　깨달아서　원래부터　이마음이
부처이며　모든법은　내마음에　지음일세

모든것이　　본래부터　　비었음을　　깊이알아
세운방편　　이름따라　　이끌어서　　들게하니
모든부처　　중생위한　　방편으로　　세웠도다
허명인줄　　알았으면　　모든명색　　내려놔라

알음알이　　견문각지　　그모두를　　내려노면
텅빈불성　　그대로가　　본래부처　　이아닌가
방편따라　　알았으면　　방편마저　　내려놓아
고기잡은　　저통발을　　짊어지고　　가지마라

혼혼불낙　　노닐면서　　노래한곡　　불러보세
저허공에　　구름가듯　　한시절을　　보내면서
깊이깊이　　궁구하면　　이대로가　　진실하니
여기떠나　　세우면은　　그모두가　　부질없다

나도없고　　법도없고　　도도없고　　심도없다
세우면은　　세워지고　　만들면은　　생겨나니
본래부처　　신통하여　　신통묘용　　이아닌가
참된부처　　나의부처　　이를일러　　도라하네

몸도허공　　심도허공　　그모두를　　벗어나니
그어디에　　걸림없이　　자유자재　　하였도다
모든마음　　모두놓아　　한물건도　　없어지니
허허로운　　심법계가　　그대로가　　나이도다

이육신이　　법신이요　　이마음이　　부처로다
허공같은　　심법계에　　세우면은　　법이되고
펼치면은　　도가되고　　누리면은　　선이되니
자유자재　　신통묘용　　그대로가　　완전하다

유유자적　　허공계에　　신통묘용　　나투이고
걸림없는　　심법계에　　자유롭게　　노닐면서
본불본락　　노래하니　　이름하여　　사문이라
그누구가　　나를알까　　누가있어　　나를볼까

한마음을　　굴려보니　　옛생각이　　분명하다
찾아헤맨　　그세월이　　안타깝고　　안타깝다
여보시오　　시주님아　　한마음을　　내려놓게
찾고배워　　이뤄지는　　그자리가　　아니로세

들도보도　　못했는가　　옛노인네　　노래소리
마음으로　　마음찾고　　나를두고　　나찾는다
애를업고　　애를찾고　　머리두고　　머리찾네
찾는마음　　내려노면　　지금당장　　그대로다

배울것도　　찾을것도　　얻을것도　　하나없다
찾는마음　　내려놓고　　얻는마음　　내려노면
찾는마음　　그대로가　　진실여상　　진여이고
얻음없는　　그마음이　　텅빈불성　　법신이다

조작하여 얻은마음 마구니의 권속이고
시비하여 분별하는 그마음이 지옥이라
차별하는 경계따라 팔만지옥 건설되고
모두놓은 그대로가 극락정토 이아닌가

원래부터 완전하여 그대로가 자유인데
무얼찾아 산천대천 팔만진로 내달리나
여보시오 시주님아 그마음이 없어지면
무심경지 그대로가 진실하여 도가된다

팔만사천 방편문에 알음알이 굴리어서
지견으로 도를찾아 배워알고 채워간다
조작하고 시비하는 그마음이 지견인데
어찌하여 알음알이 놓을생각 하지않나

제대조사 안타까워 자비심을 발하여서
이렇게도 정연히도 일깨우고 이끄시는
대자대비 간절함은 어이하여 모르시나
안타깝고 안타까워 납승원오 소리친다

부디부디 찾지말고 얻으려도 하지마라
오직하나 회광반조 찾는놈을 살펴보라
찾는마음 그대로가 이내마음 그대로고
알음알이 굴리는맘 그대로가 마음이다

마음떠나　한물건도　그어디에　있겠는가
평상심이　도이라고　마조선사　말했듯이
조작말고　시비말고　단상분별　성인범부
이마음을　안지으면　그대로가　부처일세

찾는마음　내려놓고　무심경계　그대로니
이를알면　성인이고　그대로가　부처로다
본래부처　체달하여　깨달아서　알아지면
모든경계　오욕팔풍　소리없이　사라진다

허공계를　둘러보라　그무엇이　있었던가
법이란게　인연따라　방편으로　세웠으니
그어디가　법일거며　그어디가　법아닌가
세우면은　법이되고　안세우면　해탈이다

마음또한　이와같아　세우면은　마음이고
안세우는　그자리가　무심경계　본래마음
텅빈불성　그자리가　본래부처　자리라네
이름없는　부처자리　나의부처　참나이다

참나라는　이름없이　그대로가　진실이니
무엇이든　지으면은　허명만이　맴을돈다
둘러보고　살펴봐도　허명만이　떠도누나
있는대로　완전하게　자유누려　살아가소

선종이라 하는말은 고요함이 근본이라
그어디에 걸림없이 모든마음 내려놓고
있는대로 바라보고 있는대로 들어봐라
무엇이든 한생각을 일으키면 병이된다

모든마음 내려놓고 회광반조 살펴봐라
간절하게 지어가고 일념으로 관조하라
만법또한 하나이니 이하나는 어디가나
돌고도는 심법계는 흔적조차 하나없다

텅빈각성 텅빈불성 텅빈마음 텅빈법계
고요하고 적막하여 허공이라 부르지만
허공또한 이름이니 무엇이라 할것인가
이름없는 텅빈마음 그대로가 마음이다

마음씀이 법이되고 이름하여 도라한다
그모두를 벗어나면 이름마저 사라진다
이름없고 형상없고 고요하고 적적하니
이를일러 부처이고 참나찾은 사문이다

중생이란 부처님들 모든미혹 벗어나서
우리모두 한순간에 본래부처 밝히어서
혼혼불락 자유자재 신통묘용 누리면서
보살도를 행하여서 불타처럼 살아가세

나무 석가모니불
나무 석가모니불
나무 시아본사 석가모니불
나무 영산회상 불보살

본래부처 밝히어서 붓다처럼 살아가세.

화엄회상에서

無名 衲僧 원 오 합장

❶ 있는 그대로 완전한 자유
단박에 깨닫는 마조록 공부

'마음이 부처'임을 설한 선종의 실질적인 개창자!
마조선사의 법어와 선문답의 친절한 해설서

원오스님은 화두에 대한 파설(破說)에 유의하면서 선객들의 화두 공부에 방해가 되지 않는 선에서 가능한 친절하게 공부에 도움이 되는 지름길을 제시하고 있다.

❷ 백장록 강설
사람이 바로 부처다

백장선사의 어록과 광록의 해설서

세상 모든 사람이 하나같이 부처이며 우리가 하고 이는 모든 것이 다 불타행(佛陀行)이며, 두두물물(頭頭物物)이 다 부처의 성품 바다이며, 여기가 바로 불국토요, 있는 그대로 완전한 자유를 누리라 일러주신다.

황벽산의 메아리

황벽선사의 전심법요 · 완릉록 강설

1판 1쇄   2022년 2월 15일
1판 발행   2022년 2월 17일

역 해 원오스님
　　　　 e-mail : wono52@daum.net
펴낸이 주지오
펴낸곳 도서출판 무량수
　　　　 부산광역시 부산진구 중앙대로 777
　　　　 이비스앰배서더 부산시티센터 2층
전 화 051-255-5675
팩 스 051-255-5676
e-mail boan21@korea.com
출판신고번호 제9-110호

ⓒ원오 2022
ISBN 978-89-91341-66-1
값 35,000원

잘못된 책은 바꾸어 드립니다.